청년을
위한
세계사
강의

청년을 위한 세계사 강의 1

고대 서아시아에서 근대 유럽까지

ⓒ 모지현 2016

초판 1쇄	2016년 6월 29일		
초판 3쇄	2020년 9월 17일		

지은이	공대규		

출판책임	박성규	펴낸이	이정원
편집주간	선우미정	펴낸곳	도서출판 들녘
편집	이동하·이수연·김혜민	등록일자	1987년 12월 12일
디자인	한채린·김정호	등록번호	10-156
마케팅	전병우		
경영지원	김은주·장경선	주소	경기도 파주시 회동길 198
제작관리	구법모	전화	031-955-7374 (마케팅)
물류관리	엄철용		031-955-7381 (편집)
		팩스	031-955-7393
		이메일	dulnyouk@dulnyouk.co.kr
		홈페이지	www.dulnyouk.co.kr

ISBN	979-11-5925-169-6(44900)	CIP	2016015250

이 도서의 국립중앙도서관 출판예정도서목록(CIP)은 서지정보유통지원시스템 홈페이지(http://seoji.nl.go.kr)와 국가자료공동목록시스템(http://www.nl.go.kr/kolisnet)에서 이용하실 수 있습니다.

청년을 위한 세계사 강의

①

세상을 해석한다

고대 서아시아에서
근대 유럽까지

모지현 지음

들녘

구석구석 골짝골짝,
시간과 공간을 뛰어넘어 세계를 사랑하라!

우리 모두는 어렸을 때 적어도 1권 이상의 역사책을, 혹은 1편 이상의 역사물을 읽고 보았습니다. 영화나 TV 프로그램, 혹은 컴퓨터 게임에서 살아난 역사에는 그야말로 스펙터클한 모험이 있고 달달한 사랑이 있으며 절절한 눈물이 있어서, 마치 지금 그것이 우리 세상의 어디에선가 벌어지고 있을 것 같은 착각마저 품게 합니다. 그래서 역사란 시간과 장소만 다를 뿐 우리와 같은 모습을 한 '누군가의 있었던 삶'이며 '그것들이 모여 이루어진 하나의 큰 흐름'이라는 것을 느끼고 알고 있지요. 어려운 정의를 통해 말할 수는 없을지라도 말입니다.

그러나 우리가 초등학교 고학년 교실에서부터 교과서를 통해 배우게 되는 역사는 어떤가요? 교과서 한 면 한 면 빽빽이 들어찬 글자 때문에 가슴이 답답해지지 않던가요? 답답한 마음을 놀리는 것처럼 가끔씩 등장하는 죽어 있는 그림과 사진에 낙서하고 싶은 마음이 들지는 않던가요? 그래서 여러분도 혹시 교과서에 나온 인물들에게 긴 수염이나 머리를 붙여주고, 검정색 치마를 입혀주지는 않았나요? 그러니 "난 역사를 좋아해"라고 말하던 초등학교 어린 학생들이 나이가 들면 들수록, 학교 물을 먹으면 먹을수록 "역사는 싫어, 왜? 외워야 할 게 많으니까, 많아도 너~무 많으니까"라고 말하게 되어버리는 것이죠.

그나마 우리 한국사는 일본과 중국의 집요한 자국사 중심 사관(史觀) 건설

4

에 대응하기 위해 점차 강화되고 있고, 그래서 그에 관련하여 다양한 수업 시도가 나오고 있습니다. 정말 반가운 현상이지요. 그렇지만 세계 역사에 대한 인식의 강화 없이 한국사만 강조하는 것을 보면서 우리 역시 또 다른 일본이나 중국의 모습이 되지 않을까 하는 우려 섞인 마음이 드는 것도 사실입니다. 우리가 역사를 사랑하고 공부하는 것은 주변 국가의 공격에 대응하기 위한 수단으로써나 도구로써 역사를 이용하기 위해서가 아닙니다. 이 세계를 구성하고 있는 한 사람으로서 좀 더 바른 눈으로 바른 자세로 역사를 보고, 그것을 통해 이 세계를 좀 더 나은 모습으로 바꾸기를 원하기 때문입니다.

역사를 사랑하는 사람들에게는 공통점이 있습니다. 비록 역사를 통해 인간들의 냄새나고 더럽고 추악한 모습들을 많이 보기는 하지만, 그것을 통해 오히려 교만하지 않게 겸손한 마음으로 우리 사는 세상을 따뜻하게 바라보고 더 나은 모습으로 바꾸기 위해 노력하고 싶어 한다는 것입니다.

저는 교실에서 세계사를 가르치면서 종종 이런 생각을 했습니다. '입시를 코앞에 둔 인문계 고3 학생들이 세계사를 선택하여 방대한 양인데도 거기 질리지 않으면서 기가 막히게 즐겁게 공부할 수 있었던 그 힘은 무엇일까?'라는 것입니다. 그것은 마치 고등학교 시절의 저를 역사의 바다로 인도하여 대학에서 전공으로 선택할 수밖에 없게 만들었던 힘, 많은 이들을 역사극 앞으로 나오게 한 힘, 그리고 유물과 유식을 통해 한 시대를 읽게 해주는 '답사기' 종규의 책을 사려는 많은 이들을 서점으로 이끌었던 그 힘과 같지 않을까요? 그것은 바로, 역사가 지금의 나의 삶과 관계를 맺고 있다는 것을 깨닫고 그 사실을 확인했을 때 느낄 수 있는 기쁨, 무언가 내가 보지 못하는 큰 것들이 움직이고 있지만 그것들이 지금까지 움직인 법칙을 알아내고 앞으로 이렇게 될 것 같다고 예측하여 왠지 세계가 내 손과 내 지식 안에서 움직이고 있다고 생각되는 충만함…. 그것이 아닐까요? 아주 작은 사건이지만 그 사건으로 인해 세계가 큰 변화를 겪게 되고, 작은 일 같지만 결국에는 다 연결되어 있다는 것을 알게 되었을 때 느끼는 놀라움, 그렇게 세상을 해석해내면서 언젠가는 나를 통해서도 큰 일이 이루어질 수 있을 것 같은 기대감이 아닐는지.

그래서 역사는 무엇보다 내가 발 딛고 서 있는 현재의 모습에서부터 시작해야 합니다. 현재를 살아가는 사람들의 아픔과 기쁨, 그리고 그들이 직면한 문제를 같이 고민하고 싶다는 사랑이 세계사의 기초가 되어야 합니다. 그것이 배제된 채 시작되는 역사에 대한 관심은, 흥미를 위해 과거 있었던 사실을 왜곡하는 판타지 역사 소설에 다름 아니며, 단순한 지식의 나열로 나 자신을 많은 자들 앞에서 잘난 체하게 만드는 교만의 자리에 올려놓기 딱 좋은 잡학의 집합체일 뿐입니다.

저는 무엇보다도 여러분이 현재 우리의 자리를 사랑하는 마음으로 세계 역사를 바라보기를 원합니다. 내가 살고 있는 이 시간, 내가 생활하고 있는 이곳과 관련되어 여러분 각자 생활에서 숨 쉬고 있는 세계사를 공부하는 여행이 되기를 바랍니다. 세계사에 관심이 있는 친구들, 세계사를 어떻게 공부해야 하는지, 세계사를 왜 공부해야 하는지 등으로 고민하고 있는 친구들에게 방향을 알려줄 수 있는 강의가 되기를 희망합니다. 그래서 이 여행이 세계인을 사랑하는 따뜻한 마음을 가진 많은 청년들의 발등 위를 비출 작은 등불이 되기를 소망합니다.

지금까지 우리 여행의 목표를 같이 나누었으니 이제 여행 내용에 대해 이야기해볼게요. 이 여행은 인류 역사가 청동기와 문자를 가지고 강을 중심으로 하여 '4대 문명'이라는 이름으로 시작된 이래 그것이 흘러온 큰 흐름을 따라 지역별로 진행될 예정입니다. 서아시아 지방에서 시작된 인류 문명을 유럽을 넘어 아메리카와 오세아니아를 돌며 살피고, 동아시아 대륙을 거쳐 그곳에서 아프리카와 다시 현대의 서아시아로 돌아오며 마무리할 텐데요. 이러한 흐름이 낯설 수도 있습니다. 대부분의 세계사 공부는 시대 구분에 따라 유럽사와 중국사 중심으로 움직이잖아요. 하지만 현재 우리 지구상에서 분쟁으로 인한 아픔이 가장 큰 곳이 어디인가, 그리하여 문제가 해결되기를 바라는 곳이 어디인가를 한 번쯤 고민해본 여러분이라면 우리 여행이 왜 이러한 순서로 진행되어야 하는지 동감할 거라 생각합니다.

자, 이제 길고 긴 여정을 시작하겠습니다. 지구본을 옆에 두고 저와 함께 "세계가 거쳐온 길들에서 무엇을 배울까?"라 물으면서 세계의 구석구석 골짝골짝 우리와 관계가 있고, 앞으로 있을지도 모를 많은 나라의 역사로 여행을 떠납시다. 준비할 것은 아무것도 없습니다. 그저 내가 살고 있는 이 지구에서 다른 사람들은 어떻게 살아왔는지 알고 싶다는 호기심, 지혜롭고 담대한 면이라면 그런 대로, 더럽고 추악하다면 또 그렇게 살아온 모습 그대로 받아들일 수 있는 관대함, 그리고 그 모든 것들을 보면서 삶의 방향을 정할 수 있는 지혜만 있다면, 나이나 지위 무엇에도 상관없이 이처럼 마음이 푸르른 청년이라면 그것으로 족합니다.

여러분의 세계사 여행에 대한 도전과 열정과 사람에 대한 사랑을 저는 깊이 사랑합니다. 여행을 끝까지 함께하여 이 작은 이야기들을 통해 여러분의 큰 강과 같은 삶이 더욱더 풍요로워지기를 소망하면서, 이 여행을 마칠 수 있도록 도움을 주신 분들께 감사의 인사를 드리고 싶어요. 사랑하는 많은 제자들과 도와주신 선생님들, 믿고 응원해주신 가족, 저를 위해서 항상 기도해주시는 신앙의 가족들, 무엇보다도 제가 제일 사랑하는, 저를 역사 교사로 아내로 엄마로 만들어주신, 그리고 이제는 또 다른 도전을 허락해주신 하나님께 이 여행에 동참한 모든 분의 마음을 함께 담아 영광과 감사를 드립니다.

2016년 초여름, 하은 모지현

차례

문명의 탄생,
서아시아에서
출발해볼까?

세계사를 이끈 유럽, 그 힘의 근원을 찾다

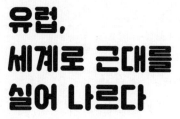

유럽,
세계로 근대를
실어 나르다

전쟁에서 이기려면 무기를 갈고, 세계사와 친해지려면 용어와 흐름을 알라!

세계사를 사랑하는 여러분! 드디어 구석구석 골짝골짝 세계사를 만나는 여행이 시작되었습니다. 흔히 "전쟁에서 이기려면 무기를 갈아야 한다"고 말합니다. 어떤 일을 할 때 준비가 그만큼 필요하다는 말일 텐데요. 세계사를 공부할 때도 마찬가지입니다. 세계사 여행을 떠나는데 우리가 떠나는 곳이 정확히 어디인지, 그곳이 시공간상 어디에 위치하는지 알지 못한다면 그저 글자만 이해하고 넘어가는 셈이니까요. 그렇게 얻은 지식은 정작 내 삶에 필요할 때는 쓸 수 없는 죽은 지식이 될 테고요. 그래서 저는 여행을 시작함에 있어 지리적·역사적으로 꼭 알아야 할 개념들을 몇 가지 먼저 소개하려 합니다.

우선 우리가 제일 처음 알고 가야 할 개념은 동양(Orient)과 서양(Occident)입니다. 흔히 사용하는 개념이지만 어떤 뜻인지 정확하게 알고 있는 분들은 많지 않은 것 같아요. 이 두 단어는 로마 제국에 기원을 두고 있습니다. 라틴어에서 유래하는 이 단어들은 395년 로마 제국이 동쪽의 그리스적 세계와 서쪽의 라틴적 세계로 분열되었을 때, 전자를 '오리엔트 제국', 후자를 '옥시덴트 제국'이라 불렀던 데서 유래했어요. 그러다 19세기에 유럽이 강대해지면서 많이 사용되기 시작했답니다. 유럽이 동쪽에 위치한 아시아로 세력을 뻗어나가면서 아시아 지역을 가리켜 '해가 뜨는 지방'이라는 뜻의 오리엔트를 사용한 것입니다.

아시아(Asia)라는 용어는 아시리아 제국(일설에는 페니키아)에서 만들어졌다고 해요. 아시리아는 에게 해 동쪽을 '아수(asu:동방)'라 불렀고, 서쪽을 '에레브(ereb:해가 지는 땅, 어둠의 땅)'라 불렀습니다. '아수'라는 지명은 주로 현재의 터키를 가리켰는데요. 기원전 2세기경 이 지방을 지배한 로마가 '아수'에 지명 접미사 'ia'를 붙여 '아시아'로 부르기 시작했다고 전해집니다.

유럽(Europe)이라는 용어는 페니키아인에 의해 정착된 것으로 그들이 서쪽으로 진출하면서 아시리아인의 'ereb'라는 말이 확대되어 쓰였다는 설이 있고, 신화상의 기원도 있어요. 그리스 신화에 따르면 페니키아 왕의 딸인 에우로페를 사랑한 그리스의 신 제우스가 흰 수소로 변신하여 에우로페를 태우고 크레타 섬으로 데려갔답니다. 그리고 거기에서 에우로페를 통해 크레타 왕이 되는 미노스를 비롯한 자녀 세 명을 낳았다고 해요. 딸을 잃어버린 페니키아 왕은 다섯 명의 왕자에게 에우로페를 찾아오라 했는데, 이때 에우로페가 수소의 등을 타고 돌아다닌 지역을 그녀의 이름에서 따 '유럽'이라 불렀다는 거예요.

아메리카(America)라는 용어는 콜럼버스가 아시아라고 생각했던 대륙이 '신대륙'임을 밝힌 이탈리아인 아메리고 베스푸치(1454~1512)의 여성형인 아메리카

**흰 수소로 변한 제우스가
에우로페를 태우고 바다를 건너고 있다.**

에서 나온 것입니다. 아메리고 베스푸치는 1497년부터 1503년까지 네 차례에 걸쳐 중남아메리카를 탐험했어요. 그의 이름이 신대륙에 붙여진 것은 콜럼버스가 숨진 다음 해인 1507년인데요. 그럼 콜럼버스가 너무 불쌍하다고요? 염려 마세요. 콜럼버스의 이름은 남아메리카에 있는 '콜롬비아'라는 국명과 콜롬비아의 카리브 해 남쪽 해발 5,775미터의 '크리스토발 콜론' 봉(峰)에 남아 있으니까요.

크리스토발 콜론 봉(좌) 나사 월드 윈드의 사하라 사막 위성사진(우)

아프리카(Africa)는 기원전 2세기경 로마인들이 붙인 이름으로 알려졌습니다. 당시 아프리카로 불리던 곳은 북아프리카 일부에 불과했고, 이는 페니키아인이 사용한 '북아프리카 선주민의 땅'을 의미하는 '아프리(afri)의 땅'에서 왔다고 합니다. 또 아프리카는 '카르타고와 그 주변'을 의미하며 페니키아어로 '식민', 아랍어로는 '먼지'를 의미하는데요. 이것은 아마도 사하라 사막의 모래를 가리키는 말이었을 것입니다. 16세기 이후에야 사하라 사막 이남 지역도 아프리카에 포함되었는데, 이는 유럽인의 영향력이 확대되었기 때문이에요. 당시까지 아프리카 중남부에 살던 사람들은 자신이 사는 곳이 아프리카라 불리는 것도 몰랐다고 해요. 우리도 우리가 '아시아'에 살고 있다는 것을 안 게 오래되지 않은 것처럼 말입니다.

오세아니아(Oceania)라는 용어는 19세기 초반 유럽인들에 의해 사용되면서 '광의(廣義:넓은 의미)의 유럽'에 편입되어 불리기 시작했다고 합니다. 이는 라틴어 '오케아누스(Oceanus:대양)'의 지명에 접미사 '-ia'를 붙인 것으로 '대양 속의 땅'이라는 뜻인데요. 나중에 이 명칭이 영어화하면서 '오세아니아'로 변했습니다. 그래서 항공사에서는 오세아니아를 '대양주'라 표현하기도 해요.

중동(中東)은 아시아 남서부와 아프리카 북동부 지역을 총칭하는 말입니다. 15세기 유럽인의 신대륙 발견과 함께 '해가 뜨는 동쪽'을 뜻하던 동방이 근동·중동·극동으로 세분화되었답니다. 중동은 서양에서 보았을 때 극동(極東: 중국, 한국, 일본)·근동(近東:그리스 발칸 반도)에 대하여 그 중간 지역을 지칭하는 말로 쓰이는 것이지요. 일반적으로 아프가니스탄으로부터 서쪽의 서남아시아, 아라비아 반도, 이란, 터키와 이집트 등의 아프리카 북부까지 포함한 상당히 넓은 지역을 가리키는 말로, 때때로 이슬람권·아랍권과 같은 뜻으로 사용되기도 해요.

고대(古代), 중세(中世), 근대(近代)라는 용어는 역사를 공부할 때 자주 등장하는 말입니다. 세계사뿐만 아니라 한국사에서도 종종 듣는 개념인데요. 이는 후대의 역사학자들이 비슷한 시기별로 비슷한 특징을 발견하여 시대를 구분하기 위해 붙인 이름이에요. 그러니까 당시 사람들은 자신들이 고대인지 중세인인지, 혹은 근대인인지 모르며 살았겠지요. 우리노 지금 현대늘 살고 있다고 생각하지만, 1,000년 뒤 우리의 후손들이 우리를 어떻게 부를지는 아무도 모르잖아요? 본래 이러한 3분법은 서양 르네상스 시기 인문주의자들이 자신들을 앞의 시대 중세와 단절하고 그리스 로마 시대인 고대를 부활시킨 것이라고 강조하면서 쓰기 시작했습니다. 그래서 그리스 로마 시대를 고대, 르네상스 이전까지를 중세, 르네상스 이후를 근대라 불렀고, 이것이 17세기 역사학이 만들어지면서 정리된 거예요. 물론 고대 이전에 선사시대도 있고, 4대 문명도 있고, 중세와 근대 사이에 근세도 있고, 이 모든 것을 동양사나 한국사에 적용할 수 있는가 하는 논란도 있지만, 이 용어들을 정리하는 것은 적어도 세계사 여행을 하는 데엔 도움이 될 거예요.

근대 역사학의 출발점인 서양의 역사적 특징에 맞추어 대체로 기원전 3000년경부터 기원후 5세기경 정도까지를 고대로 간주하는데요. 고대는 보통 강력한 왕권과 노예제가 있는 게 특징입니다. 그래서 기원전 2세기경부터 고대로 파악하는 것이 더욱 정확하지만, 우리 여행에서는 그 이전 시기까지 포함하여 넓은 의미의 고대로 부르기로 합시다. 또한 5세기경부터 약 1,000년 동안, 즉 14세기까지를 중세라고 해요. 고대와 근대 사이에 있는 시기라 하여 중세로 이름 붙이는데, 이 시기의 특징은 지방 분권적 지배 구조인 봉건제도입니다. 근대는 약 14세기부터 19세기까지를 일컫는 용어로서 인간의 이성이 발달하고 본격적인 세계사의 서막이 오르는 시기랍니다. 덧붙여 현대라 하면 20세기 두 차례의 세계대전과 그 이후의 세계사로서 지금 우리가 살고 있는 시기를 지칭하는 역사적 용어[1]지요.

지금까지 동양과 서양, 그리고 사람들이 거주하는 대륙의 명칭 및 지역명의 유래와 시대 구분 용어를 살펴보았는데요. 어떤가요? 놀랍게도 각각의 명칭이 세계의 역사 흐름, 특히 유럽인의 시각과 역사적 활동 범위의 확대와 연관되어 있다는 게 눈에 보이지요? 그럴 수밖에 없는 것이 지리학도 역사학도 유럽이 세계사의 주도권을 쥐고 앞서 나가던 시대, 즉 근대에 확립된 학문인 탓입니다. 그 때문에 용어와 구조가 유럽의 입장에서 쓰일 수밖에 없었던 거예요. 즉, 모든 역사적 용어나 관점에는 반드시 그것을 쓰기 시작한 자들의 생

---

1 시대 구분은 독자의 이해를 돕기 위한 대략적인 설명이다. 동양사에서는 왕조를 기준으로 구분하기 때문에 세기가 정확히 맞아떨어지지 않을 수도 있다. 한 시점을 두고 시대 구분을 위해 몇 년 동안 토론하는 학자들이 있을 만큼 '시대 구분론은 사실 굉장히 복잡한 문제이다.

각이 반영되어 있으므로 어찌 보면 역사에는 '객관적'이라는 말이 성립할 수 없다고 생각하며 살펴보는 것이 가장 '객관적'이라 할 수 있겠습니다.

이제 본격적으로 역사 여행을 시작하겠습니다. 세계사 최초로 문명이 시작되는 '서아시아 사람들의 역사' 속으로 출발해볼까요?

문명의 탄생,
서아시아에서
출발해볼까?

고대 서아시아_
우리가 모르던 또 다른 아시아

기원전 오랜 옛날부터 오리엔트, 서아시아 지역은 전쟁과 소요가 끊이지 않는 분쟁 지역이었습니다. 중동은 아시아와 아프리카, 유럽을 이어주는 요충지였기 때문인데요. 이러한 지리적 특성 때문에 여러 민족과 나라 간의 교류가 활발했고, 이 풍요로운 땅을 찾아 다른 민족들이 이주해오면서 자연스럽게 대립이 잦게 되었어요. 여기서 바로 인류 최초의 문명이 탄생합니다. 철기와 알파벳, 유대교의 유일신 사상 등 이 지역 사람들이 남긴 문화적 유산은 에게 해를 넘어 시대를 넘어 그리스, 로마, 서유럽으로 전파되었어요. 또한 이 지역에서는 중앙아시아의 아리아인에 의해 세워진 이란 제국이 발달했고, 뒤를 이어 아라비아 반도에서 이슬람교가 탄생하여 그 문화적 힘이 당시의 세계를 이끌기도 했답니다.

저는 이러한 서아시아의 역사를 우리 세계사 여행의 출발점으로 삼고자 해요. 어찌 보면 조금 낯선 형태일지도 모릅니다. 여러분이 학교에서 배우는 교과서 속 세계사에서는 대개 구멍으로 비어 있는 지역의 역사이기 때문이지요. 하지만 이곳은 현대 세계 정세 속에서 우리에게 밀접하게 다가오고 있는 지역이므로 배우고 나면 놀랍게도 새로운 눈이 떠질 거예요. 기대감과 호기심, 충전 완료되었다고요? 그럼 출발합니다!

인류의 첫 문명 탄생지_메소포타미아와 이집트

인류 최고 문명의 발상지인 메소포타미아를 아십니까? 아랍어로 '강가의 땅 이나 저지대'라 부르는 현재의 이라크가 바로 그리스어로 강 사이에 있는 땅 으로 불리는 메소포타미아입니다. 티그리스와 유프라테스 강 유역은 밀과 대 추야자 등을 수확하는 비옥한 농경지대인데요. 지금부터 기원전 약 3500년경 에 티그리스 강과 유프라테스 강 하류의 수메르에 수메르인이 도시를 건설했 습니다. 물론 도시 건설 이전에 농경 목축이 시작된 것은 기원전 8000년경까 지 거슬러 올라갑니다만, 문명이라고 불릴 수 있는 특징이 나타나는 시기를 이때로 잡은 것이죠. 그 가운데 대표적인 도시가 유프라테스 강 근처에서 하 천 교역으로 번성했던 우르이고, 이와 같이 두 강 사이의 지역을 중심으로 발 달하기 시작한 문명을 후대 사람들은 메소포타미아 문명이라 부릅니다.

기원전 1800년대 무렵에는 아무르인이 유프라테스 강변에 위치한 도시 바 빌론을 중심으로 패권을 장악했습니다. 이들 바빌로니아 왕국이 남긴 가치 있는 문화유산은 함무라비 왕 때 만들어진 함무라비 법전이에요. 282개 조 에 달하는 내용을 높이 2미터 40센 티미터에 이르는 대형 비석에 새긴 이 법전은 1901년 말 프랑스 탐험대 에 의해 페르시아의 고도(古都) 수 사에서 발견되었습니다. 현재 완전 한 원형으로 프랑스 루브르 미술관 에 소장되어 있지요. 수메르의 옛 법을 집대성한 성문법으로서의 가 치를 지니고 있는 유산으로 가족 관계와 직업, 채무 등 실생활에 필

티그리스 강과 유프라테스 강 유역

요한 내용들을 담고 있어서 당시 메소포타미아 문명 시기 사람들의 모습을 추론해볼 수 있습니다.

'함무라비 법전'의 대표적인 내용과 특징을 정리하면 다음과 같습니다.

● 함무라비 법전 ●

제196조 자유인의 눈을 뺀 자는 그 눈을 뺀다.

제198조 천민의 눈을 빼거나 뼈를 부러뜨린 자는 은 1마누를 바쳐야 한다.

제204조 천민이 천민의 뺨을 때리면 10시클을 바쳐야 한다.

제205조 노예가 자유인의 뺨을 때리면 그의 귀를 자른다.

고대법의 특징인 보복주의[1]가 그대로 드러나 있고, 신분에 따라 법이 차등적으로 적용되었다는 것을 볼 수 있는데요. 내용이 무시무시해서 여러분은 어쩌면 그 당시를 현재와 비교해 문명이 아닌 미개함이라 생각할 수도 있을 겁니다. 그렇지만 당시 사람들이 이런 법이 없었을 때 무조건 피의자를 살해했던 사실을 생각한다면 법 제정 자체는 그 전에 비해 진일보한 것이라 볼 수 있어요. 한국사와 연관 지어

함무라비 법전이 새겨진 돌기둥(좌) **함무라비 법전의 비문**(우)

---

1   탈리오의 법칙(lex talionis): 눈에는 눈, 이에는 이.

고조선과 부여의 법^{2}을 비교해보는 것도 좋을 것입니다.

기원전 1500년 무렵 메소포타미아는 히타이트인들의 침입으로 대(大) 격동기에 접어드는데요. 히타이트인은 다시 한 번 다루겠지만 인류 최초로 철제 무기를 사용해 메소포타미아에 제국을 세웠던 민족입니다. 복잡하다고요? 웬 민족의 이름과 나라들의 이름이 이렇게 많은지. 사실 다 말씀드린 건 아니고 문화적 유산을 남긴, 역사적으로 의미가 있는 민족과 국가들만 일부 메소포타미아 문명 속에 포함시켜 다룬 건데요. 이렇게 다양한 민족의 흥망성쇠가 있었다는 것은 이 지역이 살기 좋았던 비옥한 땅이었다는 뜻입니다. 다른 말로 하자면 침략 당하기 좋은 위치였다는, 즉 개방적 지형이었다는 뜻도 되고요.

메소포타미아 문명은 이와 같이 비옥하면서도 개방적인 지형 때문에 잦은 이민족의 침입으로 왕조 교체가 빈번했고, 그래서 삶 자체가 불안정한 사람들에 의해 이루어졌답니다. 그 결과 그들만의 문화적 특징이 나타나는데요. '길가메시 서사시'^{3}와 같은 작품 속에서 볼 수 있듯이 "지금 현세에 충실하자"는 현세적 종교관이 나타났고, 다른 한편으로는 불안한 미래를 예측하기 위해 천체 운행을 관찰하여 운명을 점치는 점성술이 발달했지요. 지구라트와 같은 성탑 유적, 태음력의 달력, 현재 시간에서의 단위가 된 60진법, 그리고 '함무라비 법전'이 기록된 쐐기모양(설형, 楔形) 문자들이 메소포타미아 문명에

---

2   고조선의 8조법 중 전해지는 3조목: 1)사람을 죽인 자는 즉시 사형에 처한다. 2)남에게 상해(傷害)를 입힌 자는 곡물로써 배상한다. 3)남의 물건을 훔친 자는 데려다 노비로 삼는다(단, 자속(自贖)하려는 자는 1인당 50만 전을 내야 한다)이다. 부여의 법률: 1)살인·간음·부녀의 투기 등은 극형에 처한다. 2)살인자는 사형에 처하고 그 가족은 노비로 삼는다. 3)남의 물건을 훔쳤을 때에는 물건 값의 12배를 배상하게 한다. 4)간음한 자와 투기가 심한 자는 사형에 처한다.

3   길가메시는 고대 바빌로니아의 서사시에 나오는 주인공. 새 사료(史料)가 발견되어 실제 존재했던 지배자로서 역사성을 인정받았다. 길가메시 서사시는 전설적인 왕 길가메시(Gilgameš)를 노래한 것으로 19세기 서남아시아 지방을 탐사하던 고고학자들이 수메르의 고대 도시들을 발굴하는 과정에서 발견되었다. 길가메시 서사시는 호메로스의 서사시보다 1,500년가량 앞선 것으로 평가된다.

지구라트 지구라트는 '높은 탑'이라는 뜻이다. 진흙 벽돌을 거의 수직이 되게 계단식으로 쌓아 건설하는 것이 일반적이다. 이곳은 보통 왕이 하늘에 제사를 지내기 위해 만들어진 것으로 각 도시에 국가 체제가 갖춰지면서 대외적으로는 국가의 상징 역할을 했다. 성경에서의 '바벨탑'이 지구라트를 가리키는 것이라고 말하기도 한다.(상)

쐐기문자 쐐기문자는 메소포타미아에서 개발된 문자로 처음에 벼는 이삭 모양을, 황소는 머리 모양을 그려 표시했다고 한다. 그런데 갈대를 가지고 점토판에 기록하다 보니 곡선을 그리기 어려워서 차츰 곡선이 줄어들고 쐐기 모양이 되었다.(하)

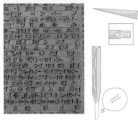

서 꼭 알아야 할 문화유산입니다.

자, 그럼 인류의 또 다른 문명인 이집트 문명에 대해 생각해볼까요? 이집트 문명도 나일 강이라는 젖줄을 타고 발달한 비옥한 토지를 중심으로 발생했습니다. 메소포타미아 문명과 마찬가지로 강을 다스리는 치수(治水)가 국가권력의 핵심이었고, 특히 왕은 하늘에 제사를 지내는 능력을 가졌던 신정적 전제 정치가 행해졌답니다. 다신교였으며 계급 사회였고, 실용적인 과학이 발달했다는 점에서 메소포타미아와 같았지요.

그런데 이집트 문명은 메소포타미아 문명과 분명한 차이점이 있었답니다. 메소포타미아 문명이 개방적 지형에서 발달했던 데 비해 이집트는 동서남북이 사막과 바다, 강 등으로 둘러싸여 있었던 폐쇄적 지형이었기 때문에 왕조 교체가 없이 고왕국·중왕국·신왕국 등으로 이어졌다는 점이지요. 그러다 보니 삶이 비교적 안정적이었습니다. 따라서 사람들은 현세에 대한 관심보다 내세에 대한 관심이 더 많았고, 덕분에 내세적 다신교가 발달했어요. 이와 관련된 문화유산으로 미라, 피라미드, '사자(死者)의 서(書)'와 같은 것들이 있습니다. 또 상형(象形)문자, 파피루스, 태양력, 10진법과 같이 현재까지 영향을 미치고 있는 유산도 남겼지요. 미라를 만들다 보니 의학이 발달했고, 나일 강 범람 후에 농토를 측량해야 했기에 측량술과 기하학이 발달한 거예요.

비슷한 지역에서 비슷한 시기에 일어난 문명이지만 특징이 각각 다르다는 것을 이해했지

고대 이집트

- 로제타
- 지중해
- 헬리오폴리스 (카이로)
- 레트몰리스 (기제)
- 멤피스
- 시나이반도
- 헤라클레오폴리스
- 에쿠트아텐 (텔엘아마르나)
- 나
- 홍
- 일
- 해
- 강
- 왕가의 골짜기
- 테베
- 고왕국
- 중왕국
- 신왕국
- 아스완
- 아부심벨
- ● 정치 중심지
- ▲ 피라미드
- ■ 채석장
- ― 상하 이집트 경계

피라미드 이집트 기자에 있는 쿠푸 왕의 피라미드는 20년간 약 10만 명의 농민을 동원해서 평균 무게 2.5톤의 돌 230만 개를 쌓아올린 세계 최대의 석조 건물이다. 피라미드의 건설 목적이 왕의 영혼을 태양신에게 인도하기 위한 것이었다고 하니, 이집트인들의 내세적 종교관이 얼마나 이들 생활에 영향을 끼쳤는지 알 수 있다.(상)
사자의 서 고대 이집트 시대 미라와 함께 매장한 것으로 죽은 후의 세계에 대한 안내서이다. 파피루스나 가죽에 그림을 그리고 그에 대한 교훈이나 주문 등의 설명을 상형(象形)문자로 기록했다.(하)

요? 치수를 위해, 농경을 위해 만들어진 문명이기에 두 문명이 가지는 공통점도 있으나 각 문명이 위치한 지리적 지형에 따라 나타나는 차이점도 있는 거예요.

에게 해를 넘어, 시대를 넘어 문화를 전하다_지중해 동부 연안의 국가들

이들 국가가 자리 잡았던 곳은 지중해 동부 연안으로 현재 시리아, 레바논, 이스라엘, 요르단, 그리고 남쪽으로는 사우디아라비아와 이집트까지 이르는 지역입니다. 이런 국가들의 이름은 뉴스를 통해 전쟁이라는 매개가 아니면 들어본 적이 없을 터이므로 굉장히 낯설고 우리와 거리가 멀다고 생각할지도 몰라요. 하지만 그들이 남겨놓은 문화적 유산은 에게 해를 넘어 그리스, 로마로 전해졌고, 시대를 넘어서는 현재에까지 영향을 미치고 있습니다. 그러므로 문화적 측면에서 꼭 알아두어야 하는 국가들이지요.

첫 번째 살펴볼 민족은 메소포타미아 지방에서 잠깐 다루었던 히타이트입니다. 최초로 철기를 사용하여 주변을 정복하고 제국을 세운 민족인데요. 히타이트라는 용어는 구약성경의 '헷 족속'에서 유래했다고 전해져요. 동서 교통의 요지이자 철 생산지인 아나톨리아 고원을 장악하며 기원전 18세기경부터 발전해서 기원전 14세기경에 전성기를 누렸습니다. 히타이트의 군대는 창과 방패 등의 무기뿐 아니라 전차의 바퀴와 말발굽 등을 모두 철제로 무장하면서 청동제 무기를 가진 메소포타미아와 이집트를 비롯한 주변을 정복했고, 그와 함께 철기를 전파하며 새로운 시대를 열었지요.

두 번째 헤브라이는 종교적 면에서 큰 영향을 끼친 민족입니다. 지금의 이스라엘을 이루고 있는 유대 민족이 바로 이들인데요. 이들은 주변의 다른 국가가 다신교를 믿었던 것과 달리 여호와 유일신을 믿는 신앙을 가졌습니다.

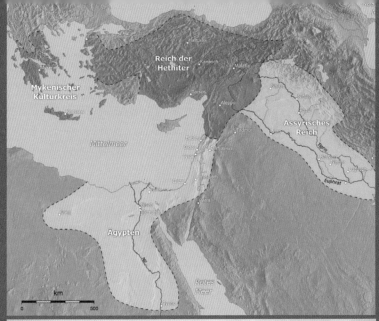

기원전 1400년경의 고대 근동 히타이트 제국(파랑, 기원전 1400년경은 히타이트의 최절정기였다), 아시리아 제국(녹색), 고대 이집트(노랑), 그리스 미케네 문명(분홍)

고대 히타이트 제국의 수도였던 하투샤의 잔체 미루샤는 1986년 유네스코 세계유산으로 지정되었다.

사자의 문 하투샤 유적지에 있는 세 개의 문(왕의 문, 사자의 문, 스핑크스의 문) 중 하나이다.

십계명이 적힌 두 개의 돌판을 높이 들고 있는 모세(렘브란트 作)

유프라테스 강

페니키아

이스라엘 왕국
(B.C.920경~B.C.722)

다윗·솔로몬
시대의 영역

유대·왕국
(B.C.920경~B.C.586)

북이스라엘 남유대

자신들을 유일신인 여호와에 의해 선택받은 민족으로 여겼는데, 이들로부터 유대교가 시작되었지요. 유대교는 크리스트교와 이슬람교의 기원으로 많은 영향을 미친 종교랍니다. 이 민족의 전성기는 많은 분들이 들어본 적이 있을 '다윗'과 '솔로몬' 왕의 시대였고요. 이들은 기원전 586년에 멸망할 때까지 북이스라엘과 남유대로 분열되어 역사를 이어갔습니다.

세 번째 페니키아는 지금의 레바논, 시리아 지방을 중심으로 도시 국가를 세우고 기원전 1200년경에서 900년경까지 지중해를 넘어 퍼져나간 해상 무역에 탁월했던 민족입니다. 그들 스스로 가나안 사람이라는 뜻인 '케나아니'라고 불렀는데요. 이 말은 히브리어로 '상인'을 뜻하기도 합니다. 말 그대로 이들은 타고난 상인이었어요. 소아시아와 북아프리카 등에 식민 도시를 건설했지요. 이들이 개척한 대표적인 아프리카의 식민 도시가 후에 로마와의 포에니 전쟁으로 유명한 카르타고입니다.

페니키아

무엇보다 페니키아는 최초로 알파벳(표음문자)을 사용한 문명으로 널리 알려져 있습니다. 이들이 사용한 알파벳으로부터 후대의 여러 알파벳이 나왔는데요. 이들은 해양 무역을 통해 자신들의 알파벳을 북아프리카와 유럽에 전파했고, 결국 이로부터 그리스어의 알파벳이 만들어져요. 그리스 문자는 현재 유럽 각국에서 사용되는 알파벳의 기원이 되었답니다.

페니키아 알파벳(좌)
암포라에 그려진 용과 싸우는 카드모스(기원전 560년~기원전 550년경, 에우보이아 출토, 루브르 박물관)(우)

이들 국가의 정치가 어떠했는지 어떤 경제적 업적을 남겼는지 역사에서 그 자세한 자취를 찾기는 힘들지만, 이들이 남긴 문화적 유산이 유럽을 넘고 시간을 뛰어넘는 어마어마한 영향력을 가진 것은 사실입니다. '철기'와 '유일신 종교', 그리고 '알파벳'만 봐도 알 수 있잖아요? 정치나 경제나 사회가 가지는 힘이 얼마나 큰지 알고 있지만, 고대 지중해 동부 연안의 국가들을 생각할 때면 문화가 가지는 힘이 얼마나 장구한지 다시금 생각해보게 된답니다.

오리엔트를 통일한 별들_'페르시아'라는 이름의 '이란' 제국

지금까지 지중해 연안 동부에서부터 시나이 반도, 이집트에 이르기까지 인류 최초의 문명을 발생시키고 그것을 지중해 너머까지 전달했던, 유럽인들에 의해 오리엔트라고 불리던 서아시아 지역의 문명을 살펴보았습니다. 조금 복잡하지만, 어렵게 생각하지 마세요. 제가 처음에 말씀드린 것처럼 그 어떤 세계의 역사라 할지라도 현재와 동떨어져 있다면 그것은 죽은 지식에 불과하거든요. 먼저 당시 문명의 특징이 지형과 어떤 연관이 있는지 메소포타미아와 이집트를 비교하고, 그다음엔 지중해 동부 연안 3국의 문화적 영향력을 정리하면 된답니다.

이제 그 문명들을 뒤로 하고 시간의 흐름에 따라 좀 더 세련된 형태의 제국 통치가 등장하는 시기로 넘어가려 합니다. 시간적으로는 기원전 700년경부터 기원후 600년경까지 약 1,300여 년 동안 오리엔트 지역을 통치했던 민족들에 대한 이야기예요.

첫 번째 주인공은 아시리아입니다. 이들은 기원전 671년, 즉 기원전 7세기 초에 오리엔트 지방을 최초로 통일한 민족이에요. 구약성경에서는 '앗수르'라 표현된 자들인데요. 아시리아라는 용어는 티그리스 강 상류 지역을 부르는 말이었고, 고대 도시이자 수도였던 아수르에서 유래한 명칭이라고 합니다. 이들은 북부 메소포타미아 선제, 이십트, 아나톨리아까지 지배하는 대제국으로 성장했지만, 피정복민을 가혹하게 통치했기 때문에 통일한 지 50년 만인 기원전 612년에 멸망하고 4개 국가로 분열되고 말아요. 즉, 이집트, 신(新)바빌로니아[4], 메디아, 리디아 4개의 국가로 나누어졌습니다. 이와 관련하여 헤브라이 민족 중 북 이스라엘이 멸망한 후 남아 있던 남 유대인들이 신바빌로니아

---

4   이미 함무라비로 유명한 바빌로니아왕국이 있었기 때문에 그것과 구별하기 위해서 신바빌로니아라고 부른다.

고대 아시리아의 유적(상)
추방되는 유대인의 슬픔(에드워드 벤데맨 作)(하/좌) **포로들의 대이동**(제임스 티소 作)(하/우)

에 잡혀 강제 이주를 당하고 노역한 사건을 가리켜 역사적으로 '바빌론의 유수(기원전 586)'라 부릅니다. 서양사에서 이는 상식적으로 알아야 하는 사건이에요.

두 번째, 이 4개국을 통일하고 정복 국가로서의 통치다운 통치를 한 국가가 바로 페르시아인데요. 후에 사산 왕조가 세운 페르시아와 구별하기 위해 이들을 아케메네스 왕조 페르시아(기원전 550~기원전 330)라 부릅니다. 로마 제국이 유럽을 통일했듯이, 이들은 아나톨리아, 이집트, 메소포타미아, 이란 등

독자적으로 발전해온 여러 서아시아 문화권을 통합한 최초의 제국으로서 역사적 의의가 큽니다.

　여기서 잠깐! '페르시아'라는 이름의 '이란' 제국이라고 붙인 소제목에 대해 이야기를 나누고 가야 왜 '페르시아'가 의미 있는지 더 마음에 와 닿을 것입니다. 우리는 페르시아 하면 왠지 『아라비안나이트』와 페르시아 고양이들을 먼저 생각하는데요. 이는 후에 이슬람 문화권에 흡수된 형태로서의 서아시아 문화로 이들을 이해하기 때문입니다. 사실 사산 왕조 페르시아기 멸망한 후 페르시아는 이슬람 세계의 일부로 흡수되긴 했습니다만, 이들은 서아시아의 본토박이 이슬람 문화권과 구별되는 다른 중앙아시아의 아리안계 사람들입니다. '페르시아'라는 용어는 고대 중앙아시아의 이란계 부족 명칭, 또는 지명인 '파르스'에서 왔는데요. 아케메네스 왕조를 개창한 키루스 2세가 이 지역 출신이기 때문에 그리스인들이 이 지역을 가리켜 페르시아라고 쓴 것이 서구 세계에 완전히 정착된 거예요. 즉, 페르시아는 서양인들에 의해 정착된 용어인 셈입니다. 이에 비해 '이란'의 어원은 초기 중앙아시아의 인도-유럽어족의

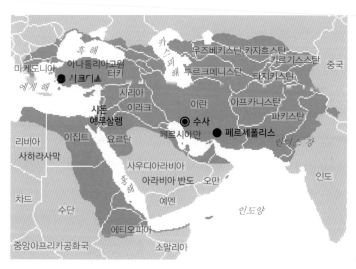

**아케메네스
페르시아 영토**

아리아랍니다. 고대 페르시아어로 '아리아'라 하던 것이 사산 왕조 시대의 중세 페르시아어, 팔라비어로 '에란'이 되었고, 이후 오늘날의 '이란'이 된 것입니다. 이 두 이름 중 현지인들이 전통적으로 써온 것은 서양에 의해 불리던 용어보다 자신들이 자부심을 가지고 토착적으로 쓰던 '이란'이에요. 그래서 이들은 현대에 들어와 자신들의 국가 명칭을 '이란'으로 쓰는 것입니다. 페르시아인이라 불리는 사람들은 현재 이란의 주요 민족이라고 볼 수 있어요.

7세기 이후 아랍인의 정복과 이슬람의 확장으로 이란인들은 이슬람 세계의 일부분으로 흡수되었습니다. 아랍 문자와 이슬람교를 받아들이고 생활하는 동안 생활 습관도 변하고 혼혈도 많이 생겼어요. 그러나 언어와 학문 분야는 대부분 유지되었고, 중세 이슬람 황금기의 주역이었던 이란 계통 학자들에 의해 '이란'이라는 명칭과 그들만의 문화, 정체성이 기억되어 현재까지 이어질 수 있었던 것입니다.

'페르시아'라는 이름의 '이란' 제국, 이제 이해되시죠? 현대에 들어서 '이란·이라크 전쟁'으로 인해 '이란'과 '이라크'가 커플로 등장하는 나라가 되었습니다만, 이들은 서로 혈통적으로도 역사적으로도 구분되는 나라라는 것을 잊지 마세요. 이 같은 역사적 사실은 현재 이 지역의 분쟁을 이해하는 데 도움이 될 것입니다.

자, 그럼 다시 '아케메네스 왕조 페르시아'로 돌아가겠습니다. 이 왕조의 특징은 아시리아와 다르게 이민족의 전통과 신앙을 존중하는 관용적인 정책을 펼쳤다는 점이에요. 전성기는 다리우스 1세(기원전 550~기원전 486) 샤자한 때로 이 시기 페르시아 왕조는 동으로 인더스 강 유역에서 서쪽으로는 사하라 사막까지, 북으로는 에게 해와 카스피 해, 남으로는 홍해, 페르시아 만, 인도양에 접하는 거대 제국이었습니다. 이 영토를 중앙 집권적으로 통치하기 위해 전국을 20여 개의 주(사트라비아)로 나누고, 여기에 총독(사트라프)를 두어 통치했고요. '왕의 귀', '왕의 눈'이라는 밀사를 파견해서 총독을 감찰하는 통제 체제를 구축했답니다. 또한 육로 교통망은 특히 왕의 칙령을 전달하거나 교역과 군사적 용도로 매우 유용했는데, 수도인 수사에서 리디아의 사르디스에 이르는 2,400킬로미터를 '왕의 길'이라는 도로와 역전제로 정비했습니다. 그리스 역사가 헤로도토스가 언급한 바에 따르면, 상인이 3개월 걸리는 길을 사자는 '왕의 길'을 이용해 1주일 만에 주파했다고 하니 페르시아의 강한 통치력을 실감할 수 있겠지요?

이 시기 페르시아는 스스로 아리아인의 후예임을 자랑스럽게 여기면서도 외래 문명을 배척하지 않고 수용·보존하는 정책을 펼쳤는데요. 그것을 보여주는 가장 놀라운 유적지가 바로 페르세폴리스 궁전 유적지입니다. 150여 년에 걸쳐 완성된 궁전으로 알려진 이곳은 세계 문화유산으로 지정되어 있는데요. 유적을 통해서 바빌로니아, 아시리아, 이집트의 흔적을 느낄 수 있고, 페르시아 제국의 문화적 관용 정책도 조금이나마 실감할 수 있답니다.

페르세폴리스 유적 일부

페르시아는 동시에 자신들만의 독자적 문화도 발전시켰어요. 대표적인 것이 바로 페르시아의 민족적 종교인 조로아스터(차라투스트라)교입니다. 기원전 551년에 사망한 조로아스터에 의해 창시된 것으로 알려진 이 종교는 세계를 빛의 신 아후라 마즈다와 어둠의 신 아리만의 대결로 이해해요. 이 세상을 선과 악으로 나누지만, 인간은 이들을 스스로 선택할 수 있는 자유 의지도 부여받았다고 봅니다. 빛의 신을 섬긴다고 해서 중국에 '배화교'로 알려진 이 종교는 천국과 지옥, 최후의 심판, 부활 등의 사상을 통해 유대교, 크리스트교, 이슬람교에 영향을 주었습니다.

이와 같이 서아시아의 독자적인 문화를 통합·발전시켰던 아케메네스 왕조 페르시아는 다리우스 1세의 아들 크세르크세스 1세 샤자한 시기에 그리스와의 전쟁[5]에서 패하고 난 후 쇠락의 길을 걷다 알렉산드로스 대왕의 원정군에 의해 멸망합니다.

세 번째, 알렉산드로스 제국의 지배를 받다 이란계 유목민에 의해 세워진 나라가 파르티아(기원전 248~기원후 226)입니다. 파르티아가 흥기하던 때는 중국에서는 한(漢) 제국이, 서양에서는 로마가 지중해의 패권을 장악하던 시기예

파르티아 사람들이 사용하던 동전

요. 파르티아는 왕조의 창시자인 아르사케스의 이름을 따 아르사크 왕조라 불리기도 했는데요. 중국에서는 이 이름의 음을 따서 안식국(安息國)이라고 불렀습니다. 파르티아는 그 당시 교통로였던 실크로드를 장악해서 중국의 한 제국과 로마 제국 간의 중계 무역으로 번성했고요.

---

5   페르시아 전쟁으로 알려져 있다.

야즈드 조로아스터
사원(이란)

조공을 바치는
사신들의 행렬

크세르크세스의 계단

중국 역사의 측면에서 다시 보겠지만 후한의 반초(班超, 32~102),[6] 감영[7]과 관련 있는 바로 그 국가입니다.

네 번째, 중동 제국의 패자이자 로마 제국 전성기의 거의 유일한 독립왕국이라고 할 수 있었던 파르티아를 멸망시키고 설립된 위대한 제국이 사산 왕조 페르시아(226~651)입니다. 사산조 페르시아의 사산이라는 용어는 이 시기 국교화한 조로아스터교의 아나히드 여신의 사제였던 '사산'에서 나온 것인데요. 사산 왕조는 자신들의 국가를 '사산 왕조의 지배하에, 조로아스터교를 믿으며 페르시아어를 쓰는 이란 사람들이 사는 나라'로 생각했습니다. 이들은 인도의 굽타 왕조, 중국의 위진 남북조 시대와 같은 시대를 풍미하며 발전했는데요. 특히 당시 대제국이었던 로마와 대립했다가 로마의 후신인 비잔티움 제국과 자웅을 겨루었답니다. 심지어 사산조 페르시아의 왕 샤푸르 1세가 로마 황제인 발레리아누스를 전쟁터에서 생포하기도 했거든요. 이들은 서아시아의 동서 교통로를 장악하고 중계 무역으로 번성하며 동서 문화를 연결하면서 400여 년을 이어간 대제국이었는데요. 사산조 페르시아 시기, 동서 문화가 융합되었다는 것을 보여주는 대표적 예가 마니교의 창설입니다. 이 종교는 동양의 불교와 서양의 네스토리우스파 기독교, 페르시아의 조로아스터교의 교리를 혼합한 종교랍니다. 내용은 정확히 이해가 안 되어도 동양과 서양이 혼

---

6 중국 후한의 무장이다. 문사가문 출신으로, 서안 근처의 샨시성 함양에서 태어났다. 한나라 역사가인 반표의 아들이자, 한서(漢書)의 저자인 반고의 아우로 이 세 사람을 삼반(三班)이라 칭한다. 광무제의 통치 기간 기마부대를 이끌고 흉노를 격퇴하고 서역(중앙아시아)의 지배권을 확보했다. 전한의 장건의 활약 이후 끊겼던 실크로드를 다시 개척하여 후한과 서역의 교역길을 열었는데, 그의 원정대는 파르티아와 카스피 해까지 이르렀다고 한다.

7 한나라 서역도호부 반초 휘하의 부관으로 로마에 파견된 한나라의 대사이다. 97년 서역도호인 반초의 명에 따라, 당시 대진으로 불리던 로마와의 국교를 개척하는 임무를 맡았다. 7만 명 규모의 반초 원정군의 일원으로서 군과 함께 파르티아 왕국의 서쪽 국경까지 도달했다. 로마에는 도달하지 못했지만, 적어도 역사에 기록된 고대 중국인 중 최초로 서방을 여행한 인물이다.

샤푸르 1세 발레리아누스를 사로잡은 샤푸르 1세 마애상이다. 말 탄 자가 샤푸르 1세, 무릎 꿇은 자가 발레리아누스다.(상) **발레리아누스의 굴욕**(한스 홀바인 作)(하)

합된 것을 아시겠죠?

지금까지 아시리아, 아케메네스 왕조 페르시아, 알렉산드로스 제국, 파르티아, 사산조 페르시아까지 기원전 700년경부터 약 1,300여 년 동안의 고대 서아시아를 여행했습니다. 이 중에서 알렉산드로스 제국은 유럽 역사와 (놀랍게도) 인도 역사에서 다시 만나게 될 거예요. 잘 몰랐던 지역이라 생소했겠지만, 이 부분을 잘 이해하면 우리가 세계사의 두 기둥으로 여기는 중국 역사와 유럽 역사가 한결 수월하게 다가올 것입니다.

이렇게 서아시아에서 1,000여 년 이상을 이어오며 높은 문화 수준을 구가하던 중앙아시아의 아리아인들의 왕국을 무너뜨리고 돌풍을 일으키며 역사에 등장한 세력이 누군지 아십니까? 맞습니다. 바로 '이슬람' 세력입니다. 그렇다는 것은 우리 다음 강의의 주제가 '이슬람'이라는 말씀이겠지요?

동시대 지구촌 넘나들기

기원전 3500년~기원전 2세기

한반도에서는 기원전 2333년경 단군조선이 건국되었다고 전해집니다. 선진 환웅족과 토착 곰 부족의 결합, 호랑이 부족의 탈락, 청동기와 농경문화 배경, 홍익인간이라는 건국이념 등등 기억나시죠?

인도의 인더스에서는 기원전 2500년경 모헨조다로 등에서 인더스 문명이 탄생했고, **중국**에서는 기원전 2000년경 황하 문명이 발달되고 있었어요. 이후 기원전 2000년에서 기원전 753년까지 (하)상(商) 왕조, 주(周) 왕조 시대를 거치는데요. 하 왕조는 중국인들에게 전해오는 전설 속 왕조여서 역사적으로 존재가 입증이 된 시기는 상 왕조로부터라고 봅니다. 상의 '갑골문자', 주의 '봉건제도' 등은 한 번쯤 들어보셨죠?

지중해 연안에서는 기원전 2000년경 에게 문명이 발달하고 있었습니다. 크레타 문명과 미케네 문명으로 대표되는 이 문명은 기원전 1100년경까지 발달하였고, 이후 암흑시대를 거쳐 기원전 8세기경 그리스 본토에 폴리스가 형성됩니다.

기원전 2세기~기원후 7세기

한반도에서는 위만 조선으로 이어졌던 고조선이 기원전 108년까지 지속되었다가 초기 철기 시대의 여러 국가들(부여, 고구려, 옥저, 동예, 마한, 변한, 진한)이 고구려(K), 백제(B), 신라(S)의 삼국으로 모입니다. K·B·S는 각각 4세기 백제, 5세기 고구려, 그리고 6세기 신라 전성기를 누리면서 대립과 발전을 거듭했습니다. 신라가 K·B·S 삼국을 통일(676), 대동강에서 원산만 이남 지역을 통치하였고, 이후 북쪽에 고구려를 계승한 발해가 건국(698)되면서 한반도가 남북국(신라발해=신·발) 시대로 접어드는 것이 7세기랍니다.

중국에서는 이 시기 역사가 좀 더 복잡하게 전개됩니다. 기원전 770년~기원전 221년 춘추전국(春秋戰國) 시대 → 기원전 221년~기원후 220년 진(秦) 한(漢) → 220년~589년 위진남북조(魏晉南北朝) 시대 → 수(隋) 당(唐)까지요. 수나라에서 대운하가 완공된 것이 610년, 당이 건국되는 것이 618년이지요. 가만 보니 분열과 통일 왕조, 분열과 통일 왕조가 반복되고 있네요.

유럽에서는 아테네와 스파르타와 같은 폴리스들의 발전으로 문화의 꽃을 피웠던 그리스가 기원전 338년 마케도니아에게 멸망당하면서 헬레니즘 시대에 접어듭니다. 기원전 753년경에는 로마가 건국되고요. 이탈리아를 통일하고 지중해를 자신의 호수로 만들며 발전했던 로마는 쇠퇴, 476년 서로마가 멸망하면서 그 자리를 프랑크 왕국이 대신하게 되고, 동로마인 비잔티움 제국이 로마의 뒤를 계승하고 있었습니다.

티타임 토크

'문명'과 '문화'가 뭐예요?

먼저 용어를 설명할게요. 문명(文明, civilization)이라는 용어는 라틴어의 키비스(civis:시민)나 키빌리타스(civilitas:도시)에서 유래되었고, 문화(文化, culture)는 경작(cultivation)에서 유래되었습니다. 문명은 '도시'와 관련되어 인류가 이룩한 물질적·기술적·사회 구조적인 발전을 뜻하고, 문화는 '경작'과 관련된 자연 그대로의 원시적 생활에 비교할 때 세련된 삶의 모습을 말하는 것이죠.

문명과 문화의 차이가 뭐죠?

역사에서 '문명'을 거론할 때 보통 문자와 청동기, 도시 등을 기준으로 삼아요. 그런데 이것들은 인류가 생활하면서 이루어놓은 모든 물질적, 상황적 기반을 뜻하기 때문에 문화와는 차이가 있어요. 원시 인류나 현존하는 아프리카의 소수 부족들도 나름대로의 문화를 가지고 있다고 볼 수 있지만 문명을 이룩하진 못한 것입니다. 이해되시죠? 아프리카 원시 부족의 문화는 존중해야 하지만 그들 생활의 열악함을 덜어주기 위해서는 문명의 혜택을 부어주어야 하지요.

문명의 발상지를 정리해주세요!

인류 최초 문명은 농사를 위한 큰 강 유역의 관개 농업이 유리한 곳에서 시작되었는데요. 관개 치수 사업을 하는 과정에서 지배자가 등장했고, 청동기가 사용되면서 계급 분화가 촉진되었죠. 지배 계급은 정치 조직과 군사를 가진 국가를 만들고 신전이나 왕궁

등을 축조하며 도시를 건설했고, 또한 제사를 지내거나 통치를 위해 문자를 발명하고 역사를 기록하기도 했답니다. 한국사의 청동기 시대 서술과 비~슷~하죠?

이런 과정을 거쳐 출현한 세계 4대 문명이 무엇인지는 알고 계시죠? 오늘 우리가 여행한 기원전 3500년경에 처음 발생한 티그리스·유프라테스 강 유역의 메소포타미아 문명, 나일 강 유역의 이집트 문명과 함께 동양을 여행할 때 다룰 중국 황허 강 유역의 황하 문명, 그리고 인도의 인더스 강 유역의 인더스 문명이 우리에게 친숙한 세계 4대 문명입니다. 그러나 이들 문명 외에도 지중해 동부의 에게 해 주변과 중앙아메리카, 남아메리카 등지에서도 문명이 출현하였고, 이들 또한 각각의 고유한 성격들을 가지고 있답니다. 앞으로 우리가 여행하면서 만날 주제들이니 기대하셔도 좋아요!

2강

중세 서아시아_
이슬람으로 세계사의 주연이 되다

지난 시간에 우리는 인류 최초의 문명이 시작되고 동양과 서양 사이에서 둘을 연결해온 서아시아—오리엔트—의 고대 왕조들을 둘러보았습니다. 긴 여행이었지요? 메소포타미아, 이집트 문명부터 시작하여 지중해 동부 연안의 세 국가들, 그 이후로 서아시아를 통일한 아시리아, 아케메네스 왕조 페르시아, (알렉산드로스 제국), 파르티아, 사산조 페르시아를 여행하면서 기원전 3500년경부터 기원후 600년대까지 무려 4,000여 년을 돌아본 것인데요. 이번 시간에는 서아시아의 중세를 여행할 거예요. 지역은 그대로지만 시간이 기원후 600년대부터 1300년대까지입니다. 이 시기는 무함마드에 의해 이슬람교가 창시되고 아라비아 반도가 이를 통해 통일되며 서아시아로 확장되어가는 때입니다. 서아시아를 넘어 유럽과 아프리카 3대륙에 그 세력을 뻗치는 시기이기도 하고요. 다시 말하면 이 시기 서아시아의 역사는 모든 것이 다 '이슬람교'와 관련되어 있다고 해도 과언이 아닙니다. 그러니까 '이슬람' 관련 용어들을 먼저 정리하는 것이 우리 여행에도 필수겠지요?

먼저 이슬람교도와 거의 동의어로 쓰이는 '아랍인'에서의 '아랍'을 볼게요. '이슬람'이 종교적 단어라면 '아랍'은 종족적 개념입니다. '아랍인'은 '아랍어'를 모국어로 사용하고 대다수가 '이슬람교'를 믿는 사람들입니다. 물론 아랍인

중에는 기독교를 믿는 사람도 있고, 그들 역시 아랍인이라고 칭하지만, 아랍인의 대다수는 이슬람교를 믿고 있으므로 아랍인 하면 이슬람교도를 떠올리는 경우가 많아요.

이슬람교도들은 한자어로 '회교도'라 부르기도 합니다. 회교는 중국인들이 '회흘(回紇)'로 부르던 위구르 족이 이슬람교를 믿게 되면서 위구르 족의 종교라는 뜻으로 사용된 한자어예요. 위구르 족은 중국의 소수 민족 중 하나인데, 이슬람교를 믿는 사람이 위구르 족만이 아니기 때문에 '회교'는 적절한 표현이 아니지요. 그러니 이슬람교도를 회교도라 부르는 것도 적절하지 않습니다.

또한 이슬람교도를 가리켜 무슬림이라고도 하는데요. '모슬렘'은 영어식 표기이고, '무슬림'은 아랍어식 표기입니다. 그런데 '모슬렘'은 이슬람교도를 격하시킬 때 쓰는 용어이기 때문에 '무슬림'으로 쓰는 것이 적절하지요. 무

쿠란을 읽고 있는 무슬림 아이들

함마드는 이슬람교 창시자의 아랍어식 표기입니다. 영어식으로는 '마호메트'인데 이 또한 무함마드를 격하시키는 표현이랍니다. 쿠란은 이슬람교의 경전으로 114개의 장으로 되어 있어요. 비(非)아랍권에서는 '코란'으로 불리지만 다른 용어와 마찬가지로 아랍어 발음인 '쿠란(꾸란)'이 적절한 표현이겠지요.

우리나라에 대해 잘 모르는 서양인들이 '인삼'을 일본식 발음인 'ginseng'으로 부르는 것에 화가 많이 나는 것을 생각한다면, 각 나라와 관련된 명칭은 다른 식으로 변형된 명칭보다 그 나라에서 쓰는 명칭으로 사용하는 것이 예의인 줄로 믿습니다. 아마도 세계사를 배우는 이유 중의 하나도 '여러 나라들과의 관계 속에서 그 나라를 존중하는 예의 바른 모습을 가진 우리가 되기

위함'이 아닐까요?

이슬람에 관련된 명칭을 이해하고 나니 조금이나마 '이슬람'과 친숙해지셨나요? 그럼 이제부터, 탄생한 이후부터 현재까지 주변에 모래 바람을 일으키면서 잠잠할 날이 없게 만들었던, 그러면서도 주변의 많은 문화권에 도전이 되어준 이슬람교와 그로부터 나온 많은 역사적 결과물들을 알아보러 출발하겠습니다. 익숙하지는 않지만 그렇기 때문에 더 신선하고 즐거운 이슬람의 세계로 빠져봅시다!

이슬람교의 탄생_비잔티움 vs. 페르시아와 어부지리(漁父之利) 아라비아

이슬람교가 무함마드에 의해 탄생한 시기는 600년경이고, 탄생한 곳은 서아시아 아라비아 반도, 현재의 사우디아라비아입니다. 오~, 사우디아라비아는 돈 많은 석유 재벌이나 왕자들하고만 관련이 있는 곳인 줄 알았는데…. 사우디아라비아가 가지는 의외의 역사적 면모네요. 사우디아라비아는 '사우드 왕조의 아라비아'라는 뜻입니다. 그런데 하필 왜 이 시기, 이곳에서, 이 사람에 의해 이슬람교가 탄생했을까요? 세계사에 혜성처럼 등장하여 순식간에 아시아·아프리카·유럽 3대륙을 휩쓴 이슬람교의 탄생과 확장에는 분명 이유가 있을 것입니다. 인간의 역사에서 원인 없는 결과란 없으니까요.

이슬람교가 이 시기에 아라비아 반도에서 탄생하게 된 배경은 바로, 당시 거대 제국이었

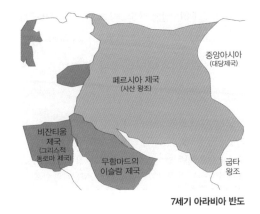

7세기 아라비아 반도

던 동로마 비잔티움 제국과 사산 왕조 페르시아의 오랜 시간에 걸친 대립이랍니다.

서쪽의 비잔티움과 동쪽의 사산 왕조 페르시아가 중국 비단과 동남아시아 향료 무역을 위한 동서교역로 확보를 두고 수백 년에 걸쳐 장기적인 소모전을 펼친 것인데요. 그를 피해 교역을 원하는 사람들이 새로운 루트를 찾게 되면서, 이전에는 베두인 족[1]들만의 유목 생활을 제외하고는 어떤 문명권에서도 가치 있게 바라보지 않았던 아라비아 반도가 이에 부합하는 새로운 교통로로 각광받게 된 것입니다. 따라서 이슬람교 성립 이전의 아라비아는 새로운 동서교통로로서 이전에 유입된 유대인들에 의해 자리 잡힌 메카, 메디나를 중심으로 상업적으로 번성하고 있었습니다. 상업적 이득이 일부 부유층에게만 집중됨에 따라 극심한 빈부 격차가 대두되었고, 정치는 분열되어 있었으므로 새로운 종교와 통일 제국을 갈망하는 염원이 매우 컸었지요. 그러던 중 610년 예언자 무함마드[2]는 크리스트교와 유대교의 영향을 받아 메카에서 이슬람교를 창시하게 됩니다. 그러나 무함마드가 외친 "알라 이외에 신이 없다"는 유일신 사상과 알라 앞에 모든 인간이 평등하다는 사상은 당시 메카의 보수적 귀족층들의 박해로 이어졌고, 이에 무함마드는 개종자 70명과 함께 622년 메카에서 메디나로 이동했어요. 이 사건을 가리켜 이슬람에서는 '헤지라', 즉 성천(聖天)[3]이라 부르고 이 사건이 있었던 해를 이슬람에서는 그들의 원년으로 삼습니다. 메디나에서 무함마드는 혈연이 아닌 신앙을 통해 한 형제가

---

1   옛날부터 중동의 사막에서 유목생활을 하는 아랍인. 약 100만 명에 달하며, 종교는 이슬람교이고, 아랍어 계통에 속하는 몇 가지 언어를 사용한다.

2   본명은 '아브 알 카심 무함마드 이븐 압달라 이븐 아브 알 무탈리브 이븐 하심'이다. 그 뜻은 '하심의 증손자이며, 아브 알 무탈리브의 손자이며, 압달라의 아들이면서, 카심의 아버지인 무함마드'이다. 이를 줄여서 '무함마드'='찬양받는 자'라고 부르는 것이다.

3   거룩한 천도

무함마드가 계명을 받았다고 알려진 곳(좌)
예언자의 모스크 안에 있는 무함마드의 무덤(초록돔)(우)

되는 초기 이슬람 공동체인 '움마'를 만들어 그들의 힘을 하나로 뭉쳐냈고 거
대한 아랍 부족을 개종시켰으며, 세력을 키워 630년 다시 메카를 점령한 후
그들 또한 이슬람교로 개종시켰지요.

　사실 아라비아 반도는 페르시아도, 로마도, 또한 로마를 정복한 기독교도
영향을 주지 못했던 곳입니다. 땅은 넓지만 비옥하지 않았고 인구도 적었기
때문에 제국들은 관심을 갖지 않았어요. 이슬람교가 등장하기 전까지는 제대
로 된 국가조차 없었고, 그러다 보니 외부 세계를 정복했던 시기도 없었습니
다. 서로 다른 우상을 섬기는 부족끼리 대립하며 살기에 급급했던 그들이 아
라비아 반도를 통일하고 세계 정복을 감행하리라고는 그 어떤 제국도 상상하
지 못했어요.

그런데 일이 벌어진 겁니다. 무함마드가 죽고 사반세기가 지날 즈음, 아랍인들은 아라비아 반도를 통일한 것은 물론 페르시아·이집트·시리아·북아프리카를 순식간에 정복했고, 잠시 숨을 돌린 후 유럽의 에스파냐까지 집어삼켜요. 이슬람의 진격 앞에 유럽의 기독교 세계는 큰 위협을 느꼈지요. 그러니 이들을 투르-푸아티에 전투(732)에서 피레네 산맥을 넘지 못하도록 막아낸 게르만 프랑크 왕국 재상인 카롤루스 마르텔(680~741)[4]은 그야말로 영웅이 될 수밖에 없었습니다. 이 전투를 통해 프랑크 족은 로마 교황에게는 없어서는 안 될 파트너로 떠올랐고, 이는 프랑크 왕국이 로마를 계승한 국가임을 인정받는 계기가 됩니다. 프랑크 왕국으로부터 독일·프랑스·이탈리아가 출현했으니, 이들을 유럽의 중심 국가로 발돋움하도록 만든 배경이 바로 이슬람의 공격이라는 것은 역사적 아이러니라 하겠습니다.

카롤루스 마르텔의 무덤(프랑스)(좌) 투르 푸아티에 전투를 지휘하는 카롤루스 마르텔(우)

---

4   프랑크 왕국의 동쪽 지방인 아우스트라시아의 궁재로 사실상 아우스트라시아, 네우스트리아, 부르군트 3개로 나뉜 프랑크 왕국 전체를 지배했다. 마르텔은 '망치'라는 뜻이다. 사라센의 침략을 격퇴하여 신망을 얻었으며, 로마 교회는 이슬람 세력을 물리치는 데 공이 컸던 카를루스 마르텔의 아들인 피핀의 왕위를 승인하게 된다. 프랑크 왕국의 궁재직을 석권한 뒤, 737년부터는 공석이던 프랑크 왕국의 국왕을 대신하여 왕국을 통치하기도 했다. 그의 사후 프랑크 왕국의 궁재직은 카를로만 1세와 피핀 3세가 나누어 차지했다.

이슬람교가 남긴 것_그 독특함과 아름다움에 대하여

이슬람이 3대륙을 정복하면서 어떻게 제국을 발전시키고 확대해갔는지 그 정치적 과정을 보기 전에 이슬람교의 특징과 그로부터 나타나는 사회·경제·문화적 특징을 한번 살펴보겠습니다. 이슬람 세계는 정교일치의 특징을 지닌 사회로서 문화도 종교적 성격이 강하고, '샤리아'라는 이슬람법 또한 이슬람 경전에서 도출되었다는 점으로 볼 때 이들의 사회·정치·문화·생활 원리는 '이슬람교' 하나로 규정된다고 하겠습니다. 특히 세계사에서는 이들의 문화가 다른 부분에 비해 비중 있게 다루어져요. 8세기에서 13세기까지 이슬람교와 관련된 아랍의 문화는 당시 세계사에서 어떤 문화권보다 가장 찬란하게 빛났기 때문입니다. 마치 기독교 자체보다는 그에 영향을 받은 로마 문화나, 초기 기독교로 돌아가고자 했던 르네상스나 종교 개혁 시기의 문화가 세계사에서 더 의미를 지니게 된 것처럼요.

이슬람교의 경전인 동시에 생활규범인 쿠란은 원칙상 아랍어 이외의 번역이 금지되었기 때문에 이슬람교를 믿는 곳에서는 쿠란을 중심으로 아랍어 문화권이 형성되었습니다. 이에 따라 언어학도 발달되었고요. 그런데 근래에 들어와 이슬람교의 포교 작업의 일환으로 쿠란을 아랍어 이외로 번역하는 작업이 이루어지고 있다니, 해 아래에서 변하지 않는 건 없는 것 같습니다. 이슬람교에서는 인간을 알라 앞에 평등한 존재로 보기 때문에 성직자 계층이 없고, 신자들 간에 평등하다고 하여 민중의 절대적 지지를 받았는데요. 이것이 단시간에 이슬람 국가를 제국으로 팽창시킨 원인 중 가장 큰 요인으

여러 가지 쿠란(2006년 중동이슬람문화제)

그라이아 섬으로 가는 대상들의 행렬

로 꼽힐 수 있습니다.

이슬람 사회는 쿠란에 규정된 율법이 일상생활을 지배하는 종교 중심의 사회로서 남녀 차별, 일부다처제, 돼지고기 금기, 일상적 예배, 가난한 자에 대한 구제활동 등이 이루어져왔습니다. 우리나라 사회 모습과 다르기 때문에 이상한 시선으로 볼 수 있지만 모든 것이 사막 지방에서 만들어진 종교적 관습에서 유래된 것임을 잊지 마시기 바랍니다. 또한 경제에서는 사막을 누비는 대상(隊商)의 무역이나 해상 무역을 지배하는 상업 활동이 주를 이루었지요.

이슬람의 문화는 쿠란과 아랍어를 근간으로 하는 다면적·세계적 문화가 특징인데요. 특히 아바스 왕조 시대에 포용 정책을 펴면서 찬란한 문화를 꽃피우게 됩니다. 이 시기에는 페르시아와 인도로부터 영향을 받아 자연과학이 발달했는데 수학·화학·천문학·의학·연금술 등은 세계 최고 수준이었어요. 특히 탈라스 전투 때 잡혀온 당의 제지기술자들에 의해 보급된 종이는 큰 영향을 미쳤지요. 수학에서는 대수법·삼각법·아라비아 숫자·영(0)의 개념[5] 등을 발달시켰고, 화학에서는 산과 알칼리를 구별하고 금을 만들어내는 연금술이 발달했지요. 또한 지구 구형설을 밝혀내고, 이슬람 달력을 만들어냈는데 이는 '회회력'이라 하여 중국의 원 왕조의 수시력에 영향을 주었답니다. 이러한 이슬람의 눈부시게 발달한 자연과학은 후에 서양의 근대 자연과학에 영향을 미칩니다('알칼리', '아말감', '알코올'과 같은 용어들은 다 이슬람 문화에서부터 기인한 것들입니다).

또한 이슬람 문화권에서는 유대인들을 통해 그리스(헬레니즘) 철학—특히 아리스토텔레스—이 계승되었는데, 이것이 유럽으로 건너가 12세기 스콜라 철학을 발전시키는 데 큰 영향을 끼쳤답니다. 또한 당시 남겨진 문학작품으로 『천일야화』[6]로 알려진 아라비안나이트가 있고, 의학과 철학에서 이름이 높았던 이븐 시나와 같은 이븐 형제들 즉, 역사학에서는 이븐 할둔이, 지리학에서는 이븐 바투타가 그 이름을 높였지요. 특히 모로코 상인이었던 이븐 바투타

(좌로부터) **이븐 시나, 이븐 바투타, 이븐 할둔**

5   0의 개념을 처음 만든 사람들은 인도인들이지만, 그것을 실제로 사용하여 확대한 사람들은 아랍인이다.
6   천 하룻밤의 이야기. 아라비아, 이란(페르시아), 그리스, 심지어 인도, 중국 등 세계의 설화를 재구성하여 만든 이야기들이 들어 있는 이슬람 문학의 대표 작품이다.

는 장장 12만 킬로미터를 여행하여 『3대륙 주유기』[7]라는 책을 썼답니다. 이 책은 나중에 여행기의 대명사로 자리매김하는 마르코 폴로의 『동방견문록』보다 더 풍부하고 정확한 내용을 자랑하는 여행기입니다.

이슬람 예술의 극치는 이슬람 사원에서 볼 수 있는 모스크[8] 건축을 통해 드러납니다. 이는 둥근 지붕인 돔(꿉바)[9]과 첨탑(미너렛)[10]으로 표현됩니다. 아래 사진을 볼까요?

그리고 서유럽에서의 이슬람 양식을 대표하는 건축이라면 1238년에서 1358

에스파한의 이맘 사원

7   거의 대부분 이슬람 국가와 중국, 수마트라에 이르기까지 12만 킬로미터에 달하는 광범위한 여정을 묘사한 것으로 문화 인류학적 가치가 크다. 네루는 『세계사 편력』에서 이븐 바투타를 역사상 가장 위대한 여행가 가운데 한 명으로 꼽았다.

8   아랍어 '마스지드'의 영어식 표현으로 '꿇어 엎드려 경배하는 곳'이라는 뜻이다.

9   둥근 모양은 평화를 상징한다.

10   예배 시간이 되면 이곳에 올라가 사람들이 예배시간을 알렸다.

알람브라 궁전

년 사이에 지어진 에스파냐 그라나다의 알람브라 궁전을 빼놓을 수 없습니다.
참고로 우리나라에서는 알함브라 궁전이라고 영어식으로 부르는데요. 에스파
냐어로 'Alhambra'에서 'h'는 발음되지 않기 때문에 알람브라 궁전이 맞는 발
음입니다. 그리고 혹시나 해서 말씀드리는데요. 스페인과 에스파냐는 같은 국
가로 에스파냐의 영어식 명칭이 스페인이랍니다.

또한 이슬람 건축에서는 우상 숭배를 금지한 이슬람의 교리 때문에 그림이
나 조각은 발달하지 못했지만 그 대신 기하학적인 아라베스크[11] 문양과 세밀
화가 발달했답니다. 가만히 들여다보고 있노라면 기가 막힙니다. 한때 드라마
를 통해 유행했던 'Magic Eye'가 생각나기도 하면서요.

11　아랍인이 창안한 장식 무늬로, 식물의 줄기와 잎을 도안화하여, 당초(唐草) 무늬나 기하학 무늬로 배
합시킨 것이다. 이슬람교에서는 우상이 금지되었기 때문에 벽의 장식과 서책(書冊)의 장정, 그리고 공예품 등
에 아랍 문자가 도안화되고, 거기에 식물무늬를 배치하여 이슬람의 독특한 장식 미술을 이루었다. 후에는 조
수(鳥獸) 등의 무늬도 배합하게 되었고, 르네상스 이후에는 유럽에서도 유행했다.

아라베스크 양식의 건축물(상)
중세 페르시아의 서정시인 하피즈의 묘 천장에 있는 아라베스크 타일(하)

지금까지 이슬람의 사회·경제·문화를 여러 가지로 살펴보았는데요. 확실히 우리가 접해온 많은 문화들과 성격이 다르지요? 여기서 여러분이 이상하다 여길 수 있는 부분을 짚고 넘어갈게요. 조금 전 알람브라 궁전을 대표적 이슬람 건축 양식이라고 말씀드렸는데요. 이 궁전이 어디에 있다고 했죠? 예, 에스파냐입니다. 에스파냐는 서유럽의 이베리아 반도에 있는 국가인데요. 이 지역에서 이슬람의 건축 양식이 나타났다는 것은 이슬람 문화가 전파되었다는 것이고, 그것은 곧 이 지역이 이슬람의 세력권이었다는 것을 뜻합니다.

어떻게 아라비아 반도에서 탄생한 이슬람교가 그 멀리 떨어진 서유럽의 이베리아 반도까지 침투해올 수 있었을까요? 그러면 이베리아 반도의 북쪽으로는 진출하지 못했을까요? 이에 대한 해답은 이슬람 제국이 발전하고 확대되는 과정을 알아보고 분석해보면서 찾아낼 수 있을 거예요.

이슬람 제국의 발전_그들의 깃발이 3대륙에 꽂히고

이슬람교가 무함마드에 의해 탄생되었다면, 그들이 아라비아를 넘어서 대륙으로 뻗어나갈 수 있었던 것은 정통 칼리프 시대(632~661)의 칼리프에 의해 가능했습니다. 앗, 갑자기 등장한 칼리프가 무엇인지 궁금하다고요? 무함마드가 메카를 정복한 지 2년 후인 632년에 갑자스럽게 죽고 나지 후계자 문제가 대두되면서 이슬람 사회에 혼란이 찾아옵니다. 무함마드에게는 아들이 세 명 있었지만 모두 어린 나이에 죽었기 때문에 적당한 후계자를 남기지 못했습니다. 이슬람은 당시 겨우 아라비아 반도의 서쪽 절반만 무력으로 정복한 상태였던 터라, 이슬람 개종자들 사이에 지도자의 부재는 많은 혼란을 가져왔지요. 이때 회의를 통해 '무함마드의 대리자'를 뜻하는 '칼리프'가 등장했고, 이는 곧 이슬람 세계의 최고의 권력자가 되었습니다. 그리고 이렇게 선출된

네 명(아부 바르크, 오마르, 오스만, 시아 알리)의 칼리프 시대를 흔히 '정통 칼리프 시대'라고 부릅니다.

이 시기에 이슬람은 놀랍게도 당시까지 강대국이라 여겨졌던 비잔티움 제국을 공격하여 그들을 소아시아 반도로 몰아넣고 제국 동쪽 영토를 획득했답니다. 거기에 651년 사산 왕조 페르시아의 마지막 황제를 죽음으로 이끌어 1,200년 전통의 페르시아 제국을 인류 역사의 뒤편으로 사라지게 했지요. 이로써 이슬람은 페르시아와 지중해 동편, 이집트, 시리아를 정복하게 되었습니다. 이 당시, 정복민들의 종교와 문화를 인정하여, '지즈야'라는 불(不)신앙세를 도입하고 개종자의 세금은 면제해주는 정책을 펼치면서 이슬람으로 개종하는 상황 또한 급격하게 전개됩니다. 우리는 대개 이슬람에 대해 "한 손에는 쿠란 한 손에는 칼"이라 외치며 정복했다고 알고 있는데요. 실제로는 "한 손에는 쿠란 한 손에는 세금"이라는 말이 더 정확할 수도 있습니다. 개종하지 않는 사람들은 자신들의 종교와 생활을 지키는 대신 무거운 세금의 의무를 짊어져야 했으니까요.

그러나 그러한 무거운 세금도 당시 비잔티움 제국이나 페르시아 제국 치하에서의 세금에 비하면 가벼운 편이었다는군요. 그런 이유로 이슬람 통치자들이 가는 곳마다 오히려 환영을 받았다 하니 자발적 개종이나 자발적 충성을 가능하게 하는 것은 동서고금을 막론하고 역시 '재물'인가 봅니다. 정말 인간에게 있어 일만 악의 뿌리이자 자칫하면 모든 것을 얻게도, 잃게도 할 수 있는 것이 '재물'인 것은, 그리하여 그것들이 통치자들의 손쉬운 통치 도구가 되는 것은 우리가 경계의 눈으로 바라보아야 할 것입니다.

그러다 무함마드의 조카이자 사위로서 4대 칼리프가 된 시아 알리가 우마이야 가문에 의해 퇴출·암살되는 사건이 발생합니다. 이 일에 앞장서고 이후 아랍 제국을 통일한 무아위야는 3대 칼리프였던 오스만의 친족으로 메카의 명문인 우마이야 가문 출신이었습니다. 무아위야가 칼리프에 오른 이후의 시기를 그의 가문 이름인 우마이야를 따서 우마이야 왕조(661~750)라 부릅니다. 이 시기는 칼리프 회의에서 선출되었던 정통 칼리프 시대와 다르게 지방 총독 출신이 무력으로 칼리프가 되고 그 자손들이 칼리프 직을 세습해나갔던 때랍니다.

총 14명의 칼리프가 있었던 우마이야 왕조 시기에 현재까지도 이슬람권 내에서 대립의 핵심이 되는 수니파와 시아파가 형성되었습니다. 앞서 설명해드린 우마이야 왕조를 정통으로 여기는 세력(순나에 속하는 세력)[12]이 현재까지 이슬람권의 다수(90퍼센트)를 이루는 "얘네들이 다수니?" 수니파이고요, 칼리프 직이 예언자인 무함마드의 직계 자손들에게만 속한 신성한 권리라고 주장하면서, 살해된 시아 알리를 무함마드의 정통으로 생각하며 이란 지역으로 도피한 일부 세력이 시아파로 소수파랍니다. 4대 칼리프인 시아 알리의 이름을 기억해놓으면 수니파와 시아파를 혼동할 염려는 없을 듯합니다. 이들의 대립은 이슬람권 내에서 현재까지도 계속되고 있기 때문에 그 역사적 배경을 알아야 해결 방법도 찾을 수 있겠지요?

우마이야 왕조 시기 이슬람은 수도를 아라비아 반도의 메디나에서 시리아의 다마스쿠스[13]로 옮기면서 그야말로 제국으로 발돋움하는 활발한 정복 활동을 펼쳤답니다. 이 시기 이슬람은 서북 인두와 중앙아시아에 긴출했고 에스파냐가 있는 이베리아 반도에까지 진출하여 서고트 왕국을 멸망시키면서

---

12   '예언자의 언행'을 따르는 자들이다.

13   현재 시리아의 수도이다. 각종 내전과 전쟁 때문에 아픈 이름으로만 알고 있지만, 실제 다마스쿠스는 기원전 3000년경에 세워져 현재까지 기능하는 세계에서 가장 오래된 도시이다. 또한 도시 내에 이슬람 사원이 200여 개 이상 있는 세계 문화유산의 보고이기도 하다. 이곳의 모스크와 아라베스크 문양은 이슬람 건축의 대표라 할 수 있으니, 이제는 시리아가 '내전'이라는 이름보다 문화유산의 보고로서 많은 사람들에게 친근해져야 할 것이다.

유럽의 기독교 세계를 위협했습니다. 즉, 동으로는 중국의 당 왕조와 국경선을 접하게 되었고요(앗, 조심하세요! 아직 싸운 건 아니에요. 싸움은 이후 아바스 왕조 때 벌어집니다). 732년 투르·푸아티에 전투에서 카롤루스 마르텔을 만나 진군을 멈추긴 했으나 에스파냐를 차지함으로써 3대륙에 걸친 대제국을 건설했던 것이지요.

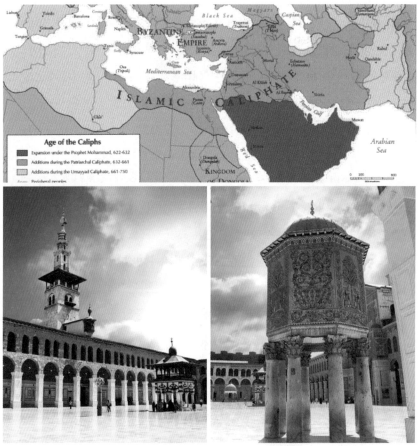

칼리프의 영토 ■무함마드 시대(622~632) ■라시둔 칼리파조에서 확장된 영토(632~661) ▨우마이아 칼리파조에서 확장된 영토(661~750)(상) **우마이야드 모스크**(하/좌) **보물의 돔** 다마스쿠스에 있는 가장 아름다운 사원. 비잔티움 제국의 성소피아 성당을 본 따서 만들었다고 한다.(하/우)

이후 이슬람 제국은 분열됩니다. 우마이야 왕조는 아랍인 우월주의로 개종한 다른 민족에게도 세금을 부여했는데, 이러한 정책은 각지에서 반발과 반란을 불러일으켰지요. 우마이야 왕조를 무너뜨리고 시아파에 의해 750년 세워진 아바스 왕조를 '동(東)칼리프', 이후 수니파에 의해 756년에 의해 세워진 후(後)우마이야 왕조를 '서(西)칼리프'라 부르며 나누어진 것입니다. 이는 아바스 왕조가 바그다드에 수도를, 후우마이야 왕조가 에스파냐의 코르도바에 수도를 두었기 때문에 붙여진 이름이기도 합니다.

이슬람 세계의 분열

아바스 왕조(750~1258)는 시아파에 의해 세워져 몽골이 세운 일한국에 의해 멸망할 때까지 우마이야 왕조의 뒤를 이은 이슬람 제국으로서의 명성을 이어갔습니다. 중심지는 바그다드였고요. 우리나라의 고선지 장군이 활약했던 중국의 당 왕조와 접전을 벌인 탈라스 전투(751)[14]의 주인공이 바로 이들입니다. 이 전투에서 당과 아바스 왕조가 접촉, 이슬람이 승리하면서 당은 실크

---

14   투르 푸아티에 전투(732)는 우마이야, 스페인, 이베리아 반도, 카롤루스 마르텔, 유럽과 관련이 있고, 탈라스 전투(751)는 아바스, 당, 고선지, 제지술, 중국과 관계가 있다.

로드를 잃은 반면 이슬람은 당의 제지술을 전수해가면서 많은 이득을 보았답니다. 또한 이 전투로 중앙아시아에서의 이슬람화가 촉진되는 결과를 가져오지요.

또한 아바스 왕조는 이슬람 제국의 진보 과정에서 최고의 모습을 보여주면서 『천일야화』로 대표되는 이슬람 문명의 꽃이 가장 찬란하게 피어났던 때이기도 합니다. 특히 750년에서 945년, 바그다드가 함락되고 칼리프가 허수아비로 전락하게 되기 전까지의 아바스 왕조가 꽃피운 문명은 당시 유럽을 포함한 전 세계에서 가장 앞선 최고의 문명이었답니다.

특히 8세기 당시 아바스 왕조의 수도였던 '바그다드'는 당의 '장안'과 비잔틴의 '콘스탄티노폴리스'와 함께 가장 번성했던 도시였어요. 800년경 이미 인구 200만을 돌파했던 바그다드는 아프리카·아시아·북유럽 등으로부터 오는 물자의 집산지였답니다. 수많은 배가 티그리스 강을 따라 상인과 시민들을 실어 날랐고, 세계적 수준의 학교·병원과 위락 시설이 있었던, 현재 우리가 보아도 놀라울 만한 도시였지요. 그런데 이러한 문화유산의 도시인 바그다드가 현

티그리스 강변의 바그다드 867년 파리에서 발간된 〈Le Tour du Monde〉에 실린 작자 미상의 그림이다.(좌)
고대 바그다드 사람들이 사용하던 은전(우)

재에는 이라크의 수도로 '폭탄 테러', '전쟁'과 관련되지 않으면 들어볼 수 없는, 이전의 문화적 광채라고는 찾아보기 힘든 도시가 되었으니, 참으로 역사의 바퀴는 사람의 마음대로 굴러갈 수 없나 봅니다.

아바스 왕조에서 이렇게 문화가 꽃 필 수 있었던 데에는 이유가 있습니다. 소수의 아랍인들이 권력을 독점하던 우마이야 왕조와 달리 아바스 왕조는 아랍 민족의 틀에서 벗어나 다민족적 이슬람 공동체를 만들어간 덕분이지요. 즉, 당시 높은 문화적 수준을 가지고 있었던 페르시아(이란)계 무슬림, 유대인들의 유산들을 포용함으로써

The Mosque of Zumurrud Khaton 무스탄시리아 마드라사 근처의 바그다드 중심부에 자리 잡고 있는데, 12세기 셀주크에 의해 먼저 만들어진 이 모스크의 미너렛은 바그다드에서 가장 오래된 것으로 여겨진다. 9층 원뿔 모양의 푸르고 청록색으로 반짝이는 벽돌로 장식된 건축물 위에 작은 둥근 지붕을 얹었는데, 놀랍게도 이 모양은 인도로부터 영향을 받은 것으로 추측되기도 한다.

동서양의 다양한 문화와 문명을 창조적으로 융합하여 이를 통해 풍성한 자신들의 유산으로 만들었던 것입니다. 다른 민족은 약탈하여 있은 문화식 선통이 아닌 다민족·다문화의 조화와 수용을 통해 창조된 문화였기에 오스만 튀르크 제국까지 문화적 전통이 이어질 수 있었던 거예요. 우마이야 왕조 때를 아랍 제국이라 한다면, 아바스 왕조 때에 이르러 진정한 이슬람 제국으로 확대되었다고 볼 수 있습니다.

수니파는 후우마이야 왕조(756~1031)를 수립하여 서 칼리프라 불렸는데 이들의 수도는 코르도바였습니다. 이들은 이베리아 반도를 지배했는데요. 이곳

코르도바에 있는 모스크 내부

은 원래 서로마, 서고트 왕국의 영토였기 때문에 그리스, 로마, 크리스트교적
문화가 발달하고 있었지요. 거기에 이슬람 문화가 융합되어 이슬람과 유럽 문
화가 융합된 독특한 형태를 띠게 된 것입니다. 이후 이슬람 세력은 최종적으
로 이베리아 반도의 기독교도들의 재정복 운동으로 쫓겨나게 됩니다.

이와 함께 이집트, 시리아 지방에서 활동했던 왕조가 있는데요. 바로 파티
마 왕조(909~1171)입니다. 이 왕조 또한 200여 년 이상을 이어가면서 아바스
와 후우마이야 왕조의 뒤를 이어 이슬람 문화를 발전시켰습니다. 왕조의 명칭
인 파티마는 이슬람교의 개창자 무함마드의 딸이자 4대 칼리프인 시아 알리
의 아내 이름입니다. 즉, 이들은 아바스를 무함마드의 후계자로 인정하지 않
겠다고 선언하면서 아바스 왕조보다 더욱 정통인 알라의 대리인이 통치하는
새 국가를 건설한다는 기치 아래 등장한 국가랍니다(조카나 사위보다 딸이 혈
연적으로 더 정통이라고 생각한 것이지요). 원래 시아파에 의해 세워진 아바스 왕

조가 그 운영 과정에서 시아파를 많이 소외시켰던 것을 비판하면서 온전하게 철저한 이슬람 교리를 통해 국가 운영을 도모했던 것입니다. 또한 아바스 왕조를 공격해 카이로—현재 이집트의 수도인데, 이때부터 개발된 도시랍니다—를 수도로 삼고 이집트를 비롯한 북아프리카를 중심으로 활동했습니다. 이 왕조를 멸망시키면서 수니파에게 다시 이집트를 넘기며 아이유브 왕조(1169~1250)를 세운 지도자가 바로 십자군 전쟁에서 예루살렘을 유럽의 기독교군으로부터 빼앗은 이슬람의 영웅으로 심지어 유럽에서조차도 존경받

카이로에 있는 아즈하르(알 아자르) 모스크(상)
살라딘의 초상화(하/좌) 기마병을 묘사한 그릇 일부(하/우)

는 지도자의 표상으로 알려져 있는—우리에게는 살라딘으로 안겨긴 씰라흐 알-딘[15]이지요.

15   이슬람 세계의 정치가·무장(1138~1193, 재위 기간 1169~1193). 이집트 아이유브 왕조의 시조로, 1187년에 십자군을 격파하고 예루살렘을 탈환했으며, 제3차 십자군도 격퇴하여 세력을 확보했다. 온건하고 약속을 잘 지키는 자비로운 군주로 덕망이 높았으며 그가 보인 기사도 정신과 자비심은 서방 세계에 널리 전해져 수많은 전설과 기록으로 남아 있다. 살라딘이라는 그의 이름은 아랍어로 '정의와 신념'을 의미한다. 살라딘은 리들리 스콧 감독이 연출한 서사 액션 영화 「킹덤 오브 헤븐(Kingdom Of Heaven)」(2005)을 통해 대중에게 친숙한 인물이 되었다.

이슬람 제국의 확대_'튀르크' 족과의 역사적 만남

이슬람은 11세기에 이르러 역사를 바꿀 위대하면서도 새로운 사건을 만나게 됩니다. 바로 '튀르크' 족과의 조우인데요. 중국이 동돌궐이라 부르던 민족입니다. 이들은 이슬람 왕조가 아바스, 후우마이야, 파티마 왕조로 분열하면서 역사의 명맥을 이어가고 있을 때 이슬람교의 수니파로 개종한 후 이슬람의 종교적 열정과 유목 민족 특유의 기풍을 합하여 동쪽에서부터 돌풍처럼 휩쓸면서 바그다드까지 점령합니다.

'튀르크'라 하니 비슷한 나라 이름이 생각나지요? 그렇죠. 바로 터키(Turkey)입니다. 현재 터키 공화국을 이루고 있는 대표적인 민족이 바로 튀르크 족이에요. 이들은 결국 아바스 왕조의 칼리프로부터 정치적 지배자로 인정받고 술탄의 칭호[16]를 받아 왕조를 세우게 되었으니, 이들이 이슬람 제국의 주도권을 장악하며 11·12세기에 전성기를 맞았던 셀주크 튀르크(1037~1242)입니다. 이들은 파미르 고원에서부터 서아시아의 지중해에 이르는 제국을 건설했고, 예루살렘을 점령하여 유럽에 십자군 전쟁(1096~1272)을 유발한 장본인이지요. 몽골에 의해 멸망하고 훌라구[17]에 의해 일한국이 들어설 때까지, 아랍인이 아니었음에도 불구하고 이슬람 지역의 정치 지배자로서의 역할을 했던 세계사적으로 중요한 민족입니다. 이들은 '이크타 제도'를 통해 장교들에게 봉급 대신 일정 기간 토지를 하사하여 징세권(세금을 걷는 권리)을 부여함으로써 국가를 운영해나갔는데요. 이 제도는 후에 오스만 제국의 '티마르 제도'로 계승되어 비교되기도 하지요.

---

16 이는 후에 오스만 제국과 구별된다. 셀주크 튀르크에서는 정치를 '술탄'이, 종교는 '칼리프'가 나누어 맡았으나, 오스만 제국 때에는 이들을 통합한 '술탄칼리프'가 등장한다.
17 몽골 제국의 대 칸인 몽케의 동생. 아라비아 반도와 시리아, 남부 이라크를 제외한 서남아시아를 정복한 정복자이자 일한국의 초대 칸이다.

터키 반 호수 근처에 있는 셀주크 튀르크 묘지(상)
세밀화로 묘사된 훌라구(하/좌) **술탄과 함께 사냥 파티를 즐기는 모습**(장 밥티스트 뱅 무르 作)(하/우)

　이렇게 이슬람이 셀주크 튀르크를 통해 확장된 것은 세계사적으로 큰 의미
가 있지만 역사적으로 이슬람의 영향력을 알 수 있는 사실이 더 있답니다. 앞
으로 인도 역사에서 다시 보겠습니다만, 인도에서도 이슬람의 영향이 만만치
않았어요. 인도의 분열을 틈타 1206년 델리에 이슬람 왕조인 노예 왕조가 세
워지고, 이후 300년간 이슬람계 5왕조가 교체되며 세워져 인도의 힌두교와 대
립하게 되거든요. 또한 서아프리카의 가나, 말리 왕국에서도 이슬람의 영향으
로 흙벽돌의 모스크가 만들어졌고, 동아프리카에서는 아랍어의 영향을 받

가나의 모스크 가나에서 가장 오래된 무슬림 지역 중의 하나인 라라방가에 세워진 것이다.(상)
말리의 진흙 모스크(하)

은 스와힐리어가 만들어질 정도였답니다. 서아시아에서 몽골 제국의 부흥을 꾀하며 칭기즈 칸의 후손에 의해 세워진 티무르 제국(1369~1500)도 이슬람화하고, 셀주크 튀르크의 뒤를 이어 600년 이상 이어간 오스만 제국(1299~1922) 또한 이슬람 국가이니, 이슬람 제국의 확대는 우리가 생각했던 것보다 더욱 영향력이 컸다고 할 수 있겠지요?

지금까지 서아시아에서 이슬람의 탄생부터 이슬람화된 셀주크 튀르크가 몽골에 의해 멸망할 때까지인 13세기까지 살펴보았습니다. 7세기부터 무함마드 시대, 정통 칼리프 시대, 우마이야, 아바스, 후우마이야, 파티마, 셀주크 튀르크까지 약 800여 년에 걸친 서아시아의 역사를 한 번에 다 훑은 것이죠. 우리나라와 별 관계가 없는 듯하고, 뉴스에서 분쟁 지역 관련 보도로만 접하여 굉장히 먼 나라 같지만 국제 관계의 성격상 앞으로 우리나라와의 관계가 깊어질 확률이 매우 높은 지역입니다. 그에 따라 이 나라들의 역사와 문화적 배경을 알아야만 풀어나갈 수 있는 문제들이 우리 주변에서도 많이 발생할 테고요. 그때가 되면 오늘 이 여행의 소중함이 더 절절해지실 거예요.

다음 여행지는 오스만 제국입니다. 오스만 제국은 1차 세계대전을 겪고 해체되면서 현재의 '터키 공화국'으로 변모하게 되는데요. 사실 이들은 13세기부터 시작된 국가로 시대 구분론에 따르면 중세부터 시작된 국가라고 할 수 있겠습니다. 그러나 워낙 역사가 길다 보니 변화가 많고 근대적 측면에서 중요하게 다룰 것이 많아 근대 서아시아사로 따로 빼서 탐험하려 합니다. 그동안 세계 역사에 대해 많은 것을 배워왔는데도 이상하게 구멍이 나 있어 이상했던 부분들이 메워질 다음 여행지로 떠나봅시다.

동시대 지구촌 넘나들기

7~14세기

한반도에서는 698년 발해가 세워지면서 본격적인 남북국 시대가 시작되었습니다. 이슬람 문화의 발전기인 8세기는 남북국 시대 신라의 전성기와 맞물려 있답니다. 그 후 918년 왕건에 의해 고려가 건국되어 936년 한반도 민족의 통일을 이루었고요. 그러므로 셀주크 튀르크까지 이르는 이슬람 세계의 확대는 한국사에서의 고려 시대와 동시대의 모습입니다. 그래서 한국사를 공부할 때 유난히 신라와 고려에서 이슬람 상인과 문화에 대한 내용이 나오는 것은 세계사적으로 당시 이슬람 세계의 확대와 관련이 있다는 것, 이제 이해할 수 있겠지요?

중국에서는 618년 고조 이연이 당을 세운 후 국제적 문화를 꽃피우며 서쪽으로 나갔답니다. 그러다 751년 아바스 왕조와 탈라스 전투에서 만나 패배함으로써 비단길을 잃었다는 사실은 이미 알고 있지요? 907년, 당이 멸망하고 5대10국 시대가 약 70여 년 이어지다가 979년 송이 세워졌습니다. 문치주의로 인해 약해졌던 송은 이민족의 침입에 시달리다가 결국 금에 의해 남으로 쫓겨 갔어요. 그러다 몽골족이 세운(1271) 원에 의해 멸망(1279)했는데, 원을 세운 몽골족이 서아시아와 러시아, 유럽에까지 뻗어갔던 것이고 그 과정에서 아바스 왕조, 셀주크 튀르크가 멸망하게 되는 것이지요. 원은 명에 의해 1368년 스러졌습니다.

서유럽에서는요, 476년 서로마 멸망 후 7~8세기 프랑크 왕국이 성립되어 800년에 카롤루스 대제는 서로마 황제의 대관식을 올리기도 했지요. 9세기 베르, 메르센 조약으로 프랑크 왕국이 3분되었고, 10세기 다시 노르만, 마자르 족 등의 침입으로 봉건제도가 본격적으로 시작되면서 현재 유럽의 국가 모습이 서서히 등장합니다. 이 시기부터 교황권과 황제권과의 대립이 역사의 축을 이루게 되지요. 11세기 셀주크 튀르크에 의해 예루살렘이 점령당하면서 유럽

카롤루스 대제의 대관식(장 포퀘트 作)

전역에서 100여 년 동안 십자군 출병이 있었고요, 13세기까지 로마 교황에 의해 유럽의 정치·경제·문화가 좌지우지되었답니다.

티타임 토크

이슬람교도들은 왜 자주 절을 하는 건가요?

이슬람교도의 생활은 6신과 5행으로 설명할 수 있습니다. 이슬람교도들은 유일신 알라, 천사, 경전인 쿠란, 예언자 무함마드, 내세, 숙명 이 6가지를 믿어야 합니다(6신). 그리고 이 믿음을 겉으로 드러낸 것이 5행인데, 이는 경전인 쿠란과 하디스에 기록되어 있답니다. 5행은 다음과 같습니다.

- 신앙 고백(shahada, 샤하다): "알라 이외의 다른 신은 없고, 무함마드는 알라의 사도이다"라는 신앙 고백을 여러 사람 앞에서 해야 합니다.

- 기도(salat, 살라트: 하루 다섯 번의 예배): 이슬람교도들은 매일 새벽, 정오, 오후, 저녁, 밤중의 다섯 차례에 걸쳐 예배를 드립니다. 모두 메카를 향해 엎드려 신앙 고백을 하고 쿠란의 몇 구절을 외는 것으로 예배를 마칩니다.

- 성지 순례(haji, 하찌): 모든 이슬람교도들은 평생에 한 번은 메카를 순례해야 합니다.

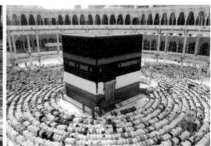

이슬람 예배

자신이 갈 수 없는 사람은 다른 사람에게 부탁할 수도 있습니다.

■ 금식(sawm, 사움): 이슬람 달력으로 아홉 번째 달(라마단) 한 달 동안 신자들은 해가 뜰 때부터 해가 질 때까지 음식과 음료수를 멀리해야 하며 밤에는 특별한 기도를 드려야 합니다.

■ 희사(zakat, 자카트): 사회나 국가를 위한 재정적인 지원과 헌납, 구휼을 목적으로 신자들이 기부하던 것이 후일 이슬람으로 개종하고 국가의 권위를 인정하기로 했음을 공식적으로 표현하는 한 방법으로 세금의 일종이 되었답니다.

중동에서 가장 부자 왕자는 누구예요?

사우디의 '왕자' 알 왈리드 빈 탈랄은 아랍은 물론 중동권에서 '공개된' 최고의 부자라고 할 수 있습니다. 그는 세계 최대 규모의 여객기로 '날아다니는 궁전'으로 불리는 A380을 개인 전용 제트기로 4억 8천 500만 달러(약 5천 200억 원)에 구매한 최초의 주문자로 기네스북에 올랐다고 합니다. 물론 초대형 요트 2대, 200대 이상의 자동차, 그리고 3대의 개인 비행기를 소유한 데에 이어 구매한 4번째 제트기이지만 말입니다. 하지만 왈리드 왕자가 이런 부자가 된 것은 다른 왕자들이나 아랍 부호들처럼 물려받은 게 많아서가 아니래요. 경영학과 사회과학을 공부하고 아버지로부터 빌린 돈과 물려받은 집을 담보로 마련한 40만 달러(이것만으로도 우리에게는 왕자님일 수 있는데요)로 건설 사업을 시작해 돈을 모으고 또 그 돈을 재투자해 오늘날 세계 억만장자(약 30조 원)의 대열에 오를 수 있었다고 합니다.

3강

근대 서아시아_
오스만 제국 그 영광의 시대로

'오스만 제국'이란 이름을 들으면 무엇이 생각나세요? '제국'이라는 이름에도 불구하고, 서아시아 지중해 근방 모퉁이의 작은 중세적인 황제 국가 정도를 떠올리는 분이 많을 거예요. 저 또한 중고등학교를 다닐 때 주요 서유럽 국가와 중국사 중심으로 세계사를 배웠기에 오스만 제국이 서아시아 역사의 퍼즐을 완성시킬 중요한 조각이라는 것을 알지 못했거든요.

그러나 오스만 제국은 1299년부터 1922년까지 620여 년을 이어갔으며, 특히 16세기에서 18세기까지 어마어마한 부와 영광을 누렸던 국가랍니다. 그래서 당시 영국의 목표가 오스만 제국을 분열시키는 것이었고, 그 분열을 위해 유대인들을 이용했으며 그를 통해 이스라엘 건국이 이루어졌다는 해석이 나올 만큼 중세 근대 세계사에서 오스만 튀르크는 유럽과 밀접한 관련이 있습니다. 오스만 제국 전성기의 영토가 동유럽과 북부 아프리카, 서아시아 3대륙에 걸쳐 있었고 그 당시 20여 민족과 6,000만 인구를 통치했기 때문에, 제1차 세계대전 후 유럽의 국가들은 오스만 제국을 쪼개기 위해 몸부림칠 수밖에 없었거든요. 세계사적으로 오스만 튀르크 제국은 굉장히 의미가 깊은 국가였던 것입니다.

우즈베키스탄에 있는 티무르의 동상(좌) 사마르칸트에 있는 티무르의 무덤(우)

오스만 튀르크, 아시아를 넘어 서쪽으로

13세기 셀주크 튀르크(십자군 전쟁과 관련 있었지요)가 몰락하면서 소아시아 튀르크계 민족들은 크고 작은 공국들로 분열됩니다. 그중 하나가 서부 아나톨리아(소아시아)에 근거를 두고 있던 오스만 1세가 이끄는 왕국이었는데요. 이들은 본래 셀주크 튀르크에 고용된 용병 집단이었습니다. 그러나 기병에 기반을 둔 정치 군사력을 바탕으로 셀주크 왕조 멸망 후 제국의 주권을 넘겨받지요. 이것이 오스만 튀르크 제국의 시작이고, 이는 오스만 1세의 이름에서 따온 것입니다.

셀주크가 멸망하고 오스만이 강대해지기 전 서아시아에서 잠시 동안 세력을 키웠던 국가로 티무르 제국이 있습니다. 칭기즈 칸의 후손 티무르 (1336~1405)[1]가 몽골 제국의 부흥을 꾀하면서 사마르칸트에 도읍을 정하고 세

1　티무르 왕조의 제1대 황제(재위 기간 1369~1405). 옛 몽골 제국 영토의 대부분을 차지하는 대제국을 건설했으며, 학예를 장려하고 이슬람교를 포교하며 상업 무역을 발전하게 하는 데 힘썼다. 티무르는 군사에 있어서 천재적인 인물로 평가받을 만큼 전투에서는 한 번도 패배하지 않았다. 그러나 원정을 할 경우 특별한 이슬람교적인 문화로서의 도시 건설인 경우를 제외하고 대부분 약탈과 파괴에 초점을 맞추었다. 칭기즈 칸이 항복하거나 투항하는 적을 살려주었던 반면 티무르는 투항하는 적에게 관용을 베풀지 않았다고 한다. 티무르는 30년에 걸친 군사 원정의 성공과 지략으로 몽골에서 지중해에 이르는 대제국의 지배자로 군림했다.

티무르의 포로가 된 오스만 제국의 술탄

운 국가입니다. 이들은 이슬람 문화에 페르시아, 튀르크 문화까지 더하여 동서 문화의 교량적 역할을 했는데요. 이들 일파가 인도에 가서 무굴 제국을 세웁니다. 이들이 스러지고 나면서 서아시아 역사의 축이 오스만 튀르크로 옮겨지게 되는 거고요.

오스만 튀르크는 오스만 1세 때 비잔티움 제국과의 경계까지 영토를 확장했고, 제국의 행정적·정치적 기반을 정비하면서 효율적으로 국정을 펼쳤는데요. 이 당시 만들어진 제도가 얼마나 체계적이있는지 약 4세기 동안 큰 변화 없이 유지될 정도였답니다. 오스만 1세 사후에도 제국은 영토를 계속 확장해서 발칸 반도의 대부분을 병합했습니다. 발칸 반도가 어디냐고요? 그리스 로마 시대를 여행할 때 나오겠지만, 현재 그리스·불가리아·마케도니아·알바니아 등이 있는 반도입니다. 현재의 터키가 위치하고 있는 곳이기도 하고요.

그러다 서쪽에서 진격해 온 티무르 군에게 패하여 한때 확장이 멈추기도 했어요. 하지만 10여 년 후 티무르 제국의 쇠퇴와 더불어 세력을 회복하여 메메드 2세(재위 1444~1446, 1451~1481) 때에 20만 명의 육군과 400척의 군함으로 난공불락의 요새였던 콘스탄티노폴리스 공략에 성공합니다. 그리고 이로써 비잔티움 제국(동로마 제국)을 멸망시키고 콘스탄티노폴리스를 이스탄불[2]로 고쳐 수도로 삼게 되지요(1453). 이 전쟁 때 소 100마리가 아니면 옮기기 힘들 정도로 거대한 대포로 콘스탄티노폴리스의 성벽을 무너뜨리면서 승리할 수 있었어요.[3] 오스만 튀르크의 콘스탄티노폴리스 함락은 터키의 문화적 양태의 변화적 측면뿐 아니라 앞으로 유럽과 아메리카의 역사에 '기가 막힌' 결과를 가져오기 때문에 역사적으로 굉장히 중요한 사건입니다.

---

2   현재 터키의 수도인 앙카라 이전까지 오스만 제국의 수도.

3   셀주크 튀르크—십자군 전쟁, 오스만 튀르크—비잔티움 제국 멸망

메메드 2세의 콘스탄티노폴리스 입성(좌) **콘스탄티노폴리스 공성전**(우/상) **메메드 2세**(우/하) 이탈리아 베네치아 공화국의 궁정화가인 젠틸레 벨리니가 그린 술탄 메메드 2세의 말년의 모습. 비잔티움 제국을 멸망시킨 인물로 역사 속에 그 이름을 남겼다.

1453년, 드디어 비잔티움 제국 동로마를 멸망시키면서 서유럽에 바짝 다가 서게 된 오스만. 어떤 모습으로 전성기를 누리게 될까요?

오스만 제국의 '이유' 있는 영광과 쇠퇴

많은 학자들은 오스만 제국이 콘스탄티노폴리스를 점령한 1453년부터 제국의 전성기가 시작된다고 봅니다. 이 시기에 오스만 제국은 경제적으로 크게 번 성했는데요. 수도였던 이스탄불은 동서양이 교차하는 길목에 위치하고 있었기 때문에 상업과 무역이 크게 발달했답니다. 아시아, 아프리카, 유럽에서 다양한 물자와 문화를 흡수할 수 있었기 때문인데, 특히 유럽과 동아시아 사이에서 무역을 하면서 엄청난 경제적 이득을 얻었지요. 또한 이 시기 오스만 제국은 문화의 황금시대를 열었습니다. 이슬람 문화의 기반 위에 페르시아(이란) 문화와 튀르크 문화, 그리고 비잔티움 문화가 조화를 이루면서 그야말로 동서 문화가 융합되었거든요. 그리고 정치와 종교적으로는 이슬람의 종주권을 인정받기 위해 이슬람법을 중시했고, 이라크 등에서 많은 학자를 초대해 이상적인 이슬람 국가를 건설하려 노력했습니다. 예루살렘과 메카, 메디나 성지를 지배했고, 이집트 맘루크 왕조를 정복하여 칼리프 칭호를 이양받아 이슬람교의 종주권을 장악함으로써 술탄과 칼리프 칭호를 함께 사용하는 술탄칼리프제를 확립(1517)했지요. 술탄칼리프제는 튀르크의 정치 지배자인 술탄이 이슬람 종교 지배자인 칼리프의 지위를 겸하는 것으로 정교일치의 군주권을 확립한 오스만 제국의 독특한 통치체제[4]입니다. 이에 따라 동로마 제국과 이슬람 제국의 뒤를 계승한 오스만 튀르크의 군주는 수니파[5] 이슬람교도의 종교적인 지도자가 되었습니다.

제국의 전성기를 이끈 술탄칼리프는 26살에 즉위해 약 반세기 동안 동유럽, 아프리카 북부, 지중해 동부의 해상권까지 장악하면서 3개 대륙, 20여 개 민족, 6천만 명을 지배했던 슐레이만 1세(재위 1520~1566)입니다. 16세기 중반 동안 재위했던 그는 국내적으로는 군주권을 확립했고, '티마르 제도'[6]에 입각한 국가체제를 확고히 해서 내정을 튼튼히 했지요. 이를 기반으로 당시 유럽

---

4 셀주크 튀르크는 술탄과 칼리프가 분리되어 있었다.

5 우마이야 왕조를 따르던 다수의 이슬람교도를 가리키는 용어이다.

6 직할지를 제외한 영토를 관료와 장군에게 충성의 대가로 분배하는 군사적 봉건제로, 셀주크 튀르크의 이크타 제도와 같이 묶어서 이해해야 한다.

콘스탄티노폴리스와
보스포루스 해협

골든 혼의 황혼

저녁 무렵의
콘스탄티노폴리스

을 대표하던 오스트리아의 빈을 포위할 정도로 유럽을 압박했고(결국은 철수했습니다만), 아프리카에서는 알제리까지 지배 세력을 넓혔답니다. 외부적으로는 서유럽과 어깨를 나란히 하며 각 분야에 걸쳐 눈부신 발전을 이룩했던 빛나는 제국이었지요. 당시 술레이만 1세가 발칸 반도, 헝가리, 오스트리아 등지에서 유럽에 가한 위협은 유럽을 엄청 놀라게 했는데요. 특히 1538년 지중해 동부에서 오스만 제국의 함대가 유럽 연합 함대와 싸워 크게 이긴 '프레베자 해전'은 오스만 제국이 지중해의 새로운 주인임을 확인시긴 전쟁이었습니다. 유럽은 이미 투르·푸아티에 전투나 십자군 전쟁 등을 통해 이슬람과 충돌했던 두려운 기억들을 가지고 있는데 술레이만 1세의 진격은 유럽으로 하여금 다시 그 악몽을 떠올리게 했겠지요. 술레이만 1세를 '대제'라고 일컫기도 하는 이유입니다.

프레베자 해전

오스만 튀르크가 이렇게 넓은 영토를 통치하고 다양한 민족을 다스리면서 전성기를 누릴 수 있었던 이유는 무엇일까요? 사실 오스만 제국에서 중요한 부분 중의 하나가 바로 전성기를 누릴 수 있게 만든 정책이랍니다. 세계를 주도했던 강대국의 기억이 있는 국가의 역사를 공부하는 것은 그 시기 그것을 가능하게 했던 그들의 사고방식을 배워서 현재의 우리에게 적용해보기 위해서겠지요? 그러므로 당시 그 나라의 강대함 자체도 중요하지만 그것을 가능하게 했던 뒤의 힘을 깨닫는 게 더욱 중요합니다.

오스만 제국은 기본적으로 자신들의 원칙에 충실했습니다. 그들은 자신의 국가를 이슬람교도인 튀르크 족이 중심이 되어 공용어인 튀르크 말을 사용하는 이슬람 제국으로 이끌고 갔어요. 그래서 민족보다 이슬람교를 중시했고,

비엔나 전투에 출정한 예니체리

그것을 외부에 적극적으로 표현했는데요. 이러한 원칙을 보여주는 대표적인 모습이 '성 소피아 성당의 개조'입니다. 오스만 튀르크는 콘스탄티노폴리스를 점령한 후에 비잔티움 제국의 대표적 성당인 성 소피아 성당을 모스크로 개조함으로써 이슬람 국가로서의 정체성을 알렸어요. 또한 오스만 제국의 술탄 친위 부대인 '예니체리'[7]의 경우를 보아도 그들이 이슬람교를 중시하는 모습을 알 수 있는데요. 놀랍게도 예니체리에는 무

---

7 예니체리 군단은 1364년 신생 오스만 제국의 술탄 무라드 1세가 처음 세웠다. 규율이 엄격했던 대신 좋은 대우와 지위를 보장받았지만, 점차 영향력이 막강해지면서 권력 집단화되었고, 제국의 정치에 관여하면서 타락하기 시작했다. 메메트 2세 때 이르러 전부 해체되었다.

슬럼이 들어갈 수 없었다고 합니다! 대신 기독교도를 징집하여 철저하게 교육시켜 이슬람교로 개종시킨 다음 상비군과 관료로 삼는 경우가 많았다고 해요. 이들은 결혼하거나 상업에 종사할 수 없었지만 전투와 행정 사무에서 두드러진 업적을 남길 수 있었고 세속적으로 성공할 수 있었기 때문에 스스로 군인이 되기를 원하는 이들도 많았어요. 이 때문에 크리스트교도들이 자발적으로 이슬람교도가 되기도 했다니, 정말 놀라운 개종 방법이죠?

전성기의 비밀은 또 있습니다. 바로 비 이슬람교도에 대한 포용 정책입니다. 즉, 비 이슬람교도에게도 공동체를 만들 수 있게 한 뒤 세금을 내는 조건으로 자치를 허용한 거예요. 오스만 제국은 이들 비 이슬람교도들의 자치 공동체인 '밀레트'[8]를 통해 그들의 종교·문화적 정체성을 인정하면서, 튀르크·타타르·아랍인·보스니아·그리스·불가리아·헝가리·슬라브·루마니아 등 다양한 종교와 문화를 가진 국가와 민족이 서로 뒤섞인 광대한 지역의 질서를 훌륭하게 유지하고, 그들이 조화롭게 어우러진 사회를 발전시킬 수 있었습니다. 이와 함께 다양한 민족들에게 자신들의 언어도 사용할 수 있게 하여 제국의 공문서에서 사용되었던 튀르크어 이외에도 아랍어, 페르시아(이란)어, 그리스어 등이 동시에 사용되었기 때문에 여러 민족들이 공존하기 쉬웠답니다. 왠지 고대 서아시아에서 살펴보았던 부분, 아시리아와 비교되었던 아케메네스 페르시아의 박적 이유—페르세폴리스 금건끼 그로이스디교기 공존힐 수 있었던—가 오스만 제국의 정책과 겹쳐져 생각나지요?

---

8   오스만 제국이 급속하게 세력을 확장하면서 치하에 있던 다양한 거주자들 사이의 평화를 유지하기 위해 만들어진 '종교와 민족에 따른' 자치제이다. 가장 중요한 4개의 밀레트는 '무슬림, 그리스 정교도, 아르메니아 크리스트교도, 유대교도'들로 이루어졌다. 각 밀레트의 대표는 국가에 대한 조세와 병역의 의무를 지고 있었지만, 무슬림과 관련된 재판 외에는 교육이나 언어, 이사 등 대부분의 일상생활에서 자치를 누릴 수 있었다. 개종을 하면 다른 밀레트로 이동할 수도 있었다고 한다.

이와 같이 비 이슬람교도들의 문화를 인정하면서도 정치적·군사적 성공을 원하는 자는 이슬람교도가 되어야 하는 사회 시스템을 마련해놓고 이슬람교의 우위를 확고하게 다진 통치 체제 덕분에 오스만 제국은 전성기를 구가할 수 있었습니다. 정치·사회·군사·문화적 시스템으로 다양한 문화를 가진 민족들을 효과적으로 지배하며 3개 대륙의 통치를 수행할 수 있었던, 문자 그대로의 제국이었지요.

술탄 술레이만 대제의 초상입니다. 오스만 튀르크 제국 최고 전성기를 이끈 왕인데요. 머리 위의 큰 터번이 인상적이죠? 유럽 사람들은 3개 대륙을 거느린 술레이만 대제를 '위대한 왕'이라 불렀다고 합니다. 그러나 그는 단순한 정복자가 아니었어요. '입법자'라는 별명에서 알 수 있듯, 오스만 제국의 체제를 정비해서 그가 다듬은 관료 조직은 이후 약 200년간 오스만 제국의 기틀이 됩니다.

술레이만 1세

그러나 1566년 술레이만 1세가 사망한 뒤, 즉 16세기 후반 이후부터 오스만 제국은 역사의 주도권을 성장하는 유럽 세력에 넘기게 됩니다. 특히 유럽의 해군력이 성장하면서 유럽과 아시아를 잇는 해상 무역과 식민지 개척이 유럽에 의해 활발하게 진행되었는데요. 세계사에 큰 획을 긋는 사건인 신항로의 개척[9]으로 무역의 중심이 지중해에서 대서양으로 이동함에 따라 동서 중계무역을 해오던 오스만 제국이 경제적 타격을 입기 시작한 거예요. 그 당시 새로

---

9   15~16세기에 걸쳐 유럽인들이 새로운 무역로를 개척한 일로서 유럽이 전 세계로 진출하는 계기가 되었다. 신항로 개척으로 유럽의 경제는 비약적으로 발전했고, 생활도 풍요로워졌다. 특히 동방의 문물이 대량으로 유입되면서 커피 사탕 옥수수 담배 감자 같은 산물이 함께 들어와 유럽인의 식생활과 일상에도 큰 변화를 초래했다.

레판토 해전

운 식민지 개척으로 급성장한 에스파냐가 지중해를 장악하게 되었는데, 오스만 튀르크는 '레판토 해전(1571)'에서 크게 패배하여 지중해의 주도권을 빼앗기게 됩니다. 물론 역사에는 영원한 승자가 없기에 무적함대도 이후 영국에 패배하면서 쇠락의 길에 들어서긴 합니다만, 16세기 후반의 에스파냐는 출중한 해군력을 자랑하고 있었답니다. 당시 오스만 튀르크를 격파한 에스파냐의 함대는 무적함대로 불리면서 해상의 권좌를 차지했는데요. 많은 학자들이 레판토 해전을 오스만 제국이 쇠락하는 시작점이라고 평가하고 있으니 당시의 해군력이 얼마나 국가의 흥망성쇠를 쥐고 있는지 알 수 있겠지요?

결국 16세기 말에 이르러 오스만 제국의 위상은 급격히 추락하게 됩니다. 유럽과 여러 전쟁을 치루며 오스만 제국의 지도자들은 유럽의 발전된 과학기술과 군사 조직에 자국이 훨씬 못 미치고 있음을 인식하게 되지요. 하지만 그들은 이에 직접적으로 대처하기보다 정치력 강화를 통해 어려움을 극복하고자 했답니다. 마치 조선이 근대화에 대한 반응으로 개방과 개혁을 먼저 선택하지 않고 왕권 강화와 외교 통상 거부로 대응하고자 했던 것처럼요.

술탄은 정책적으로 군사력을 늘리고 예니체리의 규모를 늘리면서 노력을 기울였는데 어느 정도 성과를 거두는 듯했습니다. 국가가 주도적으로 이끌어가는 모든 변화가 그러하듯 초반에는 그럴 듯해 보였지요. 그러나 근본적인 개혁이 아니었기 때문에 소수민족들의 반란이 일어났을 때 효과적으로 대응할 수 없었으며, 국내적으로도 술탄 계승권을 둘러싸고 왕가 내부의 분열을 겪으며 쇠퇴하게 됩니다. 그리고 1683년 비엔나 전투에서 패배한 뒤 오스만 제국은 유럽에서 더 이상 영토를 확장하지 못하게 되었지요.

오스만 제국에서 터키 공화국으로

이슬람과 튀르크어로 통합되었으면서 각 민족의 자치를 통해 3개 대륙을 안정된 통치로 이끌었던 오스만 제국. 16세기 후반부터 쇠락의 길에 접어들었던 이들이 결정적으로 쇠약해지는 시기는 18세기 무렵부터입니다. 그 이유는 18세기 산업혁명을 통해 강대한 군사력을 보유하게 된 영국과 프랑스·러시아·오스트리아와 같은 유럽 국가의 압력과 '프랑스 혁명'의 결과로 이집트와 발칸 반도에 뿌려진 '민족주의' 때문인데요. 이로 인해 오스만 제국 내 여러 민족들의 자립심이 깨어났답니다. 결국 오스만의 지배하에 있던 많은 민족들이 유럽 국가들의 지원을 받으며 오스만 제국으로부터 독립을 꾀했고, 그 때문에 오스만 제국은 내부에서부터 붕괴되어 해체되지요. 여러분이 앞으로 유럽을 여행할 때 만나게 될 18세기 '산업혁명'과 19세기 '자유주의', '민족주의'의 발흥이 유럽과 소아시아 전체 역사를 뒤흔들며 흐름을 바꿔버리거든요.

민족의 독립으로 오스만 제국에게 크게 타격을 입힌 곳은 발칸 반도와 곡창 지대인 이집트였어요. 먼저 발칸 반도에서 일어난 독립운동은 '그리스 독립전쟁(1821~1829)'에서부터 시작되었는데요. 바로 다음 시간에 여행할 유럽사 문명의 기초인 그리스가 오스만 튀르크의 지배 아래 있다가 독립하기 때문입니다. 우리가 알고 있는 그리스 신화의 '그리스'가 이슬람 문명의 지배하에 있었다는 사실이 놀랍지 않나요? 영국과 러시아, 프랑스는 그리스의 독립을 지원해서 오스만의 함대를 궤멸시켰고, 1829년에는 러시아 군이 아드리아노플을 점령해서 오스만 튀르크는 세르비아와 그리스의 독립을 인정할 수밖에 없게 됩니다. 앞서 잠깐 말씀드렸지만 유럽은 이슬람의 확대에 대해 역사적으로 강한 공포감을 가지고 있었기 때문에 이교도인 오스만 튀르크 세국의 분열과 해체를 위해서는, 19세기에 그렇게 서로 싸우고 있는 유럽 국가들일지라도 한 몸이 되어 움직일 수밖에 없었답니다. 영국과 러시아 등의 지원을 받은 그리스는 독일 귀족을 자신들의 왕으로 초대해 1830년 그리스 왕국을 세웠고, 몇 차례 회의 끝에 1832년 독립국의 지위를 얻게 됩니다.

또한 이집트는 나폴레옹의 이집트 원정 이후 프랑스의 원조를 받아 '부국강병'과 생산을 늘리는 공업 정책 육성에 힘쓰며, 태수 무하마드 알리의 지배 아래 오스만 제국으로부터 독립을 요구하는 전쟁을 일으킵니다. 그 후 오스만 제국의 통치하에 있었던 이집트, 알제리 등이 사실상 독립 상태가 되면서 제국의 축소는 가속화하고요.

18세기 말, 19세기 초 오스만 제국은 이러한 어려움을 극복하기 위해서는 서구식의 근대화 개혁이 필요하다고 판단하여, 군사 부분의 개혁을 시작으로 개혁을 시도합니다. 신식 무기를 도입해 유럽식 군사 훈련을 실시했으며, 세율을 낮추고, 행정제도와 외교 방식을 서구화하는 등 노력을 기울여요. 그러나 이러한 개혁 정책은 종교 지도자와 구식 군사 집단인 예니체리의 강력한 반발을 샀고, 안타깝게도 큰 실효를 거두지 못했습니다. 이후에도 계속적인 개혁이 시도되어 유럽식 군복, 무기, 군사체제 등을 도입하고 교육에도 관심을 기울여 이스탄불에 최초의 서구식 고등 교육기관인 이스탄불 기술 대학교가 설립되었고 유럽으로의 유학을 후원하기도 했습니다만, 국내의 호응 부족과 국외의 불리한 정세로 인해 근대적 개혁 시도는 성과를 거두지 못합니다. 모든 개혁을 볼 때 생각하는 것이지만, 개혁의 성공은 결국 "개혁을 통해 이권을 잃을 수밖에 없는 계층이 손해를 감수하고서라도 국가의 발전을 이룩할 수 있는가?"라는 지배층의 희생정신 소유 여부에 달려 있는 것 같아요.

이렇게 쇠퇴하고 있는 오스만 제국이 일련의 개혁에서 효과를 거두지 못하던 중, 매우 중요한 사건들이 터집니다. 19세기 초에서 20세기 초인 1839년부터 1923년 사이에 일어난 것들로 오스만 제국이 터키 공화국으로 넘어가는 과정이지요. 이 부분은 우리 한국사와 중국사, 일본사에서 공통으로 볼 수 있는 근대 부분입니다. 볼 때마다 우리 한국의 근현대사가 떠올라 맘이 좀 불편합니다만, 이런 마음들을 통해 우리는 배우고 자라는 게 아닐까요?

이제부터 차근차근 터키 공화국을 세워보자고요. 19세기에 들어 오스만 튀르크의 술탄 압둘 메지트(재위 1839~1861)는 대규모 개혁 정책을 단행합니다. 이것이 오스만과 관련하여 꼭 알아두어야 하는 '탄지마트(1839)'[10]입니다. 탄지

압둘 메지트(좌)
1876년 제정된 오스만 제국 헌법(우)

마트는 법 앞의 평등, 공개 재판, 공정한 세금 징수 등을 보장하면서 행정, 사법, 군사, 재정 등 사회 전반에 걸쳐 개혁이 추진된 것인데요. 그러나 탄지마트는 기득권 상실을 두려워한 지방 세력의 반발에 부딪혔고, 군사 개혁은 구식 군인들의 저항을 초래합니다. 게다가 '크림 전쟁(1853~1856)'[11] 등으로 국

---

10   탄지마트(Tanzimat)는 은혜 개혁이라는 뜻이다.
11   러시아에 대해 영국, 프랑스, 오스만, 사르데냐 왕국 연합국이 싸웠던 전쟁으로 나이팅게일이 활약한 것으로 유명하다.

력 소모가 계속되면서 부국강병의 개혁성과도 나타나지 않았고요. 이에 미드 하트 파샤를 비롯한 혁신적 관료들은 술탄의 전제 정치가 탄지마트를 어렵게 만든다고 여겨 1876년[12] 입헌제 헌법[13]을 반포하고 내각 책임제를 실시했지요. 탄지마트는 청의 양무운동이나 우리나라의 갑오개혁과 같은 것으로 오스만 튀르크의 위로부터의 근대화 운동이라 볼 수 있습니다. 그러나 많은 왕조 국가들이 '근대화 운동'을 통해 '근대화'에 성공하지 못했던 것처럼 탄지마트 운동도 기득권층의 반발, 중앙 집권화에 대한 반발 등으로 성공하지 못했어요.

결국 술탄 압둘 하미드 2세는 러시아·튀르크 전쟁[14]이 일어나자 헌법을 정지(1877)시키고 전제 정치를 실시했죠. 이에 젊은 지식인과 청년 장교들이 청년 튀르크당(黨)을 결성해 입헌 정치를 실시할 것을 요구하면서 무장 봉기하여 권력을 장악했습니다. 그와 함께 여성에 대한 차별 철폐, 언론의 자유 보장, 근대 시설의 확장 등 근대적 개혁을 실시하니 이것이 청년 튀르크당의 입헌 혁명(1908)입니다.

압둘 하미드 2세(좌) **튀르크인의 항복**(우)

12 1876년은 한국사에서 조선이 일본과 병자수호조규, 즉 강화도 조약을 체결한 해이다.

13 이 헌법은 아시아 최초의 성문 헌법이라고 한다.

14 러시아·튀르크 전쟁은 흑해에서 발칸 반도로 진출하려는 러시아와 오스만 제국의 충돌로 일어난 6차례의 전쟁을 일컫는다. 제6차 전쟁은 1877~1878년에 일어났다.

그러나 내부의 정치 혼란이 계속되면서 외부 열강의 간섭으로 인한 제국 내 민족들의 분열은 막을 수가 없었답니다. 즉, 이 시기 발칸 반도에서 불가리아가 독립했고, 오스트리아-헝가리가 보스니아와 헤르체고비나를 병합했습니다. 아프리카에서는 프랑스가 튀니지와 모로코를 병합했고, 영국은 이집트를 보호국화했지요. 거기에 청년 튀르크당이 표방한 극단적 튀르크 민족주의에 대해 발칸 반도에서 범슬라브주의를 내세우며 발칸 동맹이 결성되고, 이들은 발칸 반도에 있는 오스만 제국의 영토를 차지하기 위해 전쟁(제1차 발칸 전쟁, 1912)[15]을 일으켰습니다. 이에 오스만 제국이 패하면서 오스만 제국은 이스탄불을 제외한 유럽 영토를 상실했답니다. 또한 제1차 세계대전에 참전, 패전국이 되어 오스만 제국의 독립을 위태롭게까지 하는 가혹한 세브르 조약[16]에 조인한 결과(1920), 결국 터키 대국민의회가 소집되고, 1922년 11월 케말 파

제1차 발칸 전쟁

15 제1차 발칸 전쟁은 1912년 10월 8일부터 1913년 5월 30일까지 불가리아 왕국·그리스 왕국·세르비아 왕국·몬테네그로 왕국 등 발칸 동맹국과 오스만 제국 사이에서 벌어졌다. 1912년 12월 16일에 런던에서 개최된 강화 회담에서는 아드리아노플 할양 문제 때문에 회의가 진전되지 않았고, 1913년 1월 23일에 오스만 제국에서 청년 튀르크당에 의한 쿠데타가 발생하자 휴전이 취소되고 전투가 재개되었다. 결국 그해 5월 30일에 휴전 협정을 맺고 오스만 제국은 이스탄불 주변을 제외한 유럽의 모든 영토를 잃었다.

16 오스만 제국이 비 튀르크인들이 거주하는 지역과 발칸 반도 동부 지역 및 이스탄불 등을 포기한다는 내용.

샤에 의해 술탄 정부의 폐지가 선언됨으로써 오스만 제국은 멸망했습니다. 그리고 케말 파샤(무스타파 케말)는 그 이듬해 터키 공화국의 대통령에 취임하게 됩니다.

이후 오스만 제국하에 있었던 많은 발칸 반도의 국가, 페르시아(이란)계 국가, 아랍 세계들이 독립했습니다. 그러나 이곳들은 이제 오스만 제

세브르 조약에 서명한 오스만 제국의 인사들 (왼쪽부터 오른쪽으로) 리자 테브픽, 그랜드 비지어 다마트 페리드 파샤, 대사 하디 파샤, 교육부 장관 레시드 할리이다.

국 대신 서구 열강 제국주의의 지배하에 놓였고, 또 다시 근대화와 독립을 위해 싸워야 했지요. 그 과정에서 만들어진 많은 결과물들이 현재의 서아시아에서 나타나는 세력 판도 및 전쟁과 분쟁이랍니다. 이 과정은 '제1차 세계대전'과 '제2차 세계대전'을 둘러볼 때 다시 만나게 될 터이므로 지금은 일단 다른 대륙으로 발걸음을 옮길 것입니다.

자, 오스만 제국의 흥망성쇠를 보신 느낌이 어떠신가요? 셀주크 튀르크, 티무르 제국 대신 서아시아의 강자로 떠올라 유럽과 아프리카, 아시아의 3대륙을 호령했던 제국, 아시아와 유럽 사이의 무역으로 경제 호황을 누렸던, 그리고 그를 통해 의도치 않게 유럽의 신항로 개척을 유도한 제국, 튀르크 중심의 이슬람 국가를 내세우면서도 포용 정책을 펼쳐 전성기를 누리며 유럽을 위협했던 제국, 그리고 강대해진 유럽의 압박 앞에 무릎을 꿇고 공화국으로 탈바꿈한 제국….

오스만 제국으로 서아시아의 역사 여행을 마무리하면서 여러분에게 '서아시아'를 대하는 마음가짐에 대해 다시 한 번 말씀드리고 싶어요. 여러분이 살 세상에서의 '서아시아'는 어른들이 인식하는 '서아시아'와 정말 다를 것입니다.

여러분이 살고 있고 앞으로 살 세상은 지금까지 저나 제 연배의 어른들, 그리고 더 나이 있으신 분들이 살았던 세상과는 그 정보 전파의 속도와 정보 확대의 범위 면에서 완전히 차원이 다른 세상일 것이기 때문이죠. 저희 세대에서는 터키인을 평생 한 번도 만나지 못하고 사는 사람들이 대부분이었지만 여러분 중에는 아마도 터키인을 비롯한 여러 국가의 사람들을 친구 삼을 사람들, 혹은 이미 친구 삼고 있는 사람이 많이 있을 거예요. 이스라엘 친구도, 시리아 친구도, 이란, 그리고 터키 등등 각국의 친구들을 만나서 사귀고 서로 충돌하지 않고 기쁜 관계를 유지하기 위해 필요한 것은 그들의 행동과 말을 이해하는 것이고, 그러기 위해서는 그렇게 될 수밖에 없었던 역사적·문화적 배경을 알아야 해요. 그런 의미에서 지금까지 살펴본 서아시아의 모습은 우리에게 익숙하지 못했던 나라들에 대해 깊이 다가갈 수 있었다는 점에서 의미가 크다고 할 수 있겠지요? 더 나아가 '오스만 제국'을 마무리한 오늘은 그 문화의 완결편이라는 점에서 더욱 의의가 큽니다.

다음 시간에는 유럽으로 여행을 떠납니다. 서아시아 오리엔트 문명을 받아들여 자신들만의 문명을 발전시키고 그것을 통해 현재 유럽의 기둥이 되는 헬레니즘, 헤브라이즘을 세운 그들. 그리고 이성에 입각한 합리주의를 통해 가장 먼저 근대화에 성공함으로써 세계의 주도권을 쥐면서 앞서갔던 그들. 그들의 역사인 유럽 역사를 위해 아쉽지만 이제 이 지역에서 잠깐 떠나야 해요. 서아시아는 '전쟁'과 '분쟁'이라는 주제로 다시 만날 거고요. 이제 서아시아에서 출발한 인류의 문명이 새롭게 싹을 틔우고, 중세까지 최고의 문명을 자랑하던 서아시아로부터 그 맥을 이어받아, 근대에 힘을 키워 전 세계를 누비게 된 유럽으로 그 여행지를 옮기게 됩니다.

이 지역에서 처음 출발해서 그런지 어느새 정이 들어 유럽으로 발걸음을 옮기기 힘들지요? 하지만 궁금한 마음도 큽니다. 유럽은 매력과 부담이 공존하는 곳이니까요. 그곳엔 과연 어떤 역사적 발걸음이 하나하나 박혀 있어 우리의 시선과 마음을 사로잡을지 궁금합니다. 이들의 독자적 발전도 보고, 놀랍게도 서아시아와 만났던 시기도 살펴보고, 어떤 것이 그들을 이토록 강하게 만들어 근대 역사를 이끌어가는 힘으로 작용했는지도 찾아보고, 그리고 그것이 어떤 식으로 그 힘을 다른 대륙으로 넘기는지도 함께 둘러봅시다.

동시대 지구촌 넘나들기

1299~1922년

한반도에서는 13세기 원의 간섭을 받고 14세기 홍건적 왜구의 침입을 받는 고려 말기의 역사가 진행되었습니다. 결국 1392년 조선이 건국되었고, 15~16세기를 지나 1592년에서부터 7년 동안의 조·일 전쟁(임진왜란, 정유재란)이 있었지요. 17~18세기를 지나 19세기인 1860년경부터 서양 세력의 접근이 본격화되었고, 흥선대원군은 통상수교거부 정책으로 이에 대응했습니다. 고종이 1870년대에 친정하게 되면서 개화 정책을 펼쳐서 1876년 일본과 병자수호조규, 즉 강화도 조약을 통해 문호를 개방했고, 1894년 갑오개혁으로 근대화를 추진하고자 노력했습니다. 그러나 이러한 노력이 실패로 돌아가면서 외교적으로 압박해온 일본에 의해 1910년 국권을 상실하여 일제 치하에 들어가게 되고, 1910년대의 무단통치를 1919년 3·1운동을 계기로 지나 1920년대의 '이른바 문화통치' 시기로 접어들고 있습니다.

중국에서는 강성했던 원나라에서 명으로 접어드는 14세기 원명 교체기를 지나 15세기 명 왕조의 시기에 접어듭니다. 이후 1616년 만주족이 후금을 세운 후 1636년에 국호를 청으로 고치고 1645년 북경을 점령합니다. 즉, 17세기 초 중국에서는 청 왕조가 시작되는 것이지요. 강희제, 옹정제, 건륭제에 이르는 3대의 전성기(17~18세기)를 지나 중국 또한 1840년 아편 전쟁을 시작으로 서양 세력의 침략을 받게 되었고요. 이에 대해 양무운동, 변법자강 운동, 태평천국 운동, 의화단 운동 등 여러 모로 대응했지만 결국 1911년 신해혁명 이후 청 왕조는 멸망하게 됩니다. 이후 중화민국이 수립되었고 국민당과 공산당의 대립과 합작을 통해 역사를 이끌어가고 있었지요.

유럽에서는 13세기 강력한 교황권이 이끌고 가던 시기에서 14~16세기까지 근대로 넘어가고 있습니다. 르네상스, 종교 개혁, 신항로의 개척으로 세계사가 확대되고 그를 기반으로 17세기 절대 왕정이 각국에서 발전하게 됩니다. 18세기 시민혁명의 시대를 넘어 19세기 자유주의 민족주의가 발흥했고요. 앞선 선진 국가들은 앞 다투어 아시아와 아프리카로 진출함으로써 제국주의를 발전시키고 있었습니다. 이는 결국 역사적으로 큰 충돌을 가져오게 되니 바로 제1차 세계대전(1914~1918)이지요.

티타임 토크

블루 모스크가 뭐예요?

오스만 튀르크는 콘스탄티노폴리스를 점령한 뒤 성 소피아 성당을 이슬람 사원으로 개조했고, 바로 옆에 비잔티움 양식을 도입한 술탄 아흐메드 사원을 세웠습니다 (1606~1616). 술탄 아흐메드 사원은 내부가 푸른 색 타일로 되어 있어서 '블루 모스크'라고도 불린답니다. 둘이 정말 비슷하지요?

성 소피아 성당(아야 소피아)(좌) **블루 모스크(술탄 아흐메드 모스크)**(우)

오스만 튀르크의 현재인 터키는 어떤 나라죠?

현재 터키는 과거 오스만 제국에 비하면 터무니없이 축소되었습니다. 하지만 그 영토는 보스포루스 해협을 사이에 두고 유럽과 아시아 두 대륙에 걸쳐 둘을 연결해주는 독특한 국가랍니다. 거기에 내륙에는 해발 1,000미터가 넘는 고산과 같은 다양한 자연 유산이 넘치고요. 고대에서부터 중세, 근현대까지 동양과 서양 모두의 문화유산을 보유하고 (유네스코가 지정한 세계 문화유산이 9개나 된다는군요) 있는 문화 강국이죠.

지금까지 우리가 살펴본 서아시아의 역사, 그들의 화려함, 각 종교의 흔적들이 이곳에서 집결한다고 보시면 되는데요. 티그리스 강과 유프라테스 강이 만나는 곳에서는 메소포타미아 문명의 발상지를, 현재의 수도 앙카라가 있는 중앙 아나톨리아의 하투샤에서는 히타이트의 숨결을 느낄 수 있답니다. 동부 아나톨리아에는 노아의 방주가 닿았다는 아라라트 산(터키에서 가장 높다고 해요)이 있고, 성경에 나오는 소아시아 7대 교회들의 자취와 사도 바울의 발자취를 따라 순례의 길을 걸어볼 수도 있다고 해요. 반면 중앙 아나톨리아의 셀주크 튀르크 시기 수도였던 콘야(이고니온)에서는 터키 중에서도 가장 독실한 이슬람 신앙을 느낄 수도 있다고 합니다.

터키는 특히 우리나라를 '형제의 나라'라고 부르는데요. 터키인들은 그 이유를 역사에서 찾는답니다. 바로 우리가 한국사와 중국사에서 배운 고구려와 돌궐이 그 주인공이죠. 터키인의 조상인 '튀르크'는 고구려와 동시대에 우방국으로 존재했던 돌궐에서부터 시작되었거든요. 당시 우랄 알타이 계통이었던 고구려와 돌궐은 동맹을 맺어 가깝게 지냈는데, 돌궐이 멸망한 후 남아 있던 이들이 서방으로 이동하여 결국은 오스만 제국을 건설하게 되었던 것이죠. 영원한 우방도 영원한 적도 없다는 국제 관계 속에서 돌궐과 고구려는 계속 우호적이며 친밀한 관계를 유지했고, 세월이 흐른 뒤에도 고구려의 후예인 한국을 여전히 '형제의 나라'로 부르는 거고요. 어때요? 역사 공부의 힘을 느낄 수 있죠? 잠시 '아라라트 산'과 터키의 베르사유 궁전인 '돌마바흐체 궁전'을 보실까요?

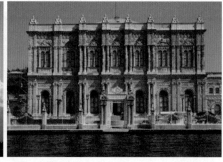

아라라트 산(좌) **보스포루스 해협에서 본 돌마바흐체 궁전**(CC BY-SA 3.0)(우)

세계사를 이끈 유럽,
그 힘의
근원을 찾다

고대 그리스_
세계사에 정치와 문화를 낳다

유럽 문화를 구성하고 있는 요소로 흔히 2H를 말해요. Hellenism과 Hebraism 입니다. 즉, 헬라 여신의 자손으로 여긴 그리스인(Hellas)들의 문화적 특징을 가리키는 헬레니즘, 그리고 히브리인(Hebrew)의 종교인 유대교로부터 기원한 크리스트교적 특징인 헤브라이즘이 유럽 문화의 특징을 가장 잘 나타내준다는 의미인데요. 세계사에서 이들을 본다면 기독교가 본격적으로 발흥하여 유럽과 아시아로 뻗어나가는 데에서 앞으로 배울 로마는 그 기점이 됩니다. 또 하나의 축인 헬레니즘은 알렉산드로스 제국을 통해 확산되기는 하지만 문화적 기반은 그리스에 있다고 할 수 있죠. 따라서 그리스는 유럽 문화에서 매우 의미 있는 위치를 차지합니다.

또 하나, 그리스가 현대까지 영향을 미치는 부분은 정치적인 면에서 찾아볼 수 있습니다. 현재 지구상의 많은 국가들이 채택하고 있는 대표적인 정치 원

1 　대한민국 헌법(大韓民國憲法)은 대한민국의 최고 기본법으로, 인적으로는 대한민국의 국민에게 적용되고, 장소적으로는 대한민국의 영역 내에서 적용된다. 대한민국 헌법은 1919년 3·1운동으로 설립된 대한민국 임시 정부에서 처음으로 대한민국 임시 헌법을 제정했고, 1945년 광복과 1948년 대한민국 정부 수립을 기해 정식 헌법이 제정되었다. 그 후 총 9번의 개정을 거쳐, 현재 대한민국의 헌법은 대한민국 헌법 제10호(大韓民國憲法第十號), 또는 제6공화국 헌법(第六共和國憲法)이라고 불리는데, 헌법이 개정된 1987년을 따서 87년 헌법이라고도 한다. 전문(前文)과 본문 130개조, 부칙 6개조로 구성되어 있다.

리가 뭘까요? 그렇습니다. '민주주의'죠. 대한민국 헌법' 제1조 1항 "대한민국
은 민주 공화국이다"를 통해 우리나라도 민주주의 국가라는 것을 알 수 있어
요. 그런데 민주정치의 원리 중에서 가장 대표적인 원리는 '다수결의 원리'입
니다. 즉, 어떤 집단에서 의사를 결정할 때 다수의 의견을 전체의 의사로 보
고 결정하는 원칙이지요. 선거라는 것도 이 다수결의 원리가 반영되는 대표
적 제도잖아요? 그런데 이러한 다수결의 원리에 입각한 민주정치에 대한 이
야기를, 딱딱하다고 여길 수 있는 정치 이야기를 왜 유럽으로 들어가면서 짚
고 넘어가느냐 물으신다면…. 그 이유는 바로 "민주정치의 원리가 최초로 탄
생한 곳이 그리스이기 때문"이라 대답하겠습니다.

　수많은 지구상의 국가 중에서, 그것도 전제정치가 발달했던 아시아와 가까
운 곳에 위치한 그리스에서 민주정치가 탄생할 수 있었던 배경은 과연 무엇
일까요? 그들이 남긴 정치와 그리스에서 만들어져 알렉산드로스 대왕에 의
해 전 세계로 뻗어나간 헬레니즘 문화유산은 수천 년이 지난 오늘날 우리에
게 어떤 말을 하고 있을까요? 이제 여행을 통해 고대 그리스가 시대와 공간
을 뛰어 넘어 남겨놓은 역사적 유산을 날카로운 시선으로 살펴봅시다. 이 여
행이 현재 우리가 처한 역사의 현주소를 조명하는 신선한 도구가 되어줄 거
라 믿으면서요.

서아시아와 유럽의 징검다리_'에게 문명'이 뭐지요?

그리스에서 발달한 유럽 역사 최초의 문명은 서아시아의 문명이 해양을 넘
어 흘러들어오면서 만들어진 에게 문명입니다. 우리가 지난 시간까지 탐험하

여 익숙해진 메소포타미아 문명[2]은 시리아와 팔레스타인을 거쳐 그리스로 상륙하게 되는데, 바로 그 과정에서 징검다리 역할을 했던 문명이지요. 에게 문명은 그리스 앞 바다인 에게 해의 이름을 따서 붙여진 명칭인데요. 크레타 섬·그리스 본토의 남부·소(小)아시아 트로이 등의 지역에 걸쳐 일어났답니다. 기

에게 문명

원전 2000년경부터 1100년경까지 발달했던 이 문명은 크레타로 대표되는 남쪽의 도서(섬) 문명이 해상 무역을 통해 서아시아로부터 받아들인 청동기 제작 기술, 전차 기술들을 발전시키며 먼저 일어났습니다. 이들은 이후 그리스 본토에서 넘어온 미케네인에 의해 멸망당했는데, 미케네인은 크레타를 장악하고 트로이까지 지배하여 번영했지요.

　이 지방은 기후도 온난하고 포도·올리브 등의 천연산물이 풍부해서 인간이 정착하는 지역으로 적합했어요. 게다가 문명이 앞서 있던 동양의 오리엔트 문화권과 해상교통을 통해 직접 연결되어 있었기 때문에, 유럽의 다른 지역과 비교해 일찍 문명이 발생할 수 있었지요. 그러니까 에게 문명의 세계는 지리적으로나 역사적으로도 오리엔트와 그리스, 즉 아시아와 유럽을 연결하는 중요한 의의를 갖고 있답니다.

　잠시, 우리들의 눈을 사로잡는 유적들을 감상해볼까요?

먼저 다음 사진은 20세기 영국의 고고학자 아서 에번스가 크레타 섬의 북부

2　티그리스 강과 유프라테스 강 유역에서 발생, 현재의 이라크, 이란 서남부, 시리아 동부, 터키 동남부를 아우르는 지역에서 번성했다. 메소포타미아란 '두 강 사이의 땅'이란 뜻이다.

해안 크노소스에서 발견한 왕궁 터입니다. 이것은 그리스 신화의 미노스 왕[3]과 괴물 미노타우로스[4]와 관련된 미궁으로 알려질 만큼 복잡한 내부를 가지고 있는데요. 채광·화장실·하수도 시설까지 있지만 놀랍게도 성벽이 없는 궁전입니다.

크노소스 궁전의 흔적(상)
크노소스 궁에 세워진 미노타우로스의 뿔 상징물(하)

다음 사진은 미케네 왕궁으로 들어가는 입구의 모습입니다. 크노소스 궁전과 달리 성벽이 있어요. 미케네 문명은 크레타 문명을 계승했지만, 크레타 문명이 밝고 동적이라면 미케네 문명은 소박하면서도 호전적인

---

3 그리스 신화에 나오는, 크레타 섬의 전설적인 왕. 제우스와 에우로페의 아들로, 법을 제정하고 선정(善政)을 베풀었으며, 죽어서는 저승의 재판관이 되었다 한다.

4 그리스 신화에 나오는, 사람의 몸에 소의 머리를 가진 괴물. 크레타 섬의 왕 미노스의 아내와 그녀가 사랑에 빠졌던 황소 사이에서 태어났으나 성정이 난폭하여 후일 미노스에 의해 미궁(迷宮)에 갇혔다가 테세우스에게 살해된다.

미케네 왕궁 사자의 문(좌)   트로이 목마(터키)(우)

특징을 보입니다. 돌로 쌓아진 성벽에서 그런 느낌이 오지요?

오른쪽 사진은 여러분이 잘 아는 '트로이 목마'입니다. 미케네 지도자 아가멤논을 총사령관으로 하는 그리스 연합군이 10년에 걸친 트로이 성 공방전 끝에 승리를 거둘 수 있었던 결정적 작전은 '트로이 목마'였지요. 이 모든 것이 소설이며 신화로만 알려졌으나 19세기 독일의 하인리히 슐리만[5]에 의해 트로이의 폐허와 미케네 고분이 발견됨으로써 역사적 사실로 판명되었답니다.

이러한 에게 문명은 기원전 1200년경부터 그리스 본토에 남하해온 도리아인의 침입으로 기원전 1100년경에 미케네를 비롯한 여러 도시가 붕괴되어 종말을 고하고 이때부터 그리스는 300~400년간의 암흑시대로 접어들게 됩니다.

---

5 독일의 고고학자. 트로이와 미케네 유적을 발굴했다. 1868년부터 그리스 일대를 탐사하면서 호메로스의 『일리아스』와 관련된 유적들을 탐구했다. 1876년, '황금이 풍부하다'고 알려진 미케네 고분을 발굴하여 고대 그리스 이전의 문명인 에게 해 문명의 계통을 밝혀내는 데 크게 기여했다.

그리스의 도시국가_ '폴리스(Polis)'가 뭐예요?

그리스는 기원전 8세기경 반도 본토 내에 눈밭의 발자국처럼 띄엄띄엄 폴리스가 나타나면서 다시 역사가 이어집니다. 그리스에 에게 문명 이후 약 300~400년 동안 사람이 살지 않았다는 뜻이 아닌 것은 잘 알고 있지요? 에게 문명과 이 시기 그리스 사이에 어떤 일이 있었는지 알려주는 사료가 없기 때문에 '암흑시대'라는 표현을 쓰는 것뿐입니다.

그리스 내에 나타난 폴리스는 몇 개의 촌락들이 도리아 족의 침입을 방어하기 위해 한 곳에 모임으로써 생긴 도시국가입니다. 그리스 반도는 산이 많고 해안선의 굴곡이 심한 지형이기 때문에 그 지형을 따라 외적의 침입에 대비하기 위해 촌락이 형성되면서 그리스 내에 수백 개의 폴리스가 만들어졌어요. 이들 중 우리에게 친숙하며 규모도 제법 크고 대표적인 폴리스가 바로 아테네와 스파르타입니다. 아테네는 도리아인의 파괴를 모면했던 이오니아인의 폴리스이고, 스파르타는 정복자 도리아인이 세운 폴리스죠. 지형과 폴리스의 형성 배경을 감안할 때 폴리스 각각의 규모는 거대한 국가라기보다 모든 사람이 하루 이틀이면 모일 수 있는 정도의 거리를 가진 소규모 공동체였을 것으로 보입니다. 그렇기 때문에 그리스에서는 서아시아의 페르시아 제국 같은 중앙 집권적 국가가 형성되기 어려웠던 게 아닐까요?

폴리스는 각각 독립된 주권을 가진 폐쇄적 공동체로 자유롭고 병능했지만 자신들은 공통적으로 헬레네스(헤라의 자손)라는 동족 의식을 소유하고 있었습니다. 자신들은 '헬레네스', 이방인은 '바르바로이'로 부르면서 동일한 종교·언어·관습을 가지고 올림피아 제전을 통해 동족 의식을 유지했지요. 폴리스는 대체로 중앙의 시내와 주변의 농촌(코라)으로 구성되어 있었고, 시내는 신

아크로폴리스(상) 고대 그리스의 아고라 터전(하)

전이 위치한 아크로폴리스[6]와 광장 혹은 시장이 위치한 아고라[7]로 구성되어 있었답니다.

민주정치의 시작_'아테네'로 빠져봅시다!

폴리스는 기원전 8세기 후반부터 활발하게 해외 식민 활동을 전개하기 시작합니다. 인구 증가와 토지 부족, 경작 곡물의 부족으로 폴리스 내부에서만으로는 경제적 문제를 해결하기 어려웠던 탓이지요. 그 결과 식민 도시가 형성되면서 상공업이 발달하고 화폐제도가 만들어짐에 따라 부유한 농민층과 상공업자층이 대두되었어요. 이들을 중심으로 중장보병의 전술이 발달했고, 그러면서 군의 주력이 된 평민들의 발언권이 강화되어 그동안 정치적인 특권 계층이었던 귀족과의 대립이 시작됩니다. 이것이 바로 민주정치 발달의 배경이라 할 수 있지요.

중장보병 '호플리타이'는 고대 그리스의 전사입니다. 지름 약 1미터의 둥근 청동제 방패, 청동 투구, 청동 가죽, 삼베 등으로 된 흉갑과 정강이싸개, 길이 2~2.5미터의 철창과 단검으로 무장하고 밀집대형의 군대인 '팔랑크스'를 조직하여 전쟁을 했던 군사예요. 처음에는 말을 타고 전쟁터로 나가는 귀족이 중심이었지만, 기원전 7세기 후반부터는 부유한 평민이, 또 기원진 6세기부터는 광범위하게 중소 시민까지 도보로 전쟁에 임하는 중장보병이 되었습니다.

어디선가 많이 본 장면이죠? 밀집대형은 한 치의 틈도 없이 창과 방패로 공

---

6   고대 그리스 폴리스의 중심이었던 언덕으로, 신전(예: 아테네의 파르테논 신전 등)과 요새가 구축되었다.

7   고대 그리스의 도시들에 있었던 열린 '회의 장소'였다. 초기 그리스 시대에(BC 900~700년경)에 고대 그리스의 시민으로 분류되던 자유민인 남성은 아고라에서 국방의 의무에 대해 의견을 모으거나 왕이나 의회의 통치 발언을 듣곤 했다. 후기 그리스 시대에 아고라는 상인들이 노점이나 상점 등을 운영하는 시장의 기능을 제공했다.

격·방어하는 대형이었기 때문에 중장보병의 역할이 중요했답니다. 전쟁에서 이들의 역할이 중요해짐에 따라 중장보병의 주된 병력인 평민들의 발언권이 정치에서도 강해질 수 있었고, 이로부터 민주정치가 시작되는 기틀이 마련되는 것이죠. 로마와도 비슷하지만 지배층인 귀족에 대하여 부유한 평민층이 대항하여

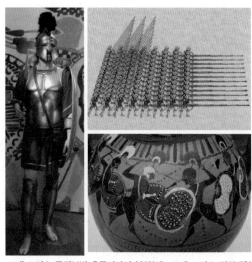

고대 그리스 중장보병 호플리타이 복장(좌) 고대 그리스 밀집대형 팔랑크스(상) 암포라에 새겨진 팔랑크스 대형을 갖추어 전투 중인 군인들의 모습(하)

자신의 권리를 주장하면서 민주정치가 시작되었다고 할 수 있습니다. 전쟁에서 주요한 위치를 차지하고 있는 자들에게 정치적 권리를 줌으로써 그 나라에 대한 충성심을 고양시키는 것은 국가를 유지하는 데 가장 기본이 되는 것 같아요. 그리스도, 로마도 이 과정에서 민주정치가 발전하니까요. 한국사에도 1592년부터 7년간 계속되었던 임진왜란 중 우리 영토를 지켜낸 많은 양민과 천민들이 있었잖아요? 그러나 그들에게 조선 왕조가 어떤 대우를 해주었는지, 그리고 그 후 조선 왕조의 시대착오적인 정치 행태가 어떤 결과를 초래했는지—경제나 사회·문화는 근대를 지향하며 발전하고 있었다 할지라도—를 비교해보면 그리스나 로마가 가진 정치에 대한 사고가 얼마나 '실용적'이었는지—물론 한계는 있습니다만— 알 수 있겠습니다.

그럼 민주정치의 시조새라고 할 수 있는 아테네의 민주정치에 대해 알아볼까요? 아테네의 민주정치 성립 과정은 매우 중요합니다. 우리가 민주주의라고

부르는 제도의 기본적인 모습이 여기에서 출발했기 때문인데요, 차근차근 그 과정을 좇아봅시다.

왕정은 일반인들의 정치적 영향력이 제한되어 있었던 시기예요. 기원전 7세기경부터 귀족 정치로써 왕정이 소멸된 뒤 행정관·원로원, 그리고 권력이 미약한 민회로 구성되었던 시기가 있었는데요. 식민 운동의 결과, 평민세력이 성장하여 귀족과 대립하면서 민주정치계의 스타 몇 사람이 출현하게 됩니다.

첫 번째 스타는 솔론(?기원전 638~558)이에요. 이 사람은 기원전 6세기에 시민을 재산 소유에 따라 4계층(대지주귀족, 기사, 농민, 노동자)으로 구분하고 이에 따라 참정권과 군사의무를 규정한 일명 '금권정치'를 추진한 사람입니다. 그러나 이 개혁은 귀족과 평민 둘 다 만족시키지 못함으로써 결국 양쪽에서 비판을 받았고, 이를 틈타 독재정치 이른바 참주정치를 한 페이시스트라토스가 출현하게 되는 계기를 만들지요. 페이시스트라토스(?기원전 600~527)는 무력을 기반으로 참주정치를 성립시켰는데요. 아이러니하게도 귀족을 억압하고 빈민 구제, 토목 사업, 국가 재정 확립을 통해 평민을 보호하는 데 기여하기도 했습니다. 그러다 기원전 6세기 말에 클레이스테네스(?기원전570~?508)가 등장하면서 드디어 민주정치의 초석이 놓이기 시작합니다. 클레이스테네스는 귀

(좌로부터) 지혜로운 솔론, 고대 그리스에서 투표할 때 사용한 도편(陶片), 클레이스테네스 흉상

족적인 씨족에 바탕을 둔 종래의 4개 혈연 부족 대신 데모스(구)를 근간으로 하는 10개의 지연 부족으로 행정구역을 개편해요. 여기서 민주정치를 뜻하는 영어 데모크라시(demos:민중+kratos:지배)가 파생됩니다. 또한 500인 협의회를 만들고 참주의 가능성이 있는 자를 도자기 파편에 적어서 투표하여 이름이 많이 나온 자를 추방하는 '도편 추방법'을 만들어 독재정치를 막고자 했어요.

그 이후 기원전 5세기에 드디어 페르시아 전쟁[8](기원전 492~448)을 승리로 이끈 페리클레스(기원전 495~429)가 민주정치를 완성시킵니다. 페르시아 전쟁 때 마라톤 전투에서 중장보병으로 큰 역할을 담당했던 평민뿐 아니라 수병으로 참전했던 사회 최하층 세력(이들 덕분에 살라미스 해전에서 승리를 거두어 페르시아에게 이겼거든요)에게도 참정권을 부여하고 장군직을 제외한 모든 공직을 추첨하며 공무 집행자의 수당제를 실시하고 사법제도를 정비했던 것이지요. 당시 권력을 잡았던 페리클레스의 연설문의 일부를 잠깐 읽어볼까요?

소수가 아닌 다수에 의한 지배이기 때문에 아테네의 정치 체제는 민주정치라는 이름으로 불립니다. 법률 면에서는 사적인 분쟁에 대해서도 만인에게 정당한 권리가 주어집니다. 인물을 평가할 때는 명성과 덕망에 따릅니다. 즉, 신분이 아니라 능력으로 공공 업무에 참여할 수 있는 영예가 주어집니다. 가난하더라도 국가에 조금이라도 이익을 줄 수 있다면 신분이 미천하다는 이유로 공직에서 배제되는 일은 없습니다.

–페리클레스의 전몰자를 위한 추도 연설

어려운 생활 때문에 공직에 참여하지 못하는 자가 없게끔 고심했던 페리클

---

8 소아시아 지역에 있었던 아케메네스 왕조 페르시아의 식민 도시들의 반란에 아테네가 가담한 데 대해 페르시아가 그리스에 원정군을 파견함으로써 시작된 전쟁으로 3차에 걸쳐 일어났다.

레스의 민주정치에 대한 신념이 잘 반영되어 있지요? 이런 과정을 통해 발달한 아테네의 민주정치는 18세 이상의 성년 남자 시민으로 구성된 최고 의결기관인 민회와 행정부인 500인 협의회로 구성되어 운영되었습니다.

그러나 아테네 민주정치에는 한계가 있었어요. 뼈 빠지게 일하는 '말하는 도구'였던 노예에 의존해 노동을 해결했던, 즉 노예제가 없었다면 운영되기 힘든 제도였다는 점입니다. 노예들이 노동을 해줌으로써 일반 시민들은 노동에 신경 쓰지 않고 정치에 참여하여 의사를 결정하고 다수결에 의한 민주정치를 펼칠 수 있었던 거예요. 그러니까 아테네 민주정치는 노예제를 기반으로 한 제한적·직접적 민주정치[9]였어요.

이러한 아테네의 민주정치는 페르시아 전쟁에서 승리하고 난 기원전 5세기 중엽 최전성기를 맞습니다. 페르시아에 대비하여 맺은 델로스 동맹의 맹주가 되어 동맹국들의 금고를 자신들이 보관하고 그 자금을 유용하여 화려한 시기(이 시기의 화려함을 한눈에 볼 수 있는 문화유산이 '파르테논 신전'이랍니다)를 누렸던 것이지요. 그러나 이에 반발한 스파르타가 중심이 된 펠로폰네소스 동맹과 치룬 펠로폰네소스 전쟁(기원전 431~404)에서 패배함으로써 스파르타가 폴리스의 패권을 잡게 됩니다. 30년 가까이 집권했던 페리클레스가 이 전쟁 중 병사한 후 과두정이 등장하면서 아테네는 중우정치[10]의 길로 들어서며 국력이 약해졌거든요. 아테네를 놀락시킨 중우정치에 대해서는 이를 비판하고 있는 다음의 사료를 보면 감을 잡으실 수 있을 거예요.

9　제한적이란 민주정치의 대상에서 여성과 노예, 거류 외국인은 제외되었다는 뜻이고, 직접적이란 민회, 추첨제, 수당제에 관련된 말이다.

10　다수의 어리석은 민중이 이끄는 정치를 이르는 말로, 민주주의의 단점을 부각시킨 것이다. 이런 중우정치는 올바른 민주제가 시행되지 못하고, 하나 또는 몇몇 집단이 수를 앞세워 정치를 이끌어가는 형태로, 민주주의의 단점이 심해지면 만들어지는 정치이다.

아테네인이 현 국가 제도를 택한 점에서 나는 그들을 칭찬하고 싶지 않다. 좋은 사람보다 나쁜 사람이 더 잘 살도록 되어 있기 때문이다. …그들은 가난한 사람들과 민중이 고귀한 태생의 사람이나 부자보다 더 많이 가지는 것이 옳다고 생각한다. …최선의 사람들(귀족)은 방종과 부정을 가장 적게 저지르며 사회에 많은 도움을 준다. 그러나 민중은 무질서하고 무식하며 저속하다.

제대로 교육받지 못한 민중들이 도편 추방법을 자의적으로 집행하면서 중우정치에 빠진 아테네는 결국 몰락하고, 펠로폰네소스 전쟁에서 승리한 스파르타가 그리스의 패권을 장악하게 되는 것이지요. 그러나 곧 테베에 패하고 내분이 지속되면서 폴리스 간에 패권 쟁탈전이 계속됨에 따라 공동체 의식도 붕괴하고 폴리스는 쇠퇴합니다. 결국 기원전 4세기 중엽(기원전 338) 알렉산드로스 대왕의 아버지인 필리포스의 마케도니아에 의해 멸망하지요.

마케도니아에 멸망하면서 아테네의 민주정치는 일단락되는데요. 아테네의 민주정치는 해외 식민 활동을 통하여 향상된 경제력을 바탕으로 군대에서 주력 부대를 구성했던 평민들이 자신들의 권리를 정치에서도 찾고자 하면서 시작된 것입니다. 기원전 5세기에 완성되었던 이들의 민주정치는 어떤 면에서

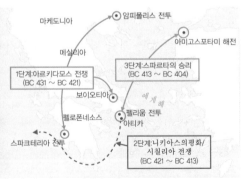

파르테논 신전(좌) 펠로폰네소스전쟁 개요(우)

보았을 때 현대의 민주정치보다 더욱 민주적이라 할 수 있는 직접 민주정치를 실시했던 것도 사실이에요. 그러나 이러한 민주정치는 아테네 시민에게 삶을 짓밟혔던 노예들의 노동과 다른 폴리스 국가들로부터 나온 델로스 동맹의 자금이 뒷받침되었기 때문에 가능했다는 점을 잊지 말아야 합니다. 또한 페리클레스 사후 올바른 정치가가 나오지 못함에 따라 다수결이라는 이름으로 바르지 못한 결정을 통해 소수의 옳은 의견이 묵살됨으로써 아테네를 붕괴로 이끈 중우정치의 길로 갈 수밖에 없었다는 한계도 교훈으로 삼아야 하고요.

민주주의를 탄생시킨 아테네가 스스로 민주주의를 무너뜨린 것을 보면서 어떤 생각을 하셨나요? 저는 이 문제를 현재의 민주주의와 연관 지어 고민해 보았답니다. 바로 민주주의 제도 안에서 차별받는 자가 없는지, 누군가 차별받게 될 여지가 있는지 곰곰이 살펴본 것인데요. 만일 내가 누리고 있는 민주정치의 권리가 누군가를 짓밟으면서 만들어진 것이라면 그것을 고치기 위해 내 권리의 일부를 포기할 수 있어야 하지 않을까요? 혹은 누군가에 의해 내 권리가 밟히고 있다면 그것을 잃지 않기 위해서 노력해야 하고요. 또한 아테네 민주정치의 근간이었던 다수결 원칙에 대해서도 생각해보았지요. 원리 자체에서 다수의 횡포가 가능하여 올바른 소수가 배제될 수 있다는 점, 그리고 다수의 결정이 항상 옳은 게 아니라는 점 등을요. 민주주의적인 다수결 원리가 실현되려면 다수는 소수의 의견을 존중하고, 다수의 의견에 반대하는 소수의 주장 또한 자유로이 표명될 수 있는 사회가 만들어져야 한다는 것을 잊지 말았으면 좋겠습니다.

헬레니즘 제국_발칸 반도를 넘어 대륙으로 뻗다

펠로폰네소스 전쟁 이후 아테네와 스파르타가 그리스에서 쇠퇴의 길을 걸을

필리포스 2세(좌/상) 알렉산드로스 대왕의 두상(좌/하) 예루살렘에 있는 성전을 방문한 알렉산드로스(우)

때 마케도니아가 새로운 강자로 떠오릅니다. 마케도니아의 왕 필리포스 2세는 아테네와 테베 연합군을 격퇴하고 각 폴리스를 실질적으로 지배했는데요. 그의 아들이 바로 알렉산드로스 대왕(기원전 356~323)입니다. 군사적 재능과 리더십이 뛰어났던 천재 알렉산드로스는 아리스토텔레스의 제자로 20대 젊은 나이에 동쪽으로 원정을 떠나 아케메네스 왕조 페르시아를 멸망시켰고, 이집트·메소포타미아를 정복했으며, 불과 10년 만에 인도까지 이어진 대제국을 건설했습니다. 세계 최초로 아프리카·유럽·아시아 3대륙에 걸친 제국을 역사 속에 등장시킨 것이지요. 하지만 33세의 나이로 일찍 세상을 떠나는 바람에 제국이 분열되었으므로 그의 통치는 의미가 크지 않다고도 볼 수 있습니다. 그럼에도 불구하고 세계사에서 그의 제국에 큰 역사적 의의를 부여하는 것은 통치 자체보다 그것이 가져온 문화 전파 때문입니다.

이 시기 문화적 특징인 헬레니즘 문화는 그리스의 식민 통치와 문화가 알렉산드리아를 비롯한 통치권 전역에 퍼지면서 만들어진 것인데요. 공간적으로는 3개 대륙을 평정했고, 시간적으로는 15세기 비잔티움 제국이 멸망할 때까지 그 명맥이 이어졌답니다. 그만큼 유럽 문화에서 중요한 역할을 했기 때문에 그리스 문화와 그로부터 파생된 헬레니즘 문화의 특징을 살펴보는 것은 수많은 유럽 문화를 이해하는 열쇠가 되지요.

문화를 단시간에 문자로 공부하는 것은 사실 굉장히 어려운 일이고, 또 한계도 많습니다. 하지만 기

프톨레마이오스 왕조에 세워진 알렉산드리아의 도서관

본 포인트를 잡아 특징에 맞추어 골격을 세우고 기억해두면 생각보다 쉽게 정리할 수 있어요. 각 문화를 보는 'View point'를 함께 잡아볼까요?

그리스 문화의 특징은 모든 것이 인간 중심적이라는 점입니다. 당시 노예제도의 정착으로 육체노동으로부터 해방된 그리스인들은 다양한 창조적 활동이 보장된 민주정치 아래에서 고전문화를 꽃피웠기 때문에 인간에 대한 관심이 모든 예술 활동에 표현되었는데요. 가장 대표적인 것이 철학입니다. 고대 그리스인들은 자연과 사회, 인간을 합리적으로 분석하고 인간관계를 규명하기 위해 철학을 발전시켰어요. 처음에는 이오니아 지방을 중심으로 우주

(좌로부터) 소크라테스, 플라톤, 아리스토텔레스

115

와 자연의 근원을 탐구하던 자연철학[11]이, 기원전 5세기경에는 아테네를 중심으로 인간과 사회를 탐구하는 인간철학이 나타납니다. 상대주의를 주장하며 수사와 변론을 중시한 소피스트, 절대적 진리를 주장한 소크라테스(?기원전 469~399), 이상국가를 구상한 관념론(이원론)의 플라톤(?기원전 428~348), 그리고 현실적이며 실재적이고 여러 학문을 정리해낸 아리스토텔레스(기원전 384~322)가 대표적이에요. 인간 중심적 문화가 반영된 것은 신화도 마찬가지입니다. "인간을 널리 이롭게 하겠다"는 정신을 가진 우리나라의 신과 달리 그리스 신들은 인간의 모습과 감정을 그대로 가지

고 있어요. 이러한 변화무쌍하고 인간적인 신들의 이야기는 그리스의 문학과 예술의 원천이 됩니다. 호메로스는 트로이 전쟁을 주제로 『일리아스』와 『오디세이아』[12]를 썼고, 아이스킬로스와 소포클레스, 에우리피데스 등은 신과 운명에 대한 인간의 갈등과 모험, 모순 등을 연극을 통해 비극적으로 그려냈지요. 콤플렉스의 압권 '오이디푸스 콤플렉스'의 주인공 『오이디푸스 왕』이야말로 비극 중 비극의 주인공(아버지를 죽이고 어머니와 결혼한다는 이 연극은 아마 '연소자 관람불가'였겠지요)이잖아요?

호메로스와 그의 안내인을
묘사한 그림(상)
오이디푸스와 스핑크스(하)

11 탈레스는 모든 근원을 '물'로 보았고, 데모크리토스는 '원자'로, 피타고라스는 '수(數)'로 보았다.
12 『일리아스』와 『오디세이아』는 알파벳이 고안된 이후 만들어진 최고의 문화유산으로 평가된다. 이를 연구하다가 19세기 슐리만이 결국 터키 히스랄리크 유적을 발굴해서 트로이 유적을 찾아내게 되었다고 한다.

인문학에서도 인간 중심적 특징이 나타
납니다. 특히 인간의 과거를 다루는 역사
학 분야에 걸출한 스타들이 등장해요. 역
사학의 아버지라 불리는 헤로도토스는
페르시아 전쟁을 다룬 『역사』, 투키디데스
는 사료를 정확하게 분석하여 펠로폰네소

헤로도토스 흉상(좌) 투키티데스 흉상(우)

스 전쟁을 다룬 『펠로폰네소스 전쟁사』를 남깁니다.

미술도 마찬가지예요. 주로 신전 건축과 이를 장식하는 조각이 발달했는데
건축도 조각도 기가 막히게 조화와 균형을 이루는 아름다움을 보여줍니다.
기원전 5세기가 인체 비례의 가장 아름다운 비율이 산출된 때라고 하니 이
당시 건축과 조각의 특징으로 '조화와 균형의 이상적인 미'를 드는 데도 일리
가 있지요? 당대 그리스 최고의 건축가 페이디아스가 만든 '파르테논 신전'을
감상한 다음, '도리아, 이오니아, 코린트 양식'을 비교해보세요.

파르테논 신전은 고대 그리스의 도리아식(도리스식) 신전의 극치를 나타내
는 걸작입니다. 아래 그림에서 보시는 것처럼 서양 고대 건축은 건물 기둥 배
열(열주) 양식을 특징에 따라 셋으로 구분하는데요. 가장 오래된 것이 왼쪽의

도리아식 대표 건축물 파르테논 신전(좌) 도리아, 이오니아, 코린트식 기둥(우)

도리아식으로 다른 양식보다 간결하고 힘찬 것이 특징입니다. 파르테논 신전은 '처녀의 집'이라는 뜻으로 아테네인들이 자신들의 수호여신 아테나 파르테노스에게 바친 것인데요. 기원전 479년에 페르시아인이 파괴한 옛 신전 자리에 그리스에서 유일하게 바닥과 기둥, 지붕에 이르기까지 전부 대리석으로만 만든 건축물입니다.

파르테논 신전은 아테네 여신을 위한 신전에서 금고, 비잔티움의 성당, 이슬람 모스크 그리고 베네치아 연합군의 공격 때에는 심지어 화약 창고로 쓰였어요. 그리고 그리스 독립 전쟁을 거치면서 많이 파괴되었는데, 영국 대사로와 있던 엘긴 경의 대리석 조각 수집으로 인해 더욱 훼손되었죠. 현재는 세계문화유산 1호로 지정되어 있고 유네스코의 지원을 받아 고고학자들에 의해서 다시 복원되고 있습니다.

이오니아식의 대표적인 건축물 아르테미스 신전 모형(터키 이스탄불 미니아투르크 공원)(좌)
코린트식 대표 건축물인 아테네의 제우스 신전(우)

자, 그럼 이와 같이 인간 중심적인 문화를 발전시킨 그리스에서 헬레니즘의 문화적 양식은 어떻게 변화되었을까요? 헬레니즘 시대는 학자들에 따라 이견이 있긴 하지만 대체적으로 알렉산드로스 대왕의 사망(기원전 323)부터 로마의 옥타비아누스가 이집트의 프톨레마이오스 왕조를 정복한 시기(기원전 30)

까지로 간주합니다. 알렉
산드로스 대왕은 이미 사
망했지만, 3대륙에 걸친 그
의 정복지에서 그리스 언
어와 화폐가 통용되었고,
그리스인과 현지인 사이에
결혼이 이루어지면서 헬레

알렉산드로스 대왕 원정

니즘 문화의 독특한 양상이 나타나게 된 것인데요.

　헬레니즘 문화는 기본적으로 그리스 문화 위에 페르시아(이란), 인도의 문화가 융합된 특징을 보인답니다. 동서 결혼 정책,[13] 약 70개의 알렉산드리아 건설,[14] 그리고 그리스어(코이네)를 공용어로 썼던 것을 보면 그 특징을 추론할 수 있어요. 이전의 그리스 문화가 폴리스 중심의 배타적인 성격을 가졌다면, 헬레니즘 문화는 개방적이고 세계 시민주의적이지요. 그러면서도 이전에 소규모 공동체에서 자신의 목소리가 반영될 수 있었기 때문에 현실에 대해 가졌던 적극적인 정치 지향성 대신, 확대된 공동체에 대해 관심을 보이지 않으면서 개인주의적이고 현실 도피적인 모습이 나타납니다. 그리스의 민주정이 붕괴되면서 동방적 전제 군주제가 등장한 것에 대한 지식인들의 반응이었겠지요? 이런 변화에 따라 나타난 철학사상이 바로 스토아 철학과 에피쿠로스 철학이랍니다. 스토아와 에피쿠로스 사상의 목표는 개인의 행복에 있었어요. 행복에 도달하기 위해 스토아 사상에서는 외부 세계의 사물에 대한 욕망이나 집착을 끊어야 한다는 금욕주의를 주장한 반면, 에피쿠로스 사상은 욕망을 줄임으로써 행복을 극대화하려는 정신적 쾌락을 추구했습니다.

13　　부하 1만여 명을 페르시아인 여자와 결혼시켰다.

14　　현재는 이집트의 항구 도시 알렉산드리아만 남아 있다.

결국 이들이 가는 과정은 다를지라도 목표는 같은 거군요. 공동체의 선이나 공동체의 이익이 아닌 '개인의 행복' 말입니다. 이 당시 헬레니즘의 모습 속에서 현재 우리의 모습이 보이지 않나요?

또한 헬레니즘 시대에는 중앙아시아의 메소포타미아 과학, 이집트 과학, 그리고 그리스 철학 등이 융합되면서 자연과학이 크게 발달했는데요. 대표적 학자로 수학과 물리학의 아르키메데스, 기하학의 에우클레이데스를 들 수 있습니다. 이러한 헬레니즘의 과학은 그리스 철학과 함께 이슬람 세계에 계승·발전된 뒤에 유럽으로 다시 넘어가 영향을 주었답니다. 정말 세계사에서는 한 지역만 홀로, 한 시대만 홀로 발전하는 법은 없는 것 같아요. 그래서 어렵지만, 또한 그래서 의미 있고 재미있는 것 아니겠어요?

시칠리아 섬 시라쿠사 출신의 수학자·천문학자·철학자·물리학자 및 공학자인 아르키메데스(?기원전 287~212, 대단합니다. 도대체 몇 가지 호칭으로 불리는 건가요?)는 이전의 그리스 과학자들과는 다른 차원의 과학을 발전시켰답니다. 수학의 귀재 피타고라스가 수학자이면서도 종교 지도자였고, 유물론자였던 데모크리토스조차 영혼의 유무에 관심이 많았던 것처럼 그리스 과학은 신비주의와 혼합되어 있었거든요. 그런 과학에 아르키메데스는 그야말로 순수한 물질세계의 법칙 그 자체만 다루면서 새로운 실용적 과학의 지평을 연 것입니다. 왕관을 둘러싼 "유레카(알았다)!"로 유명한 아르키메데스는 제2차 포에니 전쟁 와중에 시라쿠사를 함락한 로마군 병사가 그를 알아보지 못하고 죽임으로써 허무하게 생을 마감했는데요. 헬레니즘 시대

아르키메데스(기원전 287~212)의 유레카!

120

가 낳은 천재적 학자답게 도시가 함락되는 와중에도 수학 문제 풀이에 골몰하고 있었다고 전해집니다.

"지금도 전 세계 초중고교 수학에서 그대로 배우는 영원한 기하학의 성전(聖典)." 이집트 알렉산드리아에서 활동했던 수학자 에우클레이데스의 저서 『기하학 원론』에 붙는 찬사입니다. 에우클레이데스라고 하니 귀에 잘 들어오지 않는다고요? 그의 이름은 영어식으로 더 많이 알려져 있는데요, 바로 유클리드입니다. 그가 사망한 후 19세기까지 2,000년이 넘도록 전 세계 기하학은 모두 '유클리드 기하학'을 의미했다고 하니 수학사에 기록된 그의 업적은 말로 표현할 수 없겠네요.

알렉산드리아에는 에우클레이데스의 진지한 학문 태도를 보여주는 일화들이 많습니다. 그중 두어 가지를 소개할게요. 에우클레이데스는 이집트에 새로운 왕조를 세운 프톨레마이오스 1세에게 기하학을 가르쳤습니다. 그런데 왕이 기하학이 어렵다며 "좀 더 쉽게 배우는 길이 없냐?"고 묻자 그는 "학문에는 왕도가 없습니다"라는 유명한 말을 남겼다고 해요. 또한 어려운 기하학 문

불타는 알렉산드리아 도서관(좌) 파로스 등대(우)

제로 골치 아파하던 한 제자가 "이걸 배워서 도대체 어디에 씁니까?"라고 묻자 하인에게 "저 녀석에게 동전이나 몇 푼 던져줘라. 꼭 본전 찾으려고 배우는 놈인 모양이다"라고 말하면서 제자를 꾸짖었다고 합니다. 도대체 공부는 왜 하느냐고 질문하는 우리에게 주는 대답처럼 보이지요?

그가 활동했던 '옛 알렉산드리아 도서관'은 세계 최초의 도서관이었는데요. 프톨레마이오스 2세가 왕궁에 세운 종합학술 연구기관 무세이온(그 당시 해외에서 모여든 수많은 학자들에 의해 학문의 전당으로 여겨졌습니다) 산하 기관이었던 당시 도서관은 파피루스 두루마리 장서가 70만 권에 이를 만큼 당대 최고 규모를 자랑했다고 합니다. 지금은 지진 등으로 남아 있지 않지만 알렉산드로스가 이집트에 알렉산드리아를 건설할 때 축조한 파로스 등대[15]에도 그의 기하학이 적용되었다고 전해져요.

미술에서도 그리스와 다르게 이상적인 미보다 현실적인 미가 추구되었는데요. 이러한 그들의 미술적 성향은 인도에까지 영향을 미쳐서 당시 인도의 간

15 높이가 100미터에 달하고 불빛이 400킬로미터 밖에까지 보였다고 전해지는, 현재 등대의 기원이다.

다라 미술 양식을 넘어 중국과 우리나라 미술에도 큰 영향을 주었답니다. 아래 사진은 헬레니즘 미술의 대표적 양식을 보여주는 라오콘 군상입니다. 바티칸 피오클레멘티노 박물관에 있는 이 조각상은 라오콘이 두 아들과 함께 뱀에게 물려 죽을 때의 고통스러운 모습을 생생하게 표현했습니다. 신화에 의하면 라오콘은 트로이의 사제였는데 그리스인들이 두고 간 목마를 성 안으로 들여놓는 것을 반대하다 그리스 편을 든 아테나 여신의 노여움을 사게 되어 뱀에게 물려 죽었다고 하죠. 라오콘의 얼굴 표정을 보면 왜 현실적이라고 하는지, 헬레니즘의 대표적 양식이라고 하는지 아시겠지요? 이 외에도 밀로의 비너스가 당시를 대표하는 작품이랍니다.

라오콘 군상(좌) 밀로의 비너스(우)

헬레니즘을 둘러싼 문화양식을 간단하게 정리해볼게요. 아래 도표처럼 헬레니즘 문화는 그리스와 오리엔트 문화를 융합했고요, 미술 양식으로 인도의 간다라 미술[16]에 영향을 주어 중국과 한국, 일본까지 영향을 미쳤습니다. 인도와 중국·한국·일본 불상의 헤어스타일인 곱슬머리의 원조가 놀랍게도 그리스의 조각이라는 것이죠!

여러분! 유럽으로 첫 걸음을 뗀 시간 치고는 상당히 바쁘고 숨 가쁘게 달려왔네요. 그래도 서아시아의 역사와 다르게 그리스 역사는 여러분이 어렸을 때부터 요모조모로 많이 접해보았던 터라 그리 낯설지 않았을 거라 생각합니다. 세계사에 정치와 문화라는 큰 획을 그은 그리스를 보며, 그리고 그리스의 정신을 어떤 면에서는 파괴하고 어떤 면에서는 이은 헬레니즘 제국을 보며 어떤 생각이 드셨나요?

헬레니즘 문화와 주변 문화(좌) **간다라 미술의 영향을 받은 붓다의 두상**(우)

16   알렉산드로스 대왕의 침략으로 헬레니즘 문화의 영향을 받은 미술로 그리스-불교미술 혹은 로마-불교미술이라고도 부른다. 이 미술은 대월지족이 세운 쿠샨 왕조에서 카니슈카 왕의 통치 아래서 가장 번성했다. 간다라 미술의 특징으로는 인물의 생김새가 인간적이고 개성적이며 그 모양이 매우 자연스럽고 감각적이며 또한 사실적이라는 점이다.

지금은 여행지나 올림픽, 조금 더 깊이 보고 있었던 친구에게라면 2013년 모라토리엄[17]이 떠오르겠지만, 이들이 남긴 정치적·문화적 유산은 공간적으로는 3대륙에 걸쳐 그 흔적을 남겼고 시간적으로는 현재까지 그 정신을 이어가고 있으니, 참으로 세계사에서 이들만큼 큰 획을 그은 민족도 없을 듯합니다. 이들이 자신의 조상이 남긴 과거만 이용하여 삶을 영위하는 것이 아닌, 현재 자신들의 모습이 세계사에서 어떤 의의를 남길 수 있는지에 집중하면서 사는 모습을 보는 것 또한 여행의 묘미일 것입니다. 우리 역사 또한 마찬가지겠지요? 과거를 배우는 것은 현재의 우리 모습이 좀 더 의미 깊게 되기를 바라는 마음에서 시작된 것이니까요.

다음 시간에는 유럽의 고전문화의 큰 축이자 세계사에서 가장 큰 영향력을 가졌던 제국을 건설한 로마인들에 대해 이야기를 나누고자 합니다. 고대의 로마는 현재의 우리에게 과연 어떤 말을 걸어올까요? 호기심 어린 마음으로 바라보는 우리에게 과연 어떤 눈빛을 보낼까요? 다음 여행지 로마가 무척 기대되지요?

17　전쟁·지진·경제공황·화폐개혁 따위와 같이 한 나라 전체나 어느 특정 지역에 긴급 사태가 발생한 경우에 국가 권력의 발동에 의하여 일정 기간 금전 채무의 이행을 연장시키는 일.

동시대 지구촌 넘나들기

기원전 8세기~기원전 4세기

한반도에서는 기원전 10세기경부터 청동기 문화가 시작되었고, 기원전 4세기경에 철기문화가 시작되었습니다.

중국에서는 기원전 11세기경부터 주 왕조가 시작되었고, 기원전 8세기(770)에는 춘추 시대, 기원전 5세기(403)에는 전국 시대가 시작됩니다.

서아시아에서는 아시리아가 기원전 671년 오리엔트 지방을 최초로 통일하고 50년 만인 기원전 612년에 멸망했습니다. 기억나지요? 이후 아케메네스 왕조 페르시아(기원전 550~기원전 330)가 일어나게 되는데요, 이들과 그리스가 맞붙었던 싸움이 무엇이었죠? 그렇습니다. 페르시아 전쟁이죠. 페르시아 전쟁에서 승리한 아테네는 민주정의 전성기를, 페르시아는 쇠퇴의 길을 걷게 됩니다.

기원전 4세기~기원후 30년

한반도에서는 위만조선이 기원전 194년에 시작되었고요, 고조선이 중국 한나라에게 멸망(기원후 108) 당한 후 부여·고구려·옥저·동예·삼한 시대를 거쳐 기원전 1세기부터 기원후 1세기 사이에 K·B·S 삼국이 성립됩니다. 삼국의 건국 연대가 『삼국사기』에 기록되어 있기는 하나 철저하게 신라 중심 기록인지라 기원전 57년 신라 건국, 기원전 37년 고구려 건국은 실증적으로 보기에 곤란한 자료라 할 수 있겠습니다.

중국에서는 기원전 221년 시황제가 진을 통일했고, 기원전 201년 유방이 한 고조로 등극하면서 중국 고대 문화의 꽃을 피우게 됩니다. 기원후 8년 신 왕조가 잠깐 세워졌다가 25년에 다시 후한으로 이어졌고 이는 220년 멸망하여 위진 남북조 시대로 이어지게 됩니다.

서아시아에서는 아케메네스 페르시아가 알렉산드로스 대왕의 원정군에 의해 멸망당하고 그들의 지배를 받게 됩니다. 이후 이란계 유목민에 의해 세워진 나라인 파르티아(기원전 248~기원후 226)가 등장하는 것이죠.

티타임 토크

그리스는 앞으로 어떤 모습을 보여주나요?

이후 그리스는 이민족에 의해 계속적인 지배를 받게 됩니다. 마케도니아의 지배가 끝나고 난 뒤에는 로마 제국과 동로마 제국의 지배가 기원전 2세기부터 기원후 1453년까지 계속되었고, 그 이후부터는 1832년 독립을 인정받아 근대 국가를 수립하는 과정을 거칠 때까지 소아시아의 튀르크 족인 오스만 튀르크에 의해 지배를 받았지요. 서아시아 역사에서 둘러보았던 장면인데, 기억하지요? 오스만 제국이 분열 쇠퇴하는 결정타가 발칸 반도에서의 그리스 독립이었다는 것을요.

현재의 그리스에선 무엇을 보고 배울 수 있어요??

현재 그리스는 신화라는 문화적 텍스트를 가지고 전 세계를 휩쓸고 있지요. 일명 '그리스 로마 신화'라는 이름으로 많은 영화와 소설·회화·연극 등등의 소재로써 그리스를 알리고 있습니다. 여러분도 한 번쯤은 이들을 접해보았을 테니 그 텍스트의 값어치가 얼마나 높겠습니까? 거기에 소크라테스, 플라톤, 아리스토텔레스와 같은 세계 철학 사상의 위인들 자취가 그리스 철학이라는 고유명사로 자리 잡았고, 또한 전 세계인들에게 올림픽이라는 문화적 코드가 만들어진 국가라는 인식으로도 국가 인지도가 매우 높지요. 그리고 에게 해를 보며 서 있는 아름다운 풍광과 유적지 등은 관광명소로서 다양한 광고에 등장하면서 많은 여행객을 불러 모으고 있답니다. 아테네의 파르테논 신전, 아크로폴리스, 국립고고학 박물관, 베나키 박물관, 중부 지방의 고대 델포이, 메테오라, 북부 지방의 올림포스 산, 그리고 절대 놓칠 수 없는 산토리니 섬 등등 정말 오감으로 느낄 수 있는 아름다움이 다 있다고 해도 과언이 아닌 곳이지요.

다만 이 모든 것이 고대 그리스에 집중되어 있으니, 이민족에게 지배당하고 이후 근대 국가를 세우고 난 뒤의 그리스 모습에 대해서 우리는 어떤 평가를 내려야 할까요? 언젠가 직접 가서 눈으로 보고 느끼고 와야겠지요? 고대 그리스와 헬레니즘이 남긴 유산만으로 사는 것이 아닌 현재에서도 치열하게 살고 있을 지금의 그리스인들을요….

산토리니 섬의 일몰(상) **델포이 신전**(하/좌) **리토코로에서 바라본 올림포스 산**(하/우)

고대 로마_
세계화의 득과 실을 보여주는 나침반

드디어 로마로 갑니다. 역사를 잘 모르는 사람이라 해도 한 번쯤 들어보았을 로마. 지금은 이탈리아의 도시 이름으로만 남아 있지만 역사 속의 로마는—로마인이 주장하는 대로 다 믿어준다 치면— 기원전 750년경부터 동로마가 멸망하는 기원후 1453년까지 2,000년이 넘도록 유지된 세계 역사상 유래가 없는 대제국이었습니다. 특히 로마가 남겨놓은 문화적 유산은 현재까지도 엄청난 영향을 끼치고 있고 앞으로도 그 영향력은 계속될 것입니다.

그렇다면 로마의 흥망성쇠를 통해서 우리는 무엇을 배워야할까요? "우와! 콜로세움, 트레비 분수, 진짜 멋지구나!", "도로 완전 튼튼한데…!" 이런 감탄에서 시작해 "아이스크림 맛있다, 세계적 명품이 엄청 많아서 부럽다"라는 감탄으로 끝나야 할까요? 물론 이런 것들 또한 사람들 살아가는 모양새이므로 배우고 신기해할 수도 있지만 우리가 로마의 역사 속에서 배워야 할 것은 따로 있답니다. 로마는 어떻게 해서 대제국이 되었는지, 제국을 유지할 수 있었던 배경은 무엇인지, 멸망한 이유는 어떤 것인지 등등 그 과정을 배우면서 우리가 나라를 유지하고 발전시켜나가는 데 어떤 정치·사회·경제·문화적 요소가 필요한가를 배우는 것이지요. 현재 우리와 깊은 관계를 맺고 있는 서양의 가장 기본적인 사고방식이 여기서부터 시작되었으므로, 로마를 이해할 때

그들의 역사와 문화를 이해하기가 수월하고 현재 우리의 모습에
도 적용시킬 수 있으며, 이러한 것을 통해 로마 역사를 공부
하는 진짜 가치가 발현될 수 있기 때문입니다. 그럼 이제 영
화 「로마의 휴일」에 나오는 오드리 헵번과 그레고리 팩의 로
맨스처럼 달콤하지는 못할지라도 신나고 의미 있게 구석구석
골짝골짝 로마 역사를 파헤쳐봅시다!

「로마의 휴일(Roman Holiday, 윌리엄 와일러, 1953)」(낯) 트레비 분수(위)

로마를 키운 신비한 제도_'공화정'으로 Go Go!

'로마'는 기원전 8세기경 이탈리아 중부 테베레 강변에서 로물루스가 세운 작

은 도시로부터 시작되었다고 합니다. 전설에 따르면 군신 아레스와 아바롱[1] 가문의 누미토르의 딸인 레아 실비아 사이에서 아들 쌍둥이 로물루스와 레무스가 태어났는데, 이를 시기한 누미토르의 동생 아물리우스가 그들을 테베레 강에 버렸다고 하지요. 그러나 쌍둥이는 아버지 아레스의 도움으로 늑대의 젖을 먹고 자란 뒤 양치기에 의해 키워졌다가 결국 자신들의 신분을 알게 되고 외할아버지 누미토르를 복위시키면서 복수를 합니다. 그리고 기원전 753년에 테베레 강가에 도시를 건설하고 이 과정에서 로물루스가 레무스를 제거하며 초대 왕이 되었는데 이 도시가 바로 '로마'라는 것[2]이죠. 그러니 혹시 레무스가 세웠다면 로마가 아니라 '레마'라는 이름으로 불렸을 수도 있겠네요.

라틴인이었던 로물루스가 세운 로마는 에투루리아 왕정에 의해 지배를 받았는데, 기원전 6세기경 귀족들이 이민족 왕을 몰아낸 후 공화정을 수립했습니다. 이로써 행정을 맡은 집정관과 의결기관인 원로원 등을 귀족이 독점한 로마의 첫 공화정인 귀족 공화정이 세워집니다. 그러나 귀족 공화정은 민주 공화정으로 변모하게 되는데요. 아테네의 경우와 마찬가지로 상공업의 발달과 정복 전쟁의 참여로 평민 세력이 성장함에 따라 신분 투쟁이 벌어지면서 변화가 일어난 것입니다. 로마가 이탈리아 반도에 세력을 확장하고 통일해가는 과정에서 중장보병으로의 전

늑대의 젖을 먹는 로물루스와 레무스

---

1 트로이 전쟁의 영웅인 아이네아스의 후손이라고 한다.
2 이 건국 신화는 굉장히 유명해서 로마 캄피톨리오 언덕에 늑대와 쌍둥이 조각상이 있고, 다양한 그림으로도 남겨져 있다. 그런데 기원이 그리스 신화의 트로이 전쟁과 관련이 있다니, 그리스에서 로마로 문화적 주도권이 넘어가는 것을 일면 보여준다고 할 수 있다.

술로 변화되었고, 보병의 역할을 해야 했던 자영농의 지위가 이전에 비해 상대적으로 상승함에 따라 평민들이 귀족에 대항해 자신의 권익을 신장시키고자 했던 것이지요(그리스 여행에서 본 것과 같은 원리랍니다).

공화정의 발달 과정을 정리해볼까요? 우선 기원전 494년에 있었던 '성산사건'[3]을 계기로 '호민관'이 설치되면서 기원전 472년에 평민회가 설치되고, 기원전 451년 최초의 성문법인 '12표법'[4]이 제정되면서 평민권을 보장하게 되었습니다. 또한 기원전 367년 '리키니우스법'에 따라 집정관[5] 중 1인을 평민에서 선출하게 되었으며, 기원전 287년 '호르텐시우스법'에 따라 드디어 평민회의 입법권을 인정받게 되어 귀족과 평민이 법률상으로 평등해집니다.

로마 포룸 로마 공화정치의 상징인 로마 광장으로 유네스코 세계 문화유산 보호지역이다.

3 　평민들이 성산(聖山)이라는 뜻의 로마 북동쪽에 위치한 몬스 사케르에 모여 파업과 신시 건설을 선언한 것. 이 사건을 계기로 호민관(護民官) 제도가 정착되었다. 호민관은 평민의 권리를 보호하기 위한 정무관이다.
4 　로마법의 기초를 이룬 고대 로마의 성문법으로 로마 공화정의 중심이자 로마적 전통의 근간이 되었다. 제1표·제2표-민사소송법, 제3표-채무, 제4표-부모와 자녀, 제5표-상속법, 제6표-재산권, 제7표-부동산, 제8표-불법행위, 제9표-헌정 원칙, 제10표-장례 규정, 제11표-결혼, 제12표-형법으로 구성되었다.
5 　정무관 중 최고의 공적 업무를 관장하는 관리.

이렇게 로마는 귀족 공화정의 틀을 깨고 평민들의 권익을 정치적으로 점차 보장해주었으니 국가에 대한 그들의 충성심, 즉 자신이 가지고 있는 것을 지키고자 하는 충성심이 점차 커졌겠죠? 이러한 힘을 원동력으로 로마는 이탈리아 반도를 통일하고 해외 팽창까지 나서게 됩니다. 정치적 권익의 보장을 통해 하나가 된 시민이 공동체적 일체감을 원동력으로 하여 대외 팽창을 추진한 거예요. 도시 국가로 출발했던 로마가 지중해를 통일할 수 있었던 것은 시민권의 확대와 이를 통해 고양된 평민들의 애국심 및 군사적 공헌, 중장보병의 전투력 덕분이라 말하는 이유입니다.

순간의 선택이 좌우한 로마의 운명_'공화정'에서 어디로?

기원전 3세기에 이탈리아 반도를 통일한 로마. 이제 서 지중해의 해상권을 장악하기 위해 움직입니다. 당시 서 지중해를 장악하여 시칠리아 섬을 지배하고 있었던 카르타고와 3차에 걸친 포에니 전쟁을 치르는 거예요. 그리고 당시 로마의 장군인 대(大) 스키피오[6]와 알프스를 코끼리로 넘은 카르타고의 장군 한니발[7]의 격전으로 유명한 포에니 전쟁(기원전 264~기원전 146)에서 로마는 승리를 얻습니다. 또한 동쪽으로는 마케도니아 등을 정벌하여 기원전 2세기경에는 모든 지중해 연안을 지배하게 되어 '지중해는 로마의 호수'라는 역사적 명

---

6 고대 로마의 장군·정치가. 제2차 포에니 전쟁 중 한니발의 군대를 아프리카의 자마 전투에서 격파한 것으로 유명한데 이를 기념하여 '아프리카누스'라는 칭호가 붙었다. 집정관, 감찰관을 거쳐 로마 원로원의 제1인자인 '프린켑스'를 15년 동안 역임했다.

7 고대 카르타고의 장군이자 정치가. 기원전 218년 제2차 포에니 전쟁을 일으키고, 이탈리아에 침입하여 로마군을 격파했다. 그 후 자마 전투에서 로마군에게 패한 뒤 소아시아에서 자살했다. 한니발의 군대가 피레네 산맥과 알프스 산맥을 넘은 사건에 대해 역사 저술가 플루타르코스는 『플루타르코스 영웅전』에서, 눈병을 치료하지 못해 한쪽 눈을 잃었지만 낙심하지 않고 작전에 몰두한 한니발의 열정과 자신들을 방해하는 원주민 포로 중 용맹한 전사는 고향에 돌려보내는 관용으로 복종시킨 지도력이 기적을 만들었다고 기록했다.

(좌로부터) 스키피오, 한니발, 2차 포에니 전쟁 때 알프스를 넘는 한니발

칭을 얻게 되니 로마 자체로는 마치 큰 영광을 얻은 것처럼 보이기도 합니다.

그러나 이 전쟁들은 너무 길었습니다. 특히 포에니 전쟁은 3차례에 걸쳐 100년 이상 계속되었기 때문에 패전국인 카르타고는 재기할 수 없을 정도로 무너졌지요. 로마 또한 포에니 전쟁 이후 엄청난 변화를 겪게 됩니다. 즉, 이러한 전쟁으로 얻은 속주(쉽게 말하면 식민지)에서 값싼 곡물이 대량으로 유입되어 로마의 곡물 가격이 폭락하게 되었고, 오랜 전쟁으로 토지가 황폐화했으며, 속주에서 들어오는 노예를 이용하여 대농장을 경영하는 라티푼디움이 유행하게 되면서, 로마의 기반이 되고 대외팽창의 근본이었던 중장보병들인 자영농민이 몰락하게 된 거예요. 이에 따라 중장보병으로 유지되던 로마의 군사력은 약화되고 라티푼디움을 경영하는 유력자들이 신(新) 귀족층을 형성하고 사회 불안이 조성되면서 공화정은 위기를 맞습니다. 이러한 특징을 세계사에서는 '공화정 말기 상황'이라 부른답니다.

이 상황을 극복하기 위해 그라쿠스 형제(티베리우스 그라쿠스, 가이우스 그라쿠스)가 개혁을 시도하는데요. 그들은 평민의 지지를 바탕으로 토지 재분배를 통해, 중소 자영농의 몰락을 막고 몰락한 자영농을 육성하고자 농지법 제

그라쿠스 형제(좌)
크라수스의 노예 처형 크라수스는 스파르타쿠스를 추종했던 6천여 명의 노예들을 십자가형에 처했다.(우)

정을 시도하며 개혁을 추진합니다. 그러나 이러한 개혁을 신 귀족층들이 그냥
둘 리가 없지요. 예나 지금이나 예쁜 자들의 유일한 소망은 더 예뻐지는 것,
가진 자들의 유일한 소망은 더 가지는 것이니까요.

　결국 원로원의 반대로 개혁은 좌절되었고 30대에 불과했던 그라쿠스 형제
는 암살되어 테베레 강 유역에 버려졌습니다. 그 후 로마에서는 귀족을 중심
으로 한 벌족파와 민중을 중심으로 한 평민파의 대립이 격화되고, 스파르타
쿠스의 난[8]과 같은 노예의 반란이 빈번하게 일어납니다. 아하! 한마디로 '혼란
기'였다는 얘기군요. "포에니 전쟁 이후 자영농이 몰락했고, 그것을 해결하기
위한 그라쿠스 형제의 개혁이 시도되었으나 실패하면서 전반적인 혼란기가
이어진다"는 것이죠. 여기서 잠깐, 티베리우스 그라쿠스의 연설문을 읽어보겠
습니다.

8　처음에는 병사로 있었지만 반란군의 우두머리가 되어 싸우다가 잡혀 노예가 되었다. 무예가 뛰어났던
그는 노예제도에 반대하여 항쟁을 일으켰고, 한때 세력이 커졌으나 크라수스와 폼페이우스에게 진압되었다.
항쟁에 가담했던 육천여 명의 노예들은 십자가에서 처참한 죽음을 맞이한다. 당시 포로들의 계급투쟁을 군
대의 힘으로 진압한 크라수스가 "스파르타쿠스가 누구냐?"고 묻자 서로 자기가 스파르타쿠스라고 했다는
일화가 있을 만큼 그는 억압받는 계급의 영웅이었다. 스파르타쿠스의 이야기는 하워드 패스트의 소설, 스탠
리 큐브릭 감독의 영화에 이어 드라마로도 제작될 만큼 꾸준한 인기를 얻는 소재이다.

"이탈리아를 위해 싸우고 죽어가는 사람들이 가진 것이라고는 공기와 햇볕밖에 없으며 집도 안식처도 없이 처자를 이끌고 거리를 방황하고 있다. 그들은 다른 사람의 부귀와 사치를 위해 싸우다 죽지만 한 뼘의 땅도 갖지 못하고 있는 것이다."

이런 연설문을 읽을 때면 그런 생각이 들지요? 예나 지금이나 사회에서 해결해야 하는데 해결하지 못하는 가장 큰 문제가 '빈부격차'라는 것을요. 나라 이름만 바꾸고, "싸우다"를 "일하다"로, "한 뼘의 땅"을 "한 평의 집"으로 고치면, 우리나라의 모습이 되는 것이 기가 막히죠? 이걸 해결하기 위해 그라쿠스 형제가 나섰지만, 결국 이들은 살해됩니다. 2,000여 년 전의 로마의 모습에서 지금의 모습이 읽힌다니! 참 씁쓸하지만, 그래서 역사를 공부하는 것이라 위안을 삼으며 더 나아가봅니다.

자, 이러한 상황이라면 이제 로마에서는 어떤 일이 발생할까요? 그렇습니다. 누구나 추리하는 것처럼 이런 혼란기에는 무력을 가진 자가 권력을 잡기 위해 움직이겠지요. 우리 현대사에서 그랬던 것처럼 말입니다. 그리하여 로마의 내란 상태 속에서 몰락한 농민들을 사병으로 삼은 군인들이 권력을 장악하는 군인 정치가 등장하고 군인 정치가들은 대외 팽창 정책으로 문제를 해결하고자 합니다.

이러한 군인 정치가들 중에 가장 세력이 컸던 세 명의 사람이 힘을 합쳐 로마를 이끌어가기 시작하니, 이는 일종의 공동 통치 체제로 이 체제를 가리켜 삼두(三頭, 세 지도자)정치라 하지요. 로마 역사에서 한 번 더 나오기 때문에 편의상 이를 1차 삼두정치라고 부르는데요. 바로 카이사르, 폼페이우스, 크라수스 세 사람이 통치하는 시기입니다. 이 중 여러분이 너무도 잘 아는 인물이 율리우스 카이사르(기원전 100~44)지요.

빈의 예술사 박물관에 있는 카이사르 흉상(좌) 카이사르에게 항복하는 베르킨게토릭스(우)

카이사르는 군사적으로 뛰어난 전략가로 갈리아 지방(지금의 프랑스, 북이탈리아 등)과 브리타니아(지금의 영국)를 정벌해 유럽까지 로마의 세력을 넓혔습니다. 시저·케사르로 불리며 뛰어난 문장가이기도 했던 그는 사회·경제적 개혁정치를 통해 평민들의 권익을 옹호했던 인물이었습니다. 그러나 공화정을 지키고자 한 로마의 정서와 달리 황제를 추구했기 때문에 가장 믿었던 자의 손에 죽음을 맞는 비극의 주인공이기도 해요. 잠시, 카이사르가 남긴 명대사들을 함께 읽어보겠습니다.

1. "The die has been cast(Alea iacta est)."
"주사위는 던져졌다.": 기원전 49년 카이사르가 군대를 이끌고 북이탈리아의 루비콘(이탈리아 북방 경계선) 강을 건너면서 했던 말로 알려져 있습니다. 이것은 카이사르가 만든 구절이 아니고, 아테네 극작가 메난드로스의 작품에 나오는 구절인 "주사위를 던져라"를 그리스어로 인용한 것이라 합니다. 카이사르가 무장한 채로 루비콘 강을 건너면서 로마의 원로원에 도전하겠다는 뜻이었죠.

2. "Crossing the Rubicon,"

"루비콘 강을 건너다": 군대 해산과 무장 해제를 명령받은 카이사르가 무장한 채로 루비콘 강을 건너 로마로 온다는 것은 원로원과의 전쟁을 각오한다는 뜻이었습니다. '이제는 돌이킬 수 없다'라는 뜻으로 관용구처럼 쓰이고 있죠.

3. "I came, I saw, I conquered!(Veni, vidi, vici!)"

"왔노라, 보았노라, 이겼노라!": 카이사르는 기원전 47년 중동 지역의 젤라 전투에서 승리했는데, 정말 빨리 승리해서 이전에 폼페이우스가 이런 적들과 오랜 기간 싸워 승리한 것을 조롱했다고 합니다. 그래서 이런 말을 통해 로마에 승리를 알렸죠.

4. "You too, Brutus?(Et tu, Brute?)"

"브루투스, 너마저…?": 이 말은 카이사르가 아들처럼 여기던 브루투스가 자신을 죽이려는 암살자 중 한 사람이었다는 것을 알았을 때 죽으면서 마지막으로 한 말이라고 알려져 있는데요. 사실 그 당시 카이사르의 살해에는 60명 이상이 가담했고, 카이사르는 23번 칼에 찔려 죽었다고 합니다. 그래서 그가 마지막에 어떤 말을 했는지, 혹은 안 했는지는 학자들 사이에 이견이 있답니다. 그럼 이 구절은 어떻게 유명해진 걸까요? 이 말은 대문호 윌 리엄 셰익스피어가 쓴 희곡 『율리우스 시저』 대사 중의 한 구절인데요. 그의 작품이 유명해짐에 따라 기정사실처럼 된 것이죠. 역사적 정황으로 봤을 때 명성황후가 '을미사변'으로 시해당하며 "나는 조선의 국모다"라고 말할 수 있었을까 싶은데, 소설과 뮤직 비디오, 드라마를 통해 이것이 진짜인 것처럼 확실시되는 현상과 같다고나 할까요? 그럼에도 이 구절은 이후 영어권 사람들에게는, 믿었던 상대에게 배신당했을 때의 절망감을 표현할 때 쓰는 일종의 관용구가 되었다는군요.

오스트리아
비엔나에 있는
안토니우스 동상(좌)
옥타비아누스(우)

악티움 해전

안토니우스와
클레오파트라

그 후 백전노장 안토니우스, 카이사르의 양자이자 제1 후계자인 옥타비아 누스, 레피두스에 의해 다시 2차 삼두정치가 진행되었는데요. 이들의 목표는 카이사르처럼 독점적 권력을 장악하는 것이었기에 카이사르의 정적이었던 공화파를 제거하는 데에 힘을 합쳤답니다. 그러나 그 후 이들 사이에서도 권력을 향한 치열한 다툼이 벌어지고, 최종 승자는 옥타비아누스(기원전 63~기원후 14)가 됩니다. 옥타비아누스는 이집트의 클레오파트라와 연합한 안토니우스를 불세출의 장군 아그리파와 함께 기원전 31년 악티움 해전에서 무찌르고, 이집트까지 무너뜨리면서 독점적 지배권을 장악합니다. 로마는 옥타비아누스에 의해 결국 공화정에서 황제가 다스리는 황제정의 형태로 발걸음을 옮기게 되지요. 공화파들은 카이사르를 죽이면서까지 공화정을 유지하고 싶어 했지만, 이미 삼두정치 때부터 권력은 독점되고 있었고 공화정으로 돌아가기엔 이미 너무 멀리 와버렸던 것입니다.

세계화의 빛과 그늘_'제정'의 전성기와 몰락의 사이에서

그러고 보면 옥타비아누스는 참으로 상황 판단을 적절하게 잘 했다고 할 수 있습니다. 자신의 양아버지였던 카이사르가 공화정의 전통을 무너뜨리려다 죽음을 맞았다는 것을 잊지 않은 데다가 자신의 야망이 왕성했고 고미에서는 그 누구도 맞설 수 없는 재정·군사력을 가지고 있음에도 황제라는 이름을 스스로 절대 붙이지 않았으니까요. 단지 프린켑스(제1시민)로 자신을 칭하게 했을 뿐입니다. 그러나 결국은 원로원의 간곡한 청에 못 이기는 척하며 아우구스투스(존엄한 자)로 추대되어 권력을 장악했고, 이로 인해 로마의 (황)제정이 시작되지요. 역사를 배워야 하는 이유를 카이사르와 옥타비아누스의 상황을 보면 명확하게 알 수 있지 않습니까? 전례를 잘 봐두어 자신에게 유리한

대로 이끌고 간 옥타비아누스, 즉 아우구스투스
는 모르긴 몰라도 역사 과목을 잘했을 듯합니다.
역사를 공부한 이유가 자신의 이익을 위해서였다
는 안타까운 의도였을 것 같긴 합니다만!

모데나에 있는 아우구스투스 흉상

　아우구스투스 이후 5현제(5인의 현명한 황제) 시
대(96~180)까지 약 200여 년 동안 로마는 역사가
들이 로마의 평화(Pax Romana)라고 부르는 시기를
맞게 됩니다. 이때 로마는 제국의 영토가 최대에
이르러 북으로는 라인 강과 다뉴브 강에서부터 시작하여 아시아, 아프리카의
지중해 주변 지역 3대륙을 지배했는데, 지금의 런던·파리·리옹·쾰른·빈 등
오늘날 유럽의 주요 도시를 다 식민 도시로 삼아 법률과 강력한 군사력으로
그 지역의 안정과 평화를 유지했습니다.

　또한 이 시기 통치를 위해 로마는 유럽에 길이가 8만 5천 킬로미터에 이르
며 지반 두께가 2미터에 이르는 견고한 도로망을 건설했는데, 이 때문에 "모
든 길은 로마로 통한다"라는 명언이 남겨질 정도였답니다. 2,000여 년이 지난
지금도 그 도로를 사용할 정도로 실용적이라니, 정말 놀랍죠? 장마철마다 물
이 괴어 차가 지나가면 물이 튀고 그로 인해 속상해 하고 틈만 나면 도로를
뒤집는 공사를 보며 불편함을 느끼는 우리나라로서는 기적 같은 일이 아닐
수 없네요.

　이에 더하여 이 시기에는 화폐, 도량형이 정비되고 상공업이 발달했답니다.
이에 따라 '도시'가 번영하고 동서 교역도 활발해지면서 헬레니즘과 같은 다
양한 문화도 유입되고 로마인들은 이를 향유하게 되었죠.

아피아 가도 최초의 로마 가도로서 로마 가도의 여왕으로 불린다.(상) **로마인들이 Via Munita라 부른 포장 도로 단면도** A는 흙, B는 주먹만 한 자갈, C는 작은 잡석, D는 석회석 등을 잘게 부순 돌가루, E는 마름모꼴 석판이다.(하)

그러나 5현제 시대[9] 이후인 기원후 3세기 이후부터 로마 제정은 쇠퇴기에 접어듭니다. 지중해 주변이 로마화하면서 제국 도시였던 로마의 우위가 점점 흔들리게 되는데요. 다양한 민족으로 구성된 속주의 군단들이 하급 병사에서 출세한 지도자를 앞세워 서로 싸우거든요. 이에 따라 강력하고 현명했던

---

9   로마 제정 시대 최성기(最盛期)에 가장 유능했던 다섯 명의 황제. 네르바, 트라야누스, 하드리아누스, 안토니누스 피우스, 마르쿠스 아우렐리우스를 이른다.

황제들이 사라지고 군인 황제들이 등장하며 50년 동안 26명의 황제들이 들어섰다 물러나기를 반복하게 되는 것이죠. 이러한 현상은 당연히 국력의 약화를 가져올 수밖에 없습니다. 만약 공화정이었다면 지도자가 우매하다 할지라도 현명한 다수의 지지자에 의해 보완될 수 있으나 강력한 제정의 형태에서는 그 정치의 발전이 황제 개인의 능력과 성향에 달려 있기 때문에 황제권이 약화된 것은 국력에 치명적이라 할 수 있지요.

이에 따라 속주들에서 반란이 빈번해졌고 페르시아(사산조 페르시아)와의 대립과 게르만과 같은 이민족의 침입이 자주 일어나게 됩니다. 그에 더하여 이제는 제국이 더 이상 팽창해질 수 없기 때문에 속주로부터 노예의 유입이 끊겨 공화정 말기에 노예에 의해 이루어졌던 대농장의 경영(라티푼디움)이 사라졌답니다. 대신 노예가 아닌 자유민이나 부자유한 소작농(콜로누스)에 의해 농장이 경작되는 '콜로나투스 제도'가 유행하게 되었지요. 그러다 보니 중산층 자유시민이 몰락했고 자연스럽게 상공업과 도시가 쇠퇴하게 됩니다.

그러면 모든 백성들이 고통을 받게 되어야 하는데, 이상스럽게도 중산층이 몰락하고 빈민이 많아지는 이 시기에, 여러분이 한 번쯤은 영화나 만화에서 접해봤을 법한 사치스러운 로마의 모습이 지배층을 중심으로 더욱 극성을 부립니다. 크고 호화로운 저택에서 연회를 베풀며 부를 자랑하고 시민들을 전차 경주, 검투 경기에 몰두시켜 쾌락을 추구하게 하고, 거대하고 사치스러운 공중목욕탕에서 타락을 조장하는 그런 모습들 말이죠. 세계사를 공부하다 보면 반드시 나타나는 법칙 중의 하나가 있는데요. 바로 지배층의 사치가 극에 달하고 비상식적인 행위가 용인되는 사회의 모습이 나타나면 그것은 그 지배층의 사회가 끝을 향해 가고 있으며 곧 다른 체제로 바뀌게 된다는 것을 의미한다는 것입니다. 이렇듯 로마도 그 끝을 향해 가고 있었지요.

물론 제국을 다시 건설하고자 한 노력이 없었던 것은 아닙니다. 디오클레티

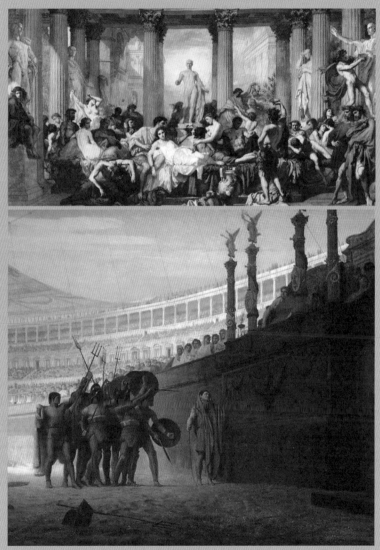

타락한 로마인들(토마스 쿠튀르 作, 1847)(상)
황제에 경의를 표하는 검투사들(장 레옹 제롬 作, 1859)(하)

아누스 황제(244~311) 시대에 거대한 로마 제국을 4분하고 동방적 전제 군주제를 채택했고, 콘스탄티누스 황제(272~337)는 313년 밀라노 칙령[10]을 통해 그동안 핍박했던 크리스트교를 공인하면서 제국의 힘을 모아보고자 안간힘을 쓰기도 합니다. 크리스트교는 기원후 30년경 유대교의 선민사상과 형식주의적 율법을 배척하며 만들어졌는데, 이후 예수 그리스도를 믿는 베드로, 바울 등을 통해 로마제국 전체로 확산되었답니다. 그러나 크리스트교도들은 황제 숭배를 거부한다는 이유로 네로 황제시대(재위 54~68)부터 황제에 의한 본격적인 박해를 받기 시작했습니다. '네로 황제와 로마 대화재(64)'를 한 번쯤 들어보신 적이 있지요? '화재'에 대한 희생양으로 크리스트교도들을 선택했던 것인데요. 크리스트교도에게 야수의 가죽을 뒤집어씌워서 개에게 물려 죽게 하거나, 그들을 묶고 태워 밤에 횃불 대신 썼다고도 하니, 인간이 얼마

디오클레티아누스 황제 흉상(상/좌)
콘스탄티누스 황제 동상(상/우)
성모 마리아에게 콘스탄티노폴리스를
봉헌하는 콘스탄티누스(하)

10 밀라노 칙령은 종교적인 예배나 제의에 대해 로마 제국이 중립적 입장을 취한다는 내용의 포고문이다. 이로써 로마 제국에서 신앙을 가지는 것, 특히 기독교 신앙을 가지는 것에 대한 방해물이 제거되는 계기가 마련되었다.

나 잔인해질 수 있는 존재인지 새삼 무섭기도 합니다. 그러나 그런 박해를 받았음에도 불구하고 크리스트교는 콘스탄티누스 황제 때 '밀라노 칙령'으로 공식적인 인정을 받게 되고, 이후 로마의 국교로 자리 잡으면서(392) 로마의 도로, 로마의 행정을 따라 전 유럽으로 확산됩니다.

콘스탄티누스 황제는 또한 330년에 오랜 전란으로 피폐해진 로마에서 동방의 비잔티움으로 수도를 옮긴 뒤, 이 지역을 자신의 이름을 따 '콘스탄티노폴리스'로 부르는데요. 이 도시는 후에 '비잔티움'으로 불리다가 1453년 오스만 튀르크에게 점령당한 이후부터 현재까지 '이스탄불'이라고 불립니다.

그러나 결국 395년 테오도시우스 황제가 죽으면서 로마 제국을 동서로 양분해 두 아들에게 통치를 맡기니 이에 따라 로마는 지중해 동부의 그리스적 제국인 '동로마'와 서부의 라틴적인 '서로마'로 분열되지요. 이후 서로마 제국은 476년 게르만의 용병 오도아케르에 의해 마지막 황제 로물루스 아우구스툴루스가 퇴위되면서 멸망할 때까지, 동로마 제국은 그로부터 약 1000년 뒤 1453년 오스만 튀르크에게 멸망할 때까지 비잔티움 제국으로서 건재하게 됩니다. 로마 제국의 영토 변천을 지도로 확인해보세요.

로마 제국의 영토 변천

지금까지 로마가 이탈리아의 작은 테베레 강변의 소도시 국가에서부터 지중해를 호수로 만든 3개 대륙을 아우른 대제국으로서 통치하고 동서로 분열되는 것까지 살펴보았습니다. 로마를 로마로 만들었던 가장 큰 원동력은 바로 영토를 확장하는 데에 큰 역할을 했던 자영농민과 시민들에게 그에 상응한 정치적·경제적 보상을 해줌으로써 그들의 지지를 끌어내었던 공화정치의 장점이라 할 수 있습니다. 그러나 로마는 점점 세계화되고 영토가 넓어지고 속주가 많아짐에 따라 그로부터 얻은 이익을 지배층이 독식하여, 세계화에 따른 부를 재분배하는 데 실패했습니다. 따라서 영토는 확장되고 세계 제국도 건설했으나, 국가 내부의 기둥인 시민과 자영농민이 몰락함에 따라 로마의 멸망도 가속화되었던 것입니다. 시민들의 불만을 막으려고 별 오락거리와 놀 거리를 제공했을지라도 말이지요.

국력을 세계로 뻗어나가도록 독려하고 글로벌 인재를 키우는 것이 유행처럼 되어가고 있는 요즘, 진정한 글로벌 인재는 세계화가 진행됨에 따라 있을

세인트 이삭의 축복을 받고 있는 테오도시우스 황제와 그의 아내

수 있는 득과 실을 잘 살펴서 이익을 고르게 잘 분배하고, 잃은 부분을 반드시 채워 넣을 수 있는 넓은 안목과 따뜻한 가슴을 먼저 준비하는 자가 아닐까요? 글로벌 인재로서 개인이 얻을 수 있는 명예와 경제적 이득에만 마음과 목숨과 정성을 다하는 것이 아니라 말입니다.

다음 여행지는 '봉건 사회'인데요. 서로마가 멸망하고 난 후 유럽에 부는 게르만, 노르만, 마자르 족의 바람과 그 바람이 지나가면서 만들어낸 중세 유럽의 봉건 사회로 떠날 거예요. 유럽이 새로운 시대로 변화해가는, 본격적으로 지금의 유럽 국가의 모습이 탄생하는 모습을 만나러 갑니다!

동시대 지구촌 넘나들기

기원전 5세기~기원후 5세기

한반도에서는 기원전 4세기경에 철기문화가 시작되면서, 기원을 전후로 K·B·S 삼국이 성립됩니다. 기원후 3세기 백제가 한강 유역을 차지한 것을 토대로 삼국 중 제일 먼저 고대국가로 발전하면서 4세기 근초고왕 때 전성기를 누렸고, 그 시기 고구려는 고국원왕이 근초고왕과의 싸움에서 전사한 후 소수림왕 때 내정을 정비하여 4세기 말 5세기 광개토대왕 장수왕 때 동아시아에서 최고의 국가로 전성기를 누리게 됩니다. 이 시기 신라는 광개토대왕의 도움을 받아(호우명 그릇 생각나시죠?) 내물마립간 계 김씨가 왕위를 세습하면서 고대국가로 발돋움하고 있습니다.

중국에서는 기원전 5세기부터 전국시대에 돌입합니다. 전국 7웅이라 불리는 진·초·연·제·한·위·조가 대립하던 약육강식의 시대를 진의 시황제가 기원전 221년 통일하게 되지요. 만리장성 축조, 분서갱유 등 사상탄압과 같은 실정으로 진이 멸망하면서 기원전 202년 유방이 항우를 물리쳐 한 고조로 중국을 통일합니다. 한 왕조는 후한이 기원후 220년에 멸망할 때까지 중국의 고전문화를 완성시킨 왕조로서 400년을 영위했고요, 220년부터 수가 통일하는 589년까지 중국은 위진 남북조 시대를 지나게 됩니다. 유비·관우·장비가 주인공이 되어 천하를 통일하고자 했던 삼국지의 배경이 되는 시기로부터 한족의 남조와 북방 민족이 세운 북조가 서로 견제하고 대립하는 가운데 동아시아에서는 세력 균형이 이루어져 한국에서는 고구려가, 중국에서는 남북조가 자신의 세력을 키워나가고 있었던 시기이기도 합니다.

서아시아에서는 기원전 550년에 세워진 아케메네스 왕조 페르시아가 통치하고 있습니다. 로마 제국이 유럽을 통일했듯이, 이들은 독자적으로 발전해온 여러 서아시아 문화권을 통합한 최초의 제국이라고 말씀드렸던 것 기억하시지요? 이후 알렉산드로스 제국의 지배를 받다 이란계 유목민에 의해 파르티아(기원전 248~기원후 226)가 세워졌고, 뒤를 이어 사산 왕조 페르시아가 기원후 226년에 세워져 로마와 패권을 다투게 됩니다. 조로아스터교를 국교로 삼고 마니교를 창시했던 이 왕조는 동서 중계 무역을 통해 발전하면서 로마 황제를 사로잡는 기염을 토하기도 하는 것이지요.

티타임 토크

로마 문화의 특징이 뭐예요?

로마의 문화는 그리스와 헬레니즘 문화를 계승하고 종합했다는 특징을 가지고 있습니다만, 더욱 뚜렷한 특징은 실용적이라는 점입니다. 왜 그럴까요? 그리스나 헬레니즘처럼 로마 문화를 보는 view point는 로마의 제국 통치에 필요했기 때문이라는 것입니다. 일례로 로마법은 근대 법률 체계에까지 영향을 미칠 정도의 수준을 보이고 있는데, 심지어 "로마는 세 번 세계를 통일했다. 영토와 법률, 그리고 기독교로"라는 말이 있을 정도로 법률이 끼친 영향은 크다고 할 수 있지요. 거기에 건축 또한 발달해서 도로와 콜로세움, 개선문, 공중목욕탕, 수도시설 등의 건축물들은 그 외형도 장관이지만 그것

프랑스 해안에 있는 퐁 뒤 가르 수도교

의 보존 상태를 보면 그들의 건축술이 얼마나 뛰어났는지 알 수 있답니다. 그 실용성의 대표로 들 수 있는 것이 앞서 공부했던 도로이고요, 또 하나를 꼽자면 수도교입니다. 원래 다리는 사람이 지나다니기 위해 만든 것이지 않습니까? 그런데 로마에서는 인구가 늘어나면서 필요한 물을 상류에서 끌어올 때 그 물이 협곡이나 도시를 지나게 하기 위해 다리를 만들었답니다. 그것이 지금도 남아 있는 수도교인데요. 로마인들이 점령했던 곳에서는 상수도 시설로서 남아 있답니다. 로마 시내 외곽뿐 아니라 사진 속의 프랑스, 심지어 아프리카 튀니지에까지 말이죠. 이후 중세 유럽 사람들은 이것들을 로마인들이 만들었다는 사실을 잊고 사람도 수레도 다닐 수 없는 이 다리를 악마가 만들었다 하여 '악마의 다리'라고도 불렀다고 합니다. 먹을 물을 위해 유럽 곳곳에 물이 다니는 다리를 만든 로마인, 그리하여 높은 도시 인구 밀도에도 불구하고 다른 어느 시대보다 전염병의 발병률이 낮았던 그들의 실용성, 심지어 현재까지 남아 있는 그들 건축물의 보존 상태를 보면 정말 놀라움을 감출 수 없답니다.

로마에 가면 무엇을 볼까요?

첫째는 콜로세움을 꼽을 수 있겠죠. 이의 원래 명칭은 플라비우스 원형 극장인데요. 기원후 72년 베스파시아누스 황제가 만들기 시작해 그 아들 티투스가 8년 뒤에 완성했다고 하지요. 외부는 한때 온천 침전물로 덮여 있었고, 240개의 나무 기둥으로 지탱한 거대한 차양이 처 있었다고 합니다. 내부는 검투사들의 미끄럼 방지와 빠른 피 흡수를 위해 간 모래로 덮인 경기장을 승승의 쌔닉이 둥글게 에워싼 형태로 되어 있습니다. 지금

콜로세움 외관(좌) **콜로세움 내부**(우)

아피아 가도(좌) **티투스의 아치**(우)

은 이곳이 관광객들을 불러들이는 인상적인 역사 문화유산으로 남아 있지만 2,000여 년 전 로마인들이 보며 즐기던 대상이었던 검투사들이나 크리스트교인들에게는 삶과 죽음을 넘나드는 처참한 곳이었겠지요.

그 밖에도 현재 로마에는 환상적인 유적들의 집합체로 18세기부터 시작해 지금까지도 발굴이 진행 중인 포로 로마노, 로물루스 레무스 광장과 카이사르 시신이 묻힌 율리우스 카이사르 신전, 그리고 예루살렘과의 전쟁에서 승리한 것을 기념으로 만들어진 티투스의 아치 등 역사적 유적이 넘쳐납니다. 거기에 트레비 분수처럼, 만들어진 건 18세기지만 그 물은 기원전 1세기 로마 최초의 지하수로 중 한 곳에서 끌어와, 분수를 등지고 어깨 너머로 동전을 던지면 로마로 돌아온다는 말이 있어 하루에 던져지는 동전이 3000유로(이 돈은 전액 유니세프에 기증된다고 하네요)가 넘는 낭만적인 곳도 있고, 아피아 가도와 카타콤베도 볼 수 있지요. 또, 카라칼라 욕장이 있는데, 로마의 황제 카라칼라가

기원후 217년에 만들기 시작한 0.1평방 킬로미터인 이 레저 단지는 1,600명까지 수용할 수 있었다고 합니다. 화려하게 장식된 목욕탕·체육관·도서관·상점·정원이 있었는데 목욕탕은 537년까지 사용되었고 그 유적은 현재 여름 오페라 무대로 사용되고 있습니다. 로마도 그리스처럼 조상들 덕을 많이 보는

판화로 묘사한 카타콤베 내부

카라칼라 욕장(좌) **카라칼라 욕장 내부 그림**(우)

것 같지요?

게다가 로마는 이후 이탈리아에서 르네상스가 일어날 때 근대 문화의 꽃이 활짝 피어나는 곳이기도 합니다. 그런 걸 보면 이탈리아는 정말이지 '벨 파에제(아름다운 나라)'라 불리며 전 세계의 사랑을 받기에 부족함이 없는 나라인가 봅니다.

이민족이 연 중세_
분열에서 통합으로, 다시 분열로

헉헉, 아직도 숨이 차지요? 세계 역사상 유래가 없는 대제국 로마를 정말 부지런히 돌아보았잖아요. 아직까지도 서양 사람들의 사고방식에 큰 영향을 끼치고 있는 헬레니즘(그리스 문화), 헤브라이즘(크리스트교적 문화)의 집산지인 로마, 건축과 법률 등의 유산으로 풍부함을 전해주고 있는 로마, 또한 그 흥망성쇠로 많은 국가에 타산지석(他山之石)의 교훈을 남겨준 로마는 사실 파고 또 파도 탐구할 것이 계속 나오는 역사의 보물창고입니다. 하지만 로마는 이쯤에서 끝마치기로 하고, 오늘부터는 그 로마가 분열된 후 서로마라고 이름 불리던 세계에 서유럽이란 이름이 붙고, 그 각각의 국가가 성립하는 계기를 마련해준 프랑크 왕국 시대를 탐험해볼까 해요. 시기적으로는 서로마가 멸망(476)하기 직전 게르만 족의 이동이 일어나는 기원후 4세기경부터 노르만 족 등 이민족이 침입함에 따라 그를 방어하기 위한 봉건제도가 확립되어 중세라는 시대적 특징을 보이기 시작하는 11세기경까지입니다.

먼저 우리가 왜 프랑크 왕국을 알아야 하는지 이유를 생각해보겠습니다. 세계 근대사에 있어 다른 어떤 국가보다 선진적이었던 유럽의 국가들. 그러나 각각의 국가들은 현대로 넘어오면서 그 선두적인 국가의 지위를 미국과 소련·중국 등에게 넘겨줄 수밖에 없게 되는데요. 유럽의 각 국가들은 유럽 전체를 합한 것보다 큰 영토와 인구 등을 보유한 그 국가들과 비교할 수조차 없을 만큼 약체였기 때문입니다. 그리하여 유럽은 단일화를 꾀하게 되고, 수 많은 시도 끝에 현재 세계무대에서 독립된 국가의 연합체이면서 통일된 통화 단위인 '유로'를 사용하는 매우 획기적인 공동체를 탄생시켰으니 바로 현재의 유럽 연합(EU)이랍니다.

유럽이 이렇게 연합을 만들어낼 수 있었던 것은 유럽의 기원이 단일한 왕 국에서부터 출발한다는 진제를 각 국가가 인정한 덕분입니다. 특히 유럽 연합 의 전신인 유럽 공동체의 초대 가맹국 중 독일·이탈리아·프랑스 세 나라는 중세부터 현대까지 긴 세월 동안 여러 모로 경쟁해온 나라인데요. 그럼에도 불구하고 그들이 유럽 연합이라는 거대 연합체를 이끌어가는 핵심 국가로서 의 역할을 하고 있는 데에는 다 이유가 있습니다. 바로 프랑스·독일·이탈리아 의 역사를 거슬러 올라가다 보면 만날 수 있는, 5~9세기에 서유럽을 지배하 던 프랑크 왕국에서 그 뿌리를 찾을 수 있거든요. 이들 세 나라가 서로 경쟁 을 되풀이하면서도 의식 깊은 곳에 역사적 뿌리가 같다는 묘한 동족 의식을 갖고 있는 것도 그 덕분이고요. 그렇기 때문에 유럽 연합 결성의 힘인 유럽인 들의 공동체 의식을 이해하려면 프랑크 왕국의 성립과 그 의의를 먼저 살펴 보아야 한답니다. 프랑크 왕국의 분열과 봉건제도 성립 과정을 이해하고 나면 여러분도 "역사는 어떤 의미에서는 되풀이된다"라는 데 동의의 한 표를 던질 수 있을 거예요.

이제부터 유럽 통합을 끌어낼 수 있었던 역사적 흔적인 프랑크 왕국의 성 립과 그 분열 과정을 살펴보면서 유럽이 어떻게 중세로 넘어가는지, 그리고 그 시대적 특징이 무엇인지 알아보겠습니다. 자, 중세로 출발합니다!

프랑크 왕국_서로마를 무너뜨리고 자신이 서로마가 되다!

로마는 3세기경부터 군인 황제 시대로 인해 정치적 혼란을 겪습니다. 노예 공급이 중단되었음에도 불구하고 대규모의 농장이 유행함에 따라 자영농민층이 몰락하여 부자유 소작인이 되면서 건전한 농촌 경제도 붕괴되었지요. 빈부격차는 더욱 심각해졌고, 도시의 상공업이 쇠퇴하는 등 경제적으로도 불안정한 상황이 계속됩니다. 그 와중에 외부적으로는 이민족의 침략이 가속화되면서 급격하게 몰락의 길을 걷고 있었고요. 로마 황제는 4세기에 수도를 로마에서 콘스탄티노폴리스로 옮기면서[1] 재건을 꾀하고자 했습니다만, 결국 395년에 동로마 서로마로 분열[2]되고 말아요(콘스탄티누스 황제, 테오도시우스 황제와 관련되지요).

이렇게 로마 제국이 광대한 영토를 지배하면서 그 전성기를 누리고 서서히 쇠퇴를 맞이하던 무렵 많은 부족들이 비옥하고 살기 좋은 땅을 찾아 유럽 각

동로마와 서로마

1   콘스탄티누스 황제는 오랜 전란으로 피폐해진 로마에서 동방의 비잔티움으로 수도를 옮긴 뒤, 이 지역의 이름을 자신의 이름을 따 콘스탄티노폴리스로 불렀다(330).
2   테오도시우스 황제는 395년, 로마 제국을 동서로 양분해 두 아들 아르카디우스와 호노리우스에게 통치를 맡겼다. 이에 따라 지중해 동부의 그리스적 제국인 '동로마'와 서부의 라틴적인 '서로마'로 분열되었다.

지를 떠돌아다니고 있었습니다. 이러한 부족들 중 하나인 동고트 족이 4세기 말 동쪽으로부터 넘어온 훈 족(흉노 족)의 서진 압박을 못 이기고 이동하는데요. 이를 '게르만 족의 대이동'이라 합니다. 시기적으로는 4~6세기에 진행되었고요. 훈 족의 습격을 받은 반달, 부르군트 같은 게르만 족들은 로마 제국으로 밀고 들어왔고, 결국 게르만의 용병대장 오도아케르는 476년 서로마 제국 황제를 폐위시킴으로써 지중해를 자신들의 호수로 만들며 오랜 세월 역사의 주인공으로 영화를 누렸던 서로마 제국을 멸망시킵니다.

그 이후 여러 게르만 부족들에 의해 로마 영토 내에 많은 국가들이 들어서게 되는데요. 게르만 족은 원래 발트 해 연안의 북유럽 지역에 거주했던 부족으로 기원 전후에 로마 제국과 접촉했고, 3세기경부터 로마의 용병이나 소작농으로 관계를 맺어왔습니다. 그러나 4세기경부터 인구 증가와 경작지 부족, 훈 족의 압박으로 인해 이동을 시작했던 것인데, 결국 476년 서로마 제국을 멸망시키면서 많은 역사학자들이 말하는 서양 중세가 시작되는 결과를 빚은 거예요. 이제 유럽은 1453년까지 동쪽의 그리스적 색채를 가진 동로마 제국인 비잔티움 제국과 서유럽의 게르만 족이 세운 중세적 국가들로 나뉘게 됩니다.

게르만 족은 인류학 상으로는 북방 인종에 속해요. 남방 인종에 비해 키가 크고 눈이 푸르며 머리는 금발입니다. 원래 스칸디나비아 반도 남부에서 유틀란트 반도와 북부 독일에 걸치는 지역에 살았지만 기원전 2~1세기에 이동하기 시작해 동남쪽으로는 멀리 흑해 연안, 서남쪽으로는 라인 강 유역까지 퍼져나갔지요. 그러던 중 이들은 북게르만(덴마크인·노르만인 등), 서게르만(앵글인·색슨인·프랑크인 등), 동게르만(동고트인·서고트인·반달인·부르군트 인)의 세 그룹으로 갈라졌고요.

이처럼 많은 게르만 족이 세운 국가들 중 프랑크 왕국이 서로마가 멸망한 자리에서 9세기까지 유일하게 왕조를 존속시키고 서유럽 번영의 기틀을 마련할 수 있었던 이유는 무엇일까요? 심지어 게르만 족들이 세운 서유럽을 통일하고 그 자신들이 멸망시킨 서로마의 뒤를 이은 국가로 인정받게 된 배경은 무엇일까요?

가장 중요한 배경은 왕국의 지리적 위치입니다. 프랑크 왕국이 처음 자리를 잡은 곳은 북프랑스 갈리아 지방인데요. 이곳은 다른 민족에 비해 근거리를 이동하여 정착한 지역이었습니다. 그래서 다른 게르만 족과 달리 이동으로 인한 민족적 손실이 적었지요. 또한 로마 문화유산이 풍부한 이 지역(로마의 카이사르는 이 지역을 정복하고 『갈리아 전기』를 남기기도 했습니다)의 특성으로 인해 로마 가톨릭(크리스트교)과 관계를 맺는 데 유리했습니다. 결국 이를 바탕으로 중세 유럽 형성의 중심 세력으로 발전할 수 있었던 것인데요. 특히 메로베우스 왕조(481~751)와 카롤루스 왕조(751~987)의 대표적인 인물들의 탁월한 정치와 로마 가톨릭과의 제휴로 서유럽에서 중심적 위치를 점유할 수 있었던 것입니다. 또한 이를 바탕으로 8~9세기에 전성기를 누리게 되었고요.

프랑크 왕국에서 꼭 알고 넘어가야 할 네 명의 지도자를 만나볼게요. 첫 번째 인물은 메로베우스 왕조의 클로비스(466~511)입니다. 클로비스는 메로베우스 왕조를 개창하면서 게르만 족으로서는 중대한 결단을 내려요. 바로 로마 가톨릭—특별히 크리스트교의 정통 교파인 아타나시우스파를 가리킨다—으로 개종[3]하여 교황과 손잡을 수

클로비스 1세

3　다른 게르만 족은 로마 가톨릭이 이단으로 선포한 아리우스파를 받아들였다. 아리우스파는 성부·성자·성령의 삼위일체설을 부인하고 인간으로서의 예수님을 강조하여 이단으로 간주되었다. 아타나시우스파의 삼위일체를 정통으로, 아리우스파를 이단으로 결정한 것은 콘스탄티누스 황제 시기 니케아(현재 터키의 이즈니크)에서 열렸던 '니케아 공의회(325)'에서 채택이 된 것이다. 이는 기독교 최초의 종교회의로 알려져 있다.

레미기우스에게 세례 받는 클로비스(상)
푸아티에 전투(하/좌) 카롤루스 마르텔 동상(하/우)

있는 조건을 마련한 거죠. 그리고 궁재[4]였던 카롤루스 마르텔(686~741)은 732년 투르-푸아티에 전투에서 이슬람 세력을 격퇴[5]하여 로마 가톨릭 세계를 수호함으로써 교황의 승인하에 왕조가 교체될 수 있는 기반을 마련하지요.

그 후 마르텔의 아들 피핀(714~768)이 카롤루스 왕조를 개창하면서 751년 라벤나 지방을 교황에게 기증하여 교황령[6]의 단초를 마련하는데요. 이로써 교회는 국가를 승인해주고 국가는 교황을 뒷받침해주면서 프랑크 왕국과 로마 교황이 한 발짝 더 가까워진 것입니다.

이후 등장한 피핀 왕의 아들 소(小) 피핀 카롤루스, 즉 카롤루스 대제(?740~814)는 정복 활동을 통해 서로마 제국 영토의 대부분을 회복했고요. 특히 로마 가톨릭 전파에 공헌하고, 궁정학교를 개설하며 고전의 연구 및 필사를 진흥시키는 등 카롤루스 르네상스로 이름 붙여질 문예부흥을 이루어냅니다. 결국 그는 로마 교황 레오 3세로부터 800년에 로마의 성 베드로 성당에서 열린 미사에서 서로마 황제로 임명받는 대관식을 올렸는데요. 이로써 서로마 제국은 부활되었고 로마 가톨릭과 프랑크 왕국의 제휴가 결실을 맺는 것입니다.

카롤루스 왕조를 개창한 피핀

---

4   궁재(宮宰, 라틴어로 maior domus라고 쓴다. '집안의 관리자'라는 뜻이다)는 중세 초기의 관직 이름으로 특히 7~8세기 프랑크 왕국의 재상(宰相)을 지칭한다. 최고 관리로서 실권을 장악했다.

5   투르-푸아티에 전투와 관련된 이슬람 왕조는 우마이야 왕조다. 이베리아 반도의 서고트 족을 무너뜨리고 북상하던 우마이야 군대는 카롤루스 마르텔을 맞아 피레네 산맥 이남에서 발이 묶이게 된다. 프랑크 왕국이 이슬람 군을 격퇴한 것은 역사적으로 또 다른 의의가 있다. 바로 승리의 일등공신인 기사들의 대두이다. 온몸을 철제 갑옷으로 두르고 철제 투구를 쓰고 말 위에서 긴 창을 들고 적진을 향해 돌격하는 그들은 투르-푸아티에 전투에서 승리를 이끈 주역이 되었다. 카롤루스 마르텔은 토지를 하사하면서 그대로 자신을 위해 일할 것을 요구하게 되는데, 이때부터 이미 봉건제의 향기가 솔솔 풍겨나기 시작한다.

6   교황의 땅이라는 뜻으로 현재 교황의 도시이자 국가인 바티칸 시국의 시초이다.

카롤루스의 대관식(좌) 파리 노트르담 근처에 있는 카롤루스 대제 동상(우)

이러한 카롤루스 왕조의 문화는 로마 문화와 크리스트교(로마 가톨릭), 게르만 문화를 융합한 서유럽의 중세 문화의 기틀을 마련한 것으로 평가됩니다. 카롤루스 대제는 카를 대제, 샤를마뉴, 샤를 등의 이름으로 현재 유럽 주요 국가의 역사에 등장하고, 유럽 12개국 역사학자들이 함께 쓴 『유럽 역사』 교과서의 표지 모델로 '유럽의 아버지'란 별칭도 가지고 있을 만큼 서유럽의 역사에서 중요한 역할을 했어요.

사실 서로마 제국을 멸망시킨 이민족이자 야만족으로 평가받았던 게르만족 출신의 왕이 서로마 황제로서의 대관식을 올렸다는 것은 아이러니할 수밖에 없는 일입니다. 그럼에도 불구하고 그것이 이루어졌다는 것은 그만큼 종교와 정치가 서로의 안정과 지위 유지를 위해 서로를 필요로 했으며 그러한 경향은 앞으로 서양 중세사에서 계속적으로 나타나는 특징이 된다는 것을 의미합니다. 한편 이러한 특징으로 인해 로마의 뒤를 이은 정치 권력(서로마 제국, 신성 로마 제국 등)과 로마 교황이라는 종교 권력이 각자의 이해관계에 따라 결탁하기도 하지만 대립도 하기 때문에, 서양 중세 내내 이들 사이의 제휴, 또는 충돌과 긴장이 계속되지요. 즉, 이것은 17세기 신성 로마 제국에서 '30년 전쟁'이라는 종교 전쟁으로 정치와 종교가 분리되는 시점까지 근 1,000년 이상 서유럽 세계를 규정하는 중요한 특징이 됩니다.

로마 교황은 자신을 보호해줄 군사적·정치적 세력으로서, 그리고 종교적 정통성을 가지고 있다고 간주되는 동로마 교회의 그늘에서 탈피하는 데 힘이 필요했어요. 당시 비잔티움 황제 레오 3세[7]의 성상 숭배 금지령(726)[8]에 반대하면서 비잔티움 제국과 갈등이 커진 상태에서 동로마 제국 대신 교회를 지켜줄 보호자가 필요했는데요. 8세기 폭풍처럼 몰아쳐오던 이슬람 세력을 방어하고 있었던 프랑크 왕국의 보호가 로마 교황 입장에서는 더욱 더 필요했던 것이죠. 반대로 프랑크 왕국은 로마 가톨릭으로 개종하고 교황령을 기증하며 크리스트교 전파에 공헌하는 것을 통해 정치 권력의 정당성을 로마 교황으로부터 인정받을 수 있었습니다. 이렇듯 서로의 필요가 충족되면서 프랑크 왕국으로 대표되는 서유럽이 탄생하게 되는 거예요.

프랑크 왕국의 발전

---

7   이 사람은 동로마 황제이고, 카롤루스 대제에게 대관식을 수여한 사람은 로마 교황 레오 3세이다.

8   게르만 족에게 크리스트교를 전파하기 위해 눈에 보이는 성스러운 상을 만들어 숭배하는 것을 허락한 로마 가톨릭의 정책에 반대한 레오 3세의 명령이다.

프랑크 왕국의 영토 변천을 왼쪽의 지도로 보면 프랑크 왕국의 영토 변천사를 한눈에 알 수 있을 거예요. 그리고 '카롤루스 대제의 세력 범위'를 한번 따라 그려보세요. 그가 '유럽의 아버지'라 불리는 것이 이해되지요?

카롤루스에게 도움을 요청하는 교황 아드리안1세

봉건제도_이민족이 지나간 자리에 만들어지다

서유럽을 서로마 제국의 부활이라는 이름으로 통합한 프랑크 왕국은 '카롤루스 제국' 시기의 번영기를 거치면서 로마의 고전문화를 부흥시켰습니다. 특히 수도 아헨은 번영을 이룩했던 대도시로서, 당시 이슬람 아바스 왕조의 수도였던 바그다드(8세기 당시의 바그다드를 이미 여행했죠?)와 교류하여 서유럽에서 아시아에 이르는 상업망을 형성할 정도였어요.

이러한 프랑크 왕국이 현재의 유럽 국가들의 다양한 모습으로 분화되는 것은 프랑크인의 오랜 관습인 분할 상속제로 인한 카롤루스 대제 손자들 간의 분쟁 때문입니다. 이 분쟁의 결과로 프랑크 왕국은 843년 베르됭 조약을 통해 동·중·서 프랑크로 분열되었다가 870년 메르센 조약으로 중 프랑크 왕국이 다시 분열되면서 오늘날의 독일(동 프랑크), 이탈리아(중 프랑크), 프랑스(서 프랑크)로 분열됩니다. 그중 동 프랑크를 다스리던 오토 1세에게 962년 교황이 황제의 관을 씌워줌으로써 동 프랑크는 신성 로마 제국이라는 지위를 받게 되고, 이는 1806년 나폴레옹에 의해 해체될 때까지 여러 왕국 위에서 권위를 누리게 된답니다.

메르센 조약(좌) **바이킹이 사용하던 배**(노르웨이 고크스타드 발굴)(우)

프랑크 왕국의 분열과 함께 9~10세기에 걸쳐 전 유럽에 노르만 족, 마자르 족, 이슬람 세력 등의 침입이 이어졌습니다. 이들의 침입으로 인해 게르만 족이 세웠던 국가들에 더하여 다양한 국가들이 세워졌지요. 일례로 프랑스에 노르망디 공국이 건설되고, 영국에서 노르만 왕조가 시작되며, 지중해에 나폴리 왕국, 러시아에 노브고로트 공국과 키예프 공국이 건설되고, 원주지 노르만에는 노르웨이, 스웨덴, 덴마크가 건설되었답니다.

갑자기 많은 나라들이 등장해 당황하셨지요? 다 알아야 하는 건 아니고, 이민족의 침입이 있게 되면서 이를 막고 자신의 안전을 보장하기 위해 서유럽에 중세를 결정짓는 독특한 제도가 만들어졌다는 것만 이해하면서 봉건제도의 특징을 성립 배경과 함께 알아두면 된답니다. 특히 춥고 메마른 스칸디나비아 지방에서 따뜻하고 비옥한 땅을 찾아 유럽 각지로 진출했던 노르만 족, 이들 무장한 노르만인 '바이킹'은 노르웨이에서 아이슬란드까지 불과 9일 만에 항해할 수 있을 정도로 항해술이 뛰어난 민족이었습니다. 이들은 이 항해 기술로 북해와 대서양 여러 하천들을 왕래하면서 교역·이주·약탈로 세력권을 확대했던 것인데요. 즉, 프랑크 왕국의 분열로 인한 혼란과 이민족들의 무자비한 침입, 약탈로부터 자신들을 방어하기 위해 서유럽 내에 만들어진 '군사적 보호와 충성'이 바로 중세 서유럽 봉건 사회의 큰 특징이라는 것, 그게 중요하답니다.

중세 서유럽의 공통분모_이것이 봉건제도다!

이제 중세 서유럽의 봉건제도를 살펴봅시다. 봉건제도는 로마 가톨릭과 함께 중세를 이루는 중요한 기둥으로, 중세 서유럽의 정치·경제·군사적 토대입니다. 이렇게 중요한 봉건제도가 어떤 과정을 통해 성립하는지 순서대로 정리해 볼까요?

첫째! 로마 제국이 멸망한 이후 지방의 영주들은 전투를 담당하는 기사들을 거느리고 스스로 무장을 갖추는 한편, 각지에 성을 쌓아 외적의 침입에 대비했습니다. 그래서 지역마다 독자적인 세력이 등장했지요.

둘째! 국가로부터 안전을 보장받지 못한 주민들은 가까운 영주에게 땅을 맡기고 보호를 받거나 영주의 강제적 지배를 받아야만 했습니다.

셋째! 8세기 중반 프랑크 왕국은 이슬람(우마이야 왕조)의 공격을 받았으나 이를 막을 군사력이 부족했습니다. 이에 당시 재상 카롤루스 마르텔은 토지를 하사할 것을 약속하고 전국에서 기사를 무집하여 투르-푸아티에 전투를 승리로 이끌었지요. 이후 프랑크 왕국은 군사력을 갖춘 제후 영주·기사들과 주종관계를 맺었으며 이는 제후와 영주, 영주와 기사 사이에도 맺어져 피라미드식 계층 조직이 형성되었답니다.

넷째! 프랑크 왕국이 분열되고 이민족의 침략이 거듭되자 이 같은 경향은 더욱 강화되어, 국왕이 존재한다 해도 형식적일 뿐이었고 유럽은 사실상 봉건 제후들이 다스리는 수많은 작은 나라들로 나누어졌습니다.

성립의 배경은 다시 한 번 말씀드리지만, 9세기의 프랑크 왕국의 분열과 11세기까지의 노르만, 마자르 족과 같은 이민족의 침입입니다. 이러한 혼란 상태에서 생명의 보호와 재산 유지의 필요성이 대두되자 유력자를 중심으로 사람들이 모이게 되면서 봉건제도가 시작되는 것이지요.

봉건제도의 기원은 개인의 보호관계를 특징으로 하는 게르만적 전통인 종사제도, 토지를 불완전하게 소유하던 로마적 풍습인 은대지제도, 토지에 속박된 예속적 소작농인 로마의 유산인 콜로누스에서 찾을 수 있답니다. 이런 제도에 기원을 둔 봉건제도는 군사적으로는 봉토를 매개로 성립된 전사의 주종관계로 표현되고, 경제적으로는 농노제에 의해 경영되는 장원제도이며, 정치적으로는 불입권에 입각한 지방 분권 체제로 나타낼 수 있답니다. 이 제도들에 대해 차근차근 알아볼게요. 아래의 그림을 잘 보세요!

이 그림은 당시 봉건제도에 입각한 신분제도를 한눈에 볼 수 있도록 구성한 것입니다. 왕을 정점으로 제후와 기사들은 주종관계로 맺어져 있고, 이들 지배층 전체[9]와 피지배층 농노는 지배 예속 관계로 맺어져 있는데, 이것은 장

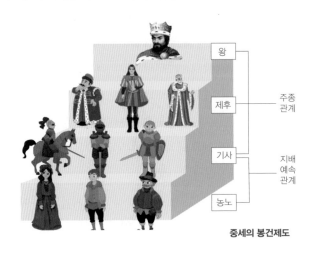

중세의 봉건제도

---

9   왕, 제후, 기사, 교황, 수도원장.

원이라고 하는 영토 안에서 나타나는 관계입니다. 이러한 각각의 장원은 국왕으로부터 독립적이며 자신들만의 독자적 영역이기 때문이 이를 정치적으로 지방 분권 체제라 부르는 것입니다. 아래에서 위까지 피라미드 모양으로 되어 있어 중세 신분제도를 피라미드식 신분제도라 부르는 것이고요.

그림을 이해했으니 이번엔 내용을 볼까요?

먼저, 봉건제도를 군사적 의미로 나타내는 '주종관계'는 지배층 내부의 충성과 보호의 관계(피지배층인 농노들은 상관없는 관계)라 볼 수 있답니다. 즉, 한쪽은 주인인 '주군', 한쪽은 모시는 '봉신'이 되는 것인데, 주군과 봉신 간에 봉토[10]를 매개로 한 쌍무적 계약 관계(양쪽 다 의무가 있는 계약 관계)였기 때문에, 한쪽이 의무를 불이행할 때에는 관계를 끊는 것이 가능했습니다. 예를 들어, 주군은 봉토를 수여하고 봉신을 보호·부양해야 할 의무를 가지고 있었고, 봉신은 주군에게 충성의 맹세, 군역 봉사,[11] 주군에 대한 경제적 조력의 의무[12]가 있었던 것이지요.

이러한 주종제도는 중국 주나라의 봉건제도와 달리 혈연과는 관계가 없고,[13] 철저한 쌍무적 계약 관계로 왼쪽 그림과 같이 피라미드식의 계서(계단식 서열) 조직을 가진 엄격한 신분 사회 모습을 보여주고 있답니다. 또한 이들 각각의 주군과 봉신은 지배층으로서 자기 영토 내의 영주가 되어 불입권(간섭받지 않을 권리)을 인정받으며 권력을 누렸기 때문에 당시의 정치 체제는 지방으로 권력이 분산되는 지방 분권 체제가 형성되었던 것이죠. 그리고 이들은 침입을 방어하며 결성된 조직인 만큼 문관적인 특징이 아닌 무관적인 특징을

---

10   하사한 혹은 하사 받은 토지.

11   전쟁에 필요할 때 호출하면 나가서 봉사함.

12   주군이 포로로 잡히면 몸값을 대거나, 주군의 자녀가 결혼할 때 경제적으로 도와주거나 하는 의무.

13   주나라의 봉건제도는 혈연에 기반을 둔 종법적 봉건제도이다.

삼총사 삽화(좌) 아서왕과 란셀롯 경의 모습을 그린 스테인드 글래스(윌리엄 모리스 作)(우)

지녀, '기사'라는 이름으로 불렸어요. 아마 여러분 중 많은 분들이 읽었을 『아서 왕과 원탁의 기사』, 『삼총사』 등 기사와 관련된 소설 속에서 그 당시 이들 지배층의 생각이나 생활 모습, 사고방식들을 확인할 수 있을 거예요. 지금 우리나라의 '의리'의 차원은 당시 '기사'들의 주군에 대한 그것과는 어떤 의미에서는 상대가 안 된답니다.

다음, 봉건제도를 경제적인 면에서 정의내릴 수 있는 '장원제도'는 지배층과 피지배층 사이의 관계를 나타내는 것인데요. 이 제도는 지배층이 토지를 소유한 장원의 영주[14]로서 생산자인 농노를 지배하고 예속하는 것입니다. 장원이란 영주가 농민을 지배하는 자급자족적 경제 단위[15]로 전통의 힘과 규제가 강한 촌락 공동체 사회이고요. 대체로 영주 직영지, 농민 보유지, 공동 삼림, 목초지로 구성되어 있지요. 농노들은 자신들의 토지를 경작하면서도 영주에게 세금을 내야 했고, 영주의 토지를 경작해야 할 의무도 있었답니다. 토지는 세 종류로 나누어 경작했는데요, 이를 '삼포제'라 합니다. 하나는 봄에 경작

14　여기서의 영주는 국왕·제후·교황·수도원장 등 다양한 지배 계층 전체이다.
15　필요한 것을 자기가 생산하여 충당하는 경제 단위이다.

하는 춘경지(春耕地), 하나는 가을에 경작하는 추경지(秋耕地), 그리고 하나는 그 해를 쉬게 해서 땅의 힘을 회복하게 하는 휴경지(休耕地)입니다. 왜 그렇게 복잡하게 살았냐고요? 그야 이 당시에는 지금처럼 좋은 비료를 이용해서 땅의 힘을 높여 생산을 많이 할 수 없었으니까요.

'농노'는 실제로 장원에서 생산을 담당하고 있는 사람들로 장원에 사는 농민의 대부분을 가리키는 말인데요. 농민과 노예의 중간적 성격을 가지고 있어서 이와 같이 부르는 것입니다. 왜 그러냐고요? 신분적으로는 노예처럼 속박된 부자유민이거든요. 부역, 공납의 의무, 인두세, 사망세, 결혼세,[16] 영주 시설 사용료 등을 납부해야 하는 의무가 있었어요. 게다가 경제 외적 강제(경제적인 면 아닌 다른 면에서의 강제)로 거주 이전, 직업 선택의 자유가 제한[17]되었으며, 영주 법정이나 영주의 방앗간 같은 독점적 시설을 의무적으로 사용하고 사용료를 내야 했죠. 물론 이들에겐 노예와는 구별되는 자유민적 요소, 즉 농민과 같은 모양도 있었는데요. 독립된 가정을 형성[18]할 수 있었고, 가옥과 가축, 토지의 상속권이 보장되며(자식에게 물려줄 수 있다는 것이죠), 촌락 공동체 관습에 의해 보호되기도 해서 아무리 영주라도 침범할 수 없는 것들이 있었답니다.

어떠세요? 장원의 중요한 구성원 농노에 대해 감이 조금 오나요? 다음은 중세 농노의 하루 일기를 가상으로 적은 글과 당시를 상상하여 그린 그림입니다. 농노의 특징을 이해하는 데 도움이 될 거예요.

---

16 특히 초야권이라 하여 결혼 첫날밤 영주가 신부를 취하는 권리를 가지고 있었다.

17 이 영주가 맘에 안 든다고 다른 영주의 장원으로 이사 갈 수 없었다는 뜻이다. 또 직업도 이 직업 벌이가 안 좋다고 다른 직업으로 바꿀 수 없었다는 뜻이다.

18 결혼하고 아이도 낳아 가정을 이룰 수 있었다는 뜻. 노예라면 할 수 없었던 일들이다.

○월 ○일 날씨: 맑음

아침 일찍 우리 집 소를 끌고 영주님의 밭에 일하러 나갔다. 이번 주만 3일째 영주님의 밭에서 일을 하고 있는 중이다. 아내도 매우 바빴다. 우리 밭에서 일하고 난 뒤 집으로 돌아와 저녁을 짓고, 아이들을 돌보았다. 내일은 영주님께 닭과 달걀을 바치고, 제빵소 이용료도 내야 한다. 아, 그러고 보니 내일은 다른 마을로 도망갔다가 잡혀온 △△가 영주님께 재판을 받는 날이구나. 걱정이 된다.

어느 농노의 하루

부역의 의무를 지고 있었던 농노들은 일주일 중 3일은 영주를 위해 일해야 했습니다. 방앗간 등의 영주 시설을 강제적으로 이용하면서 그 대가를 지불해야 했고요. 주일(일요일)에는 지금의 성당과 같은 교회에 가서 예배(현재의 미사)를 드렸습니다.

지금까지 우리는 서로마 제국이 멸망한 자리에 그 영광을 이은 프랑크 왕국의 성립과 이후 프랑크 왕국의 분열과 이민족의 침입으로 인해 형성된 봉건제도, 그로 인해 만들어진 중세 서유럽 사람들의 생활 모습을 만나보았습니다. 그렇다면 우리는 서유럽의 이 역사적 장면에서 무엇을 배워야 할까요? 오늘 여행한 이 부분은 어쩌면, 중국과 영토 면에서는 여러모로 비슷한 모양을 가지고 있는 유럽이 중국과는 완전히 다른 역사적 모습을 탄생시키는 결정적 순간이라 말할 수 있을지 모릅니다. 왜냐하면 중국에서는 분열도 하나의 단일 왕조로의 통일을 전제로 하는 것일 만큼 '통일성'을 중시하는 데 비해 유럽은 다양한 국가, 더 나아가 국가를 구성하는 장원의 영주들조차 분권적이고 다양한 모습을 가지고 국가를 구성하고 있기 때문입니다.

우리가 이 부분을 자세히 여행한 목적은 이러한 역사적 분기점으로 말미암아 유럽 구석구석이 참으로 다양한 모습을 띠게 되었고, 이로써 세계사를 더욱 풍요롭게 발전시킬 수 있는 기본이 되었음을 이해하기 위해서랍니다. 또한 이로 인해 유럽이 서로 경쟁에 돌입할 수 있게 되어 현대에 올 때까지 세계사에서 다른 지역보다 앞서 나갈 수 있는 기틀을 이룰 수 있었다는 것을 알기 위해서죠. 우리는 국가의 발전을 통일성을 유지함으로써만 이룰 수 있다고 생각하는데요. 유럽을 살펴보았을 때 유럽이 현재 통합이라는 거대 목표를 향해 달려가는 데에는 이미 각자의 역량이 매우 커졌다는 사실이 전제가 되었음을 알 수 있어요. 이를 통해 국가적 발전에서는 '통일'도 중요하지만 때로는 나누어져 서로 경쟁하는 것이 전체 발전에 도움이 될 수도 있다는 것을, 그래서 발전을 위한 분리도 가능할 수 있다는 점을 인식하셨으면 좋겠어요.

다음 시간에는 어디로 여행을 떠나는지 아세요? 예, 그렇습니다. 유럽이 본격적으로 중세로 접어들면서 '신앙의 시대'로 돌입하게 되는데요. 현재로서는 상상할 수 없는 일들이 벌어지니 바로 '십자군 전쟁'이 대표적인 사건입니다. '십자군 전쟁'은 단지 크리스트교도들과 이슬람교도들이 예루살렘을 둘러싸고 벌인 한 판의 전투라고만 단정 지을 수 없는 사건이에요. 왜냐하면 전쟁이 시작될 수 있었던 배경과 전쟁의 과정 중에 나타난 당시 사회의 특징과 모순들, 그리고 그 전쟁의 영향이 가진 유럽 역사 내에서의 엄청난 의의 때문이죠. 종교적 전쟁이라 하여 가볍게 넘어 가기엔 그 전쟁이 내포하고 있는 시대적 의미가 너무 크다는 뜻이랍니다. 잠시 쉬면서 다음 여행을 위해 에너지를 충전해볼까요?

동시대 지구촌 넘나들기

기원후 4세기~기원후 11세기

한반도에서는 기원후 4세기경에 백제가 근초고왕 시기 최고의 전성기를 맞이하여, 요서·산동·일본에까지 세력을 떨치고 있습니다. 5세기는 고구려의 전성기이죠. 광개토대왕은 북쪽으로 영토를 확장했고, 장수왕은 남진 정책을 실시하여 충청도까지 세력을 확대합니다. 이에 신라와 백제는 나제동맹(433~553)을 체결하기도 했지요. 또한 고구려는 중국의 남북조와 외교 관계를 맺어 동아시아의 강대국으로서의 지위를 누리고 있습니다. 6세기 신라가 법흥왕부터 시작하여 진흥왕을 정점으로 하는 전성기를 맞이하여 7세기에 드디어 삼국을 통일하게 됩니다. 8세기에는 통일한 신라인 남국의 전성기로 석굴암, 불국사 등이 만들어지는 시기(석굴암을 만들기 시작한 해가 언제인지 아세요? 751년이에요. 이 해에 어떤 일이 있었는지 기억하시나요? 맞습니다. 당과 아바스 왕조 사이에 탈라스 전투가 벌어졌지요)이고요. 9세기는 발해인 북국의 전성기로 '해동성국'으로 불리는 때입니다. 10세기 고려가 건국(918)되고 후삼국을 통일(936) 했고요. 11세기 거란족의 침입을 물리치며 문벌귀족의 시대로 넘어가고 있는 시기입니다.

중국에서는 기원후 4세기에 남북조 시대가 시작(313)되고 있습니다. 송·제·양·진으로 이어지는 한족의 국가(남조)들과 이민족의 5호16국 시대(북조)로 불리는 시대를 통과하여 6세기 수가 통일(589)하지요. 수는 문제, 양제를 지나가며 대운하 건설, 고구려 원정 실패 등의 실정을 하다 30여 년 만에 멸망하게 됩니다. 이후 그 뒤를 이은 당이 7세기부터 중국을 통치(618) 하게 되는데, 고구려에게는 패하고 결국 신라와 손을 잡아 통일을 돕게 되지요. 그 어느 왕조 때보다 동서 문물 교류가 활발히 이루어져 귀족적이고 국제적인 문화가 발달했는데, 751년 탈라스 전투에서 이슬람(아바스 왕조)에게 패배하면서 비단길을 상실했고요. 절도사들이었던 안사의 난으로 국가가 흔들거리며 결국 10세기에 멸망(907)하면서 5대10국 시대로 접어들게 됩니다. 50여 년의 5대10국의 혼란기를 지나 960년 송이 건국되니 10~11세기는 송 왕조가 발전하는 세기죠(한국사 동·서양사를 한눈에 보실 때 8세기는 신라와 당, 프랑크 왕국이 같이 가고요, 10세기는 고려와 송, 노르만 족의 이동이 같이 간다는 것을 기억해놓으면 이해하기 수월할 거예요).

서아시아에서는 기원후 226년에 세워졌던 사산 왕조 페르시아가 7세기까지 동서 교통로를 장악하며 발전하고 있습니다. 이들과 비잔티움 제국의 대립으로 말미암아 발달하게 되는 아라비아 사막의 메카를 중심으로 무함마드가 이슬람교를 창시(610)하게 되면서 서아시아의 역사가 바뀌게 되지요. 7세기 정통 칼리프 시대(632~661)의 이슬람은 비잔티움 제국을 공격했고 사산 왕조 페르시아를 멸망시킵니다. 그 뒤를 잇는 우마이야 왕조(661~750)는 서북 인도와 중앙아시아에 진출했고 이베리아 반도의 서고트 왕국을 멸망시켰으나 투르-푸아티에 전투에서 패해 더 이상 유럽으로의 북진에는 실패하죠. 동으로는 중국의 당 왕조와 국경선을 접하게 되었고요. 750년에 세워져 13세기까지 왕조를 이어간 아바스 왕조는 '동 칼리프'라 불리는데, 당과 탈라스 전투(751)를 벌여 승리하면서 당의 제지술을 전수 받고 중앙아시아의 이슬람화를 촉진시킵니다. 756년에 의해 세워진 후(後) 우마이야 왕조는 '서 칼리프'로 11세기까지 이베리아 반도를 지배하고 있었답니다.

티타임 토크

당시 서유럽의 대표적 국가들은 어떤 모습이었을까요?

지금의 프랑스인 서 프랑크에서는 10세기 말 카페 왕조가 시작되었지요. 카롤루스 왕조가 단절되면서 당시 공작이었던 위그 카페로부터 시작되었는데요. 14세기 발루아 왕조로 계승될 때까지 계속되었던 카페 왕조는 유럽 내에서도 최대 규모의 가문으로 여겨지는 왕조입니다. 그러나 이 당시 왕권이 약하여 지방 제후들이 국왕의 영지보다 더 큰 영지를 보유하기도 했답니다. 예를 들면 노르만 족의 침입 이후 프랑스 내에 만들어진 노르망디 공국과 같은 곳이 그렇죠. 카페 왕조의 문장은 푸른 바탕에 노란 백합이었는데요, 특히 이 백합 문양은 혁명 이전까지 프랑스의 국기로 쓰였답니다.

카페 왕조 문장

동 프랑크는 현재의 독일입니다. 오토 1세가 마자르 족, 슬라브 족을 정벌하고 이탈리아 내란을 진압해서 962년 교황으로부터 신성 로마 제국 황제의 대관을 받게 됩니다. 이후 로마 제국의 후계자로서 나폴레옹에 의해 해체(1806)될 때까지 서로마를 이은 정통의 왕조로서 스스로 위용을 과시했지요. 그러나 제후(영주)의 선거로 황제를 선출하고 황제는 이탈리아에 관심을 쏟으면서 본국에서의 왕권은 약화되고 제후들의 세력이 강해지는 국가가 됩니다.

이탈리아는 카롤루스 왕조가 단절된 후 제후와 도시가 독립했는데, 이슬람, 노르만의 침입과 신성 로마 제국의 간섭으로 정치 혼란이 계속되면서 분열 상태가 지속되었답니다.

본래 앵글로 색슨 족의 국가였던 영국은 11세기 노르만 족의 침입을 받아 정복왕 윌리엄(윌리엄 1세)에 의해 노르만 왕조(1066~1154)가 세워지는데요. 이후 강력한 왕권을 바탕으로 하는 중앙 집권과 지방 분권이 결합된 독특한 통치체제가 나타나면서 대륙의 유럽과는 조금 다른 방향으로의 역사 발전이 이루어지게 됩니다.

헤이스팅스 전투 이 전투에서 승리한 윌리엄은 노르만 왕조를 열었다.(상)
정복왕 윌리엄 참회왕, 사자왕처럼 '정복왕'은 윌리엄 1세의 별명이다.(하/좌)
샤를 마뉴의 초상(알프레드 뒤러 作)(하/우)

십자군 전쟁_
그 창검의 끝이 자신들을 겨누다

지난 여행에서 우리는 서로마가 멸망한 자리에 그들을 대신하여 서로마로서 인정받은 프랑크 왕국의 성립과 분열, 중세의 봉건제도, 그리고 당시 사람들의 생활을 살펴보았습니다. 많이 힘들었지만 왠지 유럽 통합의 기원을 보는 것 같아서 뿌듯했지요? 오늘은 본격적인 중세의 모습을 살펴보러 여행을 떠날 거예요. 이 시대는 '신앙의 시대'라는 별칭이 붙어 있을 만큼 정치·경제·사회·문화 모든 면이 종교와 분리될 수 없는 시기랍니다. 우리는 먼저 이 시대의 대표적인 사건과 특징을 살펴볼 거예요. 그다음 중세에 대해, 그리고 거기서부터 발생된 문제들과 해결 방법에 대해 고민해볼 계획입니다.

현대 종교에서 이스라엘과 관련이 있으면서 전 세계인에게 영향을 미치고 있는 종교는 세 가지입니다. 로마 가톨릭교와 개신교(기독교)를 통칭하는 크리스트교, 이슬람교, 유대교인데요. 구약성경만 볼 때 이들의 원뿌리는 같다고 볼 수 있답니다. 그러나 이들 간의 반목과 대립은 현대 세계사에서도 너무나 풀기 힘든 과제인데요. 이들이 대립한 역사는 상당히 오래되었지만, 역사적으로 보았을 때 그 단초는 이번 여행의 주제인 '십자군 전쟁'과 관련이 있답니다.

십자군 전쟁의 발생 원인은 용어에서 알 수 있는 것처럼 표면적으로 종교적입니다. 즉 크리스트교, 이슬람교, 유대교에서 현재 모두 성지로 숭상하고 있는 예루살렘을 1096년 당시 이슬람 국가였던 셀주크 튀르크가 점령했고, 이를 발판 삼아 동로마(비잔티움) 제국을 압박합니다. 이에 비잔티움 제국으로부터 구원 요청을 받은 당시 한창 잘나가던 서유럽의 교황이 성지 회복을 외치며 전쟁을 선포했고, 종교적 열정으로 가득 차 있었던 서유럽의 국왕, 기사 및 상인, 농노 등 봉건제도의 구성원들이 이 전쟁에 참여하게 되었던 것이지요.

그러나 십자군 전쟁은 여러 차례 진행되는 중에 계속 변질되었으며 예루살렘을 정복했을 때뿐 아니라 많은 전투에서 너무나 큰 약탈과 살육을 저질러 이슬람인과 유대인들에게 씻지 못할 상처를 남기게 되었습니다. 그러다 전쟁이 별 소득 없이 끝나면서 전쟁을 외쳤던 교황의 권위가 실추되었고, 사회·경제·문화적으로 중세 서유럽 자체가 흔들리며 새로운 세계로 나아가는 발판이 되는 계기를 가져온 것이죠. 결국 십자군 전쟁은 서유럽의 크리스트교인들이 이교도들을 향하여 창검을 겨누었지만 그 끝이 자신에게 향하고 있음을 모르면서 나갔던 사건이라고 할 수 있습니다.

이에 오늘 여행에서는 세 종교의 성지인 예루살렘이 있는 이스라엘이 복된 땅이면서도 어찌하여 현재 그토록 전쟁의 위협이 끊이지 않는 곳이 되었는지, 그 문제를 어떻게 풀어나가야 올바른 것인지 11세기 십자군 전쟁에서 실마리를 찾아보고자 합니다. 이를 위해 먼저 십자군 전쟁이 일어날 수 있었던 서양 중세 교회의 실정 모습, 교황권과 황제권 사이의 관계를 살펴볼 것입니다. 그 후에 십자군 전쟁을 배경과 원인, 경과, 성격, 의의 및 결과로 나누어 정리해보면서 종교라는 이름으로 행해지고 있는 전쟁이 과연 어떤 의미가 있는지, 순수한 의도에서의 종교적 전쟁은 과연 있을 수 있는지 고민해보면 좋겠습니다. 자, 오늘도 힘차게 출발해볼까요?

신앙의 시대_봉건제도 위에 크리스트교가 승리하다

중세 유럽 사회의 2대 지주는 봉건제도와 크리스트교입니다. 봉건제도가 정치·사회·경제·군사적인 면을 지배했다면, 크리스트교는 당시 중세 사람들의 정신세계를 지배하고 일상생활을 규제했지요. 물론 당시 사람들이 "우리는 크리스트교(로마 가톨릭)에 의해 우리 정신을 지배당하고 있어"라고 생각하면서 살지는 않았을 것입니다. 현재 우리 생활 많은 부분을 대기업이 생산하는 휴대폰이나 컴퓨터에 의존하고 있지만 '그저 이용하는 것'이라 생각하는 것처럼요. 마찬가지로 당시 사람들도 크리스트교가 정신적 지주라고 이야기하지는 않았습니다. 하지만 크리스트교를 제외하면 그 어떤 삶도 이루어질 수 없었어요.

중세 사람들의 정신세계를 지배하고 있던 크리스트교는 이미 살펴보았던 대로 로마 시대에 성립되었어요. 밀라노 칙령(313)으로 공인된 뒤 로마의 국교로 채택(392)되었고 로마, 콘스탄티노폴리스, 안티오키아, 알렉산드리아, 예루살렘 등 5개 교구가 형성되었습니다. 그중 로마 가톨릭 교회는 서로마 제국이 멸망한 후 동로마 제국의 지배를 받았는데, 이들은 비잔티움 제국의 황제 레오 3세가 성상 숭배 금지령(726)을 내린 것을 계기로 분열되기 시작해 결국 로마 가톨릭과 그리스 정교로 분리(1054)됩니다. '성상 숭배 금지령'이란 말 그대로 서로마에서 이민족을 개종시키기 위해 성모 마리아, 순교자들의 '성상' 등을 숭배한 것을 동로마에서는 '우상'으로 간주하고 그것들에 대한 숭배를 금지한 명령입니다. 이 명령에 반발하면서 로마 가톨릭에서는 자신들의 세력 안정을 위해 프랑크 왕국 및 신성 로마 제국과 손을 잡으며 동로마의 그리스 정교에 대항할 만한 세력을 키워나갔던 거죠.

이러한 서로마 교회는 정신적 지배자로서의 권위를 확립하고 기증과 개간을 통해 토지 소유를 확대하면서, 봉건 제후와 함께 중세 사회의 권력층으로 대두했습니다. 교황을 정점으로 대주교, 주교, 수도원장, 일반 교구 성직자들에 이르는 계층 조직인 계서제(계단식 서열제)가 만들어졌고, 모든 세속적인 부분까지 감독할 수 있게 되었지요. 이처럼 권력과 부(富)가 늘어나면서 성직 매매를 비롯한 부패와 타락 현상까지 나타나 교회의 세속화 현상은 매우 심각해졌습니다. 10세기 초 클뤼니 수도원을 중심으로 전개된 수도원 운동은 이런 배경에서 일어났어요.

클뤼니 수도원 전경

이처럼 교회가 세속에까지 영향력을 끼치면서 나타난 현상이 바로 교황권과 정치권의 세력 다툼입니다. 즉, 서로 안정을 추구할 때에는 국왕과 교황이 서로를 인정하고 돕고자 했으나 이제 어느 정도 위협이 사라지고 안정되자 권력 다툼에서 우위에 서려는 싸움이 벌어지게 된 거예요. 교황권과 세속권의 대립에서 눈여겨보아야 할 점은 11세기부터 벌어지는 일련의 사건들입니다. 서임권(성직자 임명권)을 둘러싸고 일어난 사건이 그 시작인데요. 교황 그레고리우스 7세가 1073년 성직자 임명을 선포하자 신성 로마 제국의 황제 하인리히 4세는 이를 거부합니다. 이에 교황이 황제를 가톨릭 세계의 보호로부터 추방하는 파문을 결단하지요. 하인리히 4세는 결국 카노사에서 맨발로 3일 밤낮을 빌면서 교황에게 사죄했어요. 이를 "카노사에서 빌던 하인리히 4세의 굴욕이다"라 하여 '카노사의 굴욕'(1077)이라 명명하게 되었습니다. 카노사의 굴욕 사건은 교황권과 황제권의

카노사의 굴욕 추운 겨울날 거친 옷 한 장에 맨발로 카노사의 성문 밖에서
3일 동안 기다린 하인리히 4세와 성 안의 그레고리우스 7세의 모습이다.(좌)
간청하는 하인리히 카노사의 성주 마틸데 백작 부인과 후고 수도원장에게 그레고
리우스 7세를 만나게 해달라고 무릎 꿇고 비는 하인리히 4세의 모습을 묘사했다.(우)

대립에서 교황권의 우위를 보여주었던 대표적인 사건이라고 할 수 있지요. 이렇듯 11세기 교황권은 황제권에 비해 우위를 점하고 있었습니다. 물론 그 뒤 하인리히가 로마로 쳐들어와 교황을 쫓아내면서 두 세력 간의 다툼은 계속되지요. 이후 1122년 '보름스 협약'을 통해 교황과 황제 간의 서임권 타협안이 체결됩니다. 여기서 "독일 이외 지역의 서임권은 교황이 가지되 주교는 국왕의 봉신이 되어야 한다"고 결정을 내리고 문제를 마무리 지어요. 그러나 한 번 터지기 시작한 교황권과 황제권의 대립은 두 세력이 완전히 갈라지고 한쪽이 온전하게 우위를 점하게 될 때까지 불씨를 안고 가게 됩니다.

이후 11세기부터 13세기까지 교황권이 전성기를 누리게 되는데요. 이 시기 최고의 전성기를 구가한 대표적 교황은 인노켄티우스 3세(1161~1216) 입니다. 그는 "교황은 태양, 황제는 달" 이라 칭하며 독일의 오토 4세를 폐위 시키는가 하면, 영국의 존 왕과 프랑스의 필리프 2세를 파문하기도 했지요. 이러한 상황 속에서 가능했던 역사적 사건이 바로 십자군 전쟁입니다. 인노켄티우스 3세 교황은 4차 십자군을 주도하며 맹위를 떨쳤던 교황이기도 해요.

인노켄티우스 3세

십자군 전쟁_그 화려한 시작과 참혹한 끝, 그리고…

이제 아이러니한 이야기를 좀 다루어볼게요. 조금 전에 "십자군 전쟁은 교황권 전성기의 산물"이라고 했잖아요? 그런데 이와 동시에 십자군 전쟁은 이슬람인·유대인·기독교인이 반목하게 된 결정적인 계기 중 하나이기도 합니다.

그 이유가 무엇인지 알아보기 위해 우리는 십자군 전쟁이 일어난 전체적인 배경과 발생의 직접적 원인, 과정, 그리고 전쟁의 결과를 하나하나 살펴볼 텐데요. 상당히 중요한 장면들이 많이 나오니까 천천히 탐색해봅시다.

먼저 십자군 전쟁의 배경을 짚어볼게요. 십자군 전쟁(1096~1272)은 얼핏 명칭만 볼 때 종교 전쟁처럼 여겨집니다. 하지만 배후를 잘 들여다보면 11세기 이후 서유럽 사회의 안정과 경제 발달이 큰 몫을 차지한다는 걸 알 수 있어요. 당시 서유럽 사회는 봉건제도와 크리스트교 중심의 사회 질서가 확립되면서 정치 사회가 안정되어 있었고, 특히 농업 생산력이 크게 늘어나고 상업이 발달하면서 인구가 증가하여 도시가 형성되는 중이었습니다. 이에 서유럽 사람들은 세력을 확대하고자 여러 운동을 벌이게 되지요. 독일인들의 엘베 강 동쪽 슬라브 족 거주지에 대한 식민 운동, 이베리아 반도의 재정복 운동과 같은 사건들이 그 예입니다. 이베리아 반도는 지금의 포르투갈과 스페인이 있는 반도인데요. 이곳은 711년 이슬람의 우마이야 왕조에게 빼앗긴 이래로 이슬람 세력권이었던 곳입니다. 11세기 이후부터 이 지역의 재정복 운동이 시작되었고, 결국 1469년 크리스트교 국가로 수복되지요.

이러한 분위기 속에서 비잔티움(동로마) 제국이 도움을 요청하자 십자군 전쟁이 발발하게 됩니다. 셀주크 튀르크가 예루살렘을 점령하고 비잔티움 제국을 위협하자 비잔티움 황제가 교황 우르바누스 2세에게 구원을 요청한 거예요. 이에 따라 클레르몽 종교회의(1095)에서 성전(성스러운 전쟁)을 일으키기로 결정하고요. 동서 교회를 하나로 통합시키고자 하는 의도에서 교황이 의욕적으로 추진했던 성전이 세속적으로는 국왕과 제후들의 영토 팽창 욕구, 그리고 동방으로의 진출 의욕과 맞아 떨어져 시작된 것입니다.

다음은 우르바누스 2세가 클레르몽 종교회의에서 했던 연설인데요. 어떤 의도에서 전쟁이 시작되었는지 명확하게 알게 해줍니다. 함께 읽어볼게요.

"예루살렘과 안티오크 및, 그 밖의 도시들에서 크리스트교도가 박해를 받고 있다. 신을 믿지 않는 튀르크인의 진출은 그칠 줄을 모르고 콘스탄티노폴리스로 다가오고 있다. 성지의 형제들을 구하자. 서유럽의 크리스트교도들이여. 지위가 높건 낮건, 재산이 많건 적건, 크리스트교도의 구원에 힘쓰자. 신은 그대들을 인도하실 것이다. 신의 정의를 위하여 싸우다 쓰러지는 자는 죄의 사함을 받을 것이다. …그대들이 살고 있는 이 땅은 사람들이 너무 많이 몰려 있기 때문에 빈궁해졌다. 이 땅은 자원도 풍부하지 않고, 경작자들에게도 얼마 되지 않는 곡물밖에 생산해주지 않는다. 그러니 그대들이 서로 으르렁거리며 싸울 수밖에 없는 것이다. 이제부터는 그대들의 증오심을 누그러뜨리고 서로 싸우는 것을 그만두게 할 수 있게 되었다. 그리스도의 성묘가 있는 곳으로 가지 않겠는가? 젖과 꿀이 흐르는 땅은 신이 그대들에게 내린 토지이다. 이 땅에서 불행한 자와 가난한 자는 그 땅에서 번영할 것이다. (…)"

클레르몽 종교회의에서 십자군 원정에 대해 설파하는 우르바누스 2세(좌)
십자군에게 연설하는 수도사 프랑스의 수도사인 페트르스 아마아네시스가 제1차 십자군 원정에 나선 이들에게 설교하고 있다.(우)

이에 1096년부터 1272년[1]까지 약 180년 동안 8차에 걸쳐 예루살렘 탈환 전쟁인 십자군 전쟁이 벌어지게 됩니다. 그중 대표적인 십자군 전쟁 과정을 살펴보면 1차 십자군만 그 출병 목표를 달성했는데요. 기독교 성지 예루살렘을 되찾아 그리스 정교와 로마 가톨릭을 통합하려던 로마 교황의 바람 아래 지중해 동부에 예루살렘 왕국(1099)과 같은 4개의 크리스트교 국가를 수립할 수 있었답니다. 잠깐 승리했던 전쟁이었는데, 이 시기 예루살렘 지역을 너무 잔인하게 공격함으로써 이후 이슬람이 단결할 수 있는 계기를 제공하게 되지요. 이어 2·3차 십자군에서 전열을 정비한 이슬람은 살라흐 알-딘[2]을 중심으로 예루살렘을 수복(1187)합니다. 4차 십자군은 정말이지 말도 안 되는 일을 저질러요. 베네치아 상인들과 합세하여 심지어 같은 크리스트교 세계인 비잔티움 제국의 수도인 콘스탄티노폴리스를 점령하고 약탈한 후 라틴 제국이라는 국가를 수립(1204)하는 등 변질된 모습을 보인 것입니다. 아래의 4차 십자군에 관련된 자료를 보세요.

성지 탈환을 위하여 조직되어 이집트를 공격하기로 되어 있던 십자군 부대가 느닷없이 기독교 제2의 도시인 콘스탄티노폴리스를 약탈하고 그곳에 새 나라를 세웠다. 이번 사태는 베네치아 상인들의 입김 때문에 발생했다. "군대의 물품이나 병사를 실어 날라 달라"며 베네치아 상인과 계약했던 십자군이 그 돈을 갚지 못하자 베네치아에서는 "그럼 아무 도시나 털어서 갚으면 되지 않느냐?"고 제안했고, 외지에 나가 한몫 잡는 데 혈안이 되어 있던 십자군이 선뜻

---

1   십자군 전쟁이 종결된 해는 8차 십자군이 출병하여 전쟁이 끝난 1272년으로 보기도 하고, 맘루크의 바이바르스에 의해 팔레스타인에 마지막 남은 십자군 지역이 점령당하는 1291년으로 보기도 한다. 이 책에서는 일반적으로 알려진 1272년으로 본다.

2   '살라딘'. 중세 서아시아 파티마 왕조 편 참조.

동의한 것이다. 이 사태로 베네치아는 지중해의 해상권을 장악하여 동방 무역을 통해 큰 이익을 얻게 되었다.

기가 탁 막히지요? 이처럼 십자군 전쟁에선 시간이 지날수록 애초의 종교적 열정보다 정치적 야심과 상업상의 탐욕이 더 크게 작용했답니다. 그럴 수밖에 없었던 배경이 있어요. 교황에게는 동서 교회의 통합과 교황권의 확대라는 꿍꿍이가 있었고, 제후와 기사에겐 전리품의 획득이라는 속셈이 있었어요. 또한 상인들은 이 전쟁을 통해 동방 무역에서 이익을 얻고자 했지요. 농민들은 신분의 자유와 부채 탕감을 염두에 두었고요. 보세요. 십자군 전쟁 참여의 동기가 저마다 다르잖아요?

결국 십자군의 마지막 요새가 함락되면서, 8차에 걸쳐 일어났던 십자군 전쟁은 명목상의 종교적 실지 회복과는 거리가 먼 결과만을 얻은 채 사실상 끝나게 됩니다. 물론 이렇게 교황의 주창으로 전쟁을 할 수 있다는 자체가 중세가 '신앙의 시대'임을 입증하는 것이고 전 유럽이 크리스트교 통일체임을 입증한 것이긴 합니다. 또한 크리스트교라는 기둥이 봉건제도라고 하는 정치적 기둥을 뒤흔들 수 있을 만큼 세력이 막강했다는 것을 보여주는 사건이라 볼 수도 있지요.

그러나 전쟁이 본래의 목적을 달성하는 데 실패함에 따라 중세 유럽은 어마어마한 결과에 휩싸이게 됩니다. 즉, 전쟁이 실패함으로써 중세 봉건 사회의 붕괴가 촉진되는데요. 종교적으로는 교황권이 실추되면서 교회의 권위가 추락하고 종교적 열의가 냉각됩니다. 정치적으로도 전쟁에 참가한 영주와 기사들이 몰락함에 따라 봉건 세력이 몰락해요. 특히 이 시기 이슬람 세력들과 접촉하면서 화약을 경험하게 되고, 이에 따라 궁술이나 창검에 의존하던 영주들이 독립적인 세력을 유지할 수 없게 되면서 강력한 왕권이 출현하는 계기가 마련되어 중앙 집권화가 촉진됩니다. 또한 경제적으로 지중해 해상권을 통한 동방 교역[3]이 활발해지면서 십자군의 주된 원정로였던 이탈리아 도시들, 즉 베네치아·피사·제노바 등의 항구 도시가 번성하지요. 이들은 플랑드르, 북독일 도시(한자 동맹)[4], 남독일 도시, 프랑스 상파뉴 지방을 중심으로 한 교역권과 함께 발달하는데요. 이를 계기로 서유럽의 도시와 화폐 경제, 상공업이 급속도로 발달하여 그 결과 중세의 특징이었던 자급자족적 장원 경제의 붕괴가 촉진됩니다.

당시 서유럽의 교역권을 한눈에 보자면 아래의 표와 같은 모습으로 정리할 수 있어요. 보시는 것처럼 북방 교역권, 상파뉴를 중심으로 한 내륙 교역권, 그리고 이탈리아 도시를 중심으로 한 동방 교역권으로 유럽 전체가 활기차게 발전하면서 경제적으로도 새로운 변화를 맞이합니다.

또한 문화적으로도 이슬람이나 비잔티움 문화권과 같이 그 당시 상대적으로 서유럽보다 선진적이었던 문화권과 접촉하면서 많은 발전이 이루어집니다. 예를 들어 이슬람 세계의 발달된 건축술[5]이 유입되면서 이후

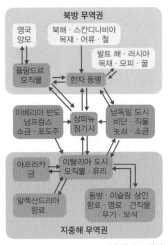

서유럽의 교역권

3　고대 페니키아인, 아랍인이 시작하여 로마 시대에 전성기를 맞았다가 봉건 시대 전반기에 이슬람 세력의 확장으로 쇠퇴했다. 그러다가 11세기 유럽의 경제 성장으로 다시 성행하여 중국·인도·동남아시아·서아시아 등지에서 온 상품들이 팔레스타인 지역에서 이탈리아 상인들에게 넘겨진 후 유럽으로 팔리게 되었다.

4　한자 동맹은 100여 개의 도시가 회원으로 가담한 조직이다.

5　'모스크'는 이슬람교에서, 예배하는 건물을 이르는 말이다. 집단 예배를 보는 신앙 공동체의 중심지로 군사·정치·사회·교육 따위의 공공 행사가 이루어진다. 벽면은 쿠란의 구절이나 아라베스크 무늬로 장식한다. '꿉바'는 모스크 중앙의 둥근 지붕을 이르는 말로 영어로는 '돔'이라 부른다. '미너렛'은 건물을 둘러싼 뾰족하게 솟은 첨탑(중세 서아시아 이슬람 건축 양식 참조)이다.

유럽에 거대한 성곽이나 교
회 건축이 가능해졌고요(이
후 서유럽에 '고딕' 양식의 등
장이 가능해지는 것이죠). 지중
해 교역을 통해 축적된 경제
적 부와 이슬람 선진 문화는
이탈리아에서 르네상스가 일
어날 수 있는 문화적 터전을

이스탄불의 술탄 아흐메드 모스크

마련하게 되지요. 이처럼 십자군 전쟁은 중세에 있어 큰 변화의 계기가 되었
답니다.

십자군 전쟁 그 후_중세인의 삶에 변화의 바람이 불다

앞서 십자군 전쟁이 정치·사회·경제·문화적으로 서유럽에 어떤 변화를 가져
왔는지 둘러보았습니다. 그렇다면 그 변화의 바람이 중세 사람들의 삶에 어
떤 모습으로 불어왔을까요? 그전 사람들의 모습과 비교해서 알아봅시다.

원래 중세 서유럽의 도시는 10세기 이후 교통의 요지나 영주의 성곽 주변에
상인·수공업자·농민들이 모여들면서 형성되기 시작했답니다. 그러다 십자군
전쟁 이후 상인과 수공업자가 원거리 무역에 참여하면서 교통의 요지를 중심
으로 더욱더 큰 도시들이 발달하게 되지요.

초기의 도시는 봉건 영주가 행정권과 사법권을 장악하여 봉건 영주의 보호
와 지배를 받았어요. 즉, 도시 자체가 마치 하나의 장원처럼 봉건 영주의 지
배하에 있었던 것이지요. 그러나 시간이 지나면서 상인과 수공업자들이 점차
경제력을 바탕으로 특허장을 획득하거나 무력으로 싸워 영주로부터의 자치권

을 획득함으로써 독립적인 도시 국가로 발전하게 됩니다. 왜냐하면 십자군 전쟁에 참여했던 봉건 영주들이 전쟁 기간에 영지에 대한 관리를 소홀히 해서 경제적으로 위축되었는데요. 그들 중 일부는 전쟁 비용을 갚지 못해 파산하기도 했고, 도시 상공업자들에게 도시의 특허장을 팔기도 했어요. 이에 특허장을 사들인 도시는 봉건 영주의 지배로부터 벗어나 자치 도시로 발달한 것이지요. 따라서 이 시기 도시의 시민은 장원제도와 같은 봉건적 속박을 받지 않는 자유로운 신분을 누렸는데, 이들을 가

몰리에르의 희곡 「서민 귀족」의 주인공인 **무슈 조르단** 전형적인 부르주아를 상징한다.

리켜 부르주아[6]라 불렀습니다. 이들 중 부유한 상인은 신 귀족층을 형성하고 의회를 통해 법을 제정하기도 하는 등 자치적으로 도시를 운영하면서 서서히 정치적인 질서를 주도하기 시작했고요. 수공업자 내에서는 장인과 직인, 도제 사이에 엄격한 질서가 만들어졌답니다. 이와 같은 도시 사람들의 삶의 모습을 기반으로 새로운 국가의 모습이 서서히 잉태되고 있었습니다.

이렇게 도시가 발달하면서 그동안 중세 경제를 지탱해온 장원제도 또한 큰 변화를 겪습니다. 도시와 상공업이 발달함에 따라 화폐 경제가 발달하면서 농민들은 지대[7]를 물건 대신 현금으로 납부하는 '지대의 금납화'가 진행되어 부역에서 해방되었고요. 농산물의 가격 상승과 화폐 가치 하락으로 경제적 지위도 향상됩니다. 예? 한 번에 이해하기 어려운 부분이 지난 시간 봉건제도

---

6 부르주아(bourgeois)는 '城(bourg)'에서 나온 말로 '성 안의 사람들'을 의미한다.

7 토지를 빌려 쓰는 대신 지주에게 지불하는 대가.

중세 말기의 베네치아

에 이어서 또 등장했군요. 이 부분에 대한 설명이 필요하겠지요?

농민들이 파는 농산물의 가격이 올라야, 다른 말로 '상승'해야 농민들이 이득을 많이 가질 수 있으니 농민들에게 유리하다는 건 이해가 되시죠? 그럼 화폐 가치는 무엇이냐? 화폐를 가지고 살 수 있는 것들의 가치를 화폐 가치라고 하는데요. 예를 들어 작년에 1,000원을 주고 빵을 샀는데 올해에는 2,000원을 줘야 그 빵을 살 수 있다면 같은 돈을 주고선 못 사는 거잖아요. 그럼 같은 돈으로 살 수 있는 것의 양이 줄어드니까 그만큼 돈의 힘이 떨어진 거고, 그걸 가리켜 화폐 가치가 하락했다고 말합니다. 그럼 화폐 가치가 하락한 것이 농민에게는 어떤 도움이 되느냐고요? 당시 영주들은 농민들에게 돈을 주고 농산물을 사 먹어야했는데요. 화폐 가치가 하락하면 이전과 같은 정도의 물건을 사려면 더 많은 돈이 필요한 것이 되기 때문에 영주에게는 불리하고 농민에게는 유리하다는 말씀이지요.

게다가 1347년 러시아 남부 흑해 연안에서 발생하여 몽골군에 의해 전해진 흑사병(페스트)으로 유럽의 인구가 급격하게 감소했거든요. 어느 정도였냐고요? 프랑스의 연대기 학자에 따르면 당시 흑사병으로 유럽 인구의 3분의 1인 약 2,500만 명이 사망했다고 합니다. 특히 1400년의 영국 인구는 1300년대의 절반으로 감소했고, 1,000개의 마을에서 인구가 감소하거나 마을이 사라졌다고 하네요. 서유럽 인구는 16세기가 되어서야 1348년 이전 수준으

1411년 토겐부르크 성서에 그려진 흑사병 환자(상)
전염병에 걸린 사람들을 축복하는 성직자(하)

로 회복되었다고 하니 그 당시 장원에서 일할 사람이 부족한 것은 너무나 당연했겠지요. 땅은 있으나 일할 사람을 구할 수 없었던 것입니다. 그러니 영주는 노동력 확보를 위해 농민의 처우를 개선하거나 농업 노동자를 높은 임금을 지불하고 고용할 수밖에 없었고요. 이와 같은 많은 현상들은 결국 농노를 자영 농민의 지위로 격상시켰답니다.

아래 자료들을 보면 유럽을 휩쓴 흑사병의 위력과 그것이 농민 임금에 미친 영향을 확인할 수 있습니다. 1350년 정도 시기에 농업 노동자의 임금이 껑충 뛰는 것이 보이지요?

물론 이런 시대적 변화에 둔감한 일부 영주들도 있었어요. 지금도 역사의 수레바퀴는 앞으로 굴러가고 있는데, 그것을 아니라고 부정하면서 거꾸로 돌리려는 자들이 있잖아요. 결국 그들은 자신이 거꾸로 돌리고자 했던 수레바퀴에 깔려 죽게 될 텐데, 그걸 모르는 거죠. 당시에도 마찬가지 현상이 나타납니다. 일부 영주들은 수입의 부족한 부분을 메우기 위해 지대를 더 많이 올리거나 부역을 강화하는 등 일명 봉건적 반동을 보이기도 했지요. 이에 농민들은 반란으로 대응했는데, 대표적인 농민 반란이 1358년 프랑스에서 일어났던 '자크리의 난', 1381년 영국에서 일어났던 '와트 테일러의 난'이랍니다. 결국 중

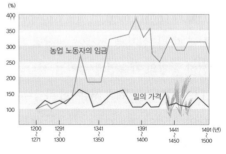

14세기 유럽의 흑사병 전파(좌)
흑사병이 농민 임금에 미친 영향(우)

프로아사르의 연대기에 실린 그림 말 타고 판금갑을 입은 귀족을 농민들이 둘러싸고 도끼로 찍어 죽이고 있다.(좌)
배에 탄 리처드 2세에게 자신들의 요구 사항을 전달하는 농민군(우)

세 서유럽의 봉건제도의 경제적 특징 중 하나인 농노제는 15세기 말 거의 모든 서유럽 국가에서 소멸합니다. 중세 사회가 이미 새로운 시기로 방향을 틀고 있다는 뜻이겠지요?

이렇듯 상업이 발달하고 경제가 성장하자 상업의 규모가 도시와 도시 내의 조합인 길드의 규제를 넘어서게 됩니다. 그러면서 국가적, 전(全) 유럽적 규모의 상업망이 형성되고, 상인들은 강력한 통일 국가가 나타나 자신들을 보호해주기를 원하게 되지요. 이를 위해 부르주아 계급은 자신을 보호해줄 것을 조건으로 내세워 국왕을 지원합니다.

이에 따라 십자군 전쟁이 시작될 당시 권력의 전성기를 누렸던 교황권은 서서히 국왕의 세속권에 밀리기 시작하는데요. '성직자 과세권과 재판권'(조심하세요, 여기서는 성직자 서임권이 아닙니다)을 둘러싼 교황과 국왕과의 투쟁에서 교황이 잇달아 패배하는 겁니다. 예를 들어 1309년에서 1377년에 이르는 동안 있었던 '아비뇽 유수 사건'은 성직자에 대한 과세 문제를 둘러싼 교황 보니파키우스 8세(1230~1303)와 프랑스 왕 필리프 4세(1268~1314)의 대립인데요.

프랑스 왕이 교황청을 아비뇽으로 옮겨서 약 70년간 교황을 통제함으로써 황제권이 우위에 있음을 보인 사건입니다. 결국 1378년부터 1417년까지 아비뇽과 로마에서 각각 교황이 선출되어 서로 대립하는 교회의 대분열이 일어나는 등 교회의 권위는 극도로 실추되었고, 1414년에서 1418년에 있었던 콘스탄츠 공의회에서 로

교황의 귀환 교황 그레고리오11세가 아비뇽 유수를 마치고 로마로 돌아가고 있다.

마 교황을 정통으로 인정하고 나서야 교회의 대분열이 종식되었습니다. 이러한 일련의 교황권 실추 사건은 기독교 내에서도 새로운 움직임을 가져옵니다. 즉, 당시의 교황에 반발하여 14세기 후반부터 영국의 위클리프와 보헤미아의 후스와 같은 성직자들이 교회의 세속화와 부패를 비판하고 개혁을 주장함으로써 앞으로 200년 정도 뒤에 올 종교 개혁의 선구자적 역할을 담당하게 되는 것이지요. 정말 인노켄티우스 3세나 우르바누스 2세의 모습과 비교해볼 때 그 어떤 것도 해 아래에서 영원한 것은 없는 것 같습니다. 아무리 교황이라고 할지라도 사람인 이상 말입니다.

지금까지 십자군 전쟁이 일어난 배경과 과정, 그리고 결과까지 숨차게 여행했지요? 중세 서유럽에서 200여 년 동안 십자군 전쟁이 일어날 수 있었다는 것은 그 자체만으로도 서유럽이 종교적으로 하나였다는 사실을 보여주는 증

John Wiclif.   Johann Hus.

위클리프와 후스

아비뇽 교황청

거입니다. 물론 그 결과가 역설적으로 교황권의 실추와 세속적인 국왕권의 강화로 나타났지만, 그 영향으로 서유럽은 또 다른 세상을 향해 한 걸음 나아가게 된 거고요.

그러나 잊지 말아야 할 사실이 있습니다. 종교라는 이름으로 행해진 십자군 전쟁에서 크리스트교인을 표방한 서유럽인들이 예루살렘을 비롯한 소아시아 지방에서 살육과 약탈을 자행한 점인데요. 이로써 유대인들과 이슬람교도들의 크리스트교에 대한 적대적 감정이 현대까지 이어지는 비극적인 역사의 서막이 되었다는 것입니다. 정말 가슴 아픈 사건임에 틀림없지요? 십자군 전쟁을 거울삼아 크리스트교인들은 '십자군'의 정신이 아닌 '십자가'의 정신으로 그때부터 지금까지 이어지고 있는 사람들 간의 반목과 불신의 골을 뛰어넘을 수 있도록 노력하는 것이 필요하다는 생각이 듭니다. 서아시아에서 지금도 일어나고 있는 전쟁들을 우월한 입장에서 비판적으로만 바라볼 게 아니라

'화해'의 입장에서 손을 먼저 내미는 것이 필요한 때가 아닐까 싶어요.

다음 시간에 우리는 십자군 전쟁 이후 강력해진 국왕권과 그를 통해 유럽이 각각의 '국가'라는 개념으로 뭉쳐지기 시작하는 순간으로 여행을 떠나려 합니다. '백년 전쟁'이라는 대표적 개념을 가운데 두고 당시 모습을 살펴볼 텐데요. 우리가 알고 있는 많은 유럽 국가의 모습이 이때부터 본격적으로 갖춰지므로 흥미진진한 여행이 될 것입니다. 오늘의 '십자군 전쟁'에서 내일의 '백년 전쟁'이 준비된다는 징조를 보았으니, 여러분은 분명 다음 시간에도 기쁘게 세계사 여행에 참여하실 수 있을 거예요.

동시대 지구촌 넘나들기

기원후 11세기~기원후 14세기

한반도에서는 기원후 10세기에 세워진 고려가 11세기경 전성기로 도약할 준비를 하고 있습니다. 거란의 침입을 물리치고 송과 거란, 고려 사이에 국제 평화 관계를 유지하면서 12세기에 음서와 공음전을 통해 형성된 문벌귀족의 시대를 지나며 발전된 모습을 보이게 되죠. 이들은 보수화되면서 여진족을 정벌하기는 했으나 결국 굴복했고, 이자겸의 난(1126)과 묘청의 서경 천도 운동(1135) 등을 진압하기는 했으나 1170년 무신정변으로 무신이라는 새로운 지배 세력의 시대를 맞이하게 됩니다(일본에서는 1185년에 가마쿠라 막부가 형성되니 비슷한 시기에 무신들의 세기가 열리는 것이네요). 100여 년간의 무신들의 집권기를 끝낸 것은 13세기 침입한 몽골과의 전투입니다. 강화도까지 건너가서 항쟁을 계속했던 무신정권은 몰락하고 친원파 지배 세력인 권문세족이 성장하니 그들은 고려의 주권을 보존하는 대신 원의 부마국이 되어 친원적 관계를 유지하게 되었습니다. 14세기는 권문세족에 대항하는 신진사대부 중 혁명파와 신흥 무인세력이 손을 잡으면서 중국의 원명 교체 틈을 보아 원나라로부터 자주성을 회복하면서 서서히 조선이라는 나라로 움직여가는 때입니다. 결국 14세기 말 1392년 고려에서 조선으로 왕조가 교체되기에 이르렀지요. 한마디로 서양에서 십자군 전쟁이 일어나고 그 영향으로 서유럽에 변화의 바람이 불던 시기 한반도에서는 고려 왕조가 진행 중이었군요. 흐음….

중국에서는 10세기 멸망한 당 대신 5대10국 시대가 열렸고요. 916년 거란이 요를 건국합니다. 960년 송이 건국되고, 1115년 여진족이 금을 건국하면서 10년 뒤에 요를 멸망시켰지요. 그리고 금은 송을 침략하여 1127년 송이 강남으로 이동하게 되니 그때부터를 남송이라고 칭합니다. 금과 남송을 멸망시킨 것은 몽골입니다. 1206년 몽골제국을 성립한 후 1234년 금을 멸망시켰고, 1271년 원을 세운 다음 1279년 남송을 멸망시켰지요. 몽골족은 13세기부터 14세기까지 중국 본토를 장악한 원 왕조뿐 아니라 현재의 러시아와 중앙아시아, 서아시아를 차지한 4한국(오고타이, 차가타이, 킵차크, 일 한국)을 통해 동서 교통로를 장악하면서 세계사에서의 큰 획을 긋게 됩니다. 이후 1368년 중국에서는 한족이 몽골족의 원 왕조를 무너뜨리고 명 왕조를 건국하며 또 다른 세계로 발걸음을 옮긴답니다.

중국에서는 한국사와 다르게 많은 왕조가 일어났었는데요. 그럴 수밖에 없었던 것이 당이 무관 출신 절도사에 의해 멸망한 것을 본 송은 무관이 아닌 문관에 의해 통치하는 문치주의를 내세웠거든요. 그러다 보니 다른 왕조 시대에 비해 송은 국력이 약화되었고, 이에 따라 한족 이외의 여러 북방 민족들의 힘이 강성해져서 그들이 각각 왕조를 건국했던 것이랍니다. 그래서 거란-요, 여진-금, 몽골-원이 강성했었고, 결국 몽골에 의해 송은 멸망당했던 것이죠. 이들은 한국사와도 밀접한 관련이 있는데요. 고려는 친송 정책을 펼쳤기 때문에, 11세기 거란-요의 침입, 12세기 여진-금 정벌, 13세기 몽골-원과의 항쟁이 순서대로 일어났답니다. 중국과 한국에서 이러한 일들이 벌어지고 있을 때 서유럽에서는 십자군 전쟁이 벌어지고 있었던 것이지요.

서아시아에서 11~12세기는 이슬람 제국의 주도권을 장악하며 전성기를 맞았던 셀주크 튀르크의 시대였습니다. 이들이 십자군 전쟁을 유발시켰던 것을 기억하시지요? 이들은 파미르 고원에서 서아시아의 지중해에 이르는 제국을 건설했는데요. 이러한 셀주크 튀르크가 아바스 왕조와 함께 일 한국에 멸망당하고 그 이후 제국의 주권을 넘겨받은 것이 오스만 튀르크랍니다. 오스만 제국은 15세기에 콘스탄티노폴리스 공략에 성공함으로써 비잔티움 제국(동로마 제국)을 멸망시키고 이스탄불을 수노로 하여 제국을 수립했습니다(1453). 물론 이들 사이 간격을 몽골 제국이 세웠던 일 한국(1258~1411)과 킵차크 한국(1234~1502) 등의 역사가 메우고 있는 것이 이 시기의 독특한 특징이기도 합니다. 튀르크 계열의 국가들은 유럽과 밀접한 관련을 맺으면서, 셀주크 튀르크는 십자군 운동의 배경이 되었고, 오스만 튀르크는 비잔티움 제국을 멸망시킴으로써 '신항로 개척'을 유발했다는 것, 잊지 마세요.

티타임 토크

십자군 전쟁의 발단이 된 비잔티움 제국은 어떤 국가였어요?

비잔티움 제국은 로마의 동서 분열로 395년에 성립되었고, 서로마가 476년에 멸망한 이후에도 계속 번영했습니다. 비잔티움 제국이 발전할 수 있었던 요인 중의 하나는 황제권이 강한 중앙 집권 체제로서 황제가 교황을 지배하는 황제 교황주의를 들 수 있어요. 또한 경제적으로 수도 콘스탄티노폴리스를 중심으로 국가의 통제가 엄격한 가운데 상공업과 무역 도시가 발달한 것도 또 다른 요인이라 할 수 있죠.

비잔티움 제국의 전성기는 527년에서 565년까지 제위에 있었던 유스티니아누스 황제 시기(6세기가 전성기였다는 뜻입니다)예요. 이때 북아프리카 반달 왕국, 이탈리아의 동고트 왕국, 이베리아 서고트 왕국 등을 정복해서 옛 로마 제국 영토의 지중해 세계를 통일

(좌로부터) **유스티아누스 황제, 성 소피아 성당 내부, 그리스 정교 성직자**

유스티니아누스 황제 시대 비잔티움 제국 영역

하는 정복 활동이 이루어졌답니다. 또한 내적으로도 로마법을 집대성한 『로마법 대전』을 편찬하고 현재 터키의 이스탄불을 대표하는 성 소피아 성당(서아시아의 근대 편 참조)을 건축했을 뿐 아니라 종교적으로는 그리스 정교회를 확립하고, 학문과 예술 및 산업을 보호·장려하여 옛 로마의 영광을 회복했습니다.

비잔티움 제국은 롬바르드와 사산 왕조 페르시아, 이슬람교도 등 이민족의 침입으로 8세기 이후 축소되기 시작합니다. 그리고 11세기 이후부터 유력한 군인과 관리들이 대토지를 소유하여, 황제권이 약화되고 자영농이 몰락함에 따라 상공업이 쇠퇴함으로써 급격하게 약화됩니다. 결국 셀주크 튀르크와 노르만의 침입, 제4회 십자군의 콘스탄티노폴리스 점령과 흑사병의 창궐로 쇠약해진 비잔티움 제국은 1453년 오스만 튀르크에 의해 멸망당하게 되고, 그 이후 발칸 반도부터 소아시아에 이르는 길은 이슬람교도의 손에 넘어가게 되는 것이지요. 그리하여 이 해를 기점으로 세계사는 역사적인 큰 전환점을 맞이하게 되는데요. 비잔티움 제국의 멸망은 이슬람 세계를 거치지 않는 길을 통한 동방 무역을 꿈꾸게 된 유럽인의 신항로 개척이라는 세계사적 사건의 기본 배경이라고 할 수 있답니다.

역사적으로 비잔티움 제국은 몇 가지 면에서 의의가 큽니다. 먼저 서유럽에 대해선 이슬람교도들의 침략을 막아주었던 방파제의 역할을 했고요. 그와 동시에 라틴어 대신 그리스어를 공용어로 사용하고 그리스 고전을 수집·연구함으로써 그리스 로마의 고전 문화를 보존·계승하여 이탈리아의 르네상스에 영향을 주었습니다. 또한 동유럽에 대하여는 그리스 정교를 확립시키고 그로 대표되는 비잔티움 문화를 슬라브족이 세운 키예프 공국으로 전파하여 러시아를 비롯한 동유럽의 문화적 색채를 만들어내게 되었답니다. 이 일에 활약했던 대표적 인물들로 키릴루스 형제를 들 수 있는데요. '슬라브 족의 사도'라는 별칭으로 불릴 정도로 슬라브어로 예배를 드리고 현재 세르비아·불가리아·러시아 등이 사용하는 슬라브 족 문자의 원형인 슬라브 알파벳을 만들어 보급하기까지 했지요. 참고로

키릴루스 형제

러시아는 15세기경부터 모스크바가 교역의 중심지로 대두했고요. 몽골족으로부터 독립하고 비잔티움 제국의 계승자로 자처하여 '서로마의 로마', '신성 로마 제국의 로마'의 뒤를 이는 '제3의 로마'로 불리기를 원했답니다.

비잔티움 제국의 문화는 기본적으로 그리스적 문화에 기반을 두고 있기 때문에, 동로마 제국의 크리스트교를 그리스 정교라고 부르는 것입니다. 이들은 이슬람처럼 눈에 보이는 어떤 것도 섬기는 것을 우상 숭배라고 생각했답니다. 그렇기 때문에 서로마에서 이교도들을 개종시킬 때 눈에 보이는 상을 만들어 섬기는 것을 우상 숭배로 여겨 금

성 소피아 성당 야경

지령을 내렸던 것이죠. 그래서 비잔티움의 미술은 모자이크가 특징인데요, 그리스 전통 미술 위에 서아시아 문화(기억나시나요? 이슬람의 미술)가 흡수된 형태인 것입니다. 특히 성 소피아 성당은 이슬람의 돔, 로마의 바실리카 양식, 모자이크 벽화로 장식되어 비잔티움 양식의 대표라고 할 수 있겠습니다.

서유럽 문화는 크리스트교의 바탕 위에 건설된 건가요?

움베르토 에코의 『장미의 이름』이라는 소설을 아십니까? 1980년 이탈리아에서 출판된 소설인데, 중세 수도원에서 벌어진 살인 사건에 대한 내용을 다루고 있지요. 숀 코널리 주연으로 영화화되기도 했는데요. 크리스트교에 관련된 많은 지적인 내용을 흥미진진하게 추리 소설로 만들어내어서 서양 중세를 다룬 대표적 소설로 알려지게 된 작품입니다. 소설에는 처참하게 살해당하는 사람들이 여러 명 나오는데 그 이유는 놀랍게도 아리스토텔레스의 저작을 읽었기 때문이랍니다. 비록 소설 속의 일로 현재로는 상상도 할 수 없는 일이지만 실제로 이런 일들이 일어날 수 있었던 곳이 바로 중세의 수도원이지요. 왜 그러냐고요? 당시 모든 문화의 기본은 크리스트교로서 학문의 중심은 신학이었고, 그 신학을 합리적으로 이해시키기 위해 철학을 이용하여 연구했는데, 그곳이 주로 수도원이었거든요. 이후에는 대학이 그 위치를 차지했고요.

서양 중세 신학을 위해 시작된 철학은 먼저 교부철학이라고 불립니다. 대체로 기원후 2세기에서 8세기까지의 철학의 경향인데요, 교부라고 불리던 신학자들이 이론을 정립했답니다. 플라톤의 '이데아론'을 접목시켜서 보이지 않는 세계에 대해 믿음을 심어주려했던 교부철학의 완성자는 아우구스티누스(354~430), 영어로는 어거스틴(로마 최초의 황제인 아우구스투스와 이름을 구별하셔야겠죠?)인데요. 그는 4세기 알제리 및 이탈리아에서 활동한 신학자로 서방교회의 4대 교부 중 하나랍니다. 그는 기독교의 정통 진리를 수호하는 데 크게 이바지하면서 『신국론』, 『참회록』 등 100여 권의 책을 남겼지요. 그를 신앙의 길로 인도하기 위해 눈

「장미의 이름」(장 자크 아노 감독, 1986)(좌) **움베르토 에코**(우)

성 미카엘 성당 에코는 이 성당에서 『장미의 이름』을 집필할 영감을 얻었다고 한다.

물로 기도한 어머니 모니카의 이야기는 유명한 일화로 남겨져 있고요.

이러한 교부철학이 십자군 전쟁 과정에서 이슬람권에 있었던 아리스토텔레스의 저작이 라틴어로 번역되면서, 플라톤의 철학보다 좀 더 실재적이고 합리적인 새로운 철학으로 바뀌니 바로 스콜라 철학(서아시아 중세 편 문화에서 언급했던 것 기억하시나요? '스토아'와 구별하셔야 합니다. '스토아'는 어디서 들어보셨나요? …그렇죠. 헬레니즘 시대 철학으로 '에피쿠로스'와 단짝으로 나왔습니다)입니다.

시기적으로는 9세기경부터 15세기 말까지로 그 발달 시기를 잡는데요. 스콜라 철학을 집대성한 토마스 아퀴나스(1225~1274)는 『신학대전』을 통해 신앙적 진리와 이성적 진리가 서로 조화를 이룰 수 있다고 주장했습니다. 그는 또한 "철학은 신학의 시녀"라는 당시 철학과 신학의 위치를 알려주는 유명한 말을 남기기도 했지요.

토마스 아퀴나스(좌) **오컴**(우)

그 후의 스콜라 철학자이자 수도사였던 오컴(1285~1349, 오컴 출신의 윌리엄)은 신학을 철학적으로 반성함으로써 신앙과 이성의 분리를 주장하기 시작했고, 그러면서 서서히 인간 역사는 이성을 우위에 두는 근대 시기로 넘어가게 되었지요.

성 아우구스티누스(상/좌) 세례 받는 아우구수티누스(상/우)
성 아우구스티누스와 어머니 성 모니카(하)

크리스트교는 학문뿐 아니라 건축·조각·그림 등 미술 분야에도 큰 영향을 끼쳤어요. 그래서 중세의 미술은 특히 성당과 수도원 같은 종교 건축의 발달이 그 특징이기 때문에 지금도 유럽 여행지의 단골로 들어가는 곳이 성당 건물들인 것이죠. 이 당시를 대표하는 건축 양식은 두 가지인데요. 11세기 원형의 아치를 갖춘 로마네스크 양식, 그리고 십자군 전쟁 이후 이슬람의 건축술을 배워와 만들어내기 시작한 12세기경의 고딕 양식이 그것이랍니다.

로마네스크라는 명칭은 로마 건축에서 파생한 것이라는 의미를 담고 있어요. 지역에 따라 차이가 있긴 하지만 대체로 10~11세기경에 이탈리아의 롬바르디아 지방과 프랑스에서 일어나 유럽의 여러 지역에서 다양하게 발전한 건축 양식을 말하는데요. 대체적으로 원형의 아치, 돌로 만든 천정, 천정을 지탱하는 두꺼운 석벽이 특징입니다. 또한 벽이 두꺼우니 창문은 작아서 내부는 어두운 편이지요.

다음 사진은 로마네스크 양식으로 유명한 이탈리아의 피사 대성당입니다. 정말 로마식으로 기둥을 많이 쓰고 있는 것이 보이지요? 로마네스크 양식은 아치 안쪽으로 벽을 막아 아치 자체가 장식이 되게 했답니다. 뒤에 '피사의 사탑'으로 유명한 종탑이 보이시나요?

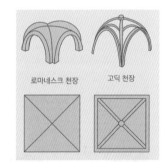

로마네스크 천장　　고딕 천장

로마네스크와 고딕 양식 구분하는 법(상) **피사 대성당**(하)

밀라노 대성당(상/좌) 밀라노 대성당의 스테인드글라스(상/우) 쾰른 대성당(하/좌) 사르트르 대성당(하/우)

고딕 양식의 대표적 건축물인 이탈리아의 밀라노 대성당과 그 내부입니다. 하늘을 향한 염원을 담고 있는 것처럼 높이 솟은 첨탑(106.68미터라고 합니다)과 마치 이슬람 아라베스크의 화려함을 연상하게 하는 스테인드글라스가 대표적 특징이지요. 또한 로마네스크의 작은 창문과 달리 창문을 크게 내서 빛이 들어오게 했는데요. 그 빛이 스테인드글라스를 비칠 때의 아름다움으로 당시 사람들의 신앙심은 무척 고취되었을 것 같습니다. 독일의 쾰른 성당, 프랑스의 사르트르 대성당 또한 고딕 양식의 특징을 지닌 건축물입니다.

이런 성당 건축을 남겨놓은 신앙의 시대를 살았던 서유럽 사람들의 삶이 조금은 느껴지시나요? 물론 이들에게도 봉건 기사들의 모험담과 사랑을 다룬 기사 문학과 같은 문학 작품들도 남아 있긴 합니다. 그중에서도 카롤루스 대제의 부하였던 롤랑의 무용담을 볼 수 있는 『롤랑의 노래』[8]와 옛 게르만 족의 전설이 들어 있는 『니벨룽의 노래』[9] 등이 유명하지요.

이와 같이 신앙의 시대를 살았던 이들의 모습은 지금으로서는 상상할 수 없는 많은 문화적 흔적을 남겨놓았습니다. 그렇기 때문에 이 모든 것들이 해마다 세계 곳곳으로부터 오는 여행자들의 발걸음을 재촉하고 있는지도 모릅니다.

『롤랑의 노래』 여덟 장면을 묘사한 그림(좌) 『니벨룽의 노래』 사본(우)

8   프랑스에서 가장 오래되고 유명한 중세의 무훈시(武勳詩). 11세기 말에서 12세기 초 사이에 트루베르가 지은 것으로 추측되며, 이슬람교도 토벌을 위하여 에스파냐에 원정한 카롤루스 대제의 조카 롤랑이 양아버지의 배반으로 이슬람교도의 습격을 받아 싸우다가 장렬하게 전사한다는 이야기이다.

9   13세기 초에 오스트리아의 궁정 시인이 썼다고 추측되는, 중세 독일의 장편 영웅 서사시. 모두 39장으로 이루어졌으며, 구성이 웅대하고 전체가 비극적인 분위기로 일관하고 있다. 후에 바그너의 가극 『니벨룽의 반지』 원전(原典)이 되었다.

백년 전쟁_
진정한 승자는 '국왕'이었다

지난 시간에 우리는 '십자군 전쟁'을 통해 서유럽의 정치·경제·사회가 어떻게 중세적 모습에서 새로운 세계로 넘어가는지 그 변화상을 돌아보며 숨 가쁘게 달렸습니다. 내용이 많아 머리가 아프기도 하지만 역사가 새로운 시대로 급물살을 탈 때의 생동감이야말로 역사에 대한 사랑을 이어주는 것이라 생각해요. 그런데 '십자군 전쟁'이 벌어지던 와중에, 그리고 그 전쟁이 끝나는 것과 맞물려서 서유럽에서는 또 하나의 전쟁이 시작되어 유럽 세력의 판도 변화를 가져오게 됩니다.

이번 시간에는 중세 말기에 일어났던 또 다른 전쟁에 대해, 그리고 그 전쟁이 유럽 중세사와 현재 역사에서 가지는 의미를 탐색해볼 예정인데요. 본격적으로 여행을 떠나기 전에 여러분에게 묻고 싶은 게 있습니다. 유럽 여러 나라 중 여러분에게 친숙한 국가는 어디인가요? 독일·스위스·이탈리아·에스파냐·터키·그리스 등등 알고 있는 국가 이름을 자신 있게 외치는 여러분의 모습이 눈에 선하네요. 어쩌면 유럽은 다른 대륙에 비해 우리에게 가깝게 느껴지는 국가들이 많은 곳일지 모릅니다. 그렇지만 다음 두 국가를 배제한 채 유럽의 역사를 논한다는 것은 팥고물 없는 찐빵을 먹는 것과 같으니, 바로 영국과 프랑스입니다. 유럽 역사에서 보았을 때, 이 두 나라는 해상 세력과 육상 세력을 대표하는 유럽의 중심 국가라 해도 과언이 아니지요. 또한 이 두 나라는 어떤 면에서는 라이벌 관계에 있답니다. 역사적으로 그랬을 뿐만 아니라 지금도 그렇지요. 유럽 국가 사이에서의 주도권을 어느 나라가 쥐느냐가 아직도 관심의 대상이 되는 것을 보면 말입니다. 물론 독일과 이탈리아도 주도권 다툼에 한몫하고 있지만요.

그런데 이들이 유럽에서 주도권을 놓고 경쟁하는 모습은 사실 프랑크 왕국이 분열되고 난 후의 중세 대부분에서는 찾아보기 힘듭니다. 왜냐고요? 답은 간단하죠. 서유럽의 중세는 국가보다 영주와 영주 사이의 관계, 영주와 농노의 관계가 더욱 중요했던 지방 분권의 시대로서 국가 개념이 아직 미약했던 탓입니다.

이들이 라이벌로서 서로에 대해 민감하게 반응하게 된 것은 바로 중세 유럽이 근대 유럽으로 넘어가는 과정에서 나타난 '국가'라는 개념의 자각 때문입니다. 각각의 국가에서 지방 봉건 영주들의 세력을 누르고 그 권력을 중앙의 국왕에게 집중시키는 과정 중에 나타난 현상인데요. 다시 말하면 국가 '내부'의 단결을 꾀하기 위해 '외부'의 적을 규정함으로써, 적에 대항하기 위한 권력의 핵심부를 국왕이 장악해버리는 가장 고전적인 정치 방법을 쓰게 되었다는 뜻입니다. 사실 이것은 현재까지도 권력을 잡은 많은 사람들이 사용하고 있는 통치 기술 중 하나죠.

자, 그렇다면 영국과 프랑스를 대표로 하여 국민국가가 성립되는 과정과 이 과정에서 일어난 백년 전쟁, 장미 전쟁의 시기를 여행하면서 국가 권력을 바라보는 건전하고 비판적인 시각이 어떤 것인지 배워볼까요?

국민국가의 탄생_'국왕'과 '시민'의 합작품

지난 시간에 배웠던 것처럼 십자군 전쟁을 통해 교황권이 실추되고 중세 봉건 사회가 무너지면서 상대적으로 왕권이 강화되었습니다. 이를 가리켜 왕이 있는 중앙으로 권력이 집중하는 체제라고 하여 중앙 집권 체제의 확립이라고 부릅니다. 이러한 과정에서 나타난 이 당시 국가의 모습을 국민국가라고 하는데요. 국왕은 과세권과 재판권을 확대하고 자신에게 충성을 바치는 관료제와 상비군을 정비하여 권력을 강화시키면서 국민국가 형성에 박차를 가하게 되었답니다. 예? 갑자기 어려운 한자어들이 대거 등장하네요. 당황하셨죠? '국민국가의 형성' 과정을 한자어를 풀면서 하나하나 설명할 테니, 걱정 마시고 발걸음을 옮겨보실까요? 먼저 "중세 봉건 사회에서는 각각 장원의 영주들에게 과세권과 재판권이 있었다"는 점을 떠올려보세요. 과세권은 말 그대로 세금을 부과하는 권리이고, 재판권은 영주의 재판정에서 재판을 하는 권리입니다. 그러한 권리들을 이제 국왕만 가질 수 있도록 조치를 취하는 것이지요. 그런 과정에서 자신에게 충성을 바친 봉건 귀족에게 관직을 주고 관료로 삼아서 자신의 휘하에 두고, 군대 또한 각각의 주군에게 충성을 바치던 봉신들을 최고의 주군인 국왕에게만 충성을 바치도록 하면서 항상 준비되어 있는 군대인 상비군으로 만들었습니다.[1]

그 당시 국왕들은 시민과 결탁하여 자신들의 경쟁자였던 봉건 귀족을 누르고 싶어 했습니다. 중세가 시작될 때 프랑크 왕국의 클·카·피·카가 자신의 왕국을 인정받기 위해 교황과 결탁했던 것처럼 말이죠. 근대로 넘어가는 시기

---

1 한국사에 나타나는 왕권 강화: 신라가 통일을 이룩한 뒤, 또는 고려와 조선이 왕조를 건립한 후에, 왕조 기초를 다지고자 했던 왕들도 비슷한 종류의 업적을 가지고 있다. 시대에 따라 다른 용어를 쓸 뿐이지 통일 신라의 신문왕, 고려의 광종, 조선의 태종 모두 비슷한 목적으로 비슷하게 권력을 강화하고자 했다. 신문왕은 당시 신분제도에 불만이 있었던 6두품과, 광종은 과거제도를 통해 뽑은 새로운 관료들과, 태종은 6조 직계제를 통해 새로운 사대부들과 결탁하여 기존의 진골·호족·훈척 세력을 누르고자 했다.

211

에 있어서는 국왕이 관료제와 상비군을 유지하기 위한 재정을 확보하려고 (관료도 상비군도 국왕에게 충성을 바치는 대가로 봉급을 받았으니까요) 경제력을 가지고 있는 시민들과 손을 잡을 필요가 있었던 것입니다. 시민 또한 자신들의 자유로운 경제 활동을 위해 자신을 보호해줄 강력한 왕권이 필요했고요.

그러면 이쯤에서 중세에 막강한 권력을 가지고 있었던, 어찌 보면 국왕의 경쟁자들이었던 봉건 영주들은 어떻게 되었을지 맞춰볼까요? 그렇죠. 이미 말씀드렸던 것처럼 십자군 전쟁 이후에 화포의 사용 등으로 전술이 변화되면서 봉건 영주들, 즉 기사들은 군사적 가치를 상실했답니다. 또한 경제적으로도 지대의 금납화, 농산물 가격 상승과 화폐 가치 하락으로 수입이 줄어(7강 '십자군 전쟁 그 후' 편 참조) 자신이 가지고 있었던 도시의 특허장들을 팔거나, 수입을 얻기 위해 국왕의 궁정 신하들로 변신하면서 이들 또한 국왕에게 충성을 바칠 수밖에 없었답니다.

이렇게 국왕권 강화를 재정적으로 뒷받침하는 데 큰 역할을 한 시민들은 시간이 지날수록 그 대가로 정치적 발언권을 얻기 위해 힘을 쏟게 됩니다. 본래 성직자와 귀족 대표들만 참여했던 중세 국왕의 가신 회의가 시민의 대표가 참여하는 방식으로 변모된 신분제 의회를 형성하게 되는 것이죠. 이들은

삼부회 프랑스 혁명 전에 귀족·성직자·평민 대표로 구성된 신분제 의회로 국왕의 자문 기구로 출범했다.(좌)
1890년대 독일 제국의회 의사당(우)

국민의 대표가 아닌 각 신분의 대표였기 때문에 그들만의 이익을 추구했다는 점에서는 근대 의회와 차별이 있으나 이들의 모습에서 시민권의 성장을 볼 수 있다는 점에 큰 의의가 있습니다. 이러한 신분제 의회의 대표적인 것으로 영국의 '모범의회', 프랑스의 '삼부회', 에스파냐의 '코르테스', 독일의 '제국의회'를 들 수 있습니다.

이와 같이 국왕권이 강화되고 시민들의 세력이 커지면서 봉건 귀족과 종교 세력이 약화되고 국가 개념이 형성됨에 따라 만들어진 국가 개념이 바로 '국민국가'입니다.

가깝고도 먼 이웃_덩치 큰 봉신 영국 vs. 작은 주군 프랑스

이제 영국과 프랑스의 중앙 집권 국가의 형성에 대해 본격적으로 살펴보겠습니다. 결론적으로 이들의 중앙 집권 국가의 성립은 전쟁에 의해 이루어졌고, 그러한 전쟁에서의 최후 승자는 한 국가가 아닌 각 국가의 국왕이었다는 것을 기억하시기 바랍니다. 그럼 먼저 전쟁이 일어나기까지의 두 국가 관계를 살펴볼까요?

영국과 프랑스는 영국의 노르만 왕조(1066~1154) 성립으로 밀접한 관계를 맺으면서 발전하게 됩니다. 영국에서 노르만 왕조의 성립은 꽤 상당히 큰 의미가 있는데요. 노르만 왕조를 세운 정복왕 윌리엄(1028~1087)은 원래 잉글랜드에 자리 잡았던 게르만 족인 앵글로 색슨 족을 정복하고 왕조를 세운, 프랑스 노르망디 공국 봉신 출신의 왕입니다. 프랑스 왕가가 주군, 영국 왕가가 봉신이 되는 것이죠. 그러나 영국은 프랑스의 봉신임에도 불구하고 프랑스 영토 내에 프랑스 왕이 직접 다스리는 왕령보다 더 넓은 영지를 소유하기도 했던(에드워드 2세 때), 현재로서는 상상하기 힘든 관계로 프랑스와 맺어져 있었어요(6강

정복왕 윌리엄(상/좌) **에드워드 2세**(상/우)
바이유 테피스트리 영국에 노르만 왕조를 세운 정복왕 윌리엄 1세의
영광을 묘사한 자수로 된 큰 두루마리이다.(하)

'프랑크 왕국', '중세 서유럽의 공통분모' 편 참조). 이렇게 지배층끼리 결혼이나 상속 등으로 관계를 맺으면서 왕위 계승권이나 토지 상속권 등의 문제로 얽혀 있었기 때문에 그동안에는 각각의 국가 개념이 만들어지기 어려운 상황이었죠. 그 당시 영국에서는 언어조차도 프랑스어의 지배를 받아 프랑스어와 같은 형태로 많이 바뀌었답니다. 지배층은 프랑스어를 사용하고, 영어는 하층민들 사이에서 짧은 단어들을 중심으로 명맥만 유지되기도 했지요. 세계에서 가장 막강한 언어로 간주되는 영어에게 그런 흑역사가 있었다니! 놀랍지 않나요?

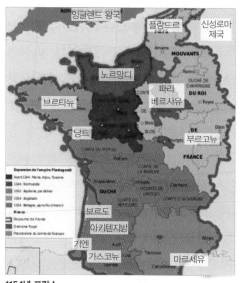

1154년 프랑스

1154년의 프랑스 지도입니다. 너무 복잡하다고요? 무서워하지 마세요. 간단하게 알려 드릴게요. 붉은색은 모두 잉글랜드 왕의 봉토인데요, 획득한 년도에 따라 그 색이 조금씩 다를 뿐입니다. 파란색 가운데 가장 색이 진한 것이 프랑스 왕령이고, 나머지는 모두 프랑스인 봉신들의 봉토입니다. 이후 프랑스 왕들의 왕권 강화 책으로 왕령은 확대되고 잉글랜드 왕의 봉토는 줄어들었지만, 이처럼 프랑스 안에 프랑스가 아닌 땅이 너무나 많았다는 것이죠.

영국은 노르만 왕조의 왕권 강화로 대륙보다 일찍 봉건제도 위에 중앙 집권이 강화되었기 때문에 그에 대한 견제도 대륙의 다른 국가들보다 빨랐습니다. 섬나라라는 독특한 지형 탓에 영국은 대륙의 다른 국가들과 차별화된 방식으로 국가를 완성합니다. 다른 나라에서 왕권과 시민의 세력을 결합하여 귀족과 대립했던 중앙 집권화적 특징과 다르게 영국은 시민과 귀족이 결합하여 왕권에 대항하는 방식을 택했지요. 그것을 보여주는 대표적인 예가 1215년 승인된 대헌장, 즉 마그나 카르타(Magna Carta)입니다. 당시 영국 국왕이었던 존 왕(1166~1216)이 프랑스의 필립 2세(1165~1223)에게 프랑스 내에 있었던 아키텐과 노르망디 등 영국 영토의 대부분을 빼앗기게 되면서, 귀족의 요구로 대헌장을 승인하여 귀족들의 봉건적 특권을 인정하게 되었답니다. 물론 그것은 국민 대다수와는 상관없는 일이었지만 최초로 왕권에 일정한 제약을 가했다는 점에서 입헌군주제의 초석으로 그 역사적 의의가 매우 큰 사건이지요. 특히 12조의 국왕 과세권 제한 조항은 이후 권리 청원, 권리 장전과 같은 영국 민주주의 문서에 영향을 주었으며 입헌 정치의 기틀을 마련한 것으로 평가받고 있습니다.

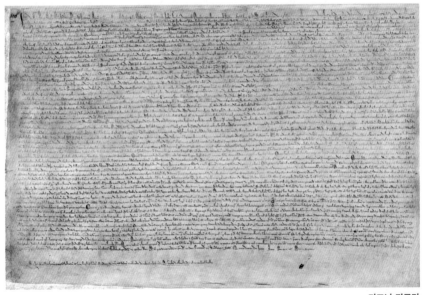

마그나 카르타

● 대헌장 ●

제1조: 첫째 짐은, 잉글랜드 교회는 자유로우며 그 권리를 완전히 보유하며, 그 자유를 침범당하는 일이 없음을 … 짐과 짐의 후계자들에게 영구적으로 확인한다.

제12조: 군역 면제금과 보조금은 짐의 왕국 전체의 자문에 의지하지 않고는 짐의 왕국에서 부과되지 않는다. …

제39조: 자유인은 누구나 그와 동일한 신분자의 합법적 재판이나 국법에 의하지 않고는 체포 또는 구금되거나 부동산 점유를 침해당하거나, 추방되거나 또는 어떠한 방법에 의해서도 침해당하지 않는다.

여기서 잠깐! 존 왕은 십자군 전쟁과 관련된 영국의 대표적 영웅인 사자왕 리처드(1157~1199)의 동생입니다. 리처드가 십자군 전쟁으로 인해 이슬람권에 포로로 잡혀 있을 때 형 대신 폭정을 행한 왕으로서 영화나 소설에서 자주 등장하는 왕이죠. 이 시기를 배경으로 만들어진 작품 중 『로빈 후드』와 『아이반호우』가 유명하답니다.

영국 민담 중에는 의적으로 등장하는 로빈 후드를 소재로 다룬 소설과 영화

(좌로부터) 영국 잉글랜드의 이스트미들랜드에 있는 로빈 후드 동상, 사자왕 리처드 1세, 존 왕

가 많이 있는데요. 로빈 후드의 배경이 존 왕과 관련되어 있고, 존 왕이 '대헌장'과 관련되어 있다는 것을 알고 나니 뭔가 알아낸 것처럼 조금 으쓱해지죠?

이후 영국 왕권과 귀족들, 시민들과의 관계 정립은 존 왕으로 문을 닫는 앙주 왕조(이름만 봐도 프랑스의 향기가 나네요. 프랑스 앙주 백작의 후손이랍니다) 후의 플랜타지네트 왕조(1154~1485)에서 본격적으로 의회가 만들어지면서 완성되어갑니다. 즉, 영국 역사상 영국 의회(하원)를 처음 연 인물은 잉글랜드의 귀족 시몽 드 몽포르(1208~1265)로 간주됩니다. 시몽 드 몽포르는 이름에서처럼 프랑스 출신으로 영국으로 건너와 헨리 3세(플랜타지네트 왕조의 첫 왕입니다)의 누이동생과 결혼하여 백작의 지위를 받았답니다. 그러나 대헌장을 무시하는 헨리 3세에 맞서 봉기를 일으켜서, 헨리 3세와 당시 왕자였던 에드워드 1세를 포로로 잡기도 했지요. 이후 시몽은 정권을 잡아 의회를 열고 귀족들의 지지를 얻어내려 했는데, 이를 시몽 드 몽포르 의회(1265)라고 해요. 여기서 귀족과 성직자들이 왕을 굴복시키고 시민 계층의 대표자가 참석하는 의회제의 시초가 마련되었다고 봅니다. 그렇지만 이 의회는 실패했고 시몽은 온건파 귀족들에 의해 풀려난 에드워드 1세와의 이브샴 전투에서 전사했답니다.

아래 사진은 시몽 드 몽포르 기념비와 스코틀랜드의 영웅 윌리엄 윌레스입

시몽 드 몽포르 기념비(좌)
윌리엄 윌레스 동상 스코틀랜드 국립 초상화 미술관(에든버러 소재)에 있다.(우)

니다. 윌리엄 월레스는 에드워드 1세~2세 시기에 있었던 잉글랜드에 대한 스코틀랜드의 항쟁을 이끌었던 영웅입니다. 이와 관련해서 헐리웃에서는 『브레이브 하트』라는 제목의 영화를 만들었어요. 주연은 멜 깁슨과 소피 마르소였는데요. 멜 깁슨이 물론 윌리엄 월레스 역을 맡았지요.

에드워드 1세 시대의 읍성

위 사진은 에드워드 1세 시대 웨일즈를 정복하고 지은 성의 모습입니다 헨리 3세의 이들 에드워드 1세(1239~1307)는 영화 『브레이브 하트』 초반에 '무자비한 이교도로 이름난' 왕이라고 소개되기도 합니다만, 그는 실제로 '잉글랜드 입장에서 보았을 때'에는 훌륭한 왕이었습니다. 군사적으로는 웨일즈를 정복하여 잉글랜드에 합병하고, 잉글랜드의 정치에 외국인이 개입하는 것을 법으로 금지하는 한편—시몽 드 몽포르 같은 사람들이 등장하는 것을 막기 위해서였지요— 왕권을 강화하고 입법·사법·행정을 분리하기 시작했거든요. 또 잉글랜드의 의회 발전에도 힘을 기울여서, '잉글랜드의 유스티니아누스'[2]라는 별명까지 얻었는데, 1295년에 만들어진 이 시기의 의회를 모범의회(Model Parliament)라 합니다. 이렇게 불리는 이유는 이 당시 성직자·귀족·기사·시민의 각 대표들이 모임으로써 의회의 구성이 '모범적'인 신분 대표적 성격을 가지고 있기 때문이지요.

이러한 성격의 의회는 결국 그 손자인 에드워드 3세(1312~1377) 때 성직자와 귀족으로 구성된 상원의원과 기사, 시민으로 구성된 하원의원으로 이루어진 양원제로서 자리를 잡게 됩니다. 영국에서 이러한 성격의 의회가 성립된 것은 다른 나라에 비해 2세기나 빨리 근대국가가 태어나는 배경이 되었답니다. 왜냐하면 의회 정치는 한편으로 국왕이 국가 전체를 통치하는 데 효율적이고 국민들로부터 세금을 징수하여 통치 체계를 정비하는 데 효과적이기 때문입니다. 정치적 통합과 재정적 기반 확립의 기초가 성립되면서 영국 발전을 앞당기게 되었던 것이죠. 그런 면에서 볼 때 영국 의회의 발전은 현대 민주주의의 제도적 측면에서 눈여겨보아야 하는 부분임에 틀림없습니다. 거기에 더하여 영국에서 의회의 발전은 국왕이 의회의 뜻이나 의회에서 제정한 법률은 존중하고 이에 입각하여 통치해야 한

에드워드 1세 '다리 긴 왕'이라는 별명이 있었다.(상)
1295년 에드워드 1세가 소집한 모범의회(하)

2   유스티니아누스는 비잔티움 제국의 전성기 황제이다. 『로마법대전』으로 법전을 정비한 업적이 있다.

다는 입헌주의로 발전했기 때문에 의미가 더욱 깊은 것이죠.

이에 비해 프랑스의 왕권 강화는 왕권과 시민의 결탁으로 봉건 영주 세력을 약화시키는 형태로 진행되었습니다. 본래 프랑스는 영주들의 힘이 강하고 왕권이 약한 전형적인 봉건적 특징을 지닌 국가였습니다. 그러한 프랑스의 왕권 강화가 이루어진 것은 카페 왕조(987~1328) 때였는데요. 필리프 2세(1165~1223)는 본래 영국 왕들과는 친척 관계로 특히 '사자왕' 리처드와는 친분이 두터워 3차 십자군 전쟁에 함께 참여하기도 했어요. 그러나 왕권을 강화하기 위해 자신의 봉신 국가인 영국 왕을 눌러야 했습니다. 그래서 존 왕을 이용하여 리처드를 제거한 후 결국 존 왕과 싸워 프랑스 내의 아키텐과 노르망디의 영국 영토의 대부분을 수복했답니다. 프랑스 최초의 위대한 왕이어서 '존엄왕'이라는 별칭으로도 불린다는군요(앞부분에 이 사건과 결부되어 존 왕이 영국 내에서 승인하게 되는 문서가 있었는데, 그게 무엇이었을까요? 그렇죠. '마그나 카르타'입니다).

필리프 4세(1268~1314)는 얼굴이 잘 생겨서 '미남왕'으로 불렸다고 합니다. 그래서일까요? 당시 나라바 왕국—지금의 에스파냐의 기원—의 공주와 결혼하여 나라바 왕국도 다스렸는데요. 그는 잉글랜드의 에드워드 1세와도, 플랑드르와도 전쟁을 해야 했기 때문에 재정이 많이 부족했답니다. 그래서 잉직사를에게 세금을 부과했는데 이 때문에 교황청과 극심하게 대립하게 되었지요. 이에 필리프 4세는 국민의 지지를 얻기 위해 1302년 삼부회를 소집했고, 이를 통해 성직자에 대한 과세 문제를 둘러싸고 대립을 벌였던 교황 보니파키우스 8세를

필리프 4세

교황 체포 사건 별궁인 아나니 성에 있던 교황을 체포하는 모습(조반니 빌라니 作)

결국 굴복시켰습니다. 위의 사진은 '아비뇽 유수'[3]의 시발점이 된 '아나니성 교황 유폐(1303) 사건'을 그린 것입니다.

'전쟁'이라는 이름으로_'영국'과 '프랑스'의 완성

자, 이렇게 영국과 프랑스에서는 각각 다른 방식이지만 권력이 한 곳으로 집중되면서 국민국가가 형성되고 있었습니다. 이때 국가의 완성을 마무리 지은 사건이 일어나니, 그것이 바로 두 국가 사이에 있었던 '백년 전쟁'입니다. 1338

---

3   로마 가톨릭 교황청의 자리가 로마에서 아비뇽으로 옮겨 1309년부터 1377년까지 머무른 시기를 말한다. 고대 유대인의 바빌론 유수에 빗대어 '교황의 바빌론 유수'라고도 불린다. 이 사건 이후 로마의 교황과 아비뇽의 교황 둘이 존재하는 교회의 대분열 시대로 이어졌는데, 이것은 교황권 실추의 대표적 사건으로 간주된다(7강 '십자군 전쟁 그 후' 편 참조).

년에 시작하여 1453년에 끝난 전쟁, 자그마치 120년 동안 벌어졌던 전쟁이기 때문에 백년 전쟁이라고 부르는데요. 여기서 잠깐! '1453년' 하면 생각나는 사건이 없으신가요? 영국과 프랑스가 있는 곳에서 굉장히 멀리 떨어진 동쪽에서 일어난 사건인데, 이를 통해 세계사는 새로운 세계가 발견되는 어마어마한 장정으로 돌입하게 되지요. 맞습니다. 바로 콘스탄티노폴리스가 함락되면서 비잔티움 제국이 오스만 튀르크에게 멸망당하는 사건이 1453년에 일어났지요.

같은 해에 이런 사건들이 같이 발생하고 있는 걸 보면 정말 인간의 역사는 인간 스스로가 만들어가는 것이 아니라는 생각이 다시금 들기도 하네요. 어쨌든 영국과 프랑스는 14세기 중반에 100여 년 동안 싸울 전쟁에 돌입하게 되는데, 물론 100년 동안 매일 싸운 것은 아니었어요. 전쟁 중에 양국에서 페스트가 유행하기도 해서 전쟁이 잠깐 중단되기도 했고요. 또한 이 당시의 전쟁은 국가 구성원을 총동원하는 전면전이 아닌 '국왕'과 싸우는 직업인인 '기사'들의 지휘 아래 일어난 전쟁이었기 때문에, 왕조끼리 전쟁의 혼란을 틈타 농민층에서 반란[4]이 일어나면 왕조는 그것을 진압한 후에 싸우는 일들이 반복되어서 1년 싸우고 몇 년 쉬고 그런 식으로 100년 이상을 끈 것이었답니다.

이 전쟁의 원인은 첫째, 프랑스에 카페 왕조의 뒤를 이어 발루아 왕조(1328~1589)가 들어서 영국의 플랜타지네트 왕조가 프랑스 왕조의 왕위 계승을 요구하며 대립한 것입니다. 즉, 프랑스 샤를 4세가 남자 후계기 없이 사망히지 그의 사손 형제인 발루아 가문의 필립 6세(1293~1350)가 왕위에 올랐는데요. 왕위를 계승할 왕자가 없을 때에 비록 공주는 왕위를 계승할 수 없지만 공주의 아들은 왕위를 계승할 수 있기 때문에[5] 샤를 4세의 누이인 이사벨

---

4 1358년 프랑스 자크리의 난, 1381년 영국 와트 타일러의 난이 대표적이다.

5 마치 고려 시대 문벌귀족 사회의 특징을 보여주는 음서제도에서 여자는 관직에 오를 수 없지만 그 남편이나 아들에게 관직을 줄 수 있게 하여, 음서 대상에 사위·외손자까지 포함되는 것과 마찬가지다.

백년 전쟁의 주요 전투 장면 슬로이스 해전, 크레시 전투, 푸아티에 전투, 아쟁쿠르 전투, 오레 전투이다.

라는 프랑스 왕위에 오를 수 없지만 그 아들은 왕위 계승 서열에 들었던 것이 죠. 따라서 이사벨라의 아들 영국 왕 에드워드 3세(조금 전에 영국의 의회제도에서 만났던 왕이죠. 양원제 확립 기억하시죠?)가 자신이 프랑스 왕위를 계승해야 한다고 주장했답니다.

둘째, 프랑스 입장에서도 자신의 신하인 영국 왕이 프랑스에 프랑스 왕령보다 더 넓은 영토를 가지고 있는 것을 불편해하고 있었습니다. 왕위 계승 문제에 영토 문제까지 결합되었던 것인데요. 프랑스 왕은 중세 모직물 공업의 중심지인 플랑드르가 양모 공급처인 영국의 경제적 지배하에 있는 것을 못마땅하게 여겼습니다. 또한 아키텐 영토였던 가스코뉴는 유럽 최대의 포도주 생산지였는데 프랑스 왕은 이 지역을 탈환하고 싶은 욕심을 가지고 있었던 것이지요. 이와 같이 왕위 계승 문제와 영토 문제로 얽혀 있던 영국과 프랑스의 이해관계는 대화와 타협으로는 풀 수 없었기에 결국 전쟁을 통해 해결할 수밖에 없었답니다. 즉, 왕위 계승권을 주장한 영국에 대해 프랑스가 반대하자 에드워드 3세는 프랑스 플랑드르 지방에 수출하던 양모 공급을 중단했고, 프랑스는 프랑스 내 영국령으로 남아 있었던 기엔 지방을 몰수하게 되었지요. 에드워드 3세가 이에 대해 선전포고를 하면서 백년 전쟁이 시작된 것입니다.

전쟁 초기부터 전쟁이 끝날 때까지 거의 대부분 영국군의 활약이 프랑스군에 비해 우세했어요. 특히 영국의 보병과 사냥꾼으로 구성된 장궁대(긴 활 군대)가 막강한 프랑스 기병을 격파함으로써 무기의 발달로 인한 기사 계급의 몰락을 본격적으로 보여주었습니다. 그래서 한때 프랑스 왕이 영국군에게 포로로 잡혀 거액의 몸값을 주고 풀려나기도 했지요. 심지어 당시 전략적으로 중요한 도시 오를레앙이 완전히 포위된 상태였는데도 국왕 자리가 공석이었던 바람에 정식 군대를 소집할 수 없는 상황도 있었답니다. 이러한 위태로움 속에서 승리를 이끌어낸 사람이 있었는데요. 바로 프랑스의 어린 소녀 잔 다르크(1412~1431)입니다. 어린 소녀가 목숨을 걸고 전쟁에 뛰어들어 오를레앙을 구하고 프랑스 국왕 샤를 7세가 대관식을 치룰 수 있도록 한 것이지요. 그녀의 활약으로 프랑스는 대 반전을 맞이했고 결국 영국을 몰아내고 강력한 왕권을 수립할 수 있는 기반을 닦게 됩니다. 비록 잔 다르크는 마녀로 몰려 화형을 당하지만, 후에 로마 가톨릭에 의해 복권되어 성녀로 추앙받게 되고 프랑스 애국의 상징으로 쓰여 프랑스 혁명 때에 다시 그 정신이 부활하기도 했어요.

프랑스는 이 전쟁의 결과 영국 왕의 영토였던 곳을 완전히 회복

오를레앙 방어전에서 승리하고 개선하는 잔 다르크 (장 자크 셰러 作)(상) 백년 전쟁 전후의 세력도(하)

함으로써 영토를 통일했고, 국민의 자부심과 일체감이 높아져 중앙 집권 체제가 강화되었습니다. 그러면서 비약적인 발전을 가져와 당시 대륙의 지도자 격이었던 신성 로마 제국과 어깨를 나란히 할 정도의 국가로 성장하게 되었답니다.

이에 비해 전쟁에서 진 영국은 전쟁 패배에 대한 책임의 소재가 왕위 계승 문제와 함께 전쟁으로 촉발되는데, 1455년부터 1485년 사이에 일어난 장미 전쟁이 바로 그것입니다. 이는 플랜타지네트 왕조의 뒤를 이어 왕조를 이어갔던

랭커스터 왕조의 헨리 6세(1421~1471)가 백년 전쟁 패배의 책임을 지면서 폐위되고 요크 가문의 에드워드 공작이 에드워드 4세(1442~1483)로 즉위하면서 요크 왕조를 여는데, 이에 대해 이전 왕조였던 랭커스터 가문이 반발하면서 일어난 전쟁입니다. 랭커스터가 붉은 장미를, 요크 가문이 흰 장미를 문장(紋章)[6]으로 사용했기 때문에 '장미 전쟁'이라고 불립니다.

결국 랭커스터 가문의 외척인 헨리 튜더가 요크 왕조의 마지막 왕인 리처드 3세(1452~1485)를 죽이고 요크 가문의 엘리자베스와 결혼하여 헨리 7세(1457~1509)로 즉위하면서, 영국의 본격적인 중앙 집권화를 촉진시키고 영국 역사상 가장 유명한 왕들을 탄생시키는 튜더 왕조(1485~1603)를 열게 됩니다. 헨리 7세는 자신의 문장인 붉은 장미에 요크 가문의 흰 장미를 겹친 도안으로 왕실의 새로운 문장을 만들었으며 귀족들의 사병을 폐지하고 반란을 엄격하게 다루었어요. 이에 따라 헨리 7세는 성공적으로 왕권을 강화했답니다. 물론 이 전쟁 와중에 많은 봉건 제후가 몰락한 것은 말할 것도 없겠지요.

이렇게 살펴보니 결국 영국과 프랑스는 자신들의 국가를 만들어가는 과정에서 서로 대립했고, 그로부터 라이벌 관계가 만들어졌던 것이로군요. 그러나 사실은 봉건 귀족이나 시민 세력을 누르고 자신들이 권력의 중심에 서고자 했던 국왕들의 탄생이 백년 전쟁에서 보다 의미 있는 결과라고 할 수 있겠

(좌로부터) **랭커스터 가문, 요크 가문, 튜더 가문의 문장**

---

6   가문을 대표하는 장식.

지요. 그러니 100년 동안 있었던 영국과 프랑스의 전쟁에서 역사적 승자는 한 국가가 아닌 그 국가 내의 국왕이라고 할 수 있을 것입니다. 결국 국가 안에서의 자연스럽지 못한 권력의 집중 현상이 대외적으로 불편한 관계를 만들어낼 수밖에 없다는 것이죠.

현재에도 국가 내 정치적 권력의 안정을 위해 외부와의 대립을 조장하는 것은 비일비재한 일입니다만, 역사는 그러한 의도에서 만들어진 대립의 결과가 미래의 각 국가 관계에 대해 많은 비용을 지불할 수밖에 없게 만든다는 것을 보여줍니다. 그러므로 역사를 공부하는 우리는 그러한 방법을 쓰는 권력의 속성을 비판적으로 보면서 무분별하게 동조하는 모습을 보이지 않아야겠지요.

자, 이제 다음 시간으로 넘어갈 준비를 해야겠어요. 드디어 서양에서 '중세'라는 이름을 벗고 '근대'라는 옷으로 갈아입을 때가 되었습니다. 어찌 보면 전 세계적으로 유럽이 '우월한 자들'이라는 이미지 메이킹에 성공할 수 있었던 것은, 이 시대를 세계사에서 가장 먼저 맞고 그것을 힘과 연관시켜서 자신을 높은 위치에 두었기 때문일 것입니다. 그러나 반대로, 바로 그렇기 때문에 현대로 이어지는 많은 문제에 대한 책임을 이들에게 물어야 하는 것일 수도 있어요. 그래서 현대 이후 발전이 둔화되고 오히려 과거의 유산에 모든 것을 맡기고 걸어가는 듯한 그들의 행보는 어쩌면 그들이 '근대'라는 이름으로 저지른 많은 '착오'에 대한 대가인지도 모르겠습니다.

이런 복잡한 감정이 '서양 근대사'를 대하는 '동양 현대사' 속의 우리 마음인데요. 이 모든 감정과 과정 속에서도 많은 것을 배울 수 있으면 좋겠다는 바람으로, 다음 시간을 향해 출발!

동시대 지구촌 넘나들기

기원후 14세기~기원후 15세기

한반도에서 기원후 14세기는 고려에서 조선으로 넘어가는 격동의 세기입니다. 14세기의 대표적 사건이라면 공민왕과 관련된 것을 들 수 있는데요. 당시 공민왕은 반원 자주 정책을 펴고 왕권을 강화하면서 기울어가는 고려를 다시 세우려고 했습니다. 그러나 원의 압력과 당시 원에 기대어 기득권을 가지고 있었던 권문세족에 의해 개혁은 실패로 끝났죠. 그럼에도 공민왕의 개혁이 의미가 깊은 것은 당시 권문세족에 반대하는 신진사대부가 세력을 키울 수 있는 배경을 마련해주었기 때문입니다. 결국 신진사대부 중 혁명파 사대부인 정도전을 중심으로 신흥 무인 세력의 중심인물인 이성계를 왕으로 추대하면서 위화도 회군(1388)을 통해 정권을 장악하게 되었고요, 1392년 조선을 건국하게 되지요.

15세기는 조선이 정치적으로 자리를 잡는 세기입니다. 태조 이성계부터 시작한 조선의 기본적 제도가 완성되었음을 알리는 '성종'까지가 15세기 즈음인 것입니다. 태종의 왕권 강화 정책, 세종의 '훈민정음 창제(1443)' 등 문화의 발전, 성종 시대의 '경국대전 완성(1484 을사대전乙巳大典)'으로 대표되는 조선 문물의 완성이 한반도에서 일어나는 동안 영국과 프랑스도 각각의 국가의 개념을 '전쟁'을 통해 완성하고 있었군요. 십자군 전쟁이 고려와 맥을 같이 한다면, 백년 전쟁과 장미 전쟁은 고려 말 조선 초와 같은 시기를 겪고 있었네요.

중국에서는 이 시기 한반도의 변화와 무관하지 않은 일들이 벌어지고 있었는데요. 앞서 살핀 공민왕이 반원 자주 정책을 펼칠 수 있었던 것은 중국에서 원이 쇠락하고 명 왕조가 일어나고 있었기 때문입니다. 몽골 족의 원 대신 한족의 주원장에 의해 명 왕조가 건국되면서(1368) 한족 문화가 회복되니 14세기는 황제권을 강화하는 한족 지배 체제 구축의 시대였습니다. 15세기 명 영락제 때 정화의 남해 항해 (1405~1433)가 7차례에 걸쳐 일어나면서 명의 조공 책봉 체제가 이루어지기도 했지요. 한마디로 서유럽의 백년 전쟁과 장미 전쟁의 시기는 중국의 명 왕조와 궤를 같이한다고 하겠습니다.

서아시아에서의 14~5세기는 아바스 왕조를 멸망시킨 몽골 일 한국에 이어 서아시아의 패권을 차지한 오스만 튀르크가 전성기를 향해 가고 있던 시기입니다. 특히 1453년 메메드 2세 때 비잔티움의 수도 콘스탄티노폴리스를 함락시켰던 것은 전 유럽사에 엄청난 결과를 가져온 역사적 사건이었지요.

메메드 2세의 콘스탄티노폴리스 입성

비잔티움 제국이 멸망한 뒤 그 지역이 이슬람화되면서 서유럽에서 필요로 하는 향료 등의 공급에 어려움을 겪게 되고 그에 따라 서유럽에서는 동방과의 무역을 위해 신항로를 개척하게 되는 이른바 '대항해 시대'를 맞습니다. 그 결과로 십자군 전쟁 이후 발달하고 르네상스의 주역으로 부상했던 이탈리아의 도시들이 쇠퇴하게 되고, 대서양 주변의 국가들인 에스파냐·포르투갈 등이 대서양 시대의 주역으로 등장하게 됩니다. 어려운 설명이라고요? 걱정 마세요. 다음 시간부터 우리가 여행해야 할 부분의 내용이니까요. 서양 근대사를 다 여행한 다음 이 부분을 다시 보면 전혀 어려운 내용이 아님을 알게 될 거예요.

에스파냐와 포르투갈의 뒤를 이어 대서양 시대에 뛰어든 나라가 바로 네덜란드와 오늘 우리의 주인공이었던 영국과 프랑스인 것이죠. 14세기 15세기에 국가라는 이름으로 국왕을 중심으로 권력을 강화한 영국과 프랑스는, 16세기 이후 대서양 시대에 뛰어들어 전 세계로 세력을 확장하는 기반을 마련하고 결국 두 차례에 걸친 세계대전에 이를 때까지 자신들의 세력을 계속 키워나갑니다. 정말 세계사는 언뜻 보기에는 복잡하지만, 각기 어떤 사건에서의 원인과 결과들을 모두 담당하고 있기 때문에 그 복잡함이 세계사의 매력인 것 같습니다.

티타임 토크

이 시기에 분열된 국가들은 어떤 모습이었어요?

독일(신성 로마 제국)부터 볼게요. 독일은 843년의 베르됭 조약으로 카롤링거 제국의 동쪽이 서 프랑크(프랑스)나 중 프랑크(이탈리아)와 분리되어 새로운 국가인 동 프랑크 왕국으로 형성되면서 발달하기 시작한 국가입니다. 이 국가가 신성 로마 제국으로 발전해 1806년까지 독립적으로 존재하게 되는 것인데요.

국가 명칭에 '로마'가 들어가는 것을 보고 눈치 채셨겠지만, 대제라 불리는 오토 1세(912~973)가 962년 '신성 로마 제국'의 황제라고 로마 교황으로부터 불리면서, 서로마 제국을 부활시켰던 프랑크 왕국의 뒤를 이은 정통 국가로서 인정받았답니다. 그 당시 마자르 족과 슬라브 족들로부터 기독교 세계를 보호한 것은 마치 프랑크 왕국의 카를 대제를 연상시켰기 때문에, 오토 1세는 크리스트교를 보호하는 유럽 세계의 수장 역할을 했던 것입니다. 국가 명칭도 그렇고 업적도 그러하니 굉장히 강력한 왕권을 보유하고 있을 것 같은 느낌이 들죠? 그런데 너무나 놀랍게도 신성 로마 제국의 황제권은 서유럽의 그것들보다 강하지 못했답니다. 서 프랑크보다 동 프랑크의 행정 조직

신성 로마 제국

황금문서 금인칙서, 금인헌장이라고도 한다.(좌) **베르됭 조약과 메르센 조약**(우)

이 잘 짜여 있지 못했고 굉장히 다양한 여러 세력들이 얽혀 있었기 때문인데요. 심지어 신성 로마 제국은 1254년부터 1273년까지 대공위 시대라는 분열 시대를 거친답니다. 이때에는 왕권이 쇠퇴하여 황제가 없었습니다. 단지 황금문서[7]라 하여 7명의 선제후가 황제를 선출했죠. 황제권이 약했던 것은 두말할 필요도 없고요. 결국 신성 로마 제국은 연방 국가와 자치 도시로 구성된 지방 분권 체제로서 영국이나 프랑스와 같은 강한 왕권은 아직 출현하지 못하고 있답니다.

유럽 근대사에서 다시 자세히 여행하게 되겠지만 이와 같이 여러 소공국, 분국, 제후국 등으로 쪼개진 독일의 여러 나라들은 1871년 오스트리아를 제외하고 독일 제국으로 통합되고요. 독일 제국은 제1차 세계대전을 일으키며 1918년까지 존속하다가 바이마르 공화국으로 바뀝니다. 이후 히틀러에 의해 제3제국이 수립(1834)된 후 제2차 세계대전의 구심점으로서 악역을 담당하게 되지요.

이번엔 이탈리아의 모습을 살펴볼까요? 프랑크 왕국이 분열되면서 중 프랑크가 발전한 모습인 이탈리아 안에 로마가 있는 것을 기억하시지요?

로마 제국이 멸망당하고 난 뒤 이탈리아 반도는 권력의 공백 상태가 되었고, 게르만 족

---

7 카를 4세가 발표한 제국의 법이다. 황금 도장을 사용하고, 대제후의 기득권을 인정하는 황제 선출 방식을 규정하고 있는 문서이다.

의 침입 등으로 혼란은 더욱 가중되었지요. 강력한 통치권이 아직 존재하지 않을 때 서유럽을 중심으로 로마 가톨릭의 지위가 높아지면서 로마는 유럽 문명을 하나로 묶는 가톨릭의 중심지가 되었답니다. 이 때문에 이탈리아 반도와 로마는 유럽의 패권을 노리는 이웃 열강들의 끊임없는 세력 대결에 시달려야 했고요. 게다가 로마 제국이라는 단일 국가가 사라진 자리에 수없이 많은 군소 도시 국가들이 나타나게 됩니다.

따라서 이 당시 이탈리아는 외세의 간섭뿐 아니라 황제를 중심으로 하는 황제당과 교황을 지지하는 교황당의 대립으로 독일과 같이 분열된 모습을 보이고 있었습니다. 그리하여 제네바·피렌체·베네치아와 같은 도시 국가와 중부의 교황령, 남부의 나폴리 왕국 등으로 분열되어 있었습니다.

이 시기에 독립한 국가는 어디예요?

당시 이베리아 반도(현재 에스파냐·포르투갈 등이 있는 반도)에서는 이슬람에게 빼앗겼던 지역을 크리스트교도들이 재정복 운동을 통해 이슬람 세력을 축출하고 강력한 통일 왕국을 세우게 됩니다. 12세기경의 카스티야·아라곤·포르투갈은 이베리아 반도의 3대 크리스트교 국가로서 이들이 현재의 에스파냐와 포르투갈의 전신이 되는 국가랍니다. 지도에서 한번 찾아보시겠어요?

이베리아 반도의 국가들

에스파냐(스페인)부터 들리겠습니다. 아라곤의 페르니난트 왕과 카스티야의 이사벨라 여왕이 결혼함으로써 서로의 국가를 합쳐 세력을 키운 후, 이슬람이 지배하고 있었던 그라나다를 함락시켜 이슬람 세력을 축출하고 1492년 통일을 완성하게 됩니다. 그야말로 외적을 몰아내고 국가를 통일했으니 강력한 왕권이 출현하게 되었던 것이지요. 이러한 정치력을 배경으로 유럽 근대사에서 큰 의미를 가진 '신항로의 개척'의 선두에 설 수 있었던 것이랍니다.

포르투갈은 어땠을까요? 포르투갈은 12세기 중엽 카스티야로부터 독립하고, 이슬람 세력을 축출했답니다. 15세기 후반에 국가 통일을 완성하면서 해외로 진출하기 시작했는데요, 에스파냐와 함께 신항로를 개척하여 근대를 이끌어간 대표적인 국가입니다.

이처럼 이베리아 반도의 국가들은 이슬람 세력으로부터의 독립과 맞물려 강력한 왕권이 출현하고 있고, 이를 배경으로 신항로 개척이 이루어졌다는 공통점을 가지고 있다는 것도 잊지 마시고요.

런던탑과 까마귀는 어떤 관계예요?

영국의 전설에 따르면 런던탑에 서식하는 까마귀들은 왕가를 수호하는 동물로 까마귀가 떠나는 날 왕실이 몰락할 것이라고 합니다. 따라서 국왕의 칙령에 따라 런던탑 근위병들은 언제나 6마리 이상의 까마귀 개체수를 유지해야 한다고 하는데요. 현재 9마리의 까마귀가 있는데, 이들은 '까마귀 마스터'와 그의 두 조수가 돌보고 있다고 해요. 날개깃을 조금씩 잘라 멀리 날아가지 못하도록 막고 매일매일 먹이도 준다고 하니 정말 "세상에 이런 일이~!!" 수준이죠? 심지어는 찰스 2세 때 본래 런던탑에 위치했던 왕실천문대의 천문학자들이 까마귀 때문에 관측에 방해가 된다고 불평하자 왕이 도리어 왕립그리니치 천문대를 지어주고 천문학자들을 내쫓았다고 하는 설이 있으니…. 오, 놀라워라….

포도주, 샴페인, 스파클링 와인… 차이가 뭔가요?

포도주 제조는 프랑스의 주요 산업인데요. 포도주는 알자스·보르도·부르고뉴·상파뉴·랑그독 등등 생산지에 따라 각기 독특한 특징을 가지며 맛과 가격도 천차만별이랍니다.

런던탑

특히 상파뉴의 영어식 이름은 '샴페인'인데요. 아하!! 들어보셨다고요? 정확하게 표현하자면 이곳에서 생산된 포도주만 '샴페인'이라고 하고 다른 곳에서 생산된 포도주는 '스파클링 와인'이라고 부른답니다. 다음 지도는 포도주 산지로 유명한 프랑스 지방의 위치를 보여주는데요. 각자 한번 찾아보세요. 어디서 한 번쯤은 들어봤음직한 명칭들이죠? 그런데 포도주는 눕혀서 보관해야 한다는 사실을 아시나요? 포도주 병의 코르크 마개가 계속 젖어 있어야 병 안으로 산소가 공급되지 않고, 그래야 산화가 방지되어 오랫동안 좋은 포도주 맛을 유지할 수 있답니다. 아무리 값비싼 포도주라 할지라도 계속 병을 세워둔 채 보관해두었다가 나중에 연다면 그땐 아마 굉장히 비싼 식초를 맛보시게 될 거라는 사실! 방송에서 포도주 병들이 누워 있는 장면을 볼 때마다 그 이유가 궁금하셨던 분들, 이제 궁금증이 풀렸지요?

프랑스의 포도주 산지(좌) **포도와 포도주** 잘 어울리는 환상의 커플이다.(우)

르네상스_
현대 유럽 문화의 출발점에 서서

오늘 우리는 드디어 서양 역사에 있어서 현재의 유럽을 만들어낸 가장 직접적인 장면들로 발을 내딛게 됩니다. 시기적으로는 14세기부터 19세기까지 약 600년간 유럽에서 일어난 일들의 서막이 오르는 때인데요. 우리나라로 따지면 조선 시대에 해당하는 시기라고 할 수 있어요. 우리 한국사에서도 조선 왕조의 그림자가 현재 우리의 삶을, 옳은 방식으로든 그렇지 않은 방식으로든 다양한 모습으로 규정하고 있는 것처럼 이 시기의 유럽은 현재 유럽인들의 모습을 형성하는 데 큰 몫을 차지합니다. 그러므로 이 시기의 특징을 알지 못하면 유럽인들을 이해하기가 쉽지 않지요. '서양' 하면 떠오르는―그것이 실제이든 만들어진 것이든 간에― '이성', '합리', '질서', '민주주의', '시민'과 같은 단어가 주는 이미지들은 오늘부터 배우게 되는 '근대사'적 사건들과 밀접한 관련이 있답니다.

오늘의 주제인 '르네상스'와 관련된 시기는 서양의 중세와 근대가 혼재하는 시기라고 할 수 있는데요. 이 시기 서유럽에서는 지난 시간에 여행하면서 배웠던 것처럼 백년 전쟁이 막바지에 이르면서 국민국가가 탄생하고 있었고요. 그에 비해 유럽의 동쪽에서는 아직 강력한 왕권이 출현하지 못한 가운데 십자군 전쟁 이후 발달한 이탈리아의 도시들을 중심으로 서서히 새로운 시대의 물결이 일어나고 있었습니다. 이 새로운 물결은 유럽을 다른 어떤 대륙보다도 더 빨리 더 높게 '이성'과 '합리'와 '과학'이라는 영역으로 이끌었고, 그를 통해 유럽은 다른 지역들을 지배할 수 있는 '힘'을 가지게 되는 것이지요.

자, 서양 근대사의 출발점이라고 역사가들이 말하는 '르네상스' 시기로 함께 떠나볼까요?

르네상스_WHY 이탈리아?

르네상스(Re:다시, naissance:탄생)는 재생, 부활이라는 뜻입니다. 14세기에서 16세기 사이에, 중세의 크리스트교 중심의 문화가 쇠퇴하고, 고대 그리스 로마의 고전적인 문화의 전통을 다시 살려서 새로운 근대 문화를 창조하려고 한 일종의 문화 운동이지요.

이탈리아에서 시작하여 유럽 전체로 확산되면서 근대적 의식을 형성해나간 르네상스의 정신은 한마디로 인문주의,[1] 휴머니즘이라 할 수 있습니다. 이 사상은 현재까지도 전 세계를 철두철미하게 지배하고 있기 때문에, 아마 여러분도 몇 번쯤 들어본 적이 있을 거예요. 문제는 왜 이러한 르네상스가 많고 많은 유럽 국가들 중 왕권이 가장 약하고 분열이 심했던 국가(지난 시간에 배웠지요?)인 이탈리아에서 일어났느냐 하는 겁입니다. 이것이 르네상스의 정신과 더불어 가장 핵심적인 문제인데요.

우선 이탈리아에서 르네상스가 일어나게 된 배경을 살펴봅시다. 이때, 이탈

1 　인문주의(人文主義)는 모든 사람의 존엄과 가치를 중시하면서, 기본적으로 "신이 세상을 지배한다"는 신본주의(神本主義)에 반대하는 인간 중심의 인본주의(人本主義)를 토대로 한 정치사상이자 사회사상이다. 인간주의 혹은 휴머니즘으로 부르기도 한다. 이 가치를 중요하게 간주하는 사람을 인본주의자나 휴머니스트라고 칭한다.

리아의 수도가 로마라는 점을 기억하면 그 배경을 이해하기가 훨씬 쉬워집니다. 왜냐고요? 이탈리아에는 고전문화라 불리는 그리스 로마 문화의 전통이 그 어느 국가보다 많이 남아 있었기 때문이지요. 거기에 지중해를 통해 당시 서유럽보다 선진적인 문화 수준을 보여주고 있었던 이슬람 문화권과 비잔티움 제국 문화와도 빈번히 접촉함으로써 동방 문화의 자극을 받을 수 있었던 지리적 이점이 있었고요. 또한 십자군 전쟁 이후로 지중해를 매개로 한 지중해 무역이 크게 발달하면서 이탈리아의 도시들은 경제적인 번영을 누려 상공업이 발달하고 이에 따라 시민 계급이 성장하게 되었습니다. 여기에 교황과 군주들이 학문과 예술을 보호하고 장려했고, 부유한 시민과 정치가들의 후원[2]으로 예술가들이 자신의 뜻을 펼칠 수 있는 환경이 만들어졌답니다. 게다가 1453년—백년 전쟁이 끝난 해—에 콘스탄티노폴리스가 함락되면서 비잔티움 제국이 멸망하고 나자 동로마 제국의 많은 학자들이 이슬람 문화권에서는

피렌체 넵튠 분수

---

2   피렌체의 메디치 가문이 대표적이다.

활동할 수가 없었기에 이탈리아로 대거 넘어오면서 풍부한 고전문화가 더욱 빛을 발하게 되었지요.

이탈리아 내에서도 유독 피렌체가 예술과 문화의 도시로 꽃피울 수 있었던 네엔 메디치 가문의 힘이 컸습니다. 메디치 가문은 금융업을

코시모 1세의 동상 피렌체에 있는 메디치 가문 최초의 피렌체 군주 토스카나 대공 코시모 1세의 동상이다.(좌)
코시모 데 메디치의 초상화(우)

통해 축적한 부(富)를 기반으로 많은 예술가들과 그들의 예술 활동을 후원했는데요. 정치적 영향력까지 가졌던 메디치 가문의 적극적인 후원으로 라파엘로·미켈란젤로·레오나르도 다 빈치·단테·보티첼리 등 쟁쟁한 르네상스 거장들이 피렌체에서 많은 작품을 남길 수 있었습니다. 그 관계를 해석해보면 이렇습니다. 잠시 현대로 눈을 돌려보세요. 요즈음에는 스포츠 선수들이 자신의 전문적인 훈련을 위해 대개 스폰서를 구합니다. 스폰서들은 자신이 선택한 선수의 훈련비용 등을 지원하고요. 그러면 무엇이 좋을까요? 선수들은 걱정 없이 훈련을 받게 되니까 좋고, 스폰서들은 자기 선수가 좋은 성과를 내면 저절로 홍보가 되니까 좋은 거지요. 당시 메디치 가문과 예술가들의 관계는 이런 시스템과 비슷한 것이랍니다.

이런 상황에서 나타난 초기 르네상스는 고전 작품을 수집하고 정리하는 경향을 의미하다가 점차 정서적·미적·감각적·지적 활동에 있어 모든 중세적 틀을 벗어나 교회제도나 신앙생활의 제약을 넘어서서, 인간의 개성과 능력을 강조하고 인간의 전체적 발전을 도모하려는 인간 중심주의 운동으로 변모하게 되었습니다. 이 시기, 이 분위기에서 활동하던 르네상스인들이 바

Nature is the art of God "자연은 신의 예술 작품이다"라는 단테의 경구가 새겨져 있다(그레이트 홀, 토머스 제퍼슨 빌딩, 워싱턴).(좌) **알리기에리 단테의 초상(보티첼리 作)**(우)

로 단테(1265~1321), 페트라르카(1304~1374), 보카치오(1313~1375), 마키아벨리 (1469~1527)와 같은 문학가들과 르네상스 3대 미술가로 손꼽히는 레오나르도 다 빈치(1452~1519), 라파엘로(1483~1520), 미켈란젤로(1475~1564)와 보티첼리 (1445~1510) 같은 미술가입니다. 이들이 살았던 시대가 단테가 살던 13세기 후반부터 미켈란젤로가 활동했던 16세기까지인 것이 보이시지요.

자, 그럼 당시 르네상스인의 대표적인 모습을 살펴볼까요? 먼저 문학 부분인데요.

위의 사진은 『신곡』으로 유명한 알리기에리 단테의 모습입니다. 단테는 이탈리아가 낳은 가장 위대한 시인 가운데 한 사람인데요. 피렌체의 소귀족 가문에서 태어난 그는 생몰 연대를 보면 아시겠지만, 르네상스보다는 오히려 중세에 더 가까운 사람입니다. 그가 쓴 『신곡』은 중세 유럽의 학문적 전통을 총괄하는 대작으로 1308년부터 사망하는 1321년까지 10여 년에 걸쳐 이탈리아어로 쓴 14,233행의 서사시입니다. '단테'라는 주인공—자기 이름하고 같지요?—이 지옥과 연옥, 천국을 여행하면서 수많은 역사·신화 속 인물들을 만나 크리스트교적 구원, 죄와 벌 등에 대해 이야기를 나누는 내용입니다. 결국 크리스

니콜로 마키아벨리(좌)
군주론 1550년에 출간된 군주론의 타이틀 페이지다.(우)

트교적 시각에서 인간 영혼이 구원에 이르는 과정을 그린 작품이에요.

위의 사진은 『군주론』을 지은 것으로 유명한 니콜로 마키아벨리의 모습입니다. 마키아벨리는 이탈리아 르네상스 시대에 활약한 이탈리아의 정치가이자 사상가인데요. 르네상스 운동이 최고에 달했던 시기에 피렌체에서 태어났고 피렌체 공화정에 참여해 주로 외교 업무에서 능력을 인정받았습니다. 그랬기에 군주론에서 정치에 대한 자신의 의견을 마음껏 피력할 수 있었을 테죠? 그는 『군주론』에서 이탈리아의 통일을 갈망(독일과 이탈리아의 공통점인 '분열' 기억나시죠?)하면서 강력한 군주에 의한 전제정치를 주장했습니다. 그래서 그 내용이 중국의 이사나 한비자의 법가사상[3]과 비교되기도 하는데요. 내용을 잠깐 보실까요?

---

3   법가(法家)는 중국의 역사에서 춘추전국 시대(770~221 BC)의 제자백가 가운데에서 주요한 유파 넷 가운데 하나이다. 나머지 셋은 공자의 유가, 노자의 도가, 그리고 묵자의 묵가이다. 대표적인 법가 사상가로 상앙(商鞅), 신불해(申不害), 한비자(韓非子)가 있다. 유가에서 천하를 다스리는 원리가 인·의·예와 같은 덕치주의라고 본 반면, 법가는 보다 엄격한 법치주의를 근본으로 내세웠다. 따라서 법가에서는 천하를 다스리는 원리를 법(法)과 술(術)이라고 보았다. 법(法)은 군주가 정하는 규범을 뜻하며, 술(術)은 법을 행하는 수단을 이른다. 법가사상은 진나라·한나라의 중앙 집권적 고대 제국의 형성에 대한 이론적 기초를 제공함으로써 크게 중용되고 융성했으나 전한 무제 이후 유가(儒家)가 국가의 관학으로 정통성을 부여받은 이후 독자적인 발전에 방해를 받았다.

"지배자에게 요청되는 것은 무엇보다도 탁월한 통치 능력과 재능이며, 그러한 덕을 소유한 지배자에게, 필요하다면 권모술수와 악덕조차도 허용될 수 있다."

위의 내용을 보니, 마키아벨리는 국가의 통일이나 강력함을 위해서는 종교적·윤리적 제한을 벗어도 된다고 생각하는 사람이었다는 것을 알 수 있어요. 마키아벨리의 이론은 정치를 종교와 윤리로부터 독립시켰다는 점에서 큰 의의를 지닙니다.

르네상스인들이 문학에서 자연을 노래하고 인간의 마음이나 인간들로 구성된 사회를 묘사했다면, 미술에서는 자연과 인체의 아름다움을 사실적으로 그리면서 원근법과 음영법을 개발했습니다. 작품의 소재는 신(神) 중심이었으나 그 작품 내에는 인간적인 감정이 그대로 드러나 있는 것들이 특징입니다. 이번엔 미술 분야의 대표자인 레오나르도 다 빈치를 볼까요?

레오나르도 다 빈치의 모습과 그의 역작인 「최후의 만찬」입니다. 다 빈치는

최후의 만찬(좌) **레오나르도 다 빈치 자화상**(우)

그야말로 대표적인 르네상스인이죠. 앞 그림의 주제
는 분명히 크리스트교 적이지만 '최후의 만찬'에 예
수님과 함께 있었던 제자들의 당시 감정을 표현한 얼
굴에서 르네상스의 인문주의적 특징을 찾을 수 있답
니다. 그런 표현들이 얼마나 현실적인지 작가들의 상
상력에 의해 『다 빈치 코드』라는 소설이나 헐리웃의
다양한 영화로 구현되기도 했지요. 그 밖에도 다 빈
치는 「모나리자」, 「암굴의 성모」 등과 같은 많은 작품
을 남겼습니다. 미술만이 아닌 발명·건축·해부·천문
등등 다양한 방면에서 활동을 하며 천재성을 보여
대표적인 '르네상스인'으로 불리고 있지요.

레오나르도 다 빈치 동상.(상)
비트루비우스의 인체 비례
레오나르도 다 빈치의
인체 해부도이다.(하)

르네상스가 탄생한 배경과 특징이 이와 같다 보
니 이러한 배경이 사라지면 이탈리아 르네상스도 쇠
퇴하리라는 것은 자명한 이치겠지요? 16세기에 들어
서 대서양을 통해 동방으로 향하는 신항로가 개척되
면서 지중해 무역이 쇠퇴하고, 이에 따라 도시가 쇠퇴하여 문화 운동을 이끌
어가는 기반이 되었던 이탈리아 경제가 흔들리게 됩니다. 또한 이탈리아 국내
정치의 분열이라는 정치적 혼란은 문화 운동을 유지시키기에는 안정적이지
못한 상태였고, 여기에 왕권을 강화하면서 강대국으로 변모하는 프랑스 등의
침입으로 이탈리아 르네상스는 급속도로 쇠퇴하게 됩니다.

이탈리아 르네상스에 대해 일반 대중이 참여하지 못하고, 교황·군주·대(大)
상인 중심으로만 발전한 보수적·귀족적 성격인 데다가 교황과 교회를 부정하
지 못하는 한계 즉, 사회적·정치적 성격이 미약하여 중세에 대한 부정이 불철
저했다는 비판이 있습니다. 그럼에도 불구하고 역사적 의미가 깊은 것은 이들

의 정신이 문화 운동에서 시작되었으나 종교와 사회 개혁 운동으로 확산되어 결국 이탈리아에서 전 유럽으로 인간 중심적 경향을 확산시키는 시작점이 되었기 때문입니다.

알프스 이북 르네상스_그것은 단지 변화의 시작일 뿐

14세기 이탈리아에서 시작된 인문주의적 문화 운동인 르네상스는 결국 16세기경 이탈리아의 북쪽 알프스 산맥의 이북으로 확산됩니다(알프스 이북의 르네상스를 다른 용어로 북유럽 르네상스라고도 하지만, 우리 여행에서는 '알프스 이북 르네상스'로 부를게요). 이탈리아의 르네상스에 있어 그 정신은, 중세에서 사라졌던 그리스 로마의 고전문화를 수집하고 다시 부흥하는 데 초점이 있었지만, 교황청이나 부유한 시민의 후원을 통해 이루어졌기 때문에 여전히 문화적 형식에서의 중세적 틀은 파괴하지 못하고 있었지요.

그러나 이러한 르네상스가 알프스 산맥의 이북으로 그 여정을 옮기면서 성격이 변모하게 되는데요. 이들은 당시 현실 사회와 전통적 권위를 비판함으로써 사회 개혁적 성격을 가지게 되었답니다. 또한 로마 교황을 중심으로 하는 크리스트교에서 관심을 돌려 초기 크리스트교에 집중함으로써 종교 개혁에 영향을 미치게 되는 크리스트교적 인문주의 성격을 보이게 되고요. 거기에 인쇄술의 발달로 광범위한 독서층이 출현하면서—많은 사람들이 책을 읽을 수 있게 되었다는 뜻이죠— 대중적 인문주의가 탄생하게 됩니다.

알프스 이북의 인문주의를 대표하며 활동했던 문학가들로는 에라스뮈스(1466~1536), 토마스 모어(1478~1535)와 같이 성직자와 교회의 타락을 풍자한 서유럽의 인문주의자들이 있고요. 세르반테스(1547~1616), 라블레(1494~1553), 몽테뉴(1533~1592), 초서(1343~1400), 셰익스피어(1564~1616)와 같이 각국의 성

반 아이크 형제 동상(상/좌) 얀 반 아이크 초상(상/우)
세 명의 마리아 형인 후베르트 반 아이크 작품이다.(하)

아르놀피니의 초상 동생 얀 반 아이크의 작품이다. (좌)
아이들의 놀이 플랑드르를 대표하는 작가 브뤼헐의 작품이다.(우) **피터르 브뤼헐 초상**(하)

격을 잘 보여주는 작품으로 국민문학을 이끈 르네상스 문학가들이 있습니다.

미술에서는 소재 또한 종교적 주제에서 탈피하여 시민과 농민 생활을 묘사한(이탈리아 르네상스 미술에서는 여전히 종교적인 주제를 많이 다루었어요) 미술가 반 아이크 형제(형 후베르트:1370~1426, 동생 얀:1390~1441), 피터르 브뤼헐(1525~1569) 등이 있어요.

먼저 서유럽 인문주의의 대표적인 작품 에라스뮈스의 『우신예찬』입니다. 데시데리우스 에라스뮈스는 네덜란드 태생의 로마 가톨릭 사제이자 인문주의자인데요. 어리석은 신에 대한 예찬이라는 뜻의 제목에서 보이는 것처럼 그는 성직자와 교회의 타락을 풍자했습니다. 옆의 사진은 에라스뮈스의 모습이고요, 소개하는 내용은 『우신예찬』의 일부입니다. 당시 분위기를 한번 느껴볼까요?

우신예찬 에라스뮈스가 소장했던 『우신예찬』에 그려진 홀바인의 그림이다.(좌) **에라스뮈스** 에라스뮈스의 1523년 모습. 젊은 한스 홀바인이 그렸다.(우)

"요즈음의 교황은 가장 어려운 일들은 성 베드로나 성 바울에게 대부분 맡기고(성서에 그렇게 나와 있다고 말하고는) 자신을 호화로운 의식이나 즐기운 일에만 전념한다. 그는 화려하고 거의 연극 같은 교회 의식에 최고의 칭호를 걸치고 나와 몇 마디 축복이나 저주의 말을 하고 감독의 역할을 부지런히 하면, 그것으로 충분히 그리스도에게 봉사했다고 생각하기 때문이다. 기적을 행한다는 것은 이미 시대에 뒤떨어진 낡아빠진 관습이다. 민중을 교화하는 일은 피로한 일이다. 성서를 설명하는 건 학교에서나 할 일이다. …"

토머스 모어(좌) **유토피아** 암브로시우스 홀바인의 목판화가 실린 1518년 판 『유토피아』. 여행자 라파엘 히슬로데이가 경청자를 위해 왼손을 들어 올려 유토피아 섬의 약도를 그리며 설명하는 모습이 그려져 있다.(우)

두 번째로 만나볼 토머스 모어는 영국인인데요. 변호사와 정치가이면서 사상가였습니다. 그가 쓴 책 『유토피아』[4]는 당시 1차 인클로저 운동[5]으로 변화해가던 영국의 현실을 비판했는데요. 그는 이성이 지배하는 이상적인 사회를, 하루 6시간 일하고 8시간 자며 신앙의 자유를 인정하고 소득을 공평하게 분배하는 공산제적 사회로 묘사했답니다. 지금의 소설 종류와 비교하자면 대략 판타지 소설쯤 된다고 할까요? 우리가 흔히 '이상향' 하면 떠올리는 유토피아라는 단어가 이 책에서부터 시작된 것이죠.

참고로 위의 에라스뮈스와 토머스 모어는 둘도 없이 친한 사이였다고 합니다. 에라스뮈스가 모어를 '사계절의 사나이(변함없이 숭고한 뜻을 가진 사람)'로 칭송하고 모어의 집에서 『우신예찬』을 집필할 정도로 학문과 우정에서 뜻을 같이했던 것이죠. 그래서인지 생긴 것도 닮아 보이는 두 사람 모두 현실을 풍자한 서유럽 인문주의자의 대표자들입니다.

다음은 국민국가를 배경으로 탄생한 국민문학에 대한 것인데요. 여러분, 잠깐만요! 우리 국민국가가 만들어질 때를 보면서 대표적으로 어떤 국가들을 여행했죠? 영국과 프랑스, 또 이베리아 반도의 국가인 에스파냐지요. 그 국가

4   '어느 곳에도 없는 곳'이란 뜻이다.
5   근세 초기의 유럽, 특히 영국에서, 영주나 대지주가 목양업이나 대규모 농업을 하기 위하여 미개간지나 공동 방목장과 같은 공유지를 사유지로 만든 일. 15~16세기의 제1차 인클로저와 18~19세기의 제2차 인클로저로 인하여 중소 농민들은 농업 노동자 또는 공업 노동자로 전락했다.

들에서 인문주의자들이 나오는 것입니다. 로마적(的)이거나 그리스적이거나 이탈리아적이지 않고 다른 나라와는 구별된 자기 국가만의 특색을 작품으로 보여주고 있습니다.

『돈키호테』 초판 표지(1605)와 세르반테스의 초상

첫째, 에스파냐의 소설가이자 시인·극작가인 세르반테스와 그의 작품 『돈키호테』입니다. 『돈키호테』는 많은 사람들에게서 최초의 근대 소설로 평가받고 있는데요. 수많은 기사 작품을 섭렵하면서 자신이 기사라고 착각하게 되는 주인공의 우스꽝스런 모험을 통해 몰락해가는 중세의 기사 모습과 인간의 위선, 사회 부패 등을 풍자하고 있답니다.

다음은 프랑스의 국민문학가들인 라블레와 몽테뉴입니다. 먼저 프랑수아 라블레와 그의 대표작인 『가르강튀아와 팡타그뤼엘』인데요. 다음 쪽에 실린 사진 자료는 라블레의 모습과 거인왕(巨人王) 가르강튀아의 입에 백성들의 곡식이 들어가는 것을 풍자하여 그린 작품입니다.

라블레의 『가르강튀아와 팡타그뤼엘』은 5권으로 이루어진 프랑스 르네상스 최대의 걸작으로 알려져 있습니다. 거인왕인 가르강튀아와 팡타그뤼엘 부자 2대의 우스꽝스러우면서도 자유로운 모험담을 통해 자유분방한 르네상스 정신을 보여주고 있는데요. 그와 함께 당시 현실의 구태의연한 정치·사회에 대한 풍자와 비판을 날카롭게 그리고 있지요.

미셸 드 몽테뉴의 대표작이며 유일한 작품은 『수상록』입니다. 이 작품은 "나는 무엇을 알고 있는가"라는 질문에 대한 답을 찾는 에세이(수필)의 원조

거인왕 가르강튀아(좌) 『팡타그뤼엘』 표지(우/상) 라블레의 초상(우/하)

랍니다. 제목이 한자어이고 3권 107장
의 독립된 장으로 되어 두꺼워서 그
렇지 사실은 수필집인 것이죠. 이 책
은 개인과 사회, 신앙과 과학, 문명과
자연, 남녀평등, 교육 등등 인생의 모
든 문제에 대해 생각하며, 그것들을
유머, 일화, 시(詩)를 섞어가면서 고찰

미셸 드 몽테뉴(좌) 몽테뉴 『수상록』의 원본 원고(우)

하고 있답니다. 유럽 사람들은 이 책을 통해 합리주의로 가는 길을 만났던 거
예요. 몽테뉴의 모습을 보니 어떠세요? '사색' 좀 하게 생기셨나요?

국민문학의 대미를 장식해줄 두 사람, 바로 영국의 초서와 셰익스피어를 소
개할 차례네요. 영국 시인 제프리 초서는 중세 사람에 더 가까운데요. 그의
저서 『캔터베리 이야기』는 1387년 직후에 운문으로 쓴 이야기집입니다. 본래
시인 자신을 포함한 30명의 순례자들이 사우스워크의 타바드 여관을 출발하
여 런던 교외를 지나 캔터베리 성당에 있는 성지를 순례하고 돌아오는 과정
을 쓰고자 했다고 합니다. 각 순례자는 가는 길에 2편, 오는 길에 2편씩 이야

기를 하게 되어 있었는데, 초서의
사망으로 24편만 실리게 되어 결국
미완성으로 남았다고 해요. 이야기
집이라는 점에서 보카치오의 『데
카메론』과 비교되기도 합니다만,
당시 영국의 풍속을 잘 알 수 있다
는 점에서 영국 국민문학으로 보
고 있는 것이죠.

국민문학의 마지막을 장식해주

제프리 초서의 초상과
『캔터베리 이야기』 프롤로그

실 인물은 바로 윌리엄 셰익스피어입니다. 영국의 극작가이자 시인이며 영어로 된 최고의 작품을 썼다는 찬사를 받고 있는, 프랑스어에 비해 저급하다고 여겨지던 영어를 완전히 고급화한 영국 국민문학의 대부. 참고로 어떤 영어 전문가는 이렇게 표현하더군요. "변방의 영어가 국제어가 된 것은 미국+산업혁명+해상권 장악+셰익스피어 때문이다"라고요. 셰익스피어의 작품이 영어 자체에 남긴 의미가 그렇게 크다는 뜻이겠죠? 37편의 희곡과 여러 편의 시집을 남긴 셰익스피어 작품 중 최고봉은 4대 비극이라고들 합니다. 여러분도 다 알고 있죠? 그렇죠. 햄릿, 리어왕, 오셀로, 맥베스죠. 앗! 로미오와 줄리엣은 왜 4대 비극에 들어가지 않느냐고요? 제일 유명한 것 같은데? 저도 한때 궁금했던, 그 이유는요. 두 남녀 주인공은 죽지만 그로 인해 원수였던 두 가문이 화해해서 결국은 비극이 아니라네요.

셰익스피어는 극작가고요, 우리가 알고 있는 이 모든 작품들은 연극 대본입니다. 그래서 연기를 전공한 많은 분들은 한 번쯤은 셰익스피어의 작품을 연기해봤다고 합니다. 셰익스피어의 작품 속에서 우리는 16세기 엘리자베스 여왕 시대의 영국을 지금도 만나고 있지요. 다음 사진은 1960년대와 1990년대의 영화 속 로미오와 줄리엣입니다.

윌리엄
셰익스피어

1960년대 로미오와 줄리엣(좌) 1990년대 로미오와 줄리엣(우)

아래 사진은 셰익스피어의 묘비인데요. 뭐라고 적혔는지 읽어볼게요.

벗들이여 제발 부탁컨대
여기 묻힌 것을 파지 말아다오.
이것을 그대로 두는 자는 축복받고
내 뼈를 옮기는 자는 저주받을지어다.

셰익스피어의 묘
영국의 홀리 트리니티 처치에 있다.

이런, 아름다운 남녀 사진과 멋진 문장들을 보고 "우린 누구~, 여긴 어디?"
가 되신 건 아니죠? 여러분은 지금 사회 풍자적이고 현실 개혁적인 알프스 이
북 르네상스를 돌아보고 계십니다.

이와 같이 르네상스에서 신에 대한 경외심보다 인간의 이성을 중시하는 정
신은 근대의 인간들로 하여금 관찰과 실험을 통해 우주와 자연의 법칙을 연
구하도록 하여 근대 과학의 발달이라는 놀라운 결과를 가져왔습니다. 여러분
이 어렸을 때부터 한 번쯤은 들어봤음직한 코페르니쿠스(1473~1543)·갈릴레이
(1564~1642)·케플러(1571~1630) 같은 과학자들의 활동으로 지동설(태양중심설)
이 대두되고 증명, 확립된 때가 이즈음이랍니다. 과학자들의 생몰 연도를 보
시니 세기에 대한 감이 오지요?

또한 중국에서 발명되어 이슬람으로 전파되었다가 유럽으로 들어온 화약과
나침반으로 전술과 항해술에 큰 변화가 일어나게 된 것도 이러한 발달의 결
과이며, 구텐베르크(1398~1468: 원래 이름은 '요하네스 겐스플라이슈 추르 라덴 춤
구텐베르크'랍니다)에 의해 발명된 활판 인쇄술로 새로운 지식과 문화가 확산
될 수 있는 배경이 마련된 것도 이때랍니다.

아이러니한 것은 이렇게 근대 서양 역사의 많은 것을 뒤바꿔놓을 만한 과

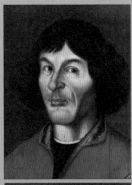

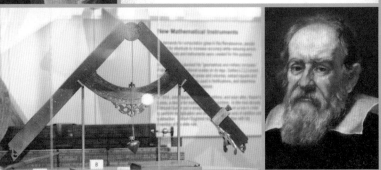

코페르니쿠스(상/좌) **코페르니쿠스의 천체 모델** 우주 모델에서 천체들의 배치(상/우) **케플러**(좌/중)
갈릴레이의 컴퍼스 푸트남 갤러리에 소장되어 있다.(하/좌) **갈릴레이 초상화**(하/우)

학적 발견 및 발명이 동양의 산물인 경우가
많다는 것입니다. 그러나 동양과 서양의 차
이점은 동양은 발명하는 데에서 그쳤던 반
면 서양은 그것을 이용하여 힘을 키웠다는
점이지요. 과학은 그것을 어떻게 사용하느
냐에 따라 무기가 될 수도, 방어가 될 수도,
혹은 무용지물이 될 수도 있습니다. 또 많
은 이들에게 이득을 가져오거나 사람들을
멸망에 이르게 할 수도 있지요. 이런 면에
서 볼 때 과학 자체는 철학이 될 수 없으나
과학의 이용에는 철학이 반드시 필요하다

구텐베르크 불가타 성서[4] 제1권 구
약성서, 성 제롬의 편지(텍사스 대
학교 랜섬 센터)(좌) **구텐베르크**(우)

는 것을 이 시기의 과학을 살펴볼 때마다 뼈저리게 느끼게 된답니다. 그러므
로 자연계열의 학문을 전공할 친구들도 반드시 역사와 사회, 그리고 철학을
공부해야 한다는 잔소리를 다시 한 번 드릴 수밖에요! 왜냐고요? 사실 동양
은 이 모든 근대 과학의 아버지 격이었습니다. 하지만 자식인 서양이 그것을
철저하게 익혀 힘을 키우게 되자 오히려 자식에게 역습을 당하는 고통스러운
결과를 맞았지요. 이 모든 과정을 역사는 처절하게 보여주는 것이고요.

르네상스를 통해 유럽은 서서히 '인간'이라는 자신들의 모습을 생각해보게
되고, 이는 앞으로 우리가 공부할 종교 개혁과 신항로의 개척을 통해 발전하
면서, 17세기에서 19세기에 걸쳐 역사의 꽃을 피우게 된답니다. 결국엔 '인간

---

6   구텐베르크는 활판 인쇄술로 불가타 성서(구텐베르크 성서)를 대량 인쇄하여, 성직자와 지식인들만 읽을
수 있었던 성서를 대중화시켰다. 당시 성서를 비롯한 책들은 필사본이라 수량이 적어서 가격이 매우 비싸고
구하기가 힘들었지만, 활판 인쇄술이 서양에 등장하면서 책의 대량 생산이 가능해졌고 많은 사람들이 이전
보다 쉽게 책과 접할 수 있게 되었다.

이성'의 한계를 철저하게 깨닫는 '세계 전쟁'이라는 결말로 치닫게 되지만, 그 과정에서 많은 발전과 깊은 사고를 경험하게 되는 것이죠. 또한 이들 세계의 확대를 통해 서양의 문화적 양태는 전 세계에 확산되어 가니, 그 시작이라고 할 수 있는 르네상스는 그런 의미에서 참으로 중요한 사건이라고 할 수 있겠습니다.

다음 시간에는 또 다른 근대사의 중요한 획을 긋는 사건인 '종교 개혁'으로 여행을 하려고 합니다. 알프스 이북의 '크리스트교적 인문주의' 성격의 영향으로 서유럽의 신앙의 양상이 변화하는 것인데요. 그 결과로 서유럽은 중세의 신앙 및 생활의 패턴과 완전히 결별하면서 종교와 일상이 분리가 되는 새로운 모습으로 변모하게 됩니다. 자, 그럼 서양 근대사를 구성하는 다음 주제를 기쁜 마음으로 기다리며, 곧 만나요!

동시대 지구촌 넘나들기

기원후 14세기~기원후 16세기

한반도에서 기원후 14세기는 고려에서 조선으로 넘어가는 격동의 세기였다고 말씀드렸던 것, 기억나세요? 1351년 고려의 공민왕이 집권한 후 반원 자주 정책을 펼쳤고 그 와중에 성리학을 수용한 중소지주 출신인 신진사대부가 세력을 키우기 시작했지요. 거기에 홍건적과 왜구의 침입을 막아내는 데 공을 세운 신흥 무인 세력이 성장하면서 결국 신진사대부 중 혁명파 사대부인 정도전을 중심으로 이성계를 왕으로 추대하고 1392년 조선을 건국하게 되지요.

15세기는 조선의 통치 질서가 수립되는 시기로, 1443년의 훈민정음 창제, 1484년의 경국대전 완성을 통해 문물이 정비되어가고 있었습니다. 15세기의 지배세력은 주로 고려 말 혁명파 사대부의 후손으로 성균관에서 공부하거나 세조 시대에 공훈을 세운 사람들로 '훈구파'라 불렸습니다. 훈구파의 세력이 커지면서 이들을 견제하기 위해 성종 대부터 지방에 있던 고려 말 온건파 사대부들의 후손인 '사림'을 중앙의 3사와 같은 언관의 요직에 앉혀 훈구파를 견제하기 시작했는데, 16세기에 이러한 사림파가 훈구파에게 화를 당하는 사건인 사화가 일어났답니다. 무오사화(1498) 이외에 갑자사화(1504), 기묘사화(1519), 을사사화(1545)가 16세기에 일어나는데요. 이 역사적 사건을 사림이 4번 화를 당한 '사화'라고 하는 것입니다. 그런데 놀랍게도 사림은 이렇게 화를 당하고도 서원과 향약을 토대로 결국 훈구파를 몰아내고 중앙 정계를 장악했답니다. 또한 16세기에 조선은 퇴계 이황(1502~1571), 율곡 이이(1537~1584)라는 대 사상가를 중심으로 성리학을 꽃피워 그 학풍을 일본에 전하기도 했지요. 그러나 학풍과 인맥을 둘러싼 과열된 붕당의 폐해로 말미암아 조선은 일본의 침략에 제대로 대응하지 못하면서 16세기는 1592년 조선과 일본 간의 7년 전쟁—우리가 흔히 임진왜란·정유재란이라고 부르는—으로 막을 내리게 되는 것입니다.

중국에서 14세기는 몽골족의 원 왕조가 쇠락하고 한족의 명 왕조가 수립되는 시기입니다. 이민족에게 정권을 내주었던 한족이 난징(금릉)에서 흥기하여 1368년 주원장이 태조 홍무제로 통일하면서 한족 문화를 회복하고 황제권을 강화했던 것이죠. 과거제도 부활, 대명률, 대명령 제정 등으로 한족 전통문화를 부흥시키고 이갑제, 어린도책, 부역황책 등을 통해 중앙 집권을 강화했던 15세기는 명이 중화제국으로 탄생하는 시기였답니다. 특히 3대 성조 영락제 때 수도를 베이징(북경)으로 옮기고 정복사업을 펼쳤을 뿐 아니라 정화의 항해를 계기로 조공-책봉 체제를 확립했는데 그때 중국인의 해외 진출도 본격적으로 시작되어 각지에 화교 사회가 만들어졌지요.

그러나 15세기 말 이후부터 16세기에는 환관들이 득세하고 관료들의 당쟁이 격화되면서 정치 질서가 문란해졌답니다. 또한 몽골과 왜구의 침략이 거세어졌던 데다가 여진족을 방비하고 조·일 전쟁에 무리하게 원병을 보내면서 재정이 파탄 났고 따라서 명은 급속도로 쇠약해졌어요. 결국 17세기에 중국은 다시 한족이 아닌 여진족에게 통치권을 빼앗겨 이민족이 새로운 왕조를 세우니 그 왕조가 후금이며 후일 '청'으로 불리는 왕조입니다.

서아시아에서의 14~15세기는 일 한국의 뒤를 이어 오스만 튀르크가 전성기를 향해 가고 있던 시기라고 말씀드렸던 것 기억하시나요? 특히 1453년 메메드 2세 때 비잔티움의 수도 콘스탄티노폴리스를 함락시켰던 것은 전 유럽사에 엄청난 결과를 가져온 역사적 사건이었고 그 시점부터 오스만 튀르크는 전성기를 구가하게 됩니다.

그 후 16세기 술레이만 1세 때 최전성기를 누리는데요. 당시 그는 아시아·유럽·아프리카 3개 대륙, 20여 민족과 6,000만 명의 인구를 통치했던 대제였지요. 우리는 이미 '4강 근대 서아시아'에서 머리에 큰 터번을 썼던 술레이만 1세를 보았답니다. 이 시기 오스만 제국은 프레베자 해전(1538)에서 유럽과 싸워 승리함으로써 지중해의 패자가 되었죠. 세 대륙을 지배하며, 당시 유럽의 리더 격이었던 오스트리아의 빈까지 포위했던 술레이만은, 그래서 대제라고 불리기도 했던 것 기억하시죠? 술레이만 대제 사후 오스만 제국은 쇠퇴기로 접어들게 되는데요. 그 기점이 되는 전투가 에스파냐 함대와의 싸움이었던 레판토 해전(1571)이었습니다.

티타임 토크

이탈리아 르네상스와 관련된 사람들과 작품을 더 알아볼까요?

최초의 인문주의자라고 할 수 있는 페트라르카는 이탈리아어로 자연과 인간 사랑의 아름다움을 노래한 서정시를 썼고요. 보카치오는 근대 소설의 효시인 『데카메론』을 통해 당시 세속적 사회상을 적나라하게 묘사했어요. 1348년 흑사병 유행 당시 피렌체 교회로 피신한 남녀 열 명이 번갈아 이야기한 내용인데, 인간의 욕망과 성직자들의 위선, 타락에 빠진 사회상을 그대로 나타내주고 있죠.

(좌로부터) 페트라르카 동상, 보카치오 동상 ,데카메론 1467년 파리에서 발간된 『데카메론』의 삽화이다.

여기서 잠깐~! 페트라르카의 시를 한번 들어보시겠어요?

　　내게 사랑과 고통을 가르쳐 준 그녀는
　　이성, 겸손, 존경으로
　　내 큰 욕망과 타오르는 희망을 억제하라고 이른 그녀는
　　내 열정을 밀어내고 경멸하누나.
　　겁에 질린 사랑은 내 가슴에 날아와
　　기가 꺾인 채 울면서 떠는구나.
　　숨어버린 사랑은 밖으로 나오려 하지 않네.
　　…
　　- 칸초니에레 140 -

중세에는 연인에 대한 사랑도 신에 대한 사랑으로 묘사했는데 이에 비해 페트라르카는 자신의 사랑을 솔직하게 표현한 것이죠. 이것이 그를 최초의 인문주의자라고 부르게 된 이유랍니다.

여기에 이탈리아를 빛낸 회화와 조각 분야의 인물과 작품들로, 이미 앞서 살폈던 레오나르도 다 빈치의 「모나리자」, 라파엘로의 「성모상」, 미켈란젤로의 「다비드」, 「피에타」, 「천지창조」, 보티첼리의 「비너스의 탄생」과 같이 한 번쯤 들어보고 또 실물이나 사진으로 보았음직한 걸출한 작품들이 바로 이 당시의 것들이죠.

모나리자 신비한 미소로 유명한 레오나르도 다 빈치의 명작이다.

(상/좌로부터) **라파엘로** 23살 무렵의 자화상. **미켈란젤로 동상** 플로렌스에 있다. **아카데미아 미술관의 다비드상**
아테네 학당 라파엘로 작품이다.(하)

피에타 피에타는 이탈리아어로 '슬픔, 비탄'을 뜻하는 말로 기독교 예술의 주제 중 하나이다. 성모 마리아가 십자가에서 내려진 예수 그리스도의 시신을 안고 비통에 잠긴 모습을 묘사한 것을 말하며 주로 조각 작품으로 표현된다.(상/좌) **라 프리마베라** '봄'이라는 뜻을 가진 보티첼리의 작품이다.(상/우) **보티첼리 자화상**(하/좌) **비너스의 탄생** 보티첼리의 작품이다.(하/우)

지금 이탈리아에서 르네상스를 만나려면 어디로 가야 할까요?

아름다운 유적으로 가득한 이탈리아에서 르네상스를 만나려면, 로마와 피렌체에 가 보아야 합니다. 특히 로마는 성당으로 가득 차 있지만, 이탈리아에서 가장 크고 장엄한 성 베드로 성당만큼 의미 깊은 성당이 있을까 하죠. 성 베드로 성당은 4세기에 콘스탄티누스가 성 베드로가 묻힌 자리 위에 지은 최초의 성당이라고 합니다. 이후 1503년 브라만테가 설계한 새로운 성당은 150년이 넘어서야 완공되었는데, 미켈란젤로가 1547년 성찬대 위로 120미터 치솟은 대형 돔을 디자인했답니다. 187미터에 이르는 동굴 같은 내부에는 미켈란젤로의 유명한 걸작이자 유일한 서명이 새겨져 있는 「피에타」 등의 보물이 가득하지요. 나중에 다시 배우겠지만, 이 성당은 놀랍게도 '루터의 종교 개혁'의 배경과도 밀접한 관련이 있답니다.

또한 연간 4백만 명이 방문하는 것으로 알려진 바티칸 미술관 방문객들이 가장 가고 싶어 하는 곳이며 르네상스 작품을 만나기에 좋은 곳은 시스티나 성당인데요. 원래 1414년 교황 식스투스 4세를 위해 지어진 것으로 그 이름을 본 따 이름이 붙여진 이 성당 또한 1508년 교황이 미켈란젤로에게 장식을 맡겼다고 합니다. 그는 4년에 걸쳐 둥근 천장에 「천지창조」를 그렸고, 22년 뒤에는 교황 클레멘스 7세의 요청으로 벽에 「최후의 심판」을 그려냈지요. 그 밖에 성당의 다른 벽에는 보티첼리, 기를란다요, 핀투리키오, 시뇨렐리 같은 화가들의 그림이 있답니다.

이탈리아 르네상스 예술품의 보고로 1년 내내 관광객들로 북적이는 또 하나의 도시는 피렌체입니다. 이곳은 12세기에 무역 도시로 성장했는데, 15세기 황금기를 맞으며 앞

성 베드로 성당(상) **성 베드로 성당 내부**(하/좌) **성 베드로 광장**(하/우)

서 살펴보았던 대로 메디치 가문의 후원에 힘입어 문화·예술·정치가 꽃을 피웠고 르네상스의 열매를 맺은 곳이죠. 그중 아카데미아 미술관에는 유럽에서 가장 유명한 조각상이라 할 수 있는 「다비드」를 보기 위해 사람들이 줄을 서 있곤 합니다. 미켈란젤로의 작품인 「다비드」는 그가 하나의 대리석으로 조각해낸 거대한 인물상인데요, 이것을 완성했을 때 그의 나이는 불과 29세였답니다.

또 하나의 유명한 미술관인 우피치 미술관에는 해마다 약 150만 명의 방문객이 다녀간다고 하는데요. 이 미술관에는 작품을 한 점도 피렌체 밖으로 반출하지 않는다는 조건 아래 1743년에 메디치 가문이 피렌체 시에 기증한 작품들이

시스티나 성당 천장화(미켈란젤로)(상)
시스티나 성당(중)
최후의 심판(미켈란젤로)(하)

있는 것으로 유명하지요. 여기서는 보티첼리의 「비너스의 탄생」, 「봄」, 레오나르도 다빈치의 「수태고지」 등을 만날 수 있습니다.

그렇다면 레오나르도 다빈치의 「모나리자」나 「최후의 만찬」은 어디에서 볼 수 있을까요? 놀랍게도 프랑스의 루브르 박물관이랍니다. 이탈리아의 대표적 작품인데 왜 프랑스에서 보관하고 있는지~? 예전에 누군가 영국의 대영박물관과 프랑스의 루브르 박물관은 그 자체가 자신들의 침략의 역사를 그대로 보여주고 있다고 말한 것을 들었던 기억이 나는데요. 이탈리아 작품을 프랑스 박물관에서 볼 수 있는 이유는 '침략'과 '약탈'의 다른 이름 아니겠습니까? 선의의 수집이나 선물의 결과가 아니라면 말이지요.

고대의 로마도 후손들에게 남겨놓은 역사가 많이 있는데, 그 후로 1,200여 년이 지나서까지 이탈리아에는 수많은 사람들을 불러 모을 수 있는 손길들이 남겨져 있네요. 르네상스 시대에 대한 우리의 탐구가 '인간'에 대한 열정으로 모든 것을 바라보고자 했던 당시 사람들의 마음을 느낄 수 있는 여행이었기를 소망합니다.

우피치 미술관(상) **수태고지** 기독교의 신약성서에 쓰여 있는 일화 가운데 하나로, 성모 마리아에게 대천사 가브리엘이 찾아와 성령에 의해 처녀의 몸으로 예수 그리스도를 잉태할 것이라고 고하고, 또 마리아가 그것에 순응하고 받아들인 사건을 말한다.(하)

종교 개혁_
크리스트교의 절대성이 깨지다

오늘의 여행을 시작하기 전에 잠시…. 생뚱맞은 것 같긴 하지만 생각해볼 주제를 하나 짚어보려고 합니다. 하늘에 있는 같은 유일신을 믿는 것 같은데, 어떤 곳에서는 '하느님'을 믿는다 하고 어떤 곳에서는 '하나님'을 믿는다 하고, 또 어떤 사람은 '성당'에서 미사를 드린다 하고, 어떤 사람은 '교회'에서 예배를 드린다 하고…. 종교에 관심이 적든 많든 여러 사람들에게 알쏭달쏭한 부분, 바로 가톨릭과 개신교의 비슷한 것 같으면서도 다른 모습에 대해서지요.

우리에게는 크리스트교의 영향력이 상대적으로 작지만 (우리나라에서는 크리스트교가 조선 후기에 유입된 후 급격하게 확대되었기 때문이지요) 유럽의 역사와 그 유럽 문명의 전파로서의 아메리카, 일부 아시아, 아프리카, 오세아니아 대륙의 모습을 살펴볼 때에는 이들의 근간을 이루고 있는 사상에서 크리스트교를 빼놓을 수가 없답니다. 십자군 전쟁에서 이미 살펴보았던 것처럼 크리스트교에서의 구약성경과 예수님, 그리고 마호메트와의 관계에 따라 크리스트교, 유대교, 이슬람교로 나누어지는데, 그중에서 크리스트교는 다시 로마 가톨릭과 프로테스탄트(지금 우리나라에서는 개신교 또는 기독교로 불리고 있습니다)로 나눌 수 있어요. 세계 역사를 살펴보는데 종교 이야기를 꼭 알아야 하느냐고 묻고 싶은 사람도 있을 거예요. 그렇지만, 종교의 시대라 불리며 교황의 말 한

마디에 전 유럽이 전쟁에 휩싸이던 시대가 있었고, 이들이 믿고 있던 종교 체계와 그것의 변화 과정 속에서 현재 세계 지도의 모습이 만들어졌기 때문에 '종교 문제'는 세계사에서 꼭 이해하고 넘어가야 할 부분이랍니다.

오늘은 가톨릭과 프로테스탄트로 나누어지게 된 역사적 사건으로서의 '종교 개혁' 시대로 여행을 떠나고자 합니다. 즉, 종교 개혁이란 무엇인지, 그 사건이 왜 일어났는지, 어떻게 전파되었으며 그 결과는 무엇인지, 그리고 그 사건이 가지고 있는 세계사적인 의미는 무엇인지 같이 살펴보도록 할 텐데요. 비록 내가 가진 종교성과 관계가 멀다 할지라도 현재 세계사의 동향을 살펴보기 위해서는 상당히 중요한 부분이기 때문에 (우리나라 역사를 불교의 문화나 이론의 정립 과정을 빼놓고는 공부할 수 없는 것처럼 말입니다) 각각의 주제에 집중해서 하나하나 짚고 넘어가시길 바랍니다.

배경_종교에 개혁이 필요했다니!

종교 개혁이 있기 직전 유럽의 중세 말기는 혼란 그 자체였습니다. 14세기 중반 이후 아시아의 킵차크한국[1]에서부터 시작되어 유럽에 몰아닥쳤던 흑사병과 각국 사이에 벌어진 전쟁으로 유럽 인구의 2/3가 죽음으로 내몰렸던 상황에서, 위로의 구원을 베풀어주기에 교황권은 턱없이 약했고 심지어 그 타락상마저 매우 심각한 지경이었습니다. 예를 들어 교황 알렉산드로스 6세(1431~1503)는 성직과 면벌부를 판매했을 뿐만 아니라 부인과 첩이 있었고 심지어 딸을 농락하기까지 할 정도였으니, 현재 대한민국의 막장 드라마와 비교

---

1   몽골 제국의 4한국의 하나. 1234년에 칭기즈 칸의 아들 주치와 손자 바투가 서시베리아의 키르기스 초원과 남러시아에 세운 나라이다. 시라이를 수도로 했는데, 14세기에 전반 최성기를 누리다가 1502년에 모스크바 대공국에 멸망당했다.

해도 손색이 없었지요.

그러니 신앙은 형식화될 수밖에 없었고, 이렇게 세력이 약화되고 있는 가톨릭교회의 재산에 대한 국왕과 제후의 경제적 욕구는 강해져가고 있었습니다. 그동안 서양 각국 생산의 1/10이 로마로 들어가고 있었으니 신앙의 힘이 약화되면 자연히 아까운 생각이 들 수밖에 없겠지요. 거기에 왕권 강화와 중앙집권화의 진전을 통해 통일 국가를 지향하고 있던 분위기에서 알프스 이북 르네상스의 초기 기독교로 돌아가자는 인문주의가 영향을 미치게 되었던 것입니다. 더불어 위클리프와 후스 같은 중세 말의 신앙 지상주의를 가진 선구자들의 활동 또한 계속 이어져오고 있었던 것이 종교 개혁이 일어날 수 있는 광범위한 배경으로 작용하고 있었습니다.

여기서 잠깐! 종교 개혁의 선구자라고 할 수 있는 중세 말의 개혁가들에 대해 알아볼까요?

영국의 존 위클리프(1320~1384)는 옥스퍼드 출신의 종교 개혁가로 로마 교회의 부패를 비판했습니다. 라틴어로 된 성경을 영어로 번역했고 '예정 구원론'을 주장하여 종교 개혁에 많은 영향을 미치게 됩니다. 사후에 콘스탄츠 공의회의 결정에 따라 이단으로 간주되어 부관참시를 당하기도 했지요.

혹시 '7강 십자군 전쟁 그 후'에서 배웠던 것이 생각나세요? 콘스탄츠 공의

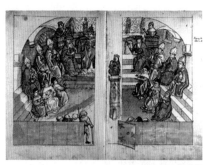
콘스탄츠 공의회

회(1414~1418)는 로마에 있는 교황을 정통으로 인정하면서 교회의 대분열(1378~1417)을 종식시켰고, 교회의 권위에 도전하는 세력을 처리했던 종교 회의거든요. 여기에서 이미 죽은 위클리프를 다시 처형했던 것이죠. 그리고 종교 개혁의 또 다른 선

구자인 후스에 대한 화형을 결정하고 시행했던 종교 회의이기도 합니다.

얀 후스(1372~1415)는 보헤미아, 즉 현재 체코의 신학자인데요. 위클리프의 주장을 기반으로 성서만을 기독교 믿음의 유일한 권위로 인정할 것을 강조했답니다. 또 교황 등 로마 교회의 부패를 비판하다가 교회로부터 파문당했지요. 그로 인해 결국 1415년 화형에 처해졌지만 그의 주장은 마르틴 루터 등 알프스 이북의 종교 개혁가들에게 큰 영향을 끼쳤습니다.

무엇이든 때가 무르익어야만 열매를 맺게 되는 것 같습니다. 위클리프나 후스와 같은 선구자들은 비록 그들의 시대에서는 빛을 발하지 못했지만 그들이 죽음을 불사하고 주장했던 그 사상이 결국 100~200여 년이 지나고 난 후부터 열매를 맺었으니까요. 그들의 뜻을 이어받아 종교 개혁의 포문을 연 사람이 바로 현재 '독일'의 마르틴 루터 (1483~1546)입니다.

마르틴 루터

시작_독일에서 루터가 포문을 열다

이런 중세 말기의 배경 아래 드디어 '독일'에서 일이 터지고야 맙니다. 여기서의 독일은 현재의 독일이 아닌 '신성 로마 제국'이지만 내부분의 많은 사람들이 '독일'로 부르고 있기 때문에 우리도 그렇게 부르기로 합니다.

종교 개혁은 왜 하필 독일에서 일어났을까요? 이탈리아에서 르네상스가 일어날 수밖에 없었던 것처럼 종교 개혁은 독일에서 일어날 수밖에 없었어요. 그 이유를 알아볼게요. 독일은 이미 '8강 백년 전쟁'에서 살펴보았듯이 왕권이 약하고 (대공위 시대가 있었던 것, 황금문서, 7선제후 기억나시나요?) 정치적으로 분열이 되어 있어 교황의 지배에 대한 저항이 약한 국가였습니다. 따라서 로마 교황의 착취가 집중되었던 국가였지요. 이 같은 상황 아래 종교 개혁의 발단이 되는 사건이 벌어집니다. 바로 유명한 '루터의 95개조 반박문 사건'이죠. 전말은 이렇습니다. 1517년 교황은 성 베드로 성당의 개축 비용을 마련하기 위해서 면벌부를 판매하는데요. 이에 대해 루터가 95개조 반박문을 비텐베르크 대학의 정문에 붙인 것입니다.

● 95개조 반박문 ●

5조: 교황은 자신의 권위로 내린 형벌 이외에 어떠한 형벌로도 면죄할 권한을 갖지 않는다.

21조: 면벌부의 설교사가 교황의 면벌부로 모든 벌로부터 해방되고 구제된다고 말하는 것은 잘못이다.

27조: 그들은 헌금 상자에 던진 동전 소리를 듣고 죽은 자의 영혼이 연옥에서 튀어나온다고 설교한다. …

마르틴 루터는 독일의 아이스레벤에서 태어나 법률가로서의 길을 걷기 위해 공부했습니다. 어느 날 뇌우가 떨어지는 것을 목격한 그는 이를 하나님의 음성으로 받아들여 가톨릭 수도사가 되기로 결심합니다. 그리고 수도원에 들어가 신학자가 되어 당시 로마 가톨릭에서 면벌부를 판매하여 경제적 이득을 취하고 있었던 것을 비판함으로써 종교 개혁의 불씨를 지피게 됩니다.

면벌부[2]가 뭐냐고요? 예전에는 면죄부라고 번역했던 것인데요. 로마 가톨릭

---

2   대사(관대한 용서)라고도 한다. 한동안 죄에 벌의 의미가 함께 들어 있다 하여 면죄부란 말이 일반적으로 쓰이기도 했으나 현재는 용어가 본래 가지고 있는 구체적인 뜻과 내용을 강조하기 위해 면벌부로 쓸 것을 권하고 있다(중세 신학에서 이 증서가 죄를 사해주는 것이 아니라 죄에 따르는 벌을 면해주는 효능을 갖고 있었다). 오늘날 우리 사회에서 면죄부는 어떠한 죄와 관련 책임을 모두 피할 수 있게 해주는 방책이나 특권을 뜻하는 단어로 폭넓게 사용되고 있다.

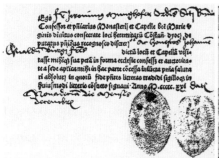

대사(관대한 용서) 부여를 약속하는 고해 성사표(1521)(좌) 교황청의 면별부 판매(우)

에는 고해성사라 하여 사제가 죄를 고백하는 사람들의 말을 듣고 사면을 한 뒤 죄에 대한 책임을 지게 하는 것이 있습니다. 그런데 면벌부는 돈을 주고 살 때 그 책임을 면하게 해주는 증서였던 것이죠. 이 면벌부가 수입원이 되면 서 로마 가톨릭에서는 면벌부 영업에 집중하게 되었습니다. 실제로 요한 테첼은 "금화가 헌금 궤에 떨어지며 소리를 내는 순간 영혼은 연옥을 벗어나 하늘 나라를 향해 올라가리라"고 신자들을 선동하기도 했지요. 루터는 이러한 면 벌부 판매가 부당하며 구원은 오직 성경과 믿음으로써만 가능하다는 자신의 주장을 내걸었습니다.

이후 루터는 교황과 교회의 지상권을 부정하고 신앙 지상권을 주장하면서 1519년 라이프치히 논쟁을 벌였고, 이에 대해 독일 황제 카를 5세는 1521년 보름스 국회(제국 의회)를 소집하여 루터를 파문하고 법의 보호권을 박탈했습니다. 여러분, '보름스' 하면 생각나는 게 있죠? 중세의 교황권과 황제권의 대립 부분에서 배운 건데요. 그렇죠! '보름스 협약'이 있었지요? '카노사의 굴욕' 이후 1122년 '보름스 협약'을 통해 교황과 황제 간의 서임권 타협안이 체결되어, "독일 이외 지역의 서임권은 교황이 가지되 주교는 국왕의 봉신이 되어야 한 다"고 결정되었다는 내용인데요('보름스'는 독일의 남서부 라인란트팔츠 주에 있는 도시입니다). 역사 속에서는 하인리히 4세, 카를 5세, 마르틴 루터와 관련된 곳이네요. 그 후 루터는 피신해서 작센 공의 보호 아래 라틴어로 되어 있던 성경을 모국어인 독일어로 번역하고 보급함으로써 루터파 교회 확립의 기초를 마련했지요.

물론 이후 벌어진 농민 전쟁에 대해서는 반대하여 농민의 지지를 상실하기는 했으나, 1546년부터 1년 동안 루터를 따르는 루터파 제후와 도시는 슈말칼덴 동맹을 결성하여 황제와 전쟁을 벌이기까지 했습니다. 결국 이러한 대립은 1555년 아우크스부르크 화의에서 "제후와 자유도시는 루터파 개신교를 선택할 수 있다"고 하는 자유를 카를 5세가 인정함으로써 막을 내리게 됩니다. 아직은 개인의 신앙 자유를 인정하지 않았고, 루터파 이외의 교파 또한 인정하지 않았다는 한계를 보이지만 영주의 종교가 영토의 종교라는 원칙 아래 그동안의 가톨릭교회의 통일이 깨어졌다는 큰 의의를 가진다고 할 수 있어요.

그러면 루터파의 교리는 무엇일까요? 우선은 교황이나 교회의 지상권보다 오직 신앙으로써만 의롭게 된다는 신앙 제일주의를 주장하면서 성직제도와 의식을 부정했습니다. 정치 사회적 문제에는 보수적이어서 농민 전쟁에는 반대했고요. 이들은 북부 독일을 중심으로 덴마크·스웨덴·노르웨이 등 주로 농업 지역에 전파되었답니다.

참, 왜 이들을 프로테스탄트라 부르는지 알고 넘어가야겠죠? 프로테스탄트는 'protest', 즉 '항의하다'라는 말에서 나왔는데요. 1529년 독일 제국 의회가 루터파를 탄압할 것을 결정하자 제후들이 이에 항의하여 루터 교회를 확립했다는 데서 유래했답니다. 그리스 정교나 로마 가톨릭이 아닌 새로운 크리스트교인 것이죠.

발전_스위스에서 칼뱅이 이어받고

그 후 이러한 움직임은 유럽으로 확대되어 츠빙글리가 1519년 성서 지상주의를 걸고 종교 개혁을 시도했으나 실패했습니다. 그러나 이후 개신교 역사상 중요한 인물이 스위스에서 개혁을 주도하게 되니 바로 장 칼뱅(존 칼빈, 요한 칼빈 1509~1564)이랍니다.

칼뱅은 프랑스 출신의 신학자로 스위스에서 개혁을 주도하여 종교 개혁을 성공시켰습니다. 또한 제네바에서 정권을 장악했고 로마 교회에서 독립하여 신정정치[3]를 실시했답니다. 칼뱅의 교리는 그의 유명한 저서 『크리스트교 강요』에 나타나 있는데요. 그의 대표적 교리로 첫째, 성서지상주의를 들 수 있습니다. 구원에 이르는 것은 오로지 믿음과 성경에 의한 것으로 성경에 명시되지 않은 의식을 폐지해야 한다고 주장하는 것이지요. 둘째, 예정설인데요. 인간은 너무 타락해서 스스로의 의지 능력을 완전히 상실했으며, 신은 스스로의 영광을 나

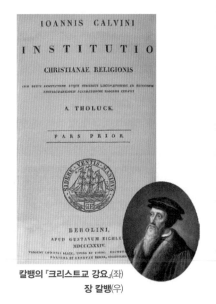

칼뱅의 『크리스트교 강요』(좌)
장 칼뱅(우)

타내기 위해 어떤 사람들은 영원의 생명으로 예정하고 다른 사람들은 영원의 죽음으로 예정했다는 것입니다. 즉, 인간의 구원은 신에 의해 미리 정해져 있다는 것인데, 믿는 자들은 구원받았다는 확신을 가지고 구원받은 자로서 근면과 금욕 생활을 해야 합니다. 셋째로 칼뱅은 세속적 직업에의 충실과 이윤, 재산 축적을 인정했습니다. 중세에는 상업을 통해 이윤을 추구하는 것을 금

3   지배자가 자기의 권력을 신으로부터 주어진 절대적인 것이라고 주장하여 인민의 절대적인 복종을 요구하는 정치. 신권정치라고도 한다.

기시하여 그러한 직업에 종사했던 유대인들을 매우 천시했는데 (그 사고방식이 적나라하게 드러난 것이 셰익스피어의 『베니스의 상인』에 등장하는 악덕 고리대금업자 유대인 '샤일록'이죠) 칼뱅파는 이를 인정했던 것입니다. 그렇기 때문에 칼뱅파의 교리는 주로 상업에 종사하고 있었

종교 개혁

던 시민 계급으로부터 환영을 받았고, 이는 서유럽에서 자본주의가 발전하는 데 크게 기여하게 됩니다. 즉, 인간은 자신의 구원을 확신하고 세속적인 직업에 근면하게 종사해야 한다고 권면하면서, 직업에 충실한 결과로 축적되는 이윤은 타당한 것이며 이를 다시 재생산에 투입하여야 한다고 주장했던 것이지요. 이는 직업 소명설과도 직접적으로 연관되는데, 칼뱅은 직업을 하나님이 부르신 것이라고 보아 이에 대해 응답하고 최선을 다하며 자긍심을 가져야 한다고 보았습니다. 그래서 지금도 유럽 국가들에서는 자식들이 굉장한 자긍심을 가지고 아버지의 직업을 물려받곤 하잖아요? 그것이 이러한 종교적 배경에서 가능했다는 것이죠.

이러한 칼뱅의 이론은 각각의 국가로 파고들어가 다른 이름들로 불리게 되는데요. 잉글랜드에서는 청교도로, 스코틀랜드에서는 장로파, 프랑스에서는 위그노, 네덜란드에서는 고이센으로 불립니다. 현대 기독교에서 여러분이 가장 많이 들어본 적이 있는 '장로교'의 시작이 바로 칼뱅파인 것이죠.

이것도?_헨리 8세는 이를 종교 개혁이라 부르고 싶겠지만!

이처럼 신앙적인 문제에서의 개혁으로 일어난 종교 개혁과 달리 영국에서의 종교 개혁은 정치적이고 사적인 면모가 더 불거졌던 사건입니다. 국왕의 이혼 및 절대 왕정 수립을 위한 경비 마련이 그 배경이 되었던 것인데요. 이 과정을 그린 연극이 셰익스피어의 마지막 작품인 『헨리 8세』이고, 영화로는 「천일의 앤」이라는 제목으로 만들어졌습니다.

이 종교 개혁인 듯 종교 개혁이 아닌 사건의 내용은 다음과 같아요.

영국 국왕 헨리 8세(1491~1547)는 병약했던 형이 죽자 형수인 캐서린을 왕비로 맞이합니다. 캐서린은 당시 내로라하던 신성 로마 제국(독일) 황제 카를 5세('마르틴 루터의 종교 개혁'에서 '보름스 국회', '아우크스부르크 화의' 등등과 관련된 황제죠)의 이모이자 아라곤(에스파냐의 전신이죠)의 공주였기 때문에, 이들 국가에서처럼 영국에서도 계속 권력을 행사하려고 했던 로마 교황청에서는 형사취수(兄死娶嫂)를 고수했고, 헨리 8세는 이 사랑 없는 결혼에서 딸 메리를 출산했습니다.

그러던 중 자유분방하고 아름다운 앤 불린을 만나 사랑에 빠졌고 그녀 또한 임신했는데, 앤은 헨리 8세가 그토록 바라던 아들이 아닌 딸 엘리자베스를 출산(1533)했습니다. 그러나 아들이 생길 것이라는 희망으로 호화로운 예식을 통해 잉글랜드 왕비로 득위했음에도 앤은 수차례의 유산을 반복했고 그에 따라 부부 사이의 갈등은 심해졌죠. 그러면서 왕은 앤 불린의 시녀였던 제인 시모어에게 눈길을 주기 시작했습니다. 앤과 왕은 결국 이혼하는 지경에 이르렀고, 이에 헨리

영화 「천일의 앤」

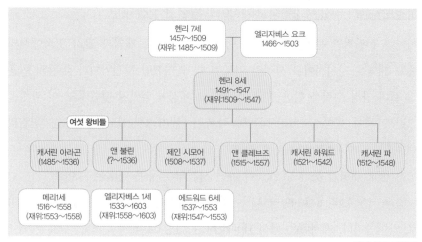

8세는 엘리자베스의 왕위 계승권을 포기하면 살려주겠다며 협박합니다. 그러나 앤이 포기하지 않자 앤 불린과 남동생 조지 불린, 그리고 두 사람과 가까운 귀족 청년들 몇몇은 간통과 반역, 근친상간 혐의, 심지어 앤 불린은 마법으로 왕을 유혹했다는 혐의를 받아 사형(1536) 당하게 됩니다. 화형을 언도받았다가 헨리 8세에 의해 참수형으로 감형되었는데, 앤의 참수를 위해 특별히 프랑스에서 칼을 잘 쓰는 사람을 고용해서 런던탑에서 형을 집행했다지요. 당시 참수형에서 쓰던 무딘 도끼 대신 잘 드는 칼을 썼다고 해요. 참수할 때 고통을 덜어주기 위해서라고 하는데요. 참~ 선심 한 번 크게 썼네요.

헨리 8세는 그 후 제인 시모어를 통해 그렇게 바라던 아들 에드워드 6세(1537~1553)를 얻게 됩니다. 그러나 아버지와 달리 매우 심약했던 에드워드 6세가 후사 없이 죽자 결국 캐서린의 딸 메리(1516~1558)가 왕위에 오르니 그녀가 바로 가톨릭을 부활시키면서 많은 자를 죽인 '피의 메리(Bloody Mary)'입니다. 그런데 실은 에드워드 6세와 블러디 메리 사이에 역사의 그늘에 가려진 한 사람이 더 있습니다. 바로 헨리 7세의 딸 메리 튜더의 증손녀인 제인입니다. 그녀는 즉위한 지 9일 만에 메리 1세의 런던 입성으로 반역죄로 참수당합니다. 안타깝고 슬픈 이야기죠? 그리고 마침내 피의 메리 다음으로 앤의 딸이자 영국 절대 왕정의 전성기를 이루게 되는 엘리자베스 1세(1533~1603)가 왕위에 올라 영국의 주인이 됩니다(셰익스피어가 활동했던 때입니다). 어찌 보면 자기 어머니의 죽음과 맞바꾼 영국의 여왕 자리였으니 엘리자베스 1세에게는 통한의 자리일 수도 있겠지요?

이러한 과정에서 캐서린과 이혼하고 앤과 결혼하고자 했던 헨리 8세가 이혼을 반대하는 로마 교황청에 대해 수장령을 반포(1534)함으로써 영국 교회가 로마로부터 독립했고, 국왕이 독립한 교회의 수장임을 알리면서 영국의 종교 개혁이 일어나는 것입니다. 이 과정에서 국왕은 수도원을 해산하여 토지와 재산을 몰수했고, 많은 사상가들을 죽였습니다(헨리 8세의 이혼에 반대하다 죽은 사상가 중에 토머스 모어도 포함되어 있어요). 물론 이를 통해 왕권을 강화하기 위한 재정을 확보할 수 있었는데요. 이후 영국의 절대 왕정기를 구가할 수

헨리 8세와 여섯 명의 아내
(좌로부터) 캐서린 아라곤, 앤 불린, 제인 시모어, 앤 클레브즈, 캐서린 하워드, 캐서린 파

있는 힘은 바로 이 과정에서 축적되었다고 해도 과언이 아닙니다. 거기에 에드워드 6세 때『일반 기도서』를 제정하고 엘리자베스 1세 때 통일령을 반포(1559)함으로써 영국 국교회(현재 성공회)라 불리는 영국만의 독특한 종교 체계가 확립되었습니다.

이와 같이 영국 국교회는 신앙적인 문제가 아닌 정치적·경제적 문제로 인해 발생한 것이어서 가톨릭의 의식과 프로테스탄트의 교리를 절충해서 사용합니다. 교리는 가톨릭과 가장 가깝고요. 예를 들면 영국 국교회도 신부님이 가톨릭에서처럼 '미사'를 집전하지만, 그 신부님은 프로테스탄트의 목사님처럼 결혼을 할 수 있답니다. 그러나 이와 같은 영국 국교회의 타협안으로 인해 영국 내의 칼뱅파인 청교도들의 불만은 매우 고조되었지요.

결과_종교가 '유럽 세상'에서 물러서다

이러한 서양 각국의 로마 가톨릭에 반발하는 움직임에 대항하여 가톨릭 세력 내에서도 잘못된 것을 개선하고자 많은 노력을 기울이게 됩니다. 즉, 그동안의 가톨릭 내에서의 폐단을 시정하면서 신교(프로테스탄트)의 확산을 막기 위한 트리엔트 공의회(1545~1563)를 열고 (여기서 잠깐!! 교회의 대분열을 종식시키고, 위클리프나 후스와 같은 선구자적 종교 개혁가를 탄압했던 공의회는요? 그렇죠. 콘스탄츠 공의회였죠) 예수회와 같은 단체를 통해 선교 활동을 꾀하기도 했습니다.

예수회가 어떤 단체인지 한번 짚고 넘어가야겠죠? 옆의 사진은 예수회를 처음 조직한 에스파냐 로욜라의 이냐시오입니다. 원래 군인이었다가 회심하여 신학을 공부한 그는 6명의 동료들과 함께 청빈·정결·순

로욜라의 이냐시오

명을 약속하고 영혼 구원에 헌신할 것을 맹세하여 예수회를 조직(1534)했습니다. 그들 6명 중 1명인 프란체스코 하비엘 신부는 1549년 일본에 최초로 크리스트교를 전파한 신부이기도 하죠. 즉, 예수회는 교황에 대한 절대 복종과 군대식 규율 아래 선교 활동과 교육에 주력했던 단체로, 구교(로마 가톨릭)에서 신교(프로테스탄트)의 개혁에 대항하여 자체적인 개혁을 위해 설립한 단체입니다. 따라서 이들은 신교의 확대를 저지하면서 중국을 비롯한 아시아와 중남미, 아프리카 등의 해외에서 선교 활동을 담당했답니다. 유럽 최초로 일본에 선교했을 뿐만 아니라 중국 명과 청대에 서양 학문이 파급되는 통로로서의 역할을 했지요('마테오 리치', '아담 샬', '페르비스트'와 같은 인물들은 중국 명과 청 시대의 문화 부분을 여행하면서 다시 만나게 될 거예요).

이와 같은 구교(가톨릭)와 신교(프로테스탄트)의 분열은 결국 전쟁으로 이어지게 됩니다. 대표적인 종교 전쟁은 세 가지를 들 수 있는데요. 네덜란드 독립전쟁,[4] 위그노 전쟁[5], 30년 전쟁[6]입니다. 위그노 전쟁을 배경으로 한 『불새의 늪』이라는 순정만화가 있었는데요. 이 만화를 보면서 울고 웃었던 기억이 납니다. 저의 대학 동기 중에는 만화를 그리려면 역사를 알아야 해서 사학과에 왔다던 친구도 있었어요. 당시 순정만화들은 역사적 배경을 고증하면서 만들어진 것이 많았거든요. 지금 생각하면 그런 것들이 당시 꿈 많은 청소년들에게 세계에 대한 시각을 넓혀주었던 것 같기도 합니다. 물론 , 저를 포함해서요. 지금은 그런 만화가 많이 사라져서 아쉬울 따름이죠.

전쟁 기간을 보시면 아시겠지만 이와 같이 유럽 전역은 16세기에서 17세기까지 종교 전쟁의 소용돌이에 휘말리게 되었습니다. 물론 이런 전쟁들이 온전

---

4   구교인 에스파냐로부터 네덜란드가 독립하기 위해 벌였던 전쟁(1568~1648)

5   프랑스(1562~1598)에서 일어난 종교 전쟁

6   독일의 종교 전쟁(1618~1648)

하게 종교적 문제만으로 발생한 것은 아닙니다. 각각마다 정치·경제적 원인들이 얽혀 있었지만 표면적인 이유는 '종교'였지요. 결국 16세기 초반부터 100여 년 동안 불붙은 유럽에서의 종교 개혁과 전쟁은 프랑스의 낭트 칙령(1598), 독일의 베스트팔렌 조약(1648)으로, 유럽에서 개인의 신앙의 자유가 완전히 보장되면서 끝납니다.

이 과정을 들여다보면 종교로 인해 전쟁이 일어나는 것은 과거나 현재나 같다는 생각이 들어요. 대립하는 종교의 종류와 지역만 바뀌는 거죠. 우리가 세계사를 공부하며 알 수 있는 것은 결국 순수한 의미의 종교 전쟁은 없다는 점인데요. '종교'라는 '거룩함'으로 포장한 이면에는 전쟁 당사자들의 '이익'이 가장 중요한 원인으로 숨어 있는 것 같습니다.

그렇다면 이러한 크리스트교의 분열과 전쟁은 유럽에 어떤 영향을 끼쳤을까요? 이와 같은 전쟁의 결과, 과연 어떤 크리스트교가 이긴 것일까요? 구교일까요, 신교일까요? …중요한 것은 놀랍게도 어떤 크리스트교도 결국은 승리하지 못했다는 사실입니다. 왜냐고요? 종교 개혁으로 인한 대립과 분열은 더 이상 서양을 중세와 같이 하나의 종교로 통일할 수 없게 만들어버렸기 때문입니다. 정치뿐만 아니라 경제, 일상생활까지 모두 다 장악하고 있었던 크리스트교라고 하는 절대적인 종교가 그 통일성을 유지할 수 없게 되자, 이제 유럽 역사에서는 '종교'보다 '정치'적, '경제'적 문제가 국가의 흥망성쇠를 좌지우지하게 되었습니다. 그러므로 이 대립과 전쟁에서 어떤 크리스트교가 이기고 졌는지의 문제를 떠나, 크리스트교 자체가 가지던 절대 권력은 이제 '유럽 세상'이라는 무대에서 물러서게 되었다는 점에서 유럽에서의 크리스트교 자체의 패배라고 할 수 있는 것이죠. 이제 크리스트교는 그 역할을 자신의 문화를 이식한 새로운 곳, 즉 신대륙으로 옮기게 됩니다.

종교 개혁이 의도했던 바는 아니지만 그것으로 인해 결과적으로 크리스트교가 사람들의 생활에서 차지하고 있던 자리를 내어놓고 물러나게 되자 사람들 마음에 '빈자리'가 생기게 되었습니다. 그리고 종교 대신 그 자리에 비집고 들어온 것이 바로 '정치'와 '경제'라는 철저히 '인본주의적'인 관심사였지요. '신항로의 개척'과 '절대 왕정'이라 불리는 근대적 인간들의 업적이 바로 그것입니다.

우리는 다음 시간에 먼저 유럽인들의 경제생활이 완전히 변화하게 되고, 유럽인들의 사고 범위가 확대되면서 세계관이 변화하는 결정적 계기인 '신항로의 개척' 시대를 여행하게 될 것입니다. 이 사건을 통해 유럽인들은 이 '지구'에 완전히 다른 세상이 있음을 알게 되고, 다른 음식과 다른 산물들이 있음을 알게 되었으며, 그로부터 들어온 부를 통해 많은 것을 누리게 됩니다. 그러나 그로 인해 정작 다른 대륙인들에게는 아픔을 주기 시작한, 심지어 다른 대륙인들을 '멸종'시키고 문명을 멸망시키기까지 하는 '불편한 세계화'가 시작됩니다.

이는 크리스트교가 중심이었던 '신본주의'가 그 자리를 내어놓자 대신하여 발달한 '인본주의'가 확대되는 시작점입니다. 물론 어떤 면에서는 진정한 의미의 세계사가 시작되는 계기이기도 하고, 진정한 의미의 세계적 무역이 나타나는 계기가 되는 때이기도 합니다. 그러나 그와 동시에 많은 대륙의 역사를 유럽 대륙의 부속적 역사로 만들어버린, 세계사적으로는 '아픔'이 시작되는 시기이기도 하죠. 이 시기를 여행하면서 우리는 현대사에 나타나는 '남북문제'의 발생 배경도 찾을 수 있을 거예요. 우리 역시 피해자의 입장이므로 그리 달갑지 않은 시간 여행이 될 수도 있을 겁니다. 하지만 역사를 배우는 것은 결국 좋은 것은 배워 다시 하고, 좋지 않은 것은 되풀이하지 않으려는 노력의 일환이기 때문에 우리에게도 분명 가치 있는 시간이 될 것이라 믿습니다.

동시대 지구촌 넘나들기

기원후 16세기~기원후 17세기

한반도에서 기원후 16세기는 조선의 통치 질서가 완성된 후 새로운 정치 세력이 일어나는 시기라고 말씀드렸던 것 기억나지요? 15세기 조선의 지배 세력을 훈구파라 했다면 16세기부터 언론 기관인 3사에서 이들을 견제했던 세력들이 있었죠. 이들이 바로? 그렇죠. 사림입니다. 이들은 15세기 말부터 16세기에 걸쳐 4번 화를 당했는데요. 이 사건을 사화라고 하지요. 무오사화, 갑자사화, 기묘사화, 을사사화[7]와 같은 4번의 큰 화에도 불구하고 이들은 서원과 향약을 바탕으로 마침내 정권을 잡게 되었고요. 이들이 정권을 잡은 16세기는 일본의 침략에 따라 1592년 임진왜란, 1596년 정유재란 7년의 전쟁을 치루면서 끝나게 되지요. 참고로 1598년 프랑스에서는 어떤 일이 있었는지 기억나시나요? 우리나라에서 임진왜란(정유재란)이 끝난 1598년 프랑스에서도 위그노 전쟁이 끝나서 앙리 4세에 의해 낭트 칙령이 반포되고 부르봉 왕조가 시작되었답니다.

17세기는 정권을 잡은 사림들이 학풍과 정치적 성향에 따라 당을 나누는 붕당정치가 본격적으로 발달하기 시작합니다. 16세기 말 선조 대에 이미 동인과 서인으로, 동인이 다시 남인과 북인으로 분당되었는데요. 각 붕당과 그들의 영향에 따라 국왕의 정치적 행보가 정해졌고 이에 따라 여러 가지 사건이 나타났답니다. 대표적으로 광해군 때 실리를 추구하던 북인의 집권

7

사화	발생연도	발생원인
무오사화	1498년	김종직의 〈조의제문〉사건
갑자사화	1504년	폐비 윤씨 사건, 연산군 왕권 강화 계획
기묘사화	1519년	조광조의 개혁 정치 반발
을사사화	1545년	소윤과 대윤의 권력 싸움

으로 광해군의 유명한 중립외교(명과 후금 사이에서 어느 편도 들지 않음으로써 실리를 얻은 외교(1619))정책이 나타났지요. 이후 광해군을 몰아내고 왕위에 오른 인조는 대의명분에 무게를 두는 서인의 지지를 받았기 때문에 친명배금 정책을 펼쳤고, 이는 두 번의 호란이 일어나는 배경이 됩니다. 정묘호란(1627), 병자호란(1636)으로 중국에서 후금을 세우고 청으로 바꾼 여진족(만주족)이 쳐들어왔던 것이죠. 유럽에서 베스트팔렌 조약이 체결된 1648년의 다음 해에 남한산성에서의 오욕의 역사를 맛보았던 인조가 사망하고, 그 둘째 아들인 효종이 왕위에 오르게 된답니다.

이제 보니 조선이 200여 년간의 평화를 누리고 1592년부터 약 50년 동안 남과 북에서의 침략으로 혼란스러웠을 동안 유럽에서도 종교 전쟁으로 정신이 없었던 거군요.

중국의 16~17세기도 변화의 세기였습니다. 16세기는 명이 서서히 쇠퇴해가고 있는 시기인데요. 조선에서의 임진왜란에 지원군을 출병시킴으로써 북로남왜(北虜南倭, 이 시기 명나라를 괴롭히던 왜구와 몽골을 가리킴)에 의해 명은 급격히 쇠퇴하기 시작합니다. 17세기에 들어서 1616년 만주족(여진족)의 누르하치는 후금을 세우면서 강력해졌고, 그 후 태종은 내몽고를 정복, 국호를 청이라 개칭하고 조선을 침략했지요. 이후 세조 때에 명의 이자성을 축출하고 베이징에 입성하면서 명실 공히 중국을 정복하게 됩니다. 후금으로서 조선을 침략했던 사건을 정묘호란, 국호를 청이라 개칭하고 조선을 침략했던 사건을 병자호란이라고 하는 것입니다.

청의 전성기는 강희제, 옹정제, 건륭제 3대 130여 년간인데요. 이 시기가 1661년에서 1795년으로 17세기 중반에서 18세기 말인 것이죠. 그러니 17세기 청은 전성기를 향해 가고 있던 시기라고 할 수 있겠습니다. 즉 앞으로 배우겠지만 유럽에서 절대 왕정이 빛나고 있을 때 청 왕조 또한 전성기를 누리고 있는 때라는 말씀이지요.

서아시아에서의 16세기는 오스만 튀르크 제국의 전성기입니다. 조선·중국·유럽이 전환기나 전쟁기, 혼란기에 있을 무렵 이곳은 전성기를 누리고 있었네요. 어쩌면 그랬기 때문에 오스만의 전성기가 가능했을지도 모르겠습니다. 마치 중국이 남북조 시기로 대립하고 있을 때 고구려가 전성기를 누릴 수 있었던 것과 마찬가지인 거죠. 오스만 제국 전성기의 술탄칼리프가 누구였는지, 이젠 그냥 떠오르시나요? 그렇습니다. 술레이만 1세(재위 1520~1566)였죠. 그는 동유럽, 아프리카 북부, 지중해 동부의 해상권까지 장악하면서 3개 대륙을 지배했던 대제라는 것, 이젠 정말 익숙한 설명이어야 합니다. 특히 1538년 프레베자 해전에서 오스만 제국의 함대가 유럽 연합 함대와 싸워 승리하면서 지중해를 장악했던 사실을 꼭 기억하시길 바랍니다.

술레이만 1세 사후 16세기 후반 이후부터 오스만 튀르크 제국의 영토는 차츰 성장하는 유럽 세력에게 잠식당하게 되었습니다. 특히 신항로의 개척으로 무역 중심이 지중해에서 대서양으로 이동함에 따라 동서 중계무역을 해오던 오스만 튀르크 제국이 타격을 입게 되지요. 특히 이 당시 새로운 식민지 개척으로 급성장한 에스파냐가 지중해를 장악하게 되었는데, 결국 오스만 튀르크는 레판토 해전(1571)에서 크게 패배하여 지중해의 주도권을 빼앗기게 됩니다. 오스만 튀르크를 격파한 에스파냐의 함대는 무적함대로 불리게 되고, 이제 해상의 권좌는 에스파냐에게 넘어갑니다.

티타임 토크

종교 전쟁에 대해 알아볼까요?

네덜란드 독립 전쟁(1568~1648)은 네덜란드의 17주가 에스파냐에 대항하여 벌인 독립 전쟁을 말하며, 80년 전쟁이라 불리기도 합니다. 이 독립 전쟁을 종교 전쟁이라 부르는 이유는 신교인 네덜란드가 구교인 에스파냐에게 저항했기 때문인데요. 당시 형제의 나라였던 오스트리아와 에스파냐는 개신교를 철저하게 탄압하면서 로마 가톨릭의 수호자를 자처하고 있었거든요. 전쟁의 시작과 함께 네덜란드는 네덜란드 공화국을 수립하였고, 에스파냐로부터 사실상 독립하였습니다. 이후 30년 전쟁을 종결시킨 1648년 베스트팔렌 조약으로 법적인 독립 승인이 이루어졌습니다. 이후 네덜란드는 해상 무역을 통해 급속도로 발전하면서 과학·예술·문화 등의 중심지로 떠오르게 된답니다.

위그노 전쟁(1562~1598)은 프랑스에서 발생한 종교 전쟁입니다. 당시 프랑스는 개신교도인 위그노와 로마 가톨릭교도 사이에서 일어난 분열로 심한 몸살을 겪고 있었습니다. 대표적으로 1572년 8월 24일 성 바르톨로메오 축일에 파리를 비롯한 전국에서 가톨릭교도들이 성당 종소리를 신호로 위그노들을 무차별 학살했던 이른바 '바르톨로메오 대학살 사건'이 있는데요. 그 사건으로 수천 명의 위그노들이 죽었고 스위스나 네덜란드 등으로 도망치기도 했죠. 이러한 프랑스 종교 전쟁은 앙리 4세(1553~1610)가 즉위함으로써 마무리되었습니다. 앙리 4세는 부르봉 왕조의 문을 연 인물로 개신교 편에 섰답니다. 그는 본인이 가톨릭으로 개종하는 대신 1598년 낭트 칙령을 반포하여 유럽에서 최초로 개인의 종교 자유를 인정했지요. 이로 인해 공업 종사자와 상공업자가 많았던 위그노를 인정하면서 프랑스의 산업도 크게 발달하여 유럽의 강대국으로 우뚝 설 수 있었답니다. 참고로 낭트 칙령은 루이 14세 때 폐지되면서 프랑스 내에서 로마 가톨릭만 강요하게 되는데 이에 따라 위그노들이 외국으로 탈출해 프랑스 산업이 기울어지고 이것이 프랑스 혁명이 일어나는 배경으로 작용했다고 보기도 합니다.

30년 전쟁(1618~1648)은 신성 로마 제국이 있던 독일을 중심으로 로마 가톨릭 교회를 믿는 국가들과 개신교(특히 루터 교회)를 믿는 국가들 사이에서 벌어진 종교 전쟁입니다. 최후의 종교 전쟁이자 최초의 국제 전쟁이라고도 불리는데요. 구체적으로는 신성 로마 제국

성 바르톨로메오 축일의 학살

의 페르디난트 2세가 보헤미아의 개신교도를 탄압한 것에 대해 개신교를 믿는 보헤미아의 귀족들이 반발하여 일어난 전쟁이랍니다. 이 전쟁은 1648년 베스트팔렌 조약으로 끝이 납니다. 처음에는 신성 로마 제국과 보헤미아 사이의 종교 싸움이었으나 곧 덴마크, 스웨덴, 프랑스가 개신교도를 지원하기 시작했고, 1630년대에 이르러서는 신성 로마 제국(오스트리아)의 합스부르크 왕가, 프랑스의 부르봉 왕가, 스웨덴의 바사 왕가 등 여러 강대국의 이권 분쟁으로 변했어요. 이 전쟁으로 결국 독일 지역은 황폐화되고 인구가 격감했으며 여러 개의 영방국가로 나뉘게 되어 국가 발전에 치명타를 입게 됩니다. 1648년 베스트팔렌 조약으로 네덜란드와 스위스는 각각 에스파냐와 오스트리아로부터 독립을 인정받았고, 유럽에서 개인 신앙의 자유가 인정되었습니다.

종교 개혁 당시의 모습을 느낄 수 있는 곳은 어디예요?

먼저 독일의 바르트부르크 성에서 여러분은 루터를 만날 수 있을 것입니다. 루터는 신

성 로마 제국으로부터 파문을 당한 후 9개월 동안 작센 공의 바르트부르크 성에 숨어 있으면서 신약 성경을 독일어로 번역했답니다. 아래 사진에서 루터의 고뇌와 열정이 느껴지지 않나요? 여러분과 마찬가지로 많은 이들 역시 그렇게 느끼나 봅니다. 이 작은 방과 책상이 유네스코 세계 문화유산으로 지정되어 있거든요.

스위스 제네바의 구 시가지에 가면 뾰족한 첨탑으로 금방 찾아 볼 수 있는 성 피에르 대성당이 있는데요, 이곳은 칼뱅이 제네바에서 가장 처음으로 설교한 곳이랍니다.

마지막으로 영국 런던 서부에 햄프턴코트 궁전이 있습니다. 이곳은 원래 토머스 울시 추기경이 1514년 건립해서 국왕 헨리 8세에게 헌상한 곳으로, 튜더 왕조 시대의 건물로

바르트부르크 성에 있는 루터의 방(상) **성 피에르 대성당**(하)

는 영국 최대의 웅장함을 자랑하고 있답니다. 헨리 8세의 마지막 부인이었던 캐서린 파의 대관식이 열렸던(1543) 곳이기도 한데요. 당시 로마 교황청에 반기를 들면서 세력을 키워가고 있었던 헨리 8세의 모습을 이 궁전의 화려함 속에서 떠올릴 수 있을까요? 건축물의 아름다움으로 본다면 프랑스에는 베르사유 궁전, 영국에는 햄프턴코트 궁전이 있다고 해도 과언이 아니겠지요? 이곳에 가면 지금도 당시의 복식을 차려 입은 역사학자들이 안내하는 테마 투어를 할 수 있답니다. 또한 튜더 시대를 만끽할 수 있는 햄프턴코트 궁전 주변의 300년 된 미로와 각양각색의 장미가 가득 찬 것으로 유명한 '강변 정원'들을 돌아다니다 보면 헨리 8세 당시의 영국에 흠뻑 빠지게 될 거예요.

햄프턴코트 궁전(좌) **햄프턴코트 궁전 정원**(우)

신항로 개척_
세계화의 '불편한 진실'

지난 시간에 우리는 중세 유럽인들 사고의 중심이었던 '크리스트교'가 '개혁'을 거치면서 세력이 약화되는 과정을 보았어요. 그를 통해 국가가 중심이 된 철저하게 세속적이고 인본적인 유럽 근대 세계가 형성되는데요. 이러한 유럽의 근대적 특징은 정치적으로는 '절대 왕정', 경제적으로는 '신항로의 개척'으로 본격적으로 펼쳐진답니다. 이 두 가지 사건은 현재 지구촌의 시민 민주주의를 탄생시킨 '혁명'의 배경이 되었다는 점에서, 그리고 현대 세계 경제에서 해결해야 하는 '남북문제'의 시작이라는 점에서 굉장히 의미가 깊습니다.

그래서 오늘은 먼저 경제적 면에서 진정한 세계화의 출발점이자 그로 인해 '남북문제'의 시작점이 된 '신항로의 개척'으로 여행을 떠나보려고 합니다. 물론 '신항로의 개척' 자체는 '종교 개혁'보다 시기적으로 먼저 일어난 사건이기도 합니다. 일면 종교적 열정에서 시작된 부분이 있다는 점도 간과할 수 없고요. 그러나 그 후 해상 경쟁을 통해 유럽인들이 다른 대륙인들을 경제적으로 예속하고 다른 대륙의 산물을 통해 여러 가지 부를 누리는 '신항로 개척의 결과'는 종교 개혁 이후와 맞물려 있습니다. 저는 '신항로 개척의 결과'가 세계사에 끼치는 영향이 크다고 보았기 때문에 종교 개혁 다음으로 '신항로의 개척'을 여행 순서로 잡은 것이니 발생 연도와 설명 순서를 혼동하지 말아주세요.

자, 그럼 잠깐 '남북문제'가 무엇인지 알아보고 출발할까요? '신항로의 개척'
이 그 시작점이 되었다는 것으로 보아 우리나라 남북한 문제는 분명 아닌 것
같은데 들어본 적이 별로 없다고요? 사실 이 주제는 세계사에서 다루기보다
정치·경제 쪽에서 다루어야 하는 주제이긴 해요. 남북문제[1]란 주로 북반구에
위치한 선진공업국과, 적도 및 남반구에 위치한 저개발 국가 사이의 발전 및
소득 격차에서 생기는 국제정치·경제의 구조적 문제를 말해요. 즉, 지구촌의
선진적 국가들과 저개발 국가들 사이에서 그 발전 단계의 차이에 따라 여러
가지 국제정치, 경제 문제가 많이 대두했는데요. 선진적 국가들이 대체로 지
구의 '북반구'에 위치해 있고, 저개발 국가들은 '남반구'에 위치해 있기 때문
에 이들 사이에서 일어나는 문제를 '남북문제'라고 부른답니다.

그렇다면 어째서 지구 북반구의 유럽이나 북아메리카가 선진국이 될 수 있
었던 반면 아프리카, 아시아, 남아메리카 등은 저개발 국가로서 서로 간의 대
립을 야기하게 되었을까요? 이러한 '남북문제'는 바로 이번 시간에 배우게 될
'신항로의 개척 시대' 또는 '대항해 시대'라 불리는 시기에서 그 시작점을 찾
을 수 있답니다. 문제를 해결하려면 그 문제가 시작된 지점에서부터 출발해야
실마리를 찾을 수 있겠지요? 바로 오늘의 주제가 현재 지구의 반을 괴롭히고
있고, 그로 인해 지구촌 전체에 아픔이 되고 있는 '남북문제'를 해결하는 열
쇠가 될 것입니다.

---

1   남북문제라는 용어를 처음 사용한 사람은 1959년 영국 로이드은행 총재 O.프랑크스이다. 그는 제2차 세
계대전 후 14년이 지난 시점(1959)에서 세계 동향을 볼 때, 세계의 중심 문제는 자본주의 국가군(國家群)과 사
회주의 국가군의 대립을 가리키는 동서문제가 아니라, 북반구의 선진 공업국과 남반구의 아시아·아프리카·
라틴아메리카 등 저개발 국가들과의 경제적 격차를 문제로 하는 남북문제에 있다고 보았다(출처_두산백과).

배경_인간 통제를 벗어난 '역사'가 움직이다

1453년을 기억하십니까? 어쩌면 인류 역사에서 진정한 세계사가 만들어지는 계기를 촉발시킨 가장 역사적인 연도 중 하나라 할 수 있죠. 예, 그렇습니다. 여러분도 알다시피 서유럽에서 영국과 프랑스의 백년 전쟁이 끝난 해입니다. 그러나 그와 함께 세계사의 큰 흐름을 바꿀 결정적인 일이 벌어졌으니 바로 오스만 튀르크에 의한 콘스탄티노폴리스의 함락이요, 그로 인한 동로마 제국 (비잔티움 제국)의 멸망입니다. 이것이 왜 그토록 중요한 사건이냐… 이 사건의 결과로 벌어진 세계사의 변화를 알아보는 것이 바로 이번 여행의 핵심이라고 할 수 있지요. 지금으로부터 약 600여 년 전 지금의 터키를 둘러싸고 벌어진 일련의 사건들이 세계사에 어떤 영향을 끼치게 되었는지 이제부터 알아보겠습니다.

그러기 위해서는 먼저 중세 유럽의 요리에 대해 잠깐 이야기할 필요가 있습니다. '남북문제'와 '비잔티움 제국의 함락', '대항해 시대'… 이런 무거운 주제에 대해 이야기하는 중인데 생뚱맞게 요리라니요? 의아하실 수도 있겠어요. 그런데요, 인류의 역사는 무거운 주제 때문에 변화가 일어나기도 하지만, 놀랍게도 아주 일상적인 그러나 필수적인, 예를 들면 먹고 마시고 자고 결혼하고 아이를 키우고 연애하고 하는 등의 문제 때문에 요동치는 경우가 생각보다 많답니다. 앞서 배운 헨리 8세와 앤 불린과의 결혼으로 인해 영국 국교회가 만들어졌던 것이 대표적 경우라 할 수 있죠.

대체로 중세 유럽 영주와 기사들은 소와 양을 주식으로 했고 과일과 채소, 요리용 풀 등을 식재료로 이용했어요. 그들은 보통 식사할 때 스푼과 나이프, 딱딱하게 굳은 빵을 사용했고, 먹고 남은 음식을 여러 가지 방법으로 저장했답니다. 고기와 생선은 훈제시키거나 말려서 보관했고, 과일과 채소는 소금물이나 식초에 푹 절였지요. 이러한 음식 저장법이 중세 유럽 요리의 특징이라고 할 수 있는데요.

이와 더불어 중세 유럽 요리의 가장 대표적인 특징은 바로 향료에 대한 어마어마한 사랑이라고 할 수 있답니다. 당시 중세 궁정의 주방엔 매운 향료와 양념으로 조미한 고기 냄새가 진동하곤 했어요. 그렇게 쓰인 다양한 향료 중에서 여러분이 아는 대표적인 것이 지금도 쓰이는 '후추'랍니다. 이 밖에 육두구와 메이스,[2] 정향 등이 유럽인들로부터 인기가 많아서, 브로델이라는 역사학자는 당시 상황을 가리켜 '향료에 대한 광기'라고까지 표현했답니다. 그래서 중세 유럽인들은 향료를 얻기 위해 우리로서는 상상할 수 없는 일들을 하기도 했지요.

예를 들어 육두구는 인도네시아가 원산지인 향신료입니다. 열매 속 흑갈색 씨앗을 갈아 만드는 것인데요. 고급스러운 향미 때문에 비린내나 누린내를 제거하는 데 탁월한 효과를 발휘하지요. 특히 '신항로 개척 시대' 이후 인도네시아에서 직접 가져올 수 있어서 인기가 많았는데, 이로 인해 원산지인 인도네시아인들이 엄청 많이 희생당했지요. 향료 재배의 고된 작업에 수많은 원주민이 동원되었거든요. 그런데 이들은 임금도 받지 못했을 뿐 아니라 혹사당하다 죽거나 장애인이 되기도 했습니다. 또한 당시 인도네시아를 지배했던 네덜란드의 동인도 회사는 육두구

육두구와 메이스(상)
정향(하/좌) **육두구를 갈아 만든 향신료**(하/우)

---

2   육두구 열매의 씨앗을 감싸고 있는 붉은 껍질이 메이스에 해당한다. 육두구와 메이스, 두 향신료의 맛은 비슷한데, 육두구가 좀 더 달콤하고 메이스는 좀 더 섬세한 맛을 가지고 있다.

가격이 오르면 대량으로 재배하고, 떨어지면 육두구 나무를 뽑아내는 식으로 이득을 보려고 했는데요. 그 와중에 인도네시아 산업 구조 자체가 기형적으로 변해버렸답니다. 그러다가 결국 이 향료 때문에 인도네시아를 둘러싸고 네덜란드와 영국 사이에 전쟁이 벌어지기도 했으니… 정말 저희로서는 상상도 못할 일들이 벌어졌던 거죠.

그런데 이렇게 서양 중세인들이 향료에 열광한 데에는 이유가 있답니다. 첫째는 향료가 상류층 전용 식품인 육류의 냄새를 없애주는 데 탁월한 효과가 있었고요, 둘째는 향료의 값이 매우 비싸서 이것을 사용하는 게 부(富)의 상징이 되어버렸기 때문입니다. 이 향료는 유럽에서 나지 않아 동방에서 수입할 수밖에 없었거든요. 마치 요즈음의 우리가 미국이나 유럽에서 들여온 값비싼 명품을 몸에 지니고 다님으로써 자신의 가치를 높이려고 애쓰는 것과 같은 현상이라고나 할까요?

그런데 문제는 이 향료가 그동안 동로마를 거쳐 이탈리아를 통해 서유럽으로 들어왔다는 것입니다. 1453년 동로마인 비잔티움 제국이 멸망하자 이슬람교 튀르크인에 의해 그 경로가 차단되었고 이 때문에 이탈리아와 이슬람 상인들의 동방 산물 독점이 더욱 심화되어 가격이 천정부지로 치솟았지요. 그러니 후추 등 향신료를 비롯해 비단과 귀금속 등의 동방 산물을 얻기 위해 원래 있던 길이 아닌 다른 루트를 찾고자 하는 열망이 나타나게 된 것입니다.

이에 따라 새로운 항로, 즉 신항로를 개척하게 되고 이로 인해 대항해 시대가 열리게 되었으니, 향료에 대한 사랑과 1453년 비잔티움 제국의 함락이 '신항로 개척'의 첫 번째 배경이 될 수밖에 없답니다. 어때요, 이해가 되나요? 이러한 경제적 욕구에 더해서 새로운 항로를 찾기 위한 여러 가지 여건이 만들어졌습니다. 당시 마르코 폴로(1254~1324)가 쓴 『동방견문록』으로 인해 황금의 나라 '지팡구'와 같은 동방에 대한 관심이 고조되었고요.[3] 동방과 직접 교역하는 것은 경제적으로 커다란 이득이 되기 때문에 국왕들이 중앙 집권화를 위해 필요한 경비를 마련하고자 항해를 후원하기도 했답니다. 거기에 과학 기술의 발달이 더해지는데요. 조선(造船)과 항해 기술이 발달하면서 나침반이 사용되고 지동설과 지구 구형설, 해도 등 천문 지리학이 발달하여 신항로를 개척하는 데 큰 견인차 역할을 했던 것입니다.

특히 신항로 개척에 앞장섰던 나라는 포르투갈과 에스파냐 두 나라였습니다. 이 두 나라는 그동안 이탈리아와 동로마를 중심으로 한 지중해 무역에서 소외되었기 때문에 새로운 항로를 개척하는 데 앞장설 수밖에 없었습니다. 또한 마침 통일 왕국이 형성되면서 강력한 국왕의 후원이 있었던 데다가, 크리스트교를 포교해야겠다는 종교적 열정도 한몫을 했지요.

여기서 잠깐, 당시 많은 유럽인들에게 신항로 개척에 대한 열망을 품게 해준 마르코 폴로에 대해 알아볼까요?

마르코 폴로는 1254년경 베네치아에서 무역상의 아들로 태어났습니다. 부유한 그의 아버지 니콜로와 삼촌 마테오는 1260년 다른 상인들과 함께 동방을 찾았다가 9년 만에 돌아왔습니다. 그리고 그의 열다섯 살 된 아들을 데리고 여행을 떠나니 그것이 바로 마르코 폴로의 25년간 동쪽으로의 여행의 시작이었죠. 그는 중국 원나라를 위해 일하면서 17년 동안 중국의 여러 도시와 지방을 비롯하여 몽고·버마·베트남까지 다녀왔다고 전해집니다. 돌아와 제노바와의 동방 무역을 둘러싼 전쟁에 참여했다가 포로로 잡혀 감옥 생활을 했는데요. 거기

마르코 폴로

---

3 『동방견문록』에는 '지팡구', 즉 일본에는 모든 길이 황금으로 되어 있다는 내용이 나온다.

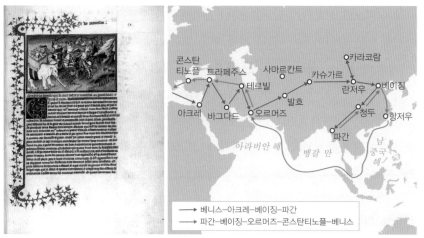

「동방견문록」의 한 페이지(좌) 마르코 폴로의 동방 여행 루트(우)

에서 당시 모험 연애 작가인 루스티첼로를 만나 자신의 이야기를 들려주게 되고, 루스티첼로는 그 내용을 글로 써서 출판합니다. 그것이 바로 『동방견문록』입니다.

이 책의 원래 제목은 『세계의 서술』로 유럽을 제외한 아프리카, 러시아, 아시아 등에 대한 체계적인 서술이 그 내용입니다. 『동방견문록』은 일본이 번역한 것을 그대로 가져다 쓰면서 알려진 제목이기 때문에 광범위한 합의가 된다면 원래 이름으로 바꾸는 것이 책의 의미를 더 살릴 수 있을 듯합니다. 『동방견문록』의 내용 중에는 처음엔 사람들로부터 비아냥거림의 대상이 된 것도 많았는데, 알고 보니 실제로 인정된 것도 있답니다. 인도 악어, 호랑이, 코뿔소, 지폐, 북극곰 등등 말이죠. 물론 정확하지 못한 정보들도 있지만 이 책은 당시 '신항로 개척'의 꿈을 꾸었던 많은 사람들에게 희망을 주었음이 분명합니다. 일례로 콜럼버스는 이 책의 해도를 잘 활용해서 항해 내내 계속 가지고 다녔다고 하네요. 마젤란도 마르코 폴로와 콜럼버스를 존경하며 세계 일주를 꿈꿨다고 하니까요.

잘 살펴보면 정말 인간이 하나하나 계획해서 어떤 사건이 만들어지는 것이 아니라 어떤 보이지 않는 힘에 의해 모든 조건이 충족되고 그로 인해 '신항로의 개척'이라는, 그래서 실질적인 세계사가 시작될 수 있는 이 어마어마한 사건이 발생된 것 같습니다. 이렇게 우리의 앞날은 한 치 앞도 알 수 없는 것이지만, 우리가 선택한 일의 결과는 분명 상상도 못할 만큼 대단한 결과를 가져오는 것이기에 세계사를 배우는 의미가 크다고 할 수 있겠지요?

'신항로 개척'의 과정에서_역사를 이끌어간 주인공들은?

그렇다면 '신항로 개척' 즉, '대항해 시대'를 이끌어갔던 이들은 어떤 사람들일까요? 국가별로 포르투갈과 에스파냐로 나누어볼게요. 우선 포르투갈은 동방의 보석 인도로 가는 동쪽 항로를 찾기 위해 남서쪽으로 내려가 아프리카 서해안을 탐험합니다. 15세기 초 엔리케(1394~1460) 왕자('항해 왕자 엔히크'라고도 해요)부터 시작해서 1488년 바르톨로메우 디아스(1450~1500)가 아프리카 최남단 희망봉에 도착한 후 1498년 바스쿠 다가마(?1460~1524)가 희망봉을 돌아 인도의 캘리컷에 도착함으로써 아시아 무역에서 우위를 점하게 되었고, 이 항로는 근 100여 년간 국가 기밀이 되었지요. 결국 포르투갈은 인도의 고아, 동남아시아의 말루쿠 제도, 중국의 마카오에 무역 거점을 마련하고 향료와 비단 등을 수입하며 동방 무역에서 많은 이득을 보았답니다.

이전까지 지도에도 없었던 막막한 해안선을 따라가다 그 끝을 보았

(좌로부터) 항해 왕자 엔히크, 바르톨로메우 디아스, 바스쿠 다가마

남아공 케이프타운의 희망봉

을 때 포르투갈인들이 외쳤을 '희망'이 느껴지나요?

희망봉 발견은 프레스터 존[4]이 있다고 소문이 난 에티오피아를 찾으라는 포르투갈의 국왕, 주앙 2세의 명령에 따라 디아스가 1487년에 아프리카로 향한 결과였습니다. 디아스의 배는 폭풍으로 표류하다가 아프리카의 남동쪽 끝을 발견한 다음 아프리카 동해안을 따라 북상하여 인도양에 진입하려 했는데요. 선원들의 반대로 되돌아오다가 곶을 발견한 것이죠. 폭풍으로 인해 가는 길에는 발견하지 못하고 돌아오는 길에 보았다 해서 그 곶의 이름을 '폭풍의 곶'이라 지었는데, 주앙 2세가 선원들의 공포를 덜어주기 위해 '희망봉'으로 개칭했답니다. 결국 그 희망봉을 타고 아프리카를 돌아 인도로 가는, 즉 유럽과 이슬람권을 통과하는 것이 아닌 해로를 통해 인도로 가는 길을 뚫었으니 말 그대로 포르투갈에게는 '희망봉'이 된 셈이네요.

이에 비해 에스파냐는 동쪽으로의 항해에서 포르투갈에게 뒤쳐졌기 때문에 인도로 가는 서쪽 항로를 찾아 나섰습니다. 즉, 토스카넬리의 지구 구형설

---

4   사제왕 요한(Presbyter Johannes)으로 알려져 있다. 중세에 동방 어딘가에 거대하고 풍요로운 기독교 왕국이 있다는 이야기에 등장한다.

콜럼버스의 상륙(상) 크리스토퍼 콜럼버스(하)

을 믿은 크리스토퍼 콜럼버스(1451~1506)가 금과 향료의 나라 '동방'을 찾아서 에스파냐 이사벨라 여왕의 후원으로 서쪽으로 출발했던 것이지요. 그 과정 중 1492년 지금의 북아메리카 동부 지역인 서인도 제도(현재 쿠바 근처)에 도착하는데요(1492년이라 심상치 않네요. 조선 건국이 1392년, 임진왜란이 1592년인데, 딱 그 중간에 끼어 있군요). 아메리카와는 아무런 상관이 없는 '인도'라는 명칭이 붙은 데에는 이유가 있답니다. 당시 유럽인들에게 아메리카 대륙은 알려지지 않았던 곳이기 때문에 콜럼버스는 자신이 인도에 도착했다고 믿었대요. 그래서 그곳에 살던 원주민을 인도인 즉, 인디언이라 불렀고 죽을 때까지 자신이 인도에 다녀왔다고 믿었답니다. 그러다가 아메리고 베스푸치(1454~1512)에 의해 새로운 대륙으로 확인되면서 아메리고의 이름을 따 아메리카로 명명한 것입니다.

이곳이 자신들이 찾던 인도가 아니라는 것을 알고 에스파냐는 실망을 했습니다. 그래서 포르투갈 출신으로 향료에 대한 지식이 풍부했던 페르디난트 마젤란(1480~1521)을 고용해 '향료'를 얻기 위한 신항로를 개척하도록 했죠. 그러나 뜻밖에도 그는 신대륙을 돌아 세계 일주에 성공함으로써 지구 구형설을 입증하게 됩니다. 그 자신은 1521년 필리핀에서 토착민에게 피살되었지만 부하들은 희망봉을 돌아 에스파냐로 귀환(1522)했거든요.

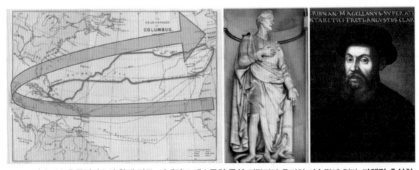

(좌로부터) **콜럼버스의 항해 경로, 아메리고 베스푸치 동상** 이탈리아 우피치 미술관에 있다, **마젤란 초상화**

이후 신대륙이 경제적으로 큰 가치가 있다는 것을 에스파냐가 깨닫게 된 것은 아메리카의 문명을 정복한 이후부터였습니다. 즉, 에르난 코르테스 (1485~1547)가 1519년 멕시코 테노치티틀란—현재의 멕시코 시티입니다—에 입성하여 아스텍 문명을 정복하고 1531년 프란시스코 피사로(?1471~1541)가 남아메리카의 잉카 제국을 정복하면서부터 국가적 이익을 얻기 위한 에스파냐의 아메리카 신대륙 지배가 본격적으로 시작됩니다.

프란시스코 피사로(상)
코르테스와 말린체가 몬테수마를 테노치티틀란에서 만나다. 도냐 마리나는 아스텍 출신의 인디오로 코르테스의 통역이었으며, 에스파냐 침략 시기 통역 겸 길 안내인을 자처하여 멕시코 및 남아메리카에서는 배신자, 반역의 대명사로 알려져 있다. 몬테수마는 아스텍 9대 황제로 이 시기 본격적인 에스파냐의 정복이 시작된다.(하)

이 정복 과정에서 우리는 당시 남아메리카의 문명들이 모두 상당한 수의 인구와 수준 높은 문화를 가진 제국들이었음에도 불구하고 순식간에 멸망했다는 것에 놀랄 수밖에 없는데요. 코르테스는 500명 정도의 군대로 아스텍을 멸망시켰고요, 피사로는 겨우 180여 명 정도의 군대로 잉카 제국을 무너뜨렸거든요. 물론 총기와 대포 같은 화력, 말(馬)과 '백인'이라는 낯선 외모가 그들에게 두려움을 주었겠죠. 그러나 무엇보다 아메리카인들을 강하게 공격했던 것은 천연두와 같이 유럽인들이 몸에 지니고 왔던 전염병이었다고 합니다. 유럽인들에게는 이미 면역이 생겼으나 아메리카인들에게는 치명적이었던 전염병은 그들도 몰랐던 가공할 만한 무기였던 것이죠.

1492년 당시의 아메리카 인구를 적게는 5천만에서 1억 정도로 추정하고 있는데요. 이는 당시 유럽 인구와 맞먹는 수치입니다. 그 가운데 3/4이 16세기

한 세기 동안에 사라진 것으로 보이고, 17세기 중반에 90퍼센트까지 줄어들었다고 합니다. 그러니 유럽인들이 아메리카를 '개척'한 것 자체가 당시 아메리카에게 얼마나 큰 비극이었을지 짐작해볼 수 있겠죠.

거기에 유럽인이 신대륙에서 은 같은 풍부한 자원과 산물에 집중하게 되면서 그것들을 약탈해 가기 위해 광산을 개발하고 대농장을 경영하기 시작했습니다. 이를 위한 노동력을 아메리카인들로 충당할 수 없으니 아프리카로부터 노예를 유입해서 경제 약탈의 도구로 쓰게 됩니다. 즉, 아메리카의 개척으로 아프리카까지 유럽인의 풍요로움을 위해 눈물을 흘리게 되었던 것이죠.

이로 인해 유럽으로 많은 물산들이 유입되면서 유럽인들의 삶은 이전과는 비교할 수 없을 정도로 풍요로워졌습니다. 또한 대륙 간에 많은 물자들이 이동하면서 전 세계적으로 경제적 규모가 커짐에 따라 진정한 세계화가 시작되었다고 말할 수도 있지요. 그러나 다시 한 번 우리가 유념하며 보아야 할 것은 유럽인들의 신대륙 지배는 원주민의 강제 노동을 바탕으로 이루어졌고, 전염병으로 아메리카인들이 급감하자 식민지였던 아프리카로부터 노예를 공급받아 노동을 시킴으로써 이루어졌기 때문에, 철저하게 유럽인들에게 유리한 세계화였다는 점입니다 따라서 이후 유럽의 풍요로움은 다른 대륙 사람들의 '피눈물' 위에 세워졌다는 것을 잊지 않으셨으면 합니다. 마치 우리나라의 일제 강점기 경제 정책이 일본의 경제 발전에 필요한 대로 '산미증식계획',[5] '병참기지화 정책'[6] 등의 모습으로 나타났고 그로 인해 우리 국민들이 얼마나

---

5   일제가 조선을 일본의 식량 공급지로 만들기 위해 1920년부터 1934년까지 실시한 정책이다.

6   일제가 1931년 만주사변을 전후한 시기부터 1945년 광복을 맞을 때까지 한반도를 일본의 대륙 침략 및 태평양 전쟁을 위한 전쟁 및 군수물자의 공급기지로 이용한 식민지 정책을 말한다.

많은 아픔을 겪었는지 알아야 하는 것과 같죠.

이렇게 신항로 개척이 활발하게 진행되면서 정치적·경제적 이득 획득이 확실시되자 포르투갈과 에스파냐의 뒤를 이어 네덜란드, 영국, 프랑스가 앞 다투어 신항로 개척에 뛰어듭니다. 이들 사이에서 식민지를 차지하고 무역의 패권을 장악하기 위해 치열하게 경쟁하는 '대항해 시대'가 열리게 된 것이죠.

다음은 지금까지 설명해드린 신항로 개척을 지도로 정리한 자료입니다. 한눈에 들어오나요? 포르투갈의 '희망봉 돌기', 에스파냐의 '대서양 뚫고 가기'가 보이지요? 화살표의 출발은 모두 이베리아 반도고요. 목표는 인도인데, 인도로 가는 도중에 그동안 알지 못했던 아메리카 대륙을 만나 그야말로 유럽 입장에서는 '횡재'한 것이라 할 수 있죠.

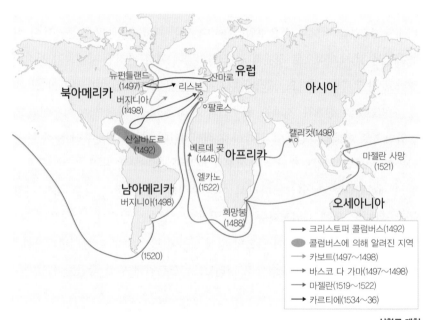

신항로 개척

302

유럽인의 상업 활동_누가 이들에게 권리를 줬나?

신항로 개척을 둘러싸고, 1494년 에스파냐와 포르투갈의 세력 범위를 설정한 토르데시야스 조약[7]과 1529년 사라고사 조약으로 서경 46도 37분을 기점으로 하여, 포르투갈은 동방 무역을 독점하고 에스파냐는 신대륙 경영에 주력하는 것으로 결정됩니다. 이 부분을 보면서 항상 느끼는 것이지만 누가 이들에게 이런 권리를, 다른 대륙 국가들의 삶을 결정할 수 있는 권리를 주었던 것일까요!

이 조약이 체결된 시기에 교황은 여전히 유럽에 영향을 미치고 있었습니다. 또한 포르투갈과 에스파냐 두 나라를 제외한 나머지 유럽 국가들은 해외 진출을 할 수 있는 준비가 되지 못했거나(영국, 프랑스) 에스파냐의 식민지 상태(네덜란드)였으며, 여전히 지중해 무역에 집중하고(이탈리아의 도시 국가들) 있었기 때문에 두 나라는 방해받지 않고 독점을 누렸지요.

그러나 16세기에 접어들면서 교황의 영향력이 약해지고 영국, 프랑스, 네덜란드 등이 거세게 해상 무역에 도전하면서 이 조약은 유명무실해집니다. 그럼에도 불구하고 이 조약은 존재하지 않는 기하학적 선으로 영토를 분할함으로써, 19세기 유럽 열강이 민족 구성, 자연환경, 문화적 요소를 무시하고 직선으로 아프리카 대륙의 경계선을 설정할 수 있게 한 선례가 되었던 것입니다.

이렇게 본래 존재하고 있었던 국가들을 자신의 이득을 위해 '발견'이라는

---

7   1480년 포르투갈과 스페인은 교황의 칙서에 의해 아프리카 기니와 보자도르곶 남쪽의 땅은 모두 포르투갈에 소유권이 있다고 인정했다. 당시 포르투갈은 아프리카 최남단의 희망봉 루트를 발견하면서 막대한 해상 장악력을 보유하고 있었다. 하지만 1492년 콜럼버스의 신대륙 발견으로 스페인과 포르투갈 사이에 영토 분쟁이 발생했다. 아프리카 서쪽 끝 앞바다에서 약 100리그(480킬로미터) 떨어진 곳을 기준으로 하여 서쪽은 스페인령, 동쪽은 포르투갈령으로 구분했다. 하지만 1년 뒤 이 조건에 불만을 가지고 있던 포르투갈의 주앙 2세는 이 교황칙서에 강력하게 항의했다. 그 결과 1494년 6월 7일 스페인의 작은 마을인 토르데시야스에서 현재의 100리그를 370리그(약 1,500킬로미터)로 옮기는 조약이 체결되었다. 이 조약으로 인도산 후추를 포르투갈이 독점하게 되었으며 브라질은 이 선에 걸려 라틴아메리카에서 유일하게 포르투갈의 식민지가 되었으며 이후로도 라틴아메리카에서 포르투갈어를 사용하는 유일한 나라가 되었다(출처_위키백과).

토르데시야스 조약 보라색 점선은 교황 알렉산데르 6세가 1493년에 지정한 경계선이고, 보라색 실선이 1494년에 수정된 경계선으로 토르데시야스 조약으로 맺어진 선이다. 태평양에 그려진 녹색선은 1529년에 태평양의 경계를 정한 선이다.

명칭을 붙일 대상으로 만들면서 지배한 포르투갈과 에스파냐의 지배 방식에는 차이가 있었습니다. 포르투갈 같은 경우 동방 무역을 독점하여 인도의 고아, 실론, 말라카, 몰루카 제도를 점령했고 마카오를 조차(租借)[8]했으며 일본과 교역했습니다. 그렇지만 무역의 거점을 만들어 무역과 상업적 이익에만 전념했을 뿐 영토 확대에는 무관심했죠.

이에 비해 에스파냐는 신대륙의 문명들을 멸망시키고 정치적으로 영토화한 다음 직접적인 식민지로 삼아 지배했습니다. 그리고 그곳에서 금과 은을 대량으로 채굴, 탈취하여 엄청난 경제적 번영을 누리게 됩니다. 이러한 에스파냐의 무역은 대서양을 중심으로 있는 유럽, 아프리카, 아메리카 사이의 대서양 삼각 무역의 형태를 출현시켰습니다. 유럽의 상품이 아프리카로, 아프리카의 노예가 신대륙으로, 신대륙의 산물이 유럽으로 들어오는 것입니다.

---

8   삯을 물기로 하고 집이나 땅 따위를 빌림

자~, 여기까지만 보더라도 신항로 개척이 가져온 세계사적 결과가 어마어마하다는 것을 알겠지요? 그렇지만 이것은 극히 일부에 지나지 않는답니다. 신항로 개척의 영향 및 결과는 정말 엄청납니다. 먼저 신항로 개척으로 유럽을 중심으로 하는 세계사가 시작되는데요. 유럽을 중심으로 아시아와 아프리카, 신대륙을 잇는 무역 구조가 확립되고 각 지역이 유기적으로 관련을 맺기 시작합니다. 참된 의미의 세계사가 성립했지만, 이는 유럽인의 주도 아래 이룩된 것으로 아시아와 아메리카는 식민지로 희생되는 결과를 가져옵니다. 유럽은 자본을 축적한 반면 아프리카는 노동 인구가 유출되어 인구가 급격히 감소하고, 신대륙은 유럽에서 원하는 작물 한 가지만 생산하는 기형적인 농장 구조가 만들어지는 것이지요.

또한 유럽 자체 내에서도 신항로 개척으로 큰 변화가 일어나는데 일상생활에서 물질이 상당히 풍요로워집니다. 새로운 산물인 차, 면직물, 비단(이상 중국), 감자, 담배, 옥수수, 코코아, 설탕, 은(이상 신대륙) 같은 것들이 유입되는 것이죠. 전반적인 무역 구조도 변했는데요. 그동안 무역의 중심지가 이탈리아의 도시들을 중심으로 한 지중해가 무대였다면 이제는 이베리아 반도를 중심으로 한 대서양으로 무역 중심지가 이동하게 된 것입니다. 거기에 신대륙으로부터 막대한 양의 금과 은이 유입되면서 전반적으로 물가가 상승하는 가격 혁명이 일어남에 따라, 고정 수입이 있던 봉건 지주나 임금 노동자는 타격을 입는 대신 농민과 상공업자는 이득을 보았습니다. 이에 따라 상공업 발달이 촉진되고 자본주의 경제가 성장하는 기초를 마련해주는 상업혁명이 발생했답니다.

마지막 설명 이해되나요? 짧게 설명하고 넘어가자면…, 물가가 상승한다는 것은 같은 물건을 사기 위해 더 많은 돈을 지불한다는 것입니다. 따라서 수입이 늘어나지 않는데 사야 할 물건 값이 올라간다면 그만큼 손해를 보게 되는 것이겠지요? 반대로 물건을 생산하는 입장에서는 이득을 볼 수 있는 것이고요. 그래서 당시 고정 수입자였던 봉건 지주(중세 말기에 봉건 영주들은 지대를 더 이상 노동이나 현물로 받지 않고 현금으로 받고 있었죠? 이 현상을 '지대의 금납화'라고 부릅니다. 조선 후기 한국사에서도 발생했던 현상이죠)나 임금 노동자는 타격을 입었고요. 반면에 지대를 돈으로 납부하던 농민과 물건을 생산하는 상공업자는 이익을 얻고, 특히 상공업자는 이를 통해 자본을 축적하게 되면서 앞으로 산업혁명이 일어날 수 있는 기반을 마련하는 것입니다.

정말 배우면 배울수록 인간의 역사는 얼기설기 얽혀 있다는 것, 그리고 어떤 사건이 우연이든 아니든 일단 일어나게 되면 다방면으로 생각지도 못한 결과를 가져온다는 것을 또 한 번 느낄 수 있죠? 그래서 인간이 하는 어떤 활동도 무의미한 것은 없는 듯합니다. 비록 그것이 벌어질 당시에는 무의미한 것처럼 보이긴 해도 말이죠.

오늘 살펴본 이 부분은 중국 명, 청 왕조의 경제 상황과도 연관 지어 알고 계셔야 합니다. 이때 유럽으로 유입된 멕시코 산 '은'은 유럽이 중국의 '차, 비단, 도자기'들을 구입하는 데 사용하여 중국 왕조로 흘러들어가게 되거든요. 중국은 이때 유럽으로부터 은이 대량으로 흘러들어온 덕분에 동시대 최고의 부유한 나라가 되었으며, 심지어 세금을 은으로 납부하게 하는 '일조편법', '지정은제'라는 조세제도가 시행되기도 했답니다.

자, 이제 왜 '신항로 개척 시대'가 남북문제의 시작이라고 했는지 감이 좀 잡히시나요? 앞선 과학기술을 무기로 군사적으로 영토를 점령하고, 신대륙에서 저항할 수 없는 천연두와 같은 전염병을 퍼뜨림으로써—물론 의도한 것은 아닙니다만— 유럽의 여러 국가들은 새로운 대륙을 점령하기 시작합니다. 유럽인들은 자신들의 경제적·정치적 이익을 위해 아프리카, 아메리카와 같은 지구의 남쪽에 있는 국가들의 구조를 바꾸어버렸고, 이로부터 북반구의 풍요를 위한 남반구의 희생이 시작된 것입니다.

앞으로 1, 2차 세계대전이 일어날 때까지 유럽의 경제적 번영은 절대적으로 남반구의 희생으로 인해 얻어진 결과이며, 그렇게 얻어진 부이기에 결국은 유럽 그들끼리의 전쟁을 통해 자멸할 수밖에 없게 되었는지도 모르겠습니다. 남을 아프게 하여 무언가를 얻고 있다면, 언젠가는 그 스스로 잃을 수밖에 없다는 역사적 교훈을 다시 한 번 가슴에 담으면서…. 결국 남반구와 북반구의 경제적 차이로 인한 문제의 해결은 이러한 역사적 배경을 교훈으로 삼아 다시는 이런 오류를 되풀이하지 않도록, 서로 이해하고 협력하며 풀어나가는 방법밖에 없겠죠?

다음 시간에는 인본주의적 국가의 모습 그 '정치'적 부분의 발현인 16세기에서 18세기경까지의 '절대 왕정'에 대해 여행하고자 합니다. 유럽이 '신항로 개척'을 할 수 있었고 '대항해 시대'를 열 수 있었던 것은 경제적으로 그 뒷받침을 할 수 있었던 '국가'가 있었기 때문인데요. 당시 '국가'를 뜻하는 것은 무엇이었는지, 어떻게 그런 현상이 나타났는지, 이 현상은 18세기에 유럽을 뒤흔든 혁명과 어떤 연관이 있는지, 더 나아가 유럽의 역사는 어떤 모습으로 변모하게 되는지에 중점을 두고 여정을 떠나려 합니다. 다음 시간에 우리는 유럽 역사에서 최고로 흥미진진한 이야기와 유산들이 가득한 시기를 만나게 될 거예요. 두근두근 '기대감'을 가지고 곧 만나요.

동시대 지구촌 넘나들기

기원후 15세기~기원후 16세기

한반도에서 기원후 15세기는 조선이 건국된 후의 통치 질서를 수립했던 시기라고 말씀 드렸던 것 기억하시죠? 14세기 말 1392년에 조선이 건국되면서 콘스탄티노폴리스가 함락되기 10년 전에 훈민정음이 창제(1443)되었고, 코르테스가 태어나기 1년 전에 경국대전이 완성(1484)되었답니다. 훈구파들이 정권을 잡고 부국강병을 통해 국가를 안정시키고자 했고 세종대왕 시기를 거치면서 민족문화가 꽃피웠던 시기죠.

15세기 말 성종 이후부터 훈구파를 견제하기 위해 고려 말 온건파 사대부의 후손들을 중앙의 3사와 같은 언관에 앉혀 세력을 키웠던 집단이 있었는데, 그들을 무엇이라고 불렀죠? 16세기에 훈구파와의 대립으로 이들이 화를 당하는 사화가 일어났는데요. '선비의 무리'라 불리는 세력···. 그렇죠. 바로 사림입니다.

16세기는 사림이 훈구와 대립하면서 피비린내 나는 화를 당하는 시기라고 이야기했습니다. '무, 갑, 기, 을' 물론 무오사화는 15세기 말의 사건이긴 합니다만, 대체적으로 16세기에 일어나죠. 무오사화는 김종직의 '조의제문'이 발단이 되어 일어났던 사건이고요, 갑자사화는 그야말로 연산군의 어머니 폐비 윤씨의 원수를 갚자 하며 일어났던 사화죠. 기묘사화는 진짜 기묘한 일로 일어나는데요. 중종 때 조광조가 사림의 거두(巨頭 영향력이 크며 주요한 자리에 있는 사람)로 개혁을 주도하자 훈구파들이 잎사귀에 '주초위왕(조씨가 왕이 된다)'을 꿀로 써놓아 벌레가 갉아먹게 하여 조광조에게 역모를 뒤집어씌운 사건이었습니다. 을사사화는 인종의 외삼촌 윤씨와 명종의 외삼촌 윤씨가 싸우던 중에 사림이 끼어 죽었던 사건이죠. 이런 화를 당했음에도 불구하고 사림은 결국 17세기 선조 대에 이르면 온전하게 정계를 장악하는데요. 그 기반이 되었던 것이 바로 지방의 '서원'과 '향약'이라는 튼튼한 버팀목이었던 거죠. 아무리 중앙에서 탄압하여 죽여도 그 학풍을 잇는 후손들은 계속 양산되어 중앙으로 진출하고 있었으니까요. 교육이 얼마나 중요한 것인지 보여주는 대표적 모습이라고 할 수 있습니다.

16세기 말 조선은 임진왜란, 정유재란으로 대표되는 7년간의 전쟁의 소용돌이에 휩싸였고, 17세기 초 호란까지 겪은 후에 사림들과 조선 국왕의 통치력이 시험대에 오르게 됩니다.

중국에서 15세기는 명이 중화제국으로 탄생하는 시기였다고 말씀드렸던 것 기억나시나요? 원대에 사라졌던 과거제도를 부활시키고 법체계를 다시 세우고, 향촌에도 '6유'와 같은 규율을 반포하여 한족 문화를 부흥시키고 중앙 집권을 강화했던 시기입니다. 수도를 베이징으로 옮겼으며 정화의 항해 (1405~1433)로 조공-책봉 체제가 확립되었는데요. 사실 신항로 개척은 정화의 항해에 비하면 그 규모 면에서 비교할 수 없을 만큼 미약하답니다. 그럼에도 중국은 신항로 개척과 같이 신대륙 경영에까지 손을 뻗치지 못했는데요. 동아시아를 여행할 때 다시 한 번 말씀드리겠지만, 중국은 자신들을 위협하던 세력이 주로 북방의 오랑캐였기 때문에 남쪽의 세력과는 화친을 맺는 방법을 취했습니다. 그래서 남쪽으로의 항해는 친선을 도모하고 문물을 교류하며 그 과정에서 자신들의 우월적인 위치를 확인하는 것만으로도 만족했기 때문에 적극적으로 '개척'의 의미를 부여하지 않았던 것입니다. 비교가 되시죠?

16세기는 환관의 득세와 관료들의 당쟁, 북로남왜의 외환까지 겹치면서 명이 급속도로 쇠퇴하는 시기입니다. 그렇지만 그와 함께 마테오리치(1552~1610)와 같은 예수회 선교사들이 들어오고 '곤여만국전도'와 같은 새로운 세계 지도로 중국 중심 세계관에 충격을 준 시기이기도 합니다. 또한 중국의 비단, 차, 도자기들의 매력에 빠진 서양 상인들이 중국과 무역하기 위해 멕시코산 은을 결제 수단으로 사용했고, 그로 인해 명에는 은이 넘쳐나게 되었죠. 그래서 명에서는 세금까지도 은으로 납부하게 했

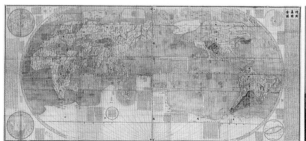

곤여만국전도(좌) **마테오리치**(우)

으니, 그것이 당 이후 부과하던 양세법을 개혁한 명 후기의 일조편법입니다.

서아시아에서의 15세기에서 여러분이 꼭 기억해야 하는 역사적 사건이 있었는데요. 셀주크 튀르크의 뒤를 이어 비 아랍계 민족으로 서아시아에서 유럽까지 세력을 확대해가던 오스만 튀르크 세력을 볼 수 있었던 사건이죠. 예~ 맞습니다. 1453년. 유럽에 신항로의 개척을 가져온 놀라운 사건은 콘스탄티노폴리스의 함락으로 인한 비잔티움 제국의 멸망입니다. 이로 인해 근 2,000여 년 동안 이어져 오던 로마는 완전히 멸망하게 되었고요. 동방과의 교역을 이슬람권이 장악하게 되면서 동방물산의 가격이 치솟게 되었죠. 물론 현재 터키 지역 주변의 그리스 정교 문화 특징 위에 이슬람 문화가 덧입혀지게 되는 건 당연했고요.

16세기는 오스만 튀르크의 전성기로 술레이만 1세 때였습니다. 우리는 이미 '4강 근대 서아시아에서' 뿐 아니라 서양 근대사 단원마다 반복하며 술레이만 1세를 만났었지요. 이젠 친근한 인물이 되었을 줄로 믿습니다. 오스만 튀르크가 3개 대륙과 많은 민족을 다스릴 수 있었던 것은 이슬람을 모든 중심에 두면서도 (성 소피아 성당의 모스크 개조, 예니체리를 통한 비이슬람교도 개종) 비 이슬람 공동체에 대한 관용 정책을 허용(밀레트)했기 때문이었죠. 결국 이러한 비이슬람계 민족들이 자신들의 독립을 주장하게 되면 그 광대한 통치는 허물어질 수밖에 없을 운명이었지만 말입니다. 그것이 현실이 되어 나타난 사건들이 19세기 유럽의 힘을 등에 업은 발칸 반도의 국가들과 북아프리카 국가들의 독립이라고 할 수 있겠습니다.

15세기와 16세기의 한국사, 중국사, 서아시아사에 대해 '들은 설명 또 듣고, 들은 설명 또 듣고' 이제 익숙해져서, 누르면 자동으로 그 내용이 나오실 정도가 되셨나요? '했던 설명 또 하고, 했던 설명 또 하기 신공'이 여러분의 세계사 여행에 조금이나마 도움이 되길 바라는 맘을 가지고 다음 여행지로 발걸음을 옮겨봅니다.

티타임 토크

사건은 '하나'지만, 시각은 '여러' 가지일 수 있지요?

그럼요. 우리가 알고 있는 마젤란의 세계 일주를 예로 들어볼게요. 1519년 9월 20일 마젤란 자신을 포함한 265명이 에스파냐를 출발하면서 1,080일간의 기나긴 항해가 시작되었습니다(쥘 베른이 쓴 소설은 『80일간의 세계일주』(1873, 프랑스)였죠?). 그들의 목표는 사실 '아메리카'를 돌아 자신들의 원래 목적인 '향료의 낙원 몰루카'에 도착하는 것이었답니다. 앞에서 살펴보았지만 코르테스와 피사로에 의해 아스텍, 잉카 제국이 무너질 때까지 에스파냐에게 신대륙은 경제적으로 별로 가치가 없다고 생각되었거든요.

마젤란은 1520년 남아메리카의 해협(칠레 남부와 티에라델푸에고 섬 북쪽 사이의 해협으로, 앞에서 본 '신항로 개척' 지도에서 남아메리카 남부를 뚫고 지나는 선을 주목하시기 바랍니다. 지금은 그 해협이 마젤란 해협으로 불립니다)을 통과해서 100일간 태평양 망망대해를 지나 (콜럼버스가 아메리카에 도착할 때까지의 33일 동안에도 그렇게 분쟁이 많았는데, 아무런 정보 없이 태평양을 건넌 3개월 넘는 시간은 그들에게 지옥이었을 것 같습니다) 1521년 괌에 도착했고 필리핀에서 전투 중 사망했습니다. 남은 선원 중 18명만 1522년 에스파냐에 도착했고요.

마젤란의 세계 일주를 두고 세계 최초인가 아닌가를 따지는 것도 물론 중요합니다. 하지만 그보다 더 의미가 깊은 것은 이로 인해 그동안 유럽인들에게 알려져 있지 않았던 지구의 다른 부분이 알려졌고, 유럽인들의 사고가 확대되면서 미지의 세계로 그들의 세력을 확장시키는 계기가 되었다는 점입니다.

마젤란의 필리핀 도착이라는 한 사건을 두고 다른 관점을 보여주는 자료가 있어요. 잠깐 소개해드릴까 합니다.

● 한 사건, 두 관점 ●

현재 필리핀의 막탄 섬에는 똑같은 사건을 묘사하고 있는 두 개의 비석이 서 있다.
하나: 페르디난트 마젤란은 1521년 4월 27일 막탄 섬의 왕 라푸라푸의 병사들과
의 전투 중 부상을 입고 이 지점에서 사망했다. 마젤란 함대의 한 척인 빅토리아
호는 엘카노의 지휘 아래 1521년 5월 세부 섬을 떠나 1522년 9월 에스파냐에 도
달함으로써 최초로 세계 일주 항해를 완수했다.
둘: 1521년 4월 27일 라푸라푸와 그 부하들은 에스파냐의 침략들을 격퇴하고 지
휘관인 페르디난트 마젤란을 이 지점에서 죽였다. 이로써 라푸라푸는 유럽 침략
자들을 쫓아낸 최초의 필리핀인이 되었다.

두 가지 시각의 차이를 구별할 수 있겠지요? 막탄 섬의 추장으로 마젤란을 죽인 라푸라
푸 비석과 함께 마젤란 기념 비석이 같이 서 있는 것을 보면 필리핀 사람들이 그 자체
를 엄청난 침략으로 받아들이거나 과거에 악한 감정이 있었던 것으로 보이지는 않습니

마젤란 기념비(CC BY-SA 3.0)(좌)
라푸라푸 비석(우)

다. 그러나 한 사건을 볼 때에 그 사건에 관련된 사람들의 입장에 따라 이렇게 다른 방식의 서술이 가능하다는 것을 아셨으면 좋겠습니다.

세계 역사의 모든 부분이 그렇지만 이렇게 다른 문명과 다른 대륙들이 관계를 맺는 시점에 오게 될 때 민족주의에 입각한 시각으로만 사건을 보게 되면 결론은 전쟁밖에 없답니다. 건전하고 균형 잡힌 세계관으로 우리나라 입장에서만이 아닌 세계적 안목에서 역사를 바라보는 것이 중요한 것이죠. 이 당시 유럽은 당장은 아메리카 대륙의 지배를 통해 풍요로움을 맛보았지만, 그 때문에 발전이 늦어진 이들 국가로 인해 세계는 결국 그 비용을 다 같이 지불해야 했고, 지금도 지불하고 있거든요.

절대 왕정_
국왕이 국가 그 자체가 되다

우리 지난 시간에는 종교가 차지하던 자리를 대신해 유럽인에게 신세계를 향한 눈을 열어준 '신항로 개척' 시대를 여행했습니다. 한편으로는 '진정한 세계사의 시작'으로 마음이 들떴지만 더 큰 관점으로는 서구 중심의 세계화가 왜 껄끄러울 수밖에 없는지 알게 되었지요. 그러므로 어떤 세계화가 올바른 것일까 하는 의문이 들었다면 지난 여행은 성공적이었다고 할 수 있습니다. 이번 여행의 목적지는 절대 왕정 시기의 유럽입니다. 여태까지 공부한 근대적 특징, 즉 종교 개혁과 신항로 개척을 뒷받침했던 유럽인데요. 여러 가지 역사적 사건으로 거머쥔 이득을 통해 웅장하고 화려한 문화를 누리는 것처럼 보이던 유럽인의 '국가'를 탐험해보려 합니다.

본격적으로 수업을 들어가기 전에…. 여러분, 혹시 다음의 사진들을 보신적 있나요? 아마 한 번쯤은 보셨을 법한데요. 이들은 영국의 엘리자베스 1세 여왕(1533~1603)과 프랑스의 루이 14세(1638~1715)입니다. 물론 루이 14세는 남성입니다. 타이즈를 신고 치렁치렁한 가발을 썼지만요.

그들이 이렇게 화려한 복식을 한 것은 단순히 '바로크'나 '로코코' 스타일이라 불리는 문화적 유행 때문만은 아닙니다. 위의 사람들은 그 시대를 상징하는 명언들을 남겼는데요. 이를 테면 "나는 영국과 결혼했다"거나 "짐이 곧 국

가다"라는 표현들입니다. 요
즘은 그들이 진짜로 이런 말
을 했는지 여부를 놓고 갑론
을박이 벌어지기도 합니다
만, 중요한 건 위 인물들이
특정 발언을 실제로 내뱉었
는지 아닌지를 떠나 이러한
말을 진짜 했을 것 같다고

엘리자베스 1세(좌) 루이 14세(우)

수긍하게 되는 그런 시대적 배경이 아닐까요? 단 한 줄의 문장으로 절대 왕정
시기를 이해할 수 있을 만큼, 당시 국가에서 왕들이 차지했던 위치가 얼마나
컸는지 짐작할 수 있잖아요.

이렇게 국왕 자체가 국가를 대표했던 시기의 유럽이 바로 오늘 여행의 주제
랍니다. 16세기에서 18세기까지 유럽의 중세 봉건 사회가 해체되고 근대 시민
사회가 성립되는 과도기에 성립한 전제적인 정치 형태, 바로 '절대 왕정'입니
다. 유럽 각지에서 관광객을 매료하는 화려한 궁전과 정원들, 다양한 영화나
연극 작품 속에 되살아나 시선을 사로잡는 복식과 역사적 이야깃거리들이 탄
생한 바로 그 시기! 이 '절대 왕정'은 놀랍게도 시민 계급과 봉건 귀족 사이의
오묘한 세력 균형 위에서 만들어진 '과도기적' 전제 정치 형태입니다. 왕의 권
력이 급부상한 게 아니라 당시 왕을 견제할 수 있었던 계급 중 어느 쪽도 왕
을 누를 만큼 강하지 못했던 거예요. 그 균형 위에서 일정 기간 군주가 절대
적 권력을 누리는 것처럼 보였던 형태라는 뜻입니다. 따라서 이 권력은 견제
세력 중 어느 하나가 강해지면 무너질 수밖에 없는 숙명을 가지고 있는데요.
이는 결국 시민혁명을 통해 증명된다고 할 수 있습니다.

오늘 우리는 절대 왕정이 어떻게 성립되었는지 살펴볼 거예요. 각국에서 절대 왕정이 어떻게 생겨나고 유지되었는지 말입니다. 나아가 그 특징이 어떠했기에 근대 시민혁명의 도화선이 되었는지까지 모든 것을 낱낱이 파헤쳐보려 합니다. 강력한 권력의 맛과 화려한 장식의 멋으로 우리에게 매력적인 '절대 왕정'. 그런데 만약 여러분이 그 안에서 처음에는 미약해 보여도 결국에는 유럽 전역을 태우는 거대한 들불이 된 '시민혁명'의 불씨를 찾을 수 있다면, 역사를 바라보는 날카로운 시선을 가졌다고 자부해도 좋습니다. 또한 절대 왕정이라는 정치 형태 내에는 중세와 근대의 성격이 복합적으로 들어 있기 때문에, 그 안에서 각각의 시대적 성격을 찾아보는 것도 이 시대를 여행하는 묘미라 할 수 있을 것입니다.

절대 왕정의 특징_국왕이 국가의 절대반지를 끼고

절대 왕정은 봉건 사회가 해체되고 근대 시민 사회의 성립에 이르는 과도기에 등장했는데요. 이는 몰락하는 봉건 귀족과 상승하는 시민 계급과의 세력 균형 위에서 성립된 전제적인 정치 형태를 가리키는 용어입니다. 이러한 정치 체제가 이루어질 수 있었던 배경에는 그동안 유럽이 겪어온 역사적 경험이 있답니다. 유럽에서는 그동안의 거듭되는 내란과 종교 전쟁으로 국가 내부에서 정치 안정에 대한 열망이 크게 솟구치고 있었고, 신항로 개척과 상업 혁명을 통해 시민 계급이 크게 성장하고 있었기 때문입니다.

이렇게 상승하는 시민 권력과 쇠퇴하는 봉건 귀족 세력의 균형점에서 아슬아슬하게 만들어진 절대 왕정을 사상적으로 뒷받침했던 것은 '왕권신수설(王權神授說)'입니다. 이는 "왕권은 신으로부터 부여받은 신성한 것으로, 모든 사람은 국왕의 신민으로 절대 복종해야 한다"라는 사상인데요. 국왕 권력의 정당성을 지상의 어떤 것으로부터가 아니라 신에게서 구함으로써 왕권의 절대

성을 주장한 것입니다. 결국 이를 통해 봉건 귀족들이 국왕 권력을 간섭하지 못하게 했고, 마찬가지로 로마 교황의 국왕에 대한 간섭을 배제하고자 했지요. 프랑스의 보댕(1530~1596)과 보쉬에(1627~1704)가 이 사상으로써 절대 왕정을 뒷받침한 대표적 인물입니다.

이러한 절대 왕정은 더욱 강화된 관료제와 상비군에 의해 유지되었습니다('관료제'와 '상비군' 기억나시나요? '백년 전쟁'을 둘러보면서 '국민국가의 탄생'을 탐험할 때 살펴보았지요). 또한, 경제적으로는 '중상주의(重商主義) 정책'을 펼쳤어요. 여기서 중상주의를 한 번 짚고 가야 이후에 나오는 경제의 흐름을 이해하기 쉬우므로 잠시 설명할게요.

장 보댕(하)
자크 베니뉴 보쉬에(상)

중상주의란 15세기경부터 18세기 후반까지 서유럽에서 채택한 경제 정책과 이론이랍니다. 국가의 부(富)를 증진하려면 수입을 억제하고 수출을 장려하면서 국가가 경제에 적극적으로 개입해야 한다는 내용이에요. 경제 이론 사전의 설명을 따르면 이는 초기 산업자본을 축적하기 위해 국내 시장을 확보하고 국외 시장을 개척할 목적으로 진행된, 국내 산업을 보호하고자 한 보호주의 제도인데요. 외국제 완제품의 수입 금지와 제한, 외국산 원료의 수입 장려, 국내 상품의 수출 장려, 국내 원료의 수출 금지 등의 조치를 직접 입법 및 관세정책으로 실행했던 것입니다. 어머나, 너무 어려운 한자어들의 향연이죠?

쉽게 보자면 이런 거예요. 중상주의 경제 정책에서는 국가 내에 돈이 많아지면 부자 나라가 된다고 생각해요. 따라서 외국의 원료를 수입해서 나라 안에서 물건을 만들어 완성품을 수출하는 것이 목표입니다. 그 과정에서 이득

을 얻는 것이 국가 부강의 원천이라 생각한 거죠. 그러다 보니 국가 안에 들어오는 금과 은을 중요시하는 한편, 자국 내에 있는 원료는 수출하지 않으려 하고 외국에서 수입하는 완제품은 들어오지 못하게 막습니다. 따라서 외국에서 들어오는 물건 값을 올리려고 세금(관세)을 높게 책정하는 '관세 장벽'을 두르지요. 그러면 원료를 싸게 들여오고 완성품을 비싸게 수출할 상대 국가가 필요하겠죠? 이렇게 내 입맛에 맞는 상대국을 만들려다 보니 식민지가 필요하게 된 겁니다. 그래서 중상주의 정책은 필연적으로 해외 팽창주의 정책으로 나아갈 수밖에 없었어요.

중상주의 정책이 이해되셨나요? 나중에 18세기가 지나면 유럽에 자유주의의 바람이 몰아치면서 경제에도 영향을 미칩니다만, 그 이전까지 유럽 경제는 중상주의 정책에 의지합니다. 또 이를 통해 절대 왕정과 시민과 봉건 귀족들 사이에 권력을 둘러싼 아슬아슬한 줄타기가 계속되었다는 점을 알아두셔야 합니다.

지금까지 살펴본 것과 같이 절대 왕정은 왕권신수설, 관료제와 상비군, 중상주의 경제 정책이라고 하는 구성 요소로 이루어집니다. 이는 시민과 봉건 귀족의 사이에서 시민혁명의 불씨를 품은 채 약 200년을 지탱합니다. 즉, 절대 왕정은 왕권신수설을 바탕으로 국왕에게 절대적인 권한을 주기 때문에 국가 전반, 심지어 경제 정책까지도 왕이 적극적으로 개입할 수 있었던 것입니다. 이러한 국왕의 절대 권력을 뒷받침할 관료제와 상비군은 시민 참여로 유지되었고요. 또한 국왕은 신분제 의회나 중상주의 경제 정책을 통해 시민을 보호했답니다. 여기서 보듯 절대 왕정에서 시민들의 권력은 점차 커갈 수 있는 여지가 충분히 있었던 것이죠.

이처럼 시민의 세력이 자라나던 절대 왕정 시대. 우리는 여기서 근대적 요소들을 찾아볼 수 있는데요. 정치적으로는 중앙 집권 체제가 확립되고, 경제적으로는 자본주의가 발전하는 것이지요. 특히 절대 왕정 시대의 자본주의는 가내 수공업에서 공장제 수공업으로 발전해가는 양상을 보였답니다. 즉, 상업 자본가인 상인이 생산자인 수공업자에게 원료와 도구를 빌려준 후 제품을 사들이는 선대제 방식의 가내 수공업에서, 산업 자본가인 수공업자가 공장을 설치하고 노동자를 고용하여 생산하는 방식의 매뉴팩처로 발전해가고 있었던 것이죠. 마치 조선 후기 상업과 수공업의 발전 모습과 비슷하죠? 만상, 송상, 유상, 내상, 경상 등의 도고들이 상업 자본가로 수공업자들을 지배하고 있었던 상황 말이죠. 저는 개인적으로 조선 후기 산업 발전사를 볼 때마다 우리도 일제의 간섭이 없었다면 이런 도고들이 민족 산업을 발전시킬 수 있지 않았을까 하며 아쉬워한답니다. 그럼에도 절대 왕정 내에는 중세의 봉건적 잔재가 남아 있으니, 여전히 존재하는 귀족의 특권과 농민에게 부여되는 봉건적인 부담, 봉건적 신분제 등이 그것입니다. 이러한 중세의 봉건적 잔재와 근대적 요소 간의 긴장으로 결국 시민혁명이 일어나게 된 것이죠.

서유럽의 절대 왕정_영원한 절대 권력은 없다

자, 그럼 이러한 절대 왕정이 각 국가에서는 어떤 식으로 펼쳐지는지 서유럽과 동유럽으로 나누어 살펴볼까요?

먼저, 유럽에서 가장 먼저 절대 왕정이 확립된 국가가 어디라고 생각하십니까? 오늘 여행의 첫머리에서 엘리자베스 여왕과 루이 14세를 이야기했으니 아마 영국이나 프랑스라고 생각할 수 있겠지요. 그러나 정답은 의외의 국가입니다. 바로 에스파냐죠. 답은 예상 밖일지라도 이유는 너무나 당연합니다. 왜냐하면 에스파냐는 15세기 후반 통일 왕국을 건설한 후 신항로 개척에 가장 먼저 앞장서면서 광대한 식민지를 보유하게 되었기 때문입니다.

식민지인 신대륙에서 반입된 귀금속으로 막대한 부(富)를 축적한 에스파냐는 펠리페 2세(1527~1598) 때 전성기를 누렸습니다. 원래 펠리페 2세는 오스트리아의 합스부르크 왕가 출신인데 에스파냐를 상속받았어요. 놀랍죠? 당시 유럽에서는 국가의 개념보다 왕가의 개념이 우위였기 때문에 가능했던 일입니다. 백년 전쟁을 둘러싼 영국과 프랑스의 관계에서도 보았다시피요. 여하튼 그는 레판토 해전(1571)에서 오스만 튀르크를 격파하면서 '무적함대'를 바탕으로 지중해의 권좌를 차지했습니다. 그리고 온종일 궁정에 박혀 정무를 돌보아 '서류왕'이라는 별칭이 붙을 정도로 국가 운영에 힘써 강력한 절대 왕정

펠리페2세

체제를 만들어나갔지요. 당시 남아메리카를 식민지로 삼아 무역에 앞장섰던 에스파냐의 위상은 우리가 상상하는 것 이상으로 높았습니다. 그런 에스파냐가 쇠퇴한 데에는 여러 이유가 있는데요. 먼저 신대륙에서 들어온 금은이 국내 산업을 발전시키는 투자에 사용되지 않고 동방 산 사치품을 수입하는 데 사용되면서 해외로 유출되었고, 따라서 에스파냐 국내의 취약

한 산업 기반은 개선되지 못했습니다. 거기에 결정적으로 1588년 네덜란드의 독립을 돕고 있던 잉글랜드를 공격하기 위해 보낸 무적함대가 영국 함대에 패배함으로써 본격적으로 쇠퇴의 길로 들어섰고요. 결국 1648년 베스트팔렌 조약(어떤 전쟁의 결과로 맺어졌었는지 기억하시나요? 종교 개혁에서 만났었죠. 예, '30년 전쟁'입니다)을 통해 에스파냐에서 중요한 위치를 차지하고 있던 네덜란드가 독립하여 에스파냐의 세력권에서 떨어져 나갔어요. 네덜란드에는 고이센과 같은 갈뱅과 신교도들이 많았는데 펠리페 2세는 독실한 로마 가톨릭 신자로 그들을 탄압했거든요. 이로 인해 일어났던 전쟁은요? 네덜란드 독립 전쟁이죠? 이러한 사건들의 결과로 유럽 식민지 개척의 주도권은 잠시 네덜란드로 넘어가게 됩니다.

16세기가 에스파냐의 세기였다면, 17세기는 네덜란드의 세기라고 해도 과언이 아닙니다. 지금의 네덜란드 하면 떠오르는 것이 풍차와 튤립, 동계 올림픽의 강자 혹은 히딩크 감독 정도지만, 유럽 역사에 있어 네덜란드는 한때 식민 활동을 활발히 펼쳤던 국가랍니다. 심지어 오스트레일리아에 첫 발을 내딛고 뉴질랜드를 발견(?)하기도 했죠. 세계사 속에 이름을 남길 만한 유명한 국왕이 있는 절대 왕정은 아니었지만 말이에요.

네덜란드는 17세기 에스파냐로부터 독립하면서 식민지 개척 활동을 할 수 있는 여건이 마련되었습니다. 말씀드렸던 대로 16세기 이후 네덜란드에 칼뱅 계통의 신교가 차지하는 비중이 커졌는데도, 에스파냐가 일률적으로 가톨릭을 강요했거든요. 이에 저항하는 네덜란드 독립 전쟁이 일어나 신교가 우세한 북부 7주를 중심으로 위트레흐트 동맹을 결성하여 1581년 독립을 선언하고, 이 과정에서 남부 10주는 도중에 탈락하여 현재의 벨기에를 만들게 됩니다. 독립이 완전히 인정받게 되는 것은 1648년 베스트팔렌 조약을 통해서죠.

네덜란드 동인도 회사 기록물 표지

특히 이들은 1602년 '동인도 회사'[1]를 설립함으로써 향료 무역을 독점하면서 아시아에 진출하게 됩니다.

여러분, 한국사에서 하멜이라는 사람에 대해 들어보셨지요? 17세기 중엽 조선에 놀라운 국제적 사건이 일어났잖아요. 네덜란드 국적 동인도 회사 무역선 스페르웨르 호가 제주도 남쪽 해안에 좌초한 것인데요. 스페르웨르 호는 일본 나가사키로 항해하던 중 폭풍으로 표류하다가 1653년 제주 남쪽 해안에서 침몰했습니다. 이때 배에 승선하고 있던 64명 중 28명이 희생되었는데, 생존한 사람 중 한 명이 하멜(1630~1692)이었어요. 하멜 일행은 그 후 1666년 9월 일본으로 갈 때까지 14년여의 기간 동안 제주와 한양을 비롯한 여러 곳에서 생활했고요. 이후 네덜란드에 귀환해 한국에서 겪은 일들을 기록한 『하멜표류기』를 출간했습니다. 이 책을 통해 하멜은 한국을 유럽에 최초로 소개한 역사적 인물이 되었습니다.

이렇게 우리 한국사에도 출현하는 그는 바로 네덜란드 동인도 회사의 선원이었습니다. 『하멜표류기』는 사실 조선에 억류된 기간의 임금을 동인도 회사에 청구하기 위해 쓴 일종의 사내 보고서라고 하니, 정말 역사는 어떤 방향으로 흐를지 인간의 힘으로는 알 수가 없네요.

이처럼 동인도 회사의 활동을 비롯한 식민지 팽창을

여수에 있는 하멜 등대

---

1   1600년 영국의 동인도 회사 설립에 자극을 받아 세운 회사로, 네덜란드 정부는 아시아 지방에서 이득을 얻기 위해 회사의 설립을 허가해주었다. 세계 최초의 다국적 기업 형태라 할 수 있다.

기반으로 하여 17세기 전반 암스테르담은 유럽의 상업과 금융의 중심지 역할을 했습니다. 자유로운 학문과 예술이 만발했지요. 그러나 점차 절대 왕정의 후발 주자로서 절대 강자가 되는 영국과 프랑스의 도전으로 쇠퇴의 길을 겪게 됩니다.

영국(정확히 표현하자면 잉글랜드입니다)에서 절대 왕정의 기반을 마련했던 자는 종교 개혁에서 배웠던 튜더 왕조의 헨리 8세고요. 헨리 8세와 앤 불린의 딸인 엘리자베스 1세 때 영국은 절대 왕정의 전성기를 맞게 됩니다. "나는 잉글랜드와 결혼했다"며 끝내 에스파냐 왕의 구혼을 거절하고 독신을 고수한 그녀는 유럽 대륙이 종교 전쟁으로 혼란스러울 때 해양으로 눈을 돌렸습니다. 신항로의 개척으로 이베리아 반도의 포르투갈과 에스파냐가 아시아와 아메리카에 진출하여 부를 누리는 것을 보면서 경쟁에 뛰어들었던 것입니다. 물론 그 과정에서 해적이었던 프랜시스 드레이크(1540~1596)를 고용하여 외국 상선을 털게 하고, 심지어 작위까지 주어 실질적인 해군 제독으로 임명하였던 일은 '국익'과 '정의'라는 가치 문제와 관련하여 진지하게 고민해볼 문제지만요.

결국 에스파냐의 펠리페 2세는 무적함대를 동원해 벌인 전쟁에서 잉글랜드

영국을 이끌어간 세 명의 여성 지도자 (좌로부터) 엘리자베스 1세, 빅토리아 여왕, 마가렛 대처

에게 완전히 패배합니다. 150척 중 50척만 돌아가게 되었다죠. 이로써 무적함대의 위용은 꺾이고 해상의 권좌는 잉글랜드에게로 넘어갑니다. 이후 영국은 동인도 회사를 경영(1600)하면서 본격적인 해외 식민지 경영에 앞장섰고, 이러한 무역 수입을 통해 재정을 튼튼하게 하여 국내 통치 또한 원활하게 운용하지요. 즉, 통일령을 반포하여 영국 국교회를 확립하고, 제1차 인클로저 운동을 통해 모직물 공업을 육성하였으며, 셰익스피어 같은 작가가 탄생할 수 있는 문예 부흥을 일구어내는 등 국내 정치적 면에서도 발전을 누렸습니다.

엘리자베스 1세는 'Good Queen Beth'라는 애칭으로 불릴 만큼 국민의 사랑을 한 몸에 받았는데요. 영국 지도를 밟고 서서, 앞에서 말씀드렸던 대로, 독신으로 살면서 "나는 영국과 결혼했다"를 외치며 대영제국으로의 발판을 만들어내는 데 결정적 역할을 했습니다.

프랑스의 절대 왕정은 위그노 전쟁(1562~1598)[2]을 통해 즉위한 앙리 4세에 의해 부르봉 왕조가 성립되면서 시작됩니다. 앙리 4세 본인은 가톨릭으로 개종한 대신 낭트 칙령(1598)[3]으로 위그노에게 일정한 지역에서 신앙의 자유를 허용하였는데, 이러한 위그노들은 국왕에게 충성을 바치는 시민 계급으로서의 역할을 하게 됩니다.

이러한 부르봉 왕가에서 절대 왕정의 최강자가 등장하니 바로 앞에서 사진을 통해 본 루이 14세지요. 그는 어린 나이로(5세가 되기 전) 즉위하였으나, 귀족들의 반란을 진압하고, 재상으로 대표적 중상주의자인 콜베르(1619~1683)를 등용하면서 절대 왕정의 전성기를 구가할 수 있도록 준비합니다. 즉, 콜베

2　칼뱅 계통의 신교도인 위그노가 프랑스 남서부 지방을 중심으로 종교의 자유를 주장하며 벌어진 전쟁이다. 영국이 위그노, 에스파냐가 가톨릭을 원조하였다.

3　프랑스의 앙리 4세가 낭트에서 발표한 칙령. 칼뱅파(Calvin派) 프로테스탄트인 위그노 교도에게 일정한 지역 안에서 신앙의 자유를 누릴 수 있도록 하고 가톨릭교도와 동등한 정치적 권리를 갖도록 인정한 것으로, 이에 따라 위그노 전쟁이 종결되었다. 1685년에 루이 14세가 폐기하였다.

르를 통해 중상주의 정책을 실시하여 재정을 확보하고 상공업을 장려하였으며 수출 증대를 도모했고, 부국강병을 추진하여 영토 팽창을 시도했지요. 왠지 아까 절대 왕정의 특징에서 공부했던 중상주의 정책을 다시 한 번 반복하는 것 같지요? 국가의 부를 위해 상업을 중요시해 원료를 수입하고 완제품을 수출하며 그를 위해 식민지 영토 팽창을 하고자 했다는 것…. 완전히 이해되셨나요?

콜베르는 루이 14세 당시 재무장관인 동시에 해군장관이었답니다. 해군장관이 재무장관까지 겸한다는 것은 현재 우리로서는 생각하기 어려운 일인데요. 당시 경제에서 해상 무역이 그만큼 중요했다는 것을 보여주는 증거입니다.

이러한 경제 정책을 통해 절대 왕정 전성기를 누렸던 루이 14세는 또한 문화와 예술을 장려했는데요. 루

장 바티스트 콜베르

이 13세 때 사냥용 별장으로 쓰였던 베르사유 궁전을 완성했고, 코르네유 (1606~1684),[4] 몰리에르(1622~1673),[5] 라신(1639~1699)[6]과 같은 프랑스 3대 고전 문학 작가들이 나올 수 있는 문화적 분위기를 조성하기도 했습니다.

스스로 태양왕을 자처하고 "짐은 곧 국가"라는 유명한 말로 절대 왕권을 과시하였던 그는 그리니 에스파냐 왕위 계승 전쟁(1701~1714, 정확히 표현하면

---

4 프랑스의 극작가. 프랑스 고전 비극의 완성자로, 인간 의지와 이성(理性)의 승리를 묘사했다. 작품에 『르시드』, 『오라스』, 희극 『거짓말쟁이』 등이 있다.

5 프랑스의 극작가·배우. 본명은 장 밥티스트 포클랭(Jean Baptiste Poquelin). 코르네유, 라신과 함께 프랑스 고전극을 대표하는 인물로 여러 가지 복잡한 성격을 묘사함으로써 프랑스 희극을 시대의 합리적 정신에 합치되는 순수 예술로 끌어올렸다. 작품으로 『타르튀프』, 『동 쥐앙』, 『인간 혐오』, 『수전노』 등이 있다.

6 프랑스의 시인·극작가. 17세기 프랑스 고전주의의 대표적 작가로, 우아한 시취와 격조 높은 아름다움을 표출하여 프랑스 고전주의의 어머니로 불린다. 작품에 『브리타니쿠스』와 『아탈리』 등이 있다.

(좌로부터) 피에르 코르네유, 몰리에르, 장 바티스트 라신

에스파냐의 왕위 계승권 경쟁)과 같은 무모한 침략 전쟁과 베르사유 궁전 축조로 국력을 낭비했습니다. 게다가 가톨릭만을 국교로 인정하여 절대 왕정에 대한 교황청의 지원을 받고자 낭트 칙령을 폐지(1685)했는데요. 이에 위그노들은 신변 보장을 받지 못하게 되었고 상당한 수가 해외로 이주하게 되었답니다. 위그노는 프랑스의 상공업 발전을 이끌던 부르주아 계급의 대표주자 격이었는데요. 그중에서 1685년부터 4년 동안 재산을 가지고 해외로 이주한 이들이 20만~30만 명에 달했다고 하니 이것으로 프랑스 경제가 타격을 입은 것은 당연한 일이겠죠. 이렇게 해외로 이주한 위그노의 상당수는 네덜란드, 영국과 프로이센을 비롯해 북아메리카까지 퍼져나가 새로운 지역에 정착합니다. 수학자나 과학자들 역시 낭트 칙령이 폐지되자 프랑스 아카데미를 떠났는데요. 이 모든 것은 결국 시민 계급들이 국왕으로부터 등을 돌리게 하는 결과를 초래합니다.

에스파냐에서 네덜란드, 영국과 프랑스까지… 정말 방대한 내용이죠? 그러나 이 이야기들에는 공통점이 있지요. 다들 국왕권이 절대적이었다는 것, 그리고 그것을 뒷받침하는 시민 계급들의 협조로 군사적·경제적·사상적 지지가 있었다는 점입니다.

동유럽의 절대 왕정_'계몽'이라는 이름의 절대 권력

동유럽의 절대 왕정은 서유럽의 절대 왕정과 차이점이 있습니다. 서유럽에서는 봉건 귀족이 쇠퇴해가고 시민 세력이 성장하는 과정 중 그 세력의 묘한 균형점 위에서 국왕이 절대 권력을 누렸었지요. 그에 비해 동유럽은 귀족 계급이 시민 세력보다 여전히 강대한 상태에서 절대 왕정이 확립되었습니다. 즉, 동유럽에서는 16세기 이후에 오히려 농노제[7]가 강화되었는데, 이에 따라 귀족 계급은 강대하였고 상공업이 그만큼 발달하지 못하면서 시민 계급의 성장이 미약했던 것입니다. 따라서 동유럽에서는 서유럽과 달리 왕과 귀족이 협력하여 전제 정치를 실시했지요.

이러한 배경에서 만들어진 동유럽의 절대 왕정을 '계몽 전제 군주 정치'라고 부르는데요. 대체로 18세기를 가리킵니다. 시기적으로 서유럽보다는 늦게 확립되었죠? 같은 시기 서유럽에서는 절대 왕정의 모순을 타파하고자 시민 계급을 중심으로 하여 일어난 '혁명'의 불길이 대륙을 태우고 있던 시기였거든요. 놀라운 것은 서유럽에서 '시민혁명'의 사상적 배경이 되었던 계몽사상이 동유럽에서는 절대 왕정인 계몽 전제 군주 정치에 영향을 주었다[8]는 점이에요. 그들은 먼저 깨어난 자신들이 무지몽매한 국민들을 계몽시키기 위해, 불합리한 과거의 인습을 타파하고 냉정한 이성으로 합리적인 개혁을 추진하려고 했어요. 그래서 동유럽의 계몽 전제 군주들은 자기들이 권위를 유지하는 것은 국민과 사회의 복지를 위해서라고 정당화시켰습니다. 그러나 이름이 다르다고 해서 절대 왕정이 아닌 것은 아니죠. 실제로 그들은 자신의 절대 왕

---

7   농노제는 한때 중세 서유럽의 경제적 특징이었다. 농노란 장원에서 일하던 사람들로 영주에게 지배를 받았다. 그런데 서유럽은 근대로 넘어갈 때 봉건제도가 흔들림에 따라 장원제도와 함께 농노제도 사라졌다. 반면 동유럽에서는 농노제가 강화되었다.

8   프로이센의 절대 군주 프리드리히 대왕과 러시아의 예카테리나 2세가 프랑스 혁명의 중심인물인 사상가 볼테르와의 친분을 과시하기도 했다는 사실이 이를 뒷받침하는 단적인 예이다.

권을 강화하기 위해 노력했고 귀족의 특권을 유지했으며 농노제를 단단히 하는 등 강한 보수적 성격을 가지고 있었습니다.

이제 동유럽 절대 왕정 국가들을 간단하게나마 살펴볼게요. 첫 번째로 볼 나라는요. 보통 이 부분을 다루는 많은 서양사 관련 서적이나 강의에서 동유럽 맨 끝에서 다루는 나라입니다만, 사실 시간 순서로 볼 때 동유럽에서 가장 먼저 절대 왕정을 수립했던 국가랍니다. 또한 아시아에서 유럽에 걸쳐 광대하게 펼쳐져 있는 이 나라의 영토를 보며 한 번쯤은 이 나라가 왜 아시아가 아니라 유럽일까 생각해본 적이 있었을 법한 나라, 바로 러시아입니다.

그런데 러시아가 갑자기 어디에서 튀어나와서 절대 왕정을 수립하게 되는 걸까요? 유럽과 러시아의 관계와 절대 왕정에는 어떤 연관성이 있는 걸까요? 사실 우리가 러시아에 대해 처음이자 마지막으로 언급했던 것은 "6강 이민족이 연 중세"에서 프랑크 왕국과 봉건제도를 공부하던 시간입니다. 그때 노르만 족의 침입으로 게르만 족을 토대로 하던 유럽이 흔들리며 곳곳에 노르만 족의 국가가 세워졌잖아요? 러시아의 노브고로트 공국과 키예프 공국을 둘러볼 때 나온 이야기들이죠. 이 지역은 당시 국가를 세운 노르만인 류리크가 속했던 부족 이름 루스의 이름을 따서 '루시'라 불리었고 중세에 그리스인들이 이를 '러시아'라고 부르기 시작했답니다. 정작 러시아인은 본인들을 '루시인'이라 불렀는데요. 마치 '이란'인들이 '페르시아'라 불리기를 원하지 않는 것과 마찬가지죠. 그렇지만 우리는 널리 알려진 대로 러시아라 부르기로 해요. 여하튼 러시아는 키예프 공국 이후 여러 공국 시대를 거쳐 13세기 '킵차크한국' 몽골(흑사병에 대해 배웠을 때 나왔어요)의 지배를 받았습니다. 16세기 중엽에서야 몽골로부터 독립하고 '차르'라는 국왕 명칭을 정하면서 강력한 중앙 집권 체제를 확립시키고 해외로 영토를 팽창하기 시작했죠.

그러다 미하일 로마노프가 왕위에 오르며 러시아 근대의 유명한 로마노프 왕조(1613~1917)가 시작되면서 오늘 주제인 절대 왕정의 주인공이 등장하는 배경이 형성되는 것입니다. 초기 로마노프 왕가의 차르들은 권력이 강하지 않았지만 17세기 후반 표트르 대제(1672~1725, 영어식으로는 피터 대제라고도 해요)가 등장함으로써 러시아는 제국으로 거듭나게 됩니다. 참고로 러시아 제국은 표트르 대제 때부터 제1차 세계대전 중 일어난 러시아 혁명(1917년)까지를 말하는데요. 여러분이 들어본 러시아 관련 역사는 대부분 이 시기와 관련된 사실들입니다.

표트르 대제

러시아를 지금은 당연히 '서양' 국가라고 생각하지만 이전에 러시아는 유럽으로 간주되지 않았습니다. 적어도 표트르 대제 이전까지는 말이죠. 그러다 표트르 대제가 서구화 정책을 실시하면서 유럽의 일원으로 인정받을 수 있게 된 것인데요.

그는 계몽 전제 군주로 서구화를 통한 러시아의 근대화를 추구하고, 행정 기구와 군사제도를 개혁했습니다. 특히 강대국으로서 유럽과의 대응 축을 형성하던 오스만 제국에 맞설 수 있도록 서유럽 여러 나라에 사절단을 보내 기술을 배우도록 했는데요. 놀랍게도 표트르 자신도 가명을 써 프로이센에서는 포병 기술을, 네덜란드에 가서는 선박 건조 기술을, 영국에서는 수학과 기하학을 배워 전문가보다 더욱 뛰어난 실력을 갖췄다고 합니다. 또한 몽골의 잔재를 없애면서 풍습 또한 서유럽화하고자 했는데요. 여성에게는 긴 치마 대신 짧은 치마를 입게 하고 수염을 기른 사람에게는 수염 세를 매기기도 했다는군요. 앗, 우리나라 을미개혁의 단발령이 떠오르는 사람이 저밖에 없나요?

말년에는 새 수도인 상트페테르부르크[9]를 건설해 러시아에 유럽의 근대화를 이루고자 했던 자기 바람을 드러내기도 했죠. 아래 지도에서 상트페테르부르크의 위치가 보이지요? 놀랍게도 핀란드와 정말 가까운 곳입니다. 표트르 대제는 동쪽으로도 청과 네르친스크 조약(1689)[10]을 체결하면서 동방으로 진출할 교두보를 만드는 등 국부를 증진하는 계몽 절대 군주의 면모를 보였지요.

약 40년 뒤 예카테리나 2세(1729~1796, 예카테리나 여제)는 독일 출신 여성으로 무능한 남편 대신 차르가 되어 표트르 대제의 업적을 계승했는데요. 계몽 사상가인 볼테르와 두터운 친분을 자랑할 정도로 계몽 전제 군주를 자처하면서 문학, 예술, 학예 등에 관심을 쏟고 발전시켜 러시아를 유럽의 정치와 문화에 완전히 편입시킵니다. 그 놀라운 결과를 볼 수 있는 곳이 바로 상트페테

상트페테르부르크 건설(좌) 예카테리나 2세 (우)

9 '표트르의 도시'라는 뜻이다. 유럽과 가까운 곳에 인공적으로 만든 도시로 '북방의 베네치아'라 불릴 만큼 아름답게 건설되어서 현재 도심은 유네스코 세계 문화유산에 등재되어 있다. 후에 페트로그라드/레닌그라드로 이름이 바뀌기도 했다가 다시 이름을 되찾았다.

10 이 조약은 시베리아의 네르친스크에서 청과 러시아가 국경선을 정하면서 체결한 것이다. 중국이 타국과 맺은 최초의 평등한 근대 조약으로서 의미가 깊다. 뒤에 청은 서양 열강의 침략을 받으며 무수한 조약을 체결하지만, 대부분은 청에 불리했던 불평등한 조약이었다.

예카테리나 여제 여름 궁전(좌) 겨울 궁전(박물관)(우)

르부르크에 있는 '에르미타주 박물관'[11]입니다. 그녀는 또한 내각의 도움으로 러시아 제국의 법전을 편찬했습니다. 오스만 튀르크와의 전쟁에서 승리하고 폴란드 분할[12]에 일조하여, 크림 반도와 폴란드의 상당 부분을 차지함으로써 러시아의 영토를 확장했던 여걸이기도 하고요. 이러한 예카테리나 2세의 업적은 당시 최고의 명사들이 모였던 호화로운 '에르미타주 궁전'의 명성과 함께 그녀를 절대 왕정의 지도자로 각인시켰답니다. 그러나 다른 절대 군주 시대와 마찬가지로 이 시기 농노제는 더욱 강화되어 일반 사람들의 삶은 더욱 비참해졌는데요. 결국 이들도 혁명의 불씨를 안고 있기는 마찬가지였고, 그것은 마침내 20세기 초반의 '러시아 혁명'으로 분출됩니다.

다음으로 살펴볼 국가는 어떤 면에서 동유럽 절대 왕정의 또 다른 주인공이라 할 수 있는 국가, 바로 프로이센인데요. 또 갑자기 어디에서 튀어나온 국가냐고요? 프로이센은 동 프랑크, 즉 신성 로마 제국이 분할된 영방 국가 중

11 　러시아 차르의 겨울 궁전으로 대영 박물관, 루브르 박물관과 함께 세계 3대 박물관으로 손꼽힌다. 흡사 서유럽의 박물관에 온 것으로 착각할 만큼 유럽의 미술, 건축 작품과 비슷한 전시품과 장식들을 볼 수 있다. 모든 전시품을 꼼꼼히 본다면 관람하는 데 5년이 걸린다고 한다.

12 　프로이센, 러시아, 오스트리아가 폴란드를 분할하여 각자의 영토를 확보한 사건으로 3차(1772~1795)에 걸쳐 일어났다

오스트리아와 더불어 가장 강한 국가입니다. 독일은 30년 전쟁[13] 이후 300여 개의 크고 작은 영방국가로 분할되었는데요. 그중 전쟁의 피해가 작았던 프로이센과 오스트리아가 대표적 국가가 되었답니다. 이제까지의 전통적인 강자는 신성 로마 제국 황제의 직위를 이어가고 있던 합스부르크 왕가가 있는 오스트리아였습니다만, 이 시기에는 프로이센이 절대 왕정을 맞으면서 새롭게 부상하지요.

프리드리히 대왕(프리드리히 2세)

프로이센은 18세기 프리드리히 2세(1712~1786) 때 절대 왕정의 전성기를 맞는데요. 그는 "군주는 국가의 제일 종복(심부름꾼)"이라고 자신을 표현하면서 계몽 전제 군주 정치를 표방했습니다. 이러한 칭호에 걸맞게 그는 보통교육을 확대했고 성문 헌법 제정 작업에도 참여했답니다. 농민의 강제 부역을 억제하고 고문을 폐지했지요. 또한 놀랍게도 플루트에 재능이 있었고 학문을 사랑해서 '베를린 아카데미'를 열어 당시 베를린은 '북방의 아테네'로 칭송받기도 했답니다. 특히 프랑스 계몽사상에 심취하여 볼테르와 사상을 논하기도 할 정도였다고 해요. 이러한 계몽 전제 군주 정치를 통해 신성 로마 제국 변방의 제후국이었던 프로이센을 당시 유럽 최강의 군사 대국을 만들었기 때문에 그를 '프리드리히 대왕'이라고도 부릅니다. 독일인에게는 그야말로 스타 황제인 셈이죠.

특히 프리드리히 2세 시기에 프로이센은 오스트리아 왕위 계승 전쟁과 7년 전쟁의 승리로 슐레지엔을 차지하면서 유럽의 강대국으로 떠오르게 되었습니다. 그 결과, 오스트리아는 약화되고 신성 로마 제국은 흔들리면서 후에 독일

---

13   종교 전쟁의 하이라이트. 이 전쟁으로 맺어진 조약이 '베스트팔렌 조약'이다(1648년).

통일의 향방을 결정짓게 되는데요. 그렇다면 여기서 잠깐! 이렇게 중요한 결과를 가져온 두 전쟁을 저희가 그냥 지나갈 수 없겠죠?

오스트리아 왕위 계승 전쟁(1740~1748)은 여성인 마리아 테레지아가 오스트리아 황제 지위를 계승하는 것이 '살리카 법'[14]에 비추어 부당하다는 구실로 발발했습니다. 이 왕위 계승 전쟁에는 거의 모든 유럽의 강대국이 참여합니다. 특히 슐레지엔의 영유권을 둘러싸고 영국-네덜란드-에스파냐-오스트리아 내 프랑스-프로이센이 중점적으로 대립했지요. 이 전쟁은 '엑스라샤펠 조약(1748)'(독일어로는 아헨 조약)으로 종결되는데요. 오스트리아는 프로이센에 슐레지엔을 양보하는 대가로 마리아 테레지아의 왕위 계승을 비롯하여 전쟁 이전의 상태를 유지하게 됩니다. 결국 이 전쟁에서 프로이센은 독일 동부의 비옥한 영토인 슐레지엔을 차지할 수 있게 되었는데, 왕위 계승 문제는 구실일 뿐 사실 영토 확장이 진짜 목적이었던 프로이센이 그 목표를 달성한 것입니다.

7년 전쟁(1756~1763)은 '엑스라샤펠 조약'으로 슐레지엔을 빼앗긴 오스트리아가 그곳을 되찾기 위해 프로이센과 벌인 전쟁이랍니다. 이 전쟁에는 거의 모든 유럽의 열강이 참여했기 때문에 유럽과 함께 그들의 식민지가 있었던 아메리카 등지까지 영향을 미쳤지요. 아메리카 대륙의 역사에서 보면 미국의 독립 혁명이 일어나게 된 배경이기도 합니다. 오스트리아-프랑스-러시아 대 프로이센 영국이 접두를 벌였는데, 이 조합은 기실 당시로서는 너무나 충격적이었답니다. 딱 봐도 바로 앞의 오스트리아 왕위 계승 전쟁 시기의 대립 구도와 전혀 다르지요? 오스트리아는 전통적으로 프랑스와 대립 관계였는데, 영국과 동맹을 맺은 프로이센에 대항하기 위해 오랜 전통을 깨고 프랑스와 손을 잡았거든요. 이를 위해 프랑스와 혼인도 맺었고요. 그래서 오스트리아와 프랑스

---

14 살리카 법은 게르만 족의 법으로 남성만 왕위를 계승할 수 있도록 했다.

가 손을 잡은 것을 두고 '외교 혁명'이라고까지 말하기도 합니다. 그러나 결국 유럽에서는 영국의 지원을 받은 프로이센이 최종적으로 승리를 거두어 '후베르투스부르크 조약(1763)'으로 슐레지엔의 영유권을 확인했고요. 식민지 전쟁에서는 영국이 주로 승리를 거두어 북아메리카와 인도에서 프랑스 세력을 몰아내면서 대영제국의 기초를 닦는 결과를 낳았답니다.

오스트리아 왕위 계승 전쟁과 7년 전쟁을 통해 프로이센의 전성기가 마련이 되었고, 이를 이끌어낸 프리드리히 대왕이 절대 왕정을 구가한 인물이라는 것. 이제 완전히 이해되셨지요? 이 전쟁들은 신성 로마 제국이 독일과 오스트리아로 완전히 이원화되는 결과를 가져와, 이후 1870년대 독일 통일이 진행되었을 때 오스트리아를 배제하고 프로이센을 중심으로 통일을 완성하는 계기가 됩니다.

그런데 프로이센이 오스트리아에 대해 왜 이리 도전적이었는지 아십니까? 왜냐하면 서로마 멸망 후 서 프랑크로 넘어갔던 서로마 황제의 관이 신성 로마 제국으로 가면서 그 권위를 이었고요. 그 신성 로마 제국 황제의 영광은 오스트리아의 합스부르크 왕가가 계승하고 있었기 때문이에요. 합스부르크 왕가는 프랑스를 제외하고 거의 전 유럽의 왕을 배출했던 유럽 최대의 왕실 가문이었는데요. 신성 로마 제국, 에스파냐, 포르투갈, 헝가리, 시칠리아 등등의 수많은 왕을 배출했죠. 에스파냐의 펠리페 2세도 합스부르크 왕가 출신이었잖아요? 이러한 합스부르크 출신 왕은 크게 에스파냐 계열과 오스트리아 계열로 나눌 수 있는데요. 1700년 에스파냐의 합스부르크 왕가의 대가 끊기면서 에스파냐 왕위 계승 전쟁이(프랑스 루이 14세를 기억하세요), 1740년 오스트리아의 합스부르크 왕가의 대가 끊기자 오스트리아 왕위 계승 전쟁이 벌어졌던 것입니다. 17세기 말 러시아, 18세기 프로이센의 발흥 자체가 놀라운 것이지, 동방의 오스만 튀르크의 침략을 강력하게 물리쳤던 유럽의 방패 오스트리아는 이렇듯 전통의 강대국이었답니다. 그 과정에서 두 번이나 '빈'이 포위되기도 했지만요.

이러한 오스트리아는 18세기 마리아 테레지아(1717~1780) 시기에 다시 한 번 발전기를 거칩니다. 그녀는 조금 전 살펴본 오스트리아 왕위 계승 전쟁과 7년 전쟁의 주역이자, 의무교육 실시, 징병제, 의복의 자유화 등 계몽 전제 군주 통치를 한 여제였는데요. 또한 다산의 여왕으로 남편 프란츠 1세와의 사이에서 16명의 자녀를 두었답니다. 그중 11녀가 '프랑스 내혁명' 하면 띠오르는 마리 앙투아네트입니다.

그 아들 요제프 2세(1741~1790) 때 역시 오스트리아는 계몽 전제 군주의 통치 시대입니다. 마리아 테레지아의 맏아들이었던 그는 볼테르를 비롯한 프랑스 계몽사상의 영향을 받아 사형과 고문의 폐지, 신앙의 자유 허용, 귀족의 면세 특권 폐지와 같은 개혁을 실시했는데요. 음악에도 조예가 깊어서 '음악 황제'라고 불릴 정도였고, 모차르트에게 독일어 오페라 작곡을 의뢰하기도 했

다는군요. 물론 이러한 계몽 전제 군주의 여러 정치·경제적 시도들은 특권 계급이었던 귀족들의 반대로 실패하지만, 요제프가 수립해놓은 관료 체제는 오스트리아 전체에 영향을 미쳤습니다.

잠시, 절대 왕정기 오스트리아, 러시아, 프로이센과 관련된 비운의 국가인 폴란드를 짚고 넘어갈게요. 폴란드는 16세기

프란츠1세와 마리아 테레지아 가족

동유럽의 강국이었으나 왕위 계승 분쟁 등으로 쇠퇴한 국가입니다. 강대국들에 둘러싸인 위치로 추측해볼 수 있듯이 폴란드는 의용군의 저항에도 결국 18세기 후반 3차례에 걸쳐 프로이센, 오스트리아, 러시아에 의해 분할됩니다. 이에 1918년 제1차 세계대전 이후 독립할 때까지 약 130년 동안 3국의 지배를 받게 되지요. 폴란드 분할은 강대국들이 약소국을 자신들 이해관계에 따라 분할해서 가지는 고전적 영토 팽창 방식의 전례가 된 안타까운 사건입니다. 그리고 제1차 세계대전 이후 독립한 폴란드에는 앞으로 배울 제2차 세계대전 때에 또 다른 비극이 기다리고 있는데요. 역사상 주변국으로부터 침략을 당한 일이 잦은 우리 처지에서 볼 때 왠지 동병상련(同病相憐)의 마음을 가지게 되네요. 그래서 굳이 절대 왕정에서 꼭 다루고 싶었다는 것을 말씀드립니다.

자, 동유럽도 돌아보니 복잡하다고요? 어렵게 생각하지 말고 공통점만 정확하게 이해해보기로 합시다. 동유럽은 서유럽보다 절대 왕정이 조금 늦게 진행되었는데, 그 이유는 서유럽에서 절대 왕정에 대해

비판적인 시각인 계몽사상이 등장할 때 동유럽에서는 그 계몽사상을 받아들여 군주가 절대 권력으로 국가 개혁을 시도했기 때문입니다. 그래서 동유럽의 절대군주를 '계몽 전제 군주'라고 이름 붙이는 것이고요. 따라서 '계몽사상'은 서유럽에서는 시민혁명으로, 동유럽에서는 계몽 전제 군주로 나타났다고 생각하면 되겠습니다. 단, 동유럽에서의 계몽은 국민 전체를 위

요제프 2세(상) **폴란드의 분할** 분홍 계열은 러시아의 합병지, 파랑 계열은 프로이센의 합병지, 녹색 계열은 오스트리아의 합병지이다.(하)

한다기보다 자신의 권력을 강화하거나 봉건 귀족의 편에서 전개되었고, 농노제는 더욱 강화되어 국가 대부분을 차지하고 있는 농노들에게는 불합리할 수밖에 없었지요. 그 결과 동유럽의 발전이 서유럽에 비해 뒤떨어지게 된 점이 비극이라 할 수 있고요.

지금까지 우리는 16~18세기에 걸쳐 유럽을 휘둘렀던 절대 왕정의 특징을 살펴보았습니다. 이 전제 군주 체제는 탄생의 속성상 오랜 기간 유지되기가 어려웠어요. 시민 계급이 지금 단계에서는 봉건 귀족으로부터 세력을 빼앗기 위해 국왕의 비위를 맞추어야 하는 상황이지만, 머지않아 상공업이 발전하고 이들 세력이 국왕의 비위를 맞추지 않아도 될 만큼 성장하면 국왕 또한 무너져야 하는 기성 권력이 될 테니까요.

이 이론은 앞으로 절대 왕정을 무너뜨리면서 서유럽에서 '시민혁명의 시대'가 등장하는 것으로 명백하게 입증됩니다. 현재 권력이 아무리 강력하다 할지라도, 심지어 '태양왕'이라 불리는 어마어마한 힘을 가지고 있다고 할지라도, 세계사에서는 영원한 강자가 없다는 것. 세계사를 배우는 우리는 이 사실을 반드시 알고 유의하면서 주위 현실을 바라보아야겠지요? 제아무리 완벽한 권력이라 할지라도 끝까지 그것을 유지할 수 있는 것은 아니므로, 어떤 자리에 올라도 겸손해야 한다는 '지혜'를 깨달으면서 말입니다.

이러한 '지혜'를 가슴에 품고 다음 시간부디는 혁명의 불길이 불어 다친 곳의 모습을 지역별로 구분하여 여행하려 합니다. 먼저 유럽에서 가장 먼저 시민혁명의 불길이 일어났던 17세기와 산업혁명의 18세기, 그리고 '해가 지지 않는 나라'라는 명성을 업고 전 세계에 진출했던 19세기. 이 시기의 영국을 한번에 보면서 근대사를 정리할 거예요. 그러고 나서 유럽 전체에 혁명과 반혁명, 자유주의·민족주의 불길을 일으킨 프랑스 혁명과 그 결과로 요동쳤던 19세기까지 격동의 유럽 대륙 역사를 여행하려고 합니다. 이후 우리의 발걸음을 대서양 건너 아메리카 대륙으로 옮길 텐데요. 우리에게 익숙한 아메리카 대륙은 서양인에 의해 알려진 이후의 모습들이지요. 그러나 사실 그 이전부터 아메리카 대륙에는 문화를 가진 '사람들'이 살고 있었다는 것에 주목하면서 그곳에 유럽의 근대가 이식되고 난 이후의 사람과 삶의 변화와 그 변화가 세계사에 미친 영향을 탐구해볼 것입니다.

다른 역사서들이 근대를 접근하는 순서와 달라서 어색하시다고요? 물론 주제별로 묶을 수도 있습니다. 예를 들면 '시민혁명', '산업혁명', '남북 전쟁', '자유주의와 민족주의' 이렇게 말이죠. 그런데 그렇게 하면 지역에 대한 감각이 떨어져서 굉장히 재미없게 되더라고요. 그래서 저는 과감히 이 부분의 시간은 대륙을 건너다니며 보려고 합니다. 비록 복잡하게 느껴질 수는 있어도 각각의 공간들에서 흥미진진하게 펼쳐지는 시간을 탐험할 수 있을 거예요. 결국 제1차 세계대전에 도착하면 모두 만나게 될, 그 운명을 향해 함께 가고 있는 거니까요.

동시대 지구촌 넘나들기

기원후 16세기~기원후 18세기

한반도에서 16세기는 조선 건국(1392) 후 통치 질서 수립 과정에서 세력을 키운 훈구파를 견제하는 사림들이 중앙의 언관으로 진출하면서 화를 당하는 사화의 시기입니다. 무오, 갑자, 기묘, 을사사화 기억나시죠? 그러나 이러한 사화에도 사림은 서원과 향약을 기반으로 중앙의 정계를 장악했습니다. 16세기 후반 선조 때 정권을 장악한 사림은 사림 내부의 정치적 입장의 차이로 당을 나누니, 이조 전랑의 문제로 동인과 서인으로 분당되면서 붕당정치가 시작(1575)되고, 앞으로 19세기까지 조선 정치는 국왕과 붕당정치 간의 관계에 따라 변화하게 된답니다.

임진왜란과 정유재란을 끝으로 16세기를 보내고 17세기를 맞은 조선에서는 광해군부터 현종에 이를 때까지 붕당정치가 전개되었는데, 주로 서인과 남인 사이에서 북벌론과 예송 논쟁을 벌이며 마치 현재의 여당과 야당의 역할로 정국을 운영해나갔습니다. 그러다 숙종(1661~1720) 시기 붕당정치가 '변질'되는데요. 숙종 때 왕권 강화를 위해 왕이 한쪽 당의 편을 들면서 여자들과 그를 둘러싼 세력들이 번갈아 정권을 잡는 사건인 환국이 세 차례나 일어났답니다. 그 여성들이 바로 서인 쪽의 인현왕후, 남인 쪽의 장희빈이었던 것이죠. 1680년 경신환국은 인현왕후가 들어서면서 서인이 집권한 사건이고, 1689년 기사환국은 장희빈 세력이 정권을 잡아 서인을 탄압했고, 1694년 갑술환국은 서인이 집권한 사건으로 인현왕후가 다시 들어왔던 사건이죠. 중요한 것은 이 모든 환국은 국왕이 권력을 강화하기 위해 편당적 조치를 취함으로써 일어났기 때문에 정권을 잡은 당은 상대 당을 완전히 무너뜨리려는 일이 반복되었습니다.

이러한 환국을 통해 붕당정치는 변화하였고 18세기 조선은 영조(1694~1776)와 정조(1752~1800)를 통해 강력한 국왕의 시대를 맞게 되지요. 이 두 국왕은 붕당정치의 폐해를 없애기 위해 고른 인재를 등용하기 위한 탕평책을 실시한 왕으로 유명합니다. 실제로는 충청 노론이 대부분의 정권을 장악하긴 했습니다만, 조선 후기 문물을 정비하고 국가를 발전시키고자 했던 왕들이죠. 물론 그들이 남긴 흔적들이 르네상스냐 보수 반동이냐 하는 학자들 간의 극과 극의 평가가 있는 건 사실입니다. 하지만 유럽에서 18세기를 위대한 세기로 보고 있는 것처럼, 한국사의 18세기도 두 국왕에 의해 남다르게 의미 있는 세기가 되었습니다.

중국에서 16세기는 명이 그 전성기를 지나 쇠퇴해가는 과정에서 장거정의 개혁(1583)으로 다시 한 번 반짝했던 시기였습니다. 이 시기 급속히 유입되던 은 때문에 세금제도를 일조편법으로 바꾸어 한때 중흥하기도 했죠. 그러나 결국 환관의 횡포와 당쟁, 무거운 세금에 시달린 농민의 반란 등의 이유가 쌓여 17세기 초 이자성의 난으로 명은 멸망(1644)하였고요. 누르하치에 의해 후금으로 건국(1616)된 청에 침략당합니다.

청은 17세기 초반 통치 질서를 확립하면서 성조 강희제가 4대 황제로 즉위(1661)하는데요(이 시기 러시아의 표트르 대제와 1689년에 맺은 청 최초의 평등한 근대적 국제 조약이 무엇이었을까요? …그렇죠. 네르친스크 조약이죠). 그때부터 18세기 세종 옹정제를 거쳐 고종 건륭제가 사망(1799)할 때까지 3대 140여 년간의 청의 최전성기를 이룹니다. 이 시기를 "강(옹)건성세" 시기라고 부르기도 하죠. 유럽에서 절대 왕정이 꽃을 피우고 시민혁명의 불길이 타오를 때 한국사에서는 영·정조 치세가 청에서는 강건성세가 진행이 되고 있었던 것이군요.

서아시아에서의 16세기 기억하시나요? 술레이만 1세의 재위 시기였던 16세기 후반은 오스만 튀르크 제국의 전성기였지요. 오스트리아의 빈을 포위하기도 하고 프레베자 해전에서 유럽 연합 함대를 격추하면서 3대륙을 지배했습니다. 그러나 16세기 후반 이후부터 그들의 권력은 차츰 성장해가는 유럽 세력에게 밀리게 되었지요. 신항로의 개척 이후 무역 중심이 지중해에서 대서양 연안으로 이동하면서 동서교통로를 장악하며 발전하던 오스만 튀르크는 경제적 타격을 입었고 이 때문에 쇠퇴하기 시작합니다. 결정적으로 레판토 해전(1571)에서 크게 패해 지중해 해상 권좌를

**레판토 해전을 묘사한 프레스코화
(성모승천 교회, 독일 에르벤도르프)**

에스파냐에 넘겨주게 되죠. 당시 에스파냐의 국왕이 누구였는지 기억나시나요? 합스부르크 왕가 출신이었는데요. …예, 펠리페 2세였습니다.

제대로 된 내정 개혁을 실시하지 못하고 18세기로 넘어가는 오스만 튀르크는 이 시기부터 결정적으로 쇠약해지지요. 유럽 절대 왕정의 영토 팽창 정책으로 영토 확대가 좌절됩니다. 특히 부동항을 찾아 남하하고 있었던 러시아와의 대립은 상당히 잦아서 16세기부터 19세기까지 이들이 중심이 된 전쟁이 끊임없이 일어났습니다. 한편 내부에서는 근대화를 이루지 못하면서 서서히 몰락해가고 있었답니다.

티타임 토크

절대 왕정의 유산을 보려면 어디로 가야 할까요?

절대 왕정이 유럽 곳곳에 남겨놓은 흔적은 참으로 다양합니다. 그 규모와 화려함은 다른 어떤 시대보다도 보는 사람들을 압도하는데요. 그 멋들어짐에 감탄하고 '이 나라는 선조들 덕분에 관광 산업이 유지되는구나'라는 부러움 섞인 시선을 보내면서도, 한편으로는 이를 만들어내기 위해 흘린 힘없는 자들의 피와 땀을 생각하면 맘이 불편해지는 것도 사실입니다.

그런 관점으로 살펴볼 가장 유명한 곳이 아마도 프랑스의 베르사유 궁전이 아닐까 싶어요. 베르사유와 퐁텐블로 같은 파리 근교 지역은 프랑스 군주들의 시골 휴양지였는데, 지금은 디즈니랜드가 들어서서 파리 군주의 성들과 어깨를 나란히 하고 있으니 보는 맘이 또 색다르지요. 베르사유 궁전은 17세기 중반 태양왕 루이 14세(왜 '태양왕'이냐고요? 루이 14세는 발레를 엄청 좋아해서 실제로 무대에 서기도 했었는데요, 「밤의 발레」에서 아폴론 역을 맡아 태양처럼 화려한 의상을 입고 나온 뒤부터 태양왕이라 불리기 시작했답니다. 그야말로 춤추는 국왕이라고 할 수 있지요)

베르사유 궁전의 View Point(상)
베르사유 궁전 거울의 방(하)

에 의해 건립되었는데요. 1682년 루이 14세는 파리에서 아예 이곳으로 옮겨 생활했기 때문에 1789년 프랑스 왕가가 수도를 다시 옮길 때까지 이곳은 절대 왕정의 중심지였지요.

왼쪽 사진은 베르사유 궁전에서 바라본 정원과 대운하의 모습인데, 전망이 가장 좋은 곳이랍니다. 사람 크기의 조각상과 비교해보면 얼마나 광대한지 짐작이 갈 거예요. 끝이 보이지 않는 넓이가 인상적이지요. 자전거를 타고서 몇 시간을 돌아도 다 둘러볼 수 없다고 합니다. 당시 프랑스 정원은 이렇게 평면의 기하학적인 모양으로 조성되었다죠. '거울의 방'은 베르사유 궁전에서도 가장 화려한 곳으로 손꼽히는 방인데, 길이만 73미터, 너비 10.5미터, 높이 13미터로 4층 정도 건물 높이에 거울만 357개가 사용되었다고 합니다. 총 면적이 정원 포함 약 2,400만 평이고, 건물만 2만 평에 방이 700개, 창문만 2,143개, 벽난로만 1,252개이라고 해요. 게다가 이 궁전에 살았던 사람들이 왕과 왕비를 제외하고 500여 명의 귀족, 4,000여 명의 하인들이었다고 하니 그 규모를 상상하기조차 어렵지요. 정말 궁전 계의 '절대 본좌'라고 해야 할까요? 그렇게 부유한 왕과 왕비를 모시던 이곳이 지금은 박물관으로 개조되어 일반 관광객으로 북적이지요. 현대의 베르사유 궁전 속에서 권력의 무상함을 느낄 기회를 가져보는 것도 좋겠네요.

두 번째. 베르사유 궁전과 함께 당시 절대 왕정의 화려함을 볼 수 있는 곳은 프로이센의 프리드리히 대왕이 1747년 베를린 교외 포츠담에 세운 상수시 궁전입니다. 이곳은 프랑스어로 '근심 없는 궁전'이란 뜻인데 베르사유 궁전을 모방한 것으로 유명하답니다. 실내 장식은 18세기에 유행한 로코코 양식의 전형(17세기 유행한 양식은 바로크 양식이라

상수시 궁전

고 부릅니다)을 보여주고 있는 이 궁전에서 그는 당시 자신이 심취해 있던 프랑스 문인들과 이야기하고 연주회를 개최하기도 했답니다.

앞의 상수시 궁전 사진에서 베르사유 궁전을 떠올리실 수 있을까요?

이 외에도 오스트리아의 빈에는 절대 왕정을 상징하는 궁전인 '쉔브룬 궁전'이 있습니다. 50만 평의 대지에 1,441개의 방을 가진 이 궁전은 '아름다운 샘'이라는 뜻으로, 오스트리아 왕족들의 여름휴가 궁전이었답니다. 요제프 2세가 태어났고 천재 음악가 모차르트가 6살에 초연을 한 후 동갑내기 마리 앙투아네트 공주와 뛰어놀던 궁전. 마리아 테레지아가 너무나 총애했으며 베토벤의 '엘리제를 위하여'의 주인공이기도 한 엘리자베스 부인이 살던 궁전. 그리고 현대사에서 1961년 미국의 케네디와 소련의 흐루쇼프가 역사적으로 만난 궁전. 이 궁전은 외향으로는 베르사유 궁전의 화려함에 가려지긴 했으나 다양한 이야기 보물을 지니고 있는 곳이라 할 수 있답니다.

쉔브룬 궁전(좌) 여름이 아름다운 쉔브룬 궁전(우)

근대 영국_
의회 민주주의와 산업혁명이 빚은 해가 지지 않는 제국

지난 시간 우리는 '절대 왕정' 시대의 화려한 궁전들을 돌아보았어요. 볼거리는 풍부했지만, 백성들의 피눈물이 숨겨져 있어 그런지 감탄만 하기엔 어쩐지 불편했습니다. 서유럽에서는 16세기와 17세기에, 동유럽에서는 17세기에서 18세기에 걸쳐 나타난 절대 왕정. 이는 군주를 견제할 만큼 강력한 세력이 존재하지 않기에 가능했는데요. 중세부터 왕실에 압력을 가하던 봉건 귀족이나 교회의 세력은 줄어들었고, 새롭게 부상하던 시민 세력은 왕권에 간섭할 만큼 성장하지 못한 탓이었습니다. 따라서 절대 왕정은 시민의 세력이 커지면서 균형이 깨어지면 무너질 수밖에 없는 운명이었죠.

이번 여행에서 여러분은 드디어 유럽이 기존 질서를 부숴버리고 꿈틀거리기 시작하는 모습을 보게 될 텐데요. 물론 그전에도 역사는 살아 움직였지만, 이제부터 시작되는 변동은 차원이 아주 다릅니다. 후일 역사가에 의해 '시민혁명의 시대'라는 이름이 붙는 바로 그 뜨거운 시기거든요. 그 신호탄을 터트린 영국이 오늘 여행의 주 무대입니다.

왜 영국일까요? 사실 가장 전형적인 시민혁명이라면 '프랑스 혁명'일 텐데요. 그 이유는, 영국은 같은 유럽이라 해도 동떨어진 섬나라여서 대륙에 속한 국가들과 다른 모습을 보인 탓입니다. 오늘날도 그렇고요. 영국은 이제부터 우리가 탐험하는 시기를 전후로 대륙보다 빨리 변혁이 진행되고, 대륙에도 큰 영향을 미치게 됩니다. 국민국가가 형성되던 시기에 왕권이 강화되자 귀족이 시민과 힘을 합하여 국왕과 대립하는 형식을 띠었던 것이 한 예이지요. 대륙에서 왕권이 시민과 결합해 강화되었던 것과 양상이 다르죠? 또한 절대 왕정의 성립과 전성기도 대륙에 비해 빨랐고요. 시민혁명 시기도 대륙과 비교할 때 약 1세기 정도 빨리 전개되고 마무리됩니다. 대륙에서는 절대 왕정이 전성기를 누리고 있는 17세기에 이미 영국에서는 그 절대 왕정을 효과적으로 견제하는 장치가 마련되어 국가를 제국으로 탈바꿈하는 일이 진행되고 있었다는 뜻이에요.

영국에서 만들어진 왕권 견제 정책은 100여 년 뒤 미국에서 '독립 혁명'으로, 프랑스에서 '대혁명'으로 이어지는 불씨가 됩니다. 그러면서 그 나라의 제도가 되는데요. 이 과정을 거치며 영국은 입헌군주라는 정치 체제를, 미국과 프랑스는 공화정이라는 정치 체제를 만들어내는 것입니다. 지구상에 현존하는 민주주의 국가들이 이 같은 두 정치 체제 중 하나를 선택했다는 점을 볼 때, 이러한 과정이 얼마나 세계 역사에 큰 영향을 미쳤는지 알 수 있습니다.

이후 영국은 유럽 대륙이 정치 혁명으로 몸살을 앓으며 재탄생할 때 '산업혁명'으로 다시 한 번 세계를 뒤엎을 준비를 해요. 18세기 영국에서 가장 먼저 일어났던 산업혁명은 경제적으로 자본주의를 탄생시켰고 그에 따른 폐해는 공산주의 또는 사회주의가 나타난 배경이 됩니다.

이러한 변혁의 시대에 영국에서는 두 번의 '시민혁명'과 한 번의 '왕정복고'가 있었고 'The Great Britain'이 완성되었으며, '산업혁명'이 발생했고, 19세기 '해가 지지 않는 대영제국'이 등장하는 것입니다. 이 과정을 겪으며 긍정적인 면으로나 부정적인 면으로나 세계사의 방향을 크게 틀어놓았지요. 이러한 17세기에서 19세기까지의 영국을 오늘 이 시간 우리는 여행하고자 합니다. 이 시기는 그야말로 인류 역사에 있어 가장 큰 작용을 하는 '기제(mechanism)'들이 만들어지는 시기이기 때문에 눈을 크게 뜨고 잘 둘러보셨으면 해요. 특히 영국의 이런 제도들은 '영국 바라기' 일본에도 영향을 크게 미치기 때문에, 한국 근현대사나 동아시아 역사에서의 일본의 모습을 이해하는 데에도 큰 도움이 될 것입니다. 그러니 일석삼조의 결과를 기대하며 여행을 떠나볼까요?

자! 이제 때로는 법으로 때로는 힘으로 의견을 관철시켜, 국가를 주도하는 힘을 왕이라는 절대 권력으로부터 빼앗아 더 많은 사들과 누리고자 했던 역사의 주인공들을 만나러 가봅시다. 그리고 그들에 의해 세워져 후일 전 세계로 뻗어나가는 제국이 된 17세기에서 19세기 영국을 향해 출발하시자고요.

17세기_의회 민주주의로 가는 영국만의 길을 찾다

시민이 주체가 되어 시작했고 시민이 결실을 보았기에 '시민혁명'이라는 이름이 붙은 근대의 역사적 사건. 왜 그 시작을 다른 유럽의 수많은 나라들이 아닌 섬나라 영국이 한 걸까요? 그 이유는 먼저, 영국에는 이미 입헌적('헌법에 입각한 통치') 전통으로 1215년 대헌장(마그나카르타)부터 1295년 모범의회로 이어지는 선례가 있었다는 겁니다. 앞의 백년 전쟁 시대를 여행하면서 이미 알아보았지요? 둘째로는 사회·경제적 변동으로 인한 지배층의 변화를 들 수 있어요. 영국은 15세기 이후 모직물 공업이 발달했는데요. 양을 키우기 위해 공동 사육이 아니라 울타리를 치는 제1차 인클로저[1] 운동이 일어나 장원이 붕괴

---

1   울타리 치기. 엘리자베스 1세 시대에 이러한 과정에서 많은 농민들이 몰락하는 것을 보며 토머스 모어는 『유토피아』를 썼다. "양이 사람을 잡아먹고 있다"라는 표현이 바로 그것이다.

되었습니다. 그 과정에서 자영농인 요먼과 신흥 지주층인 젠트리(Gentry)[2]가 성장했고, 또한 상공업이 발달하면서 시민 계급이 성장했는데, 이들은 대부분 칼뱅파 신교인 청교도들이었습니다.

VTOPIAE INSVLAE FIGVRA

이처럼 혁명의 발생 원인을 볼 때, 이탈리아에서는 '르네상스'가 일어나고, 독일에서 '종교 개혁'이 발생할 수밖에 없었던 것처럼, '시민혁명'은 영국에서 가장 먼저 싹을 틔울 수밖에 없었던 것이죠. 그렇게 보면 역사 안에서 마치 우연의 산물인 것

『유토피아』에 실린 유토피아 섬의 지도

처럼 보이는 결과라 해도 사실은 모든 구성요소들이 맞물려 필연적으로 일어날 수밖에 없었던 것 같다는 생각이 또 드네요.

자, 그렇다면 이제부터 영국에서 어떤 과정을 거쳐 민주주의가 자리 잡는지 따라가볼까요? 또한 이것이 어떻게 '해가 지지 않는 제국'을 뒷받침하는 힘이 되는지도 알아보도록 해요. 먼저, 첫 번째 단계로 들어가면 우리는 청교도 혁명(1642~1649)을 마주하게 됩니다. '시민혁명'이라는 명칭이, 주체가 시민이라는 데서 붙여진 것이라 본다면 청교도 혁명은 무엇일까요? 맞습니다. 영국 혁명의 전개 과정 중 첫 번째 단계인 청교도 혁명은 바로 청교도들, 즉 영국의 칼뱅파 프로테스탄트들이 일으키고 그 열매를 거둔 혁명입니다.

청교도 혁명이 일어난 근본적이면서 직접적인 원인은 스튜어트 왕조(1603~1714)의 전제 정치입니다. 앗, 갑자기 스튜어트 왕조라니요? 우리 기억

---

2 젠트리는 요먼보다 상위, 봉건 귀족보다는 하위인 신분 계층이다. 16세기 이후 지방 행정을 장악하고 하원 의원에 진출하면서 사회의 유력층이 되었다. 신사를 가리키는 영어 젠틀맨의 기원이기도 하다.

속에 있는 영국의 왕조는 '장미 전쟁'으로 권력을 잡으면서 시작된, 헨리 8세, 피의 메리, 국가와 결혼한 엘리자베스 여왕이 있는 튜더 왕조 아니었던가요? 그런데 갑자기 스튜어트라니요? 놀라셨죠? 그러나 여왕 치세 후에 왕조가 교체되는 것은 그 당시에는 당연한 일일지도 모릅니다. 우리 한국사에서도 신라 역사를 보면 진덕여왕이 결혼하지 않고 후사 없이 죽자 성골이 끊어지고 진골 출신으로 왕위에 오르는 김춘추가 등장하여, 신라 역사에서 '상대(上代)'가 끝나고 '중대(中代)'로 넘어가는 계기가 되잖아요? 영국도 마찬가지입니다. 엘리자베스 여왕이 결혼도 하지 않고 후사 없이 죽었으니 그 후계자를 어찌하겠습니까? 당시 스코틀랜드 왕이었던 제임스 1세(1566~1625)를 잉글랜드의 왕으로 삼고, 이를 계기로 튜더 왕조가 막을 내리면서 스튜어트 왕조가 시작되었던 것이지요. 즉, 제임스 1세가 스코틀랜드와 잉글랜드의 왕을 겸하게 되면서 'The Great Britain'으로 가는 첫 단추를 끼웠다는 뜻입니다.

스튜어트 왕조의 첫 막을 연 제임스 1세는 왕권신수설을 주장하며 영국의 입헌적 전통이나 의회의 과세권 등을 무시하는 한편, 영국 성공회(국교회)를 강요하고 청교도들을 탄압했습니다.[3] 이렇게 제임스 1세가 그동안의 잉글랜드 왕들과 다른 면을 보였던 데엔 이유가 있어요. 그럴 수밖에 없는 것이 제임스는 스코틀랜드인들에게 인정받을 만큼 스코틀랜드의 전통에는 익숙한 왕이었지만 잉글랜드에 있던 입헌적 전통은 낯설어 했답니다. 그래서 잉글랜드에서 크게 세력을 키우고 있던

제임스 1세

---

3   이때 영국 성공회에서 사용할 공식적인 성경으로 King James Version 성경이 편찬된다(1611). 또한 이 시기 핍박을 피해 1620년 메이플라워 호를 타고 아메리카로 건너간 사람들이 바로 필 그림 파더(Pilgrim Fathers), 즉, 미국의 건국 선조이다.

찰스 1세(좌) 1628 권리청원 원본(우)

상공업자나 도시·농촌 백성과 접촉하거나 그들을 배우려는 노력조차 하지 않았던 것이지요.

제임스 1세의 아들 찰스 1세(1600~1649)는 아버지의 정책을 그대로 물려받았을 뿐 아니라 역사의 바퀴를 거꾸로 돌리려고 했는데요. 즉, 그는 가톨릭교도이며 절대 왕정의 선봉 국가인 프랑스 루이 13세의 누이를 부인으로 맞아들였습니다. 그 뿐만 아니라 에스파냐 등과의 대외 전쟁 비용으로 궁색해진 재정적 위기를 타파하기 위해 의회의 승인 없이 과세(세금을 부과)를 했습니다. 분명히 대헌장이 있고 의회가 있는 국가였음에도 이를 무시한 것이죠. 이에 대해 의회는 권리청원(Petition of Rights)[4]을 제출(1628)합니다. 찰스 1세는 과세를 위해 일단 여기에 도장을 찍어요. 하지만 승인 후에는 의회를 해산시키고 11년간 의회 없이 통치하며 일종의 독재를 해나갔던 것입니다.

여기서 잠깐, '권리청원'의 주요 내용을 보고 갈까요? 권리청원은 이전의 대

---

4 영국 의회가 찰스 1세의 전제 정치에 대항하여 그 승인을 요구한 청원이다.

헌장(마그나카르타)과 이후에 등장할 '권리장전'과 비교하여 꼭 알아두셔야 할 영국의 주요 문서입니다.

● **권리청원** ●

* 의회의 승인 없이 과세할 수 없다.

* 개인 집에 병사를 숙박시킬 수 없다.

* 평화 시에 계엄령을 선포할 수 없다.

* 자의적인 구속이나 투옥을 할 수 없다.

그러나 이렇게 의회 없이 위세 당당하게 독재를 했던 찰스 1세도 어쩔 수 없이 의회를 소집하게 됩니다. 당시 스코틀랜드에서 일어난 반란을 진압하기 위한 전쟁 경비를 마련하기 위해서죠. 의회는 다시 모여서 왕의 실정(失政)을 규탄하고 이에 왕과 의회의 대립이 걷잡을 수 없이 격화됩니다. 결국 왕을 중심으로 한 왕당파, 의회가 모인 의회파로 나뉘어 무력 충돌이 벌어지게 되는데요. 이로 인해 당시 의회는 1640년에 소집되어 1653년까지 폐회하지 않고 진행됩니다. 이를 '장기(長期) 의회'라 부르는 이유지요. 왕당파와 의회파 간의 무력 충돌에서 젠트리 출신 올리버 크롬웰(1599~1658)이 철기군을 조직하여 왕당파를 석파, 설주 의회군이 승리하면서 충돌은 끝났는데요. 그 결과 크롬웰은 찰스 1세를 처형하고 영국 역사상 유일무이한 공화정(1649~1660)을 수립합니다.

크롬웰은 의회를 해산한 후 호국경에 취임하여 엄격한 청교도주의에 입각한 정치를 실시했습니다. 사법제도를 개선하고 교육을 장려하며 풍속을 개선하는 등 엄격한 청교도적 정책을 실시했던 거예요. 대외적으로

올리버 크롬웰

는 아일랜드를 정복(1648)했고요. 잠깐, '1648' 하면 떠오르는 전쟁과 조약이 있지요? 지난 '종교 개혁' 여행에서 탐구했는데…. 예~ 맞습니다. 독일 '30년 전쟁'이 끝나고 베스트팔렌 조약으로 유럽에서 개인의 신앙 자유가 완전히 보장된 해죠. 이 해에 영국에서는 당시 구교를 신봉한 아일랜드에 신교를 전파하기 위해 무력을 사용하여 정복에 나섰고 이후 잉글랜드 인을 이주시켰습니다. 같은 해에 유럽과 영국에서 종교에 관해 완전히 반대되는 일이 벌어졌던 거군요. 당시의 잔인한 정복으로 인해 아일랜드 인들의 잉글랜드 인들에 대한 반감이 자리 잡게 됩니다.

또한 항해법[5](항해조례 1651~1849)을 반포하여 17세기 무역의 왕자였던 네덜란드에 타격을 입히기도 했답니다. 항해법은 유럽 이외 지방의 산물을 영국 및 그 식민지로 수입하는 경우 영국이나 그 식민지 선박으로 수송할 것, 유럽의 산물을 영국 및 그 식민지로 수입하는 경우 영국 선박이나 최초 선적국의 선박으로 수송할 것, 외국품의 선적은 생산국 또는 최초의 선적국 항구로 제한할 것 등을 규정한 법입니다. 당시 네덜란드는 자국 생산품 없이 무역으로 승부를 내고 있었기에 이 법이 반포됨으로써 네덜란드는 영국과의 무역에서 큰 타격을 입게 되는 것이지요. 그러나 이렇듯 크롬웰의 정치는 대내외적으로 영국의 위상을 높였음에도 불구하고 그 엄격함과 독재로 인해 많은 반발을 불러일으켰답니다. 그래서 크롬웰이 죽고 난 후 찰스 1세의 아들을 다시 왕으로 추대하는 왕정복고(1660)가 이루어졌던 것이죠.

이처럼 영국의 청교도 혁명은 젠트리를 중심으로 하여 절대 왕정의 전제 정치를 타도하고, 의회를 중심으로 대헌장에서부터 내려오는 영국 고유의 전통적인 헌법 정치상의 자유와 종교적 자유를 얻고자 했던 혁명이라는 점에

---

5   항해법은 이후 1, 2차 영국-네덜란드 전쟁의 한 원인이 되기도 한다. 이후 19세기 자유주의 경제 정책 풍조 속에 폐지(1849)된다.

의의가 있습니다. 청교도 혁명 이후 현재 영국의 전통과는 다른 공화정이 수립되었다는 것도 기억할 만한 일인데요. 이러한 정치 체제가 영국인들이 생각하기에는 자신들과 맞지 않다고 여겼나봅니다. 결국 공화정을 이끈 정치가 한명이 죽자 자신들이 내쫓았던 국왕을 다시 불러들이는 왕정복고를 시행했으니 말입니다. 이제부터 영국은 현재의 정치 체제를 수립하기 위한 한 발을 더 내딛게 되는데요. '영국 왕 아닌 영국 왕을 죽인' 청교도 혁명은 왕정복고로 막을 내리고, 다시 '영국 왕 아닌 영국 왕을 세우는' 명예혁명(1688) 시기로 넘어갑니다.

왕으로 다시 돌아온 찰스 1세의 아들 찰스 2세(1630~1685), 아버지의 죽음에서 무엇을 배웠는지 의심이 될 만큼 전제 정치를 시행합니다. 아버지의 복수를 위해 크롬웰의 시체를 다시 사형시키기도 했고, 친(親)가톨릭 정책을 펼쳤지요. 물론 이해가 안 되는 건 아닙니다. 그는 프랑스 루이 13세의 누이를 어머니로 두었고, 영국 공화정 동안 왕권신수설 본거지 프랑스에서 망명했으며, 즉위 당시에는 프랑스의 국왕이던 절대 왕정의 본좌 루이 14세와 친분이 두터웠으니까요.

이에 의회는 찰스 2세의 전제 정치에 대응하고자 여러 가지 법률을 통과시켰습니다. 17세기 왕권 전제화에 저항했던 중요한 정책들이시죠. 반지 잉국 국교회 이외의 종교를 선택한 사람들이 공적인 직임에 취임하는 것을 금하는 '심사법(심사령)'을 통과(1673)시킵니다. 이는 가톨릭 교도들이 공직에 취임하지 못하게 하여 왕권을 약화시키고자 했던 제도인데요. 물론 이는 자유주의에 역행하는 제도였기 때문에 19세기에 폐지(1828)됩니다. 또한 법적 근거가 없는 인신의 구속·체포를

찰스 2세

금지하고, 혐의자는 일정 기간 내에 재판을 받아야 한다는 '인신보호령'을 통과(1679)시켰습니다. 이 법의 의의는 국가 기관에 의한 부당한 체포나 구금을 법으로 금지하여 인권 보장에 큰 발전을 가져왔다는 점입니다. 사실 이 법의 원래 제정 목적은 왕권 제약에 있었지만요.

이후 찰스 2세의 동생인 제임스 2세(1633~1701)가 왕위에 오릅니다. 그 또한 전제 정치를 강화하고 상비군을 설치하였으며, 가톨릭을 합법화하여 가톨릭의 부활을 시도했습니다. 형과 같은 배경에서 자랐던 자로서 어찌 보면 당연한 일이었지요.

그러자 의회는 이에 강력하게 반발하여 제임스 2세를 추방하고 제임스 2세의 온화하고 순종적이었던 장녀 메리 2세(1662~1694)와 신교도이자 야심가였던 그녀의 남편 네덜란드 총독 윌리엄 3세(1650~1702)를 공동 왕으로 추대합니다.

이들은 즉위하면서 의회가 제출한 권리장전(Bill of Rights)[6]을 승인했는데요.(1689).[7] 이로써 영국에는 절대적인 왕권을 막을 수 있는 법적 장치가 마련되어 왕의 자의적인 통치가 아닌 헌법에 맞춘 입헌 정치의 전통이 마련됩니다. 이러한 일련의 과정에서 영국의 다른 혁명이나 다른 나라들의 혁명과 다르게 피를 흘리지 않았다고 하여 '명예혁명(1688)'이라 부르는

제임스 2세(상/좌) 윌리엄 3세와 메리 2세(하/좌)
권리장전 원본(우)

6   영국 입헌 군주제의 기초를 확립한 것.
7   같은 해 조선에서는 숙종에 의해 기사환국이 일어난다.

것이지요. 그럼 '권리장전'이 어떤 내용이기에 입헌 정치의 전통을 확립했다고 보는 것일까요? 살펴보겠습니다.

● 권리장전 ●

* 왕은 그 권한에 의해 의회의 동의 없이 법의 효력을 정지시키거나, 법의 집행을 정지할 수 있는 권력이 있다고 주장하는 것은 위법이다._의회 입법권
* 의회의 승인 없이 의회가 승인하는 것보다 장기간에 걸쳐, 또 의회가 승인하는 것과 다른 방법으로 금전을 징수하는 것은 위법이다._의회 과세권
* 의회의 동의가 없는 한, 평상시에 왕국 내에서 상비군을 징집, 유지하는 것은 위법이다.
* 의회의 선거는 자유로워야 한다.
* 의회 내에서의 발언과 토론 또는 의사 진행의 자유는 어떠한 법정이나 의회 밖에서 탄핵당하거나 심문의 대상이 될 수 없다._의회 면책권
* 의회는 자주 소집되어야 한다.
* 법은 공정하고 적절하게 운영되어야 한다.

이렇게 국왕권이 의회에 의해 제한되면 국가가 중심을 잃어 그 발전이 더디어질 것 밑이 예상될 수도 있으니, 영국의 경우엔 그렇지 않았습니다 이후 후계자를 가지지 못했던 메리가 먼저 죽고 이어 전장에서 많은 시간을 보냈던 윌리엄 3세가 사망한 후 메리 2세의 여동생이 앤 여왕(1665~1714)으로 즉위하게 되는데요. 이때 잉글랜드는 아일랜드와 스코틀랜드를 합병하여 'Great Britain'으로 거듭났습니다. 잉글랜드, 웨일즈, 아일랜드, 스코틀랜드를 병합하고 대(大)브리튼 왕국을 세우면서(1707), 유니언 잭

유니언 잭

(좌로부터) 앤 여왕, 조지 1세, 로버트 월폴

(Union Jack)이라는 이름의 국기로 표현되는 대영제국이 만들어진 것이지요.

그러나 앤 여왕 이후 스튜어트 왕조는 단절되어 (앤 여왕이 결혼을 안 했고 후사가 없었기 때문에) 독일의 하노버 공 조지 1세(1660~1727: 제임스 1세의 딸의 외손자라나요? 독일에서 태어났지만 왕위 계승 서열이 높았던 관계로 취임하게 되는 것이지요)가 취임하면서 하노버 왕조(1714~1901)가 시작됩니다. 이 왕조가 현재 영국 왕가인 윈저 가의 원조랍니다. 그러나 조지 1세는 영국의 왕이었음에도 영어 내신 독일어와 프랑스어만 할 수 있어서 영국 신민들에게 비웃음을 산 얄궂은 인생의 주인공이었어요. 이런 상황 때문에 이때부터 왕은 형식적인 권한만 가지고 실질적으로는 총리와 내각이 정치적 권한을 행사하게 되었답니다. 즉, 의회에서 다수를 차지한 정당이 내각을 조직하여 의회에 책임을 지는 '내각책임제'가 시행되었던 것이지요. 바로 영국의 "왕은 군림하지만 통치하지 않는다"라는 형태의 의회 중심의 입헌 정치가 확립된 것입니다.

이 과정에서 왕권을 옹호하는 보수적인 토리당과 왕권을 제한하고자 한 휘그당이 만들어져, 영국의 전통적인 양당 체제가 나타나는데요. 사실 토리당과 휘그당이 출현한 것은 왕정복고의 주인공이었던 찰스 2세 때부터였답니다. 찰스 2세는 왕위를 계승할 적자가 없었기 때문에 다음 왕위를 동생인 제임스에게 넘기려고 했어요. 그런데 조금 전 말씀드렸다시피 제임스는 가톨릭교도였기 때문에 영국 국교회로서는 거부감이 있었습니다. 이에 영국 의회에서도 가부를 놓고 맹렬한 논쟁이 벌어졌는데, 그때 거부하는 측이 제임스를 인정하는 측을 놓고 "Tory(불량, 도적)"라고 부르자, 찬성하는 측도 그에 맞서 상대를 "Whig(모반자, 도적)"이라 부르면서 탄생한 명칭입니다.[8] 결국 제임스 2세의

---

8   한국사에서의 비슷한 사례: 조선에서 붕당이 처음 출현할 때 한양 동쪽의 김효원을 따르는 사람들을 동인, 서쪽에 살았던 심의겸을 따랐던 자를 서인으로 불렀다. 사실 역사에는 생각보다 단순한 것에서 시작되는 일들이 많다.

대관식은 진행되었죠. 이들이 정당으로 본격적으로 탄생하는 때가 하노버 왕조 조지 1세 하에서 의원내각제가 발달했던 시기랍니다. 당시 경제 수장이었던 로버트 월폴(1676~1745)이 휘그당 소속으로 활동하면서 본격적 정치 정당의 모습을 갖추게 되었던 것이죠. 앞의 사진을 보시면 누가 국왕이고 누가 수상인지 구분이 잘 안 되지요? 그게 어쩌면 이 당시 영국 정치의 한 단면을 표현하는 것인지도 모르겠습니다.

지금까지 보신 것처럼 영국에서는 수많은 과정을 거쳐 현재의 내각책임제 형태의 정치 체제가 만들어졌습니다. 살펴보고 나니 이 제도가 정착될 때까지 근 100년에 가까운 시간이 필요했다는 것을 아시겠죠? 아니, 어쩌면 1215년 대헌장이 선포된 때로부터 18세기의 내각책임제 확립까지 길게 잡으면 500년 정도가 필요했네요. 그동안 혁명이 두 번 있었고, 국왕을 처형하기도 했으며, 국왕을 추방하기도 했고 내란이 일어나기도 했습니다. 심지어 의회가 10년 넘게 계속된 적도 있었습니다. 그러나 중요한 것은 그러한 많은 시도 끝에 자신들에게 가장 적절한 제도를 찾았다는 점입니다. 또한, 그만큼의 역사적 비용을 지불하면서 얻어낸 결과이기 때문에 만족도와 자부심이 높다는 것이지요.

우리나라도 우리나라에 맞는 정치 체제가 완전히 수립되려면 영국과 같이 적어도 100년 정도는 기다려야 할지도 모릅니다. 그러나 시간이 걸리더라도 앞서 행해온 것 중에 아닌 것은 걸러내고 취할 것은 취하며 제도를 완성하길 바라는 것이죠("그것을 해내기에 역사라는 학문이 가장 효용성이 있다"는 말씀!). 우리나라의 정치에 좌절하기 전에 도전하는 이상 실패할 수도 있다는 것을 인정하면서, 언젠가는 우리나라에 가장 적합한 정치 형태가 나올 것이라는 소망을 품어봅니다.

18세기 산업혁명_'풍요와 빈곤' 양날의 검을 쥐고

18세기 유럽 대륙에서는 프랑스 대혁명에서 시작된 불길이 나폴레옹 전쟁으로 인해 주변 국가로 퍼져나가며 대격변이 일어나고 있었습니다. 그런데 이미 17세기에 이 모든 혁명을 달성하여 정치적으로 안정되었던 영국에서는 18세기에 어떤 일들이 벌어졌을까요?

정치가 안정되어 정치적인 대립으로 인한 소모전이 줄어든 18세기 영국에서는 정치적인 혁명 못지않게 막강한 영향력을 가진 경제 혁명이 시작됩니다. 이 사건은 앞으로 또 한 번 유럽 대륙에 큰 영향을 미치게 되고요. 더 나아가 유럽을 넘어 전 세계적으로 영향을 미치는 수많은 경제사상과 원칙들을 만들어내고 걸출한 사상가들을 배출하게 되니, 바로 '산업혁명'입니다. 이 혁명의 결과가 실로 전 세계를 뒤집어놓았다고 할 수 있다 보니, 이번 여행에서만 다루는 게 너무 간략하지 않나 싶기도 해요. 하지만 산업혁명의 영향을 받은 세계사 내용들을 앞으로 다양하게 탐구할 것이므로 이 부분에서는 18세기 영국 산업혁명 자체에만 초점을 맞추려고 합니다.

본격적인 산업혁명을 살펴보기 전에, 산업혁명의 결과로 형성되어 오늘날까지 경제적 생활의 근본 원칙을 이루는 자본주의의 발달 과정을 잠시 짚어보겠습니다. 산업혁명이 발생하기 전에 대체로 어떤 모습으로 생산이 이루어지고 있었는지 보면 산업혁명이 왜 이렇게 중요한 것인지 피부에 타 와 닿을 테니까요.

먼저 우리가 절대 왕정 시대의 경제 정책으로 배워서 알고 있는 '중상주의'부터 시작해볼까요? 우리가 절대 왕정 시대에 배웠던 내용처럼 '중상주의'는 초기 자본주의 발전에 크게 기여했습니다. 신항로 개척으로 상공업자에게 유리한 가격 혁명과 상업 혁명이 일어나 국가 내의 상공업이 크게 발달했고요. 또한 국왕이 부르주아와 결탁하여 경제 활동에 적극적으로 개입하면서 보호

무역을 실시했고 식민지를 개척하기도 했습니다. 이러한 식민지 개척을 둘러싸고 유럽 각국 사이에는 엄청난 경쟁이 벌어졌죠.

이런 상업 발달과 무역 전쟁을 통해 각 나라의 국내 경제도 발전하면서 유럽 내에는 자본주의적 생산 방식이 서서히 출현했어요. 즉, 상인(상업) 자본가가 수공업자나 농민에게 원료와 도구 등을 제공하고 그렇게 생산된 상품을 독점하여 시장에 판매하는 선대제가 등장했습니다. 더 나아가 자본가가 수공업 노동자를 한곳에 모아 협업과 분업을 통하여 제품을 생산하는 공장제 수공업도 등장했고요. 여기에 농업 분야에서도 농업 자본가가 지주로부터 많은 토지를 임대받아 농업 노동자를 고용하여 경영하는 농업 자본주의가 나타났지요. 예? 이 모든 개념이 이해하기 너무 어려운 내용이라고요? 공통점을 찾아보면 이해가 쉽습니다. 모두 돈깨나 가지고 있다는 사람들이 그 돈으로 다른 사람들을 고용하여 일을 시키고 그로부터 이윤을 얻는 형태잖아요? 우리는 그 돈을 가리켜 '자본', 돈을 가진 자를 '자본가'라 부르는 거고요.

이러한 자본주의 초기 모습을 혁신적으로 바꾼 계기가 바로 '산업혁명'입니다. '산업혁명'이란 자본의 축적(蓄積)과 기계의 발명을 계기로 종래 가내 수공업[9]이나 공장제 수공업[10]에 의한 소규모 생산으로부터, 공장제 기계공업[11]의 대규모 생산 체제로 전환한 과정, 그리고 이에 따른 사회 전반적인 변화를 총체적으로 가리키는 말입니다. 예를 들어볼까요? 옷을 생산한다고 할 때 집에서 사람의 손을 이용해 만드는 것은 가내 수공업입니다. 그러다 이런 사람들이 한 장소(공장이라고 부르죠)에 모여서 손을 이용해 생산하는 것을 공장제 수공업(매뉴팩처)이라 합니다. 그런데 공장에서 동력을 이용한 기계가 옷을 만들면

9　집에서 손을 이용해 물건을 만드는 것.

10　공장에서 물건을 만드나 이때 손을 이용해서 생산하는 것으로 '매뉴팩처'라고도 한다.

11　공장에서 기계를 이용해 물건을 대량으로 생산하는 것.

가내 수공업

공장제 수공업

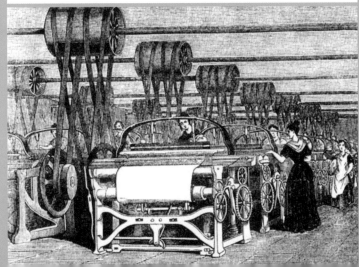

공장제 기계공업

서 이전과 비교할 수 없을 만큼 대량의 물건을 생산해내는 것이 바로 공장제 기계공업이죠. 이 공장제 기계공업으로의 이행 과정이 바로 산업혁명입니다.

이제 산업혁명이 어떻게 영국에서 가장 먼저 발생할 수 있었는지 그 배경을 살펴보겠습니다. 먼저 첫 번째 배경으로 영국의 자본 축적을 들 수 있습니다. 산업의 발달과 식민지 쟁탈전의 승리, 세계 무역의 패권 장악, 광범위한 시장의 확보로 영국에는 당시 그 어떤 나라보다도 자본(돈)이 많이 모여 있었습니다. 그 자본을 가진 자본가들이 투자로 이윤을 얻을 곳을 찾고 있었던 것이죠. 둘째로 풍부한 자원을 들 수 있는데요. 증기기관을 가동할 동력이던 석탄과 기계나 도구를 만들 수 있는 철 등이 영국에 매우 넉넉했답니다. 또한 제2차 인클로저 운동(1차 인클로저 운동과 구별하셔야 합니다)으로 노동력 공급이 수월했다는 것 또한 그 배경이 되었습니다. 지주와 부농이 농업 경영을 합리화하고 대규모화하면서, 토지에서 쫓겨난 농민들은 생존을 위해 도시로 이주했고요. 그들이 그대로 공장의 노동력이 되어주었지요. 마지막으로, 명예혁명 이후의 사회·정치적 안정이 산업혁명이 일어날 수 있는 배경으로 작용했습니다. 정치가 안정되자 산업혁명으로 인한 경제적 발전을 더욱 끌어올리고 문제점을 보완할 다양한 법과 체제를 만들어낸 거예요.

여기서 잠깐, 산업혁명에 노동력을 공급할 수 있었던 배경인 인클로저 운동에 대해 자세히 알아보고 갈까요?

● 제1차 인클로저(encloser) 운동(16세기) ●

영국에서 모직물 공업 발달로 양모 수요가 늘어나자 농민을 추방하고 농지에 울타리를 둘러 양을 길렀던 운동(엘리자베스 1세 & 토머스 모어 『유토피아』와 관련)

● 제2차 인클로저 운동(18세기) ●

농업 경영의 합리화(농업혁명)로 대규모의 곡물 생산을 위해 토지를 병합하
는 과정에서 몰락한 농민들이 임금 노동자가 된 결과를 낳은 운동(산업혁명
과 관련)

　그렇다면 이런 배경을 가지고 발달한 산업혁명은 어떤 식으로 진행되었을
까요? 산업혁명의 진행 과정은 세 가지 분야의 획기적인 발전과 관련 있는데
요. 첫 번째, 면직물 분야입니다. 앗, 갑자기 웬 면직물이냐고요? 사실 17세기
만 해도 유럽은 모직물, 인도는 면직물, 중국은 견직물(비단)의 주산지였답니
다. 영국도 마찬가지로 모직물 공업이 활발해서 그것이 조금 전에 보셨던 대
로 1차 인클로저 운동의 배경이 되기도 했고요. 그런데 18세기에 들어와 모직
물에 비해 값싸고 질긴 면직물이 대중적인 인기를 얻자 영국이 재빠르게 면
직물로 눈을 돌린 것입니다. 동인도 회사를 통해 수출량 세계 1위였던 인도의
면공업을 지배하고요. 또한, 그곳의 산업구조를 모방하기 위한 다양한 시도들
을 지원하기 시작했지요. 원료인 면화의 공급 루트 또한 북아메리카의 식민지
를 통해 확보한 상태였고 말입니다. 이러한 모든 상황을 배경으로 하여 면화
를 면사로 바꾸는―원면을 면실로 잣는― 기구인 다양한 방적기가 만들어졌
던 것입니다. 아직은 손으로 돌리지만 한 번에 여러 가닥 실을 동시에 자아내
어 공장주들의 놀라움을 불러일으켰던 제니 방적기,[12] 더 신기하게도 손이 아
닌 수력을 동력으로 하여 움직인 수력 방적기,[13] 이 둘을 결합한 방식의 뮬 방
적기 등 다양한 방적기가 만들어졌답니다. 특히 새뮤얼 크럼프턴이 발명(1790)

12　제조자인 하그리브스가 자신의 딸 제니가 물레를 뒤집은 것을 보고 아이디어를 얻었기 때문에 딸 이
름을 방적기에 붙였다고 한다.

13　가발 직공이었던 아크라이트가 발명했는데 제니 방적기에서 생산된 실보다 더 튼튼했다고 한다.

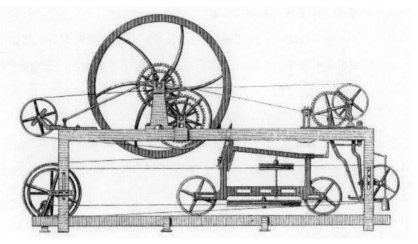

최초의 뮬 방적기

한 뮬 방적기는 면사를 잡아당기면서 동시에 꼴 수도 있었기 때문에 굉장히 혁신적인 방적기로 널리 보급되었습니다. 안타깝게도 특허를 내지 않아 돈도 많이 못 벌었고, 이후 제임스 와트의 '증기기관'에 가려 빛은 크게 보지 못했지만 말입니다.

두 번째로 산업혁명의 진행에서 빼놓을 수 없는 분야는 '증기기관'인데요. 증기기관은 산업혁명 중 동력 혁명의 주인공입니다. 여러분이 너무나 잘 아시는 제임스 와트(1736~1819)는 스코틀랜드 출신의 기계 제작자입니다. 그는 증기기관을 발명한 것으로 알려져 있지만 실제로는 이미 존재했으나 열효율이 떨어졌던 뉴커먼식 증기기관을 효율적으로 개량, 실용화의 길을 연 사람이에요. 증기기관은 석탄으로 온도를 올려 발생한 수증기를 이용해 피스톤을 작동시키면서 힘을 전달하는 장치입니다. 이는 높은 효율성으로 강력한 힘을 계속 공급할 수 있었기에 탄광, 제철, 제지, 제분, 면직 공장 등에 설치되어 이전의 동력에 완전히 혁명을 불러일으켰답니다. 심지어 이후에는 증기 기관차, 증

기선으로까지 이용되면서 교통 통신 혁명을
일으키는 엄청난 위력을 보이지요.

당시 동력으로서 증기기관의 위력이 어떠
했는지 비교해보면요. 인도 수공업자들이
손으로 100파운드 면화를 면사로 가공하는
데 50,000시간 걸린다고 했을 때 뮬 방적기
로는 2,000시간, 증기력을 연결해 기계를 가
동하면 300시간이 걸렸다고 합니다. 5만 대
3백의 비율이니 얼마나 '혁명'적이었는지 알
수 있겠죠?

산업혁명에서 획기적인 세 번째 분야는
제철 및 석탄 산업입니다. 그동안 물건을 생

**볼턴 앤드 와트 사의 원심
속도 조절기 랩 엔진(1788)**
(CC BY 3.0)(좌)
제임스 와트(우)

산할 때 필요로 했던 인력(人力)이나 축력(畜力), 혹은 수력 대신 증기기관이
각 산업에서 동력으로 사용되면서, 증기를 발생시키기 위한 '석탄' 산업의 성
장이 필수적이 되었습니다. 또한 공장제 기계공업이 발달하면서 공장의 기계
와 각종 장비를 만들기 위해 '철' 생산이 필요했고요. 이에 따라 제철업 및 석
탄 공업이 발전했고, 그와 함께 다양한 분야의 산업화가 더욱 촉진되었던 거
예요.

물론 이러한 급속한 기계화와 산업화를 모든 사람이 반겼던 것은 아닙니다.
기계의 도입으로 일자리를 잃게 된 방직공들은 '러다이트 운동'[14]을 벌이기도
했거든요. 러다이트는 당시 운동의 주동자로 알려진 '네드 러드'의 이름에서

14   1811년에 영국의 중부와 북부의 섬유 공업 지대에서 일어난 노동자의 반(反)자본주의 운동. 산업혁명
으로 일자리를 잃은 영국의 노동자들이 실업의 원인을 기계 때문이라고 여겨서 기계를 파괴하는 운동을 벌
였다. 기계 파괴 운동이라고도 한다.

따왔다고 하는데요. 그럼에도 역사의 수레바퀴의 운동 방향은 산업화를 향해 가고 있었던 것입니다. 어때요? 세 가지 분야만 살펴보았지만 그 당시 시대상의 그림이 좀 그려지지요? 결국 면직물 공업은 단지 하나의 계기에 불과했을 뿐, 영국의 산업화는 다른 생산 분야로 계속 파급됩니다. 이러한 산업혁명은 18세기 영국의 전 분야에 산업화를 이룩하고 대륙을 넘어 19세기 전반 벨기에와 프랑스로 전파되었습니다. 더 나아가 19세기 중반에 미국과 독일로, 그리고 19세기 후반 이후에는 일본과 러시아로까지 퍼져나가게 되지요. 이에 많은 역사학자들은 산업혁명이 프랑스 혁명과 더불어 근대 시민 사회 성립의 결정적 계기라고 이야기하고 있습니다. 프랑스 혁명이 정치·사회면의 근대화를 완성했다면, 산업혁명은 경제면에서 자본주의를 확립시켰다고 보는 것이지요.

따라서 이와 같이 여러 분야에서 진행된 산업혁명이 가져온 결과와 그것이 세계 각국 사회에 미친 영향은 그야말로 어마어마했답니다. 첫 번째, 산업혁명의 결과로 물질생활은 이전과 비교하여 말할 것도 없이 풍요로워졌습니다. 즉, 이전의 수공업을 통해 소량으로 생산되었던 물품들이 공장제 기계공업으로 대량 생산되면서 대량으로 소비되었고 이를 통해 많은 사람이 이전까지 귀족들만의 전유물이었던 상품들을 누릴 수 있게 되었습니다. 또한 이러한 호사로운 물질생활은 당시 사회와 문화의 발전을 가져왔고요.

두 번째, 농촌 중심의 농업 사회가 산업 사회로 변화하면서 '자본주의' 사회가 성립됩니다. 자본주의 사회의 성립은 그 결

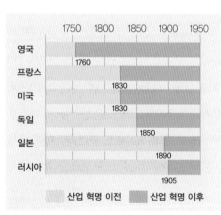

각국 산업혁명 시기

과를 두 가지 면에서 살펴야 하는데요. 한 가지는 농촌에서 농업에 종사하던 인구들이 공장의 노동력 공급을 위해 도시에 집중된 것입니다. 이에 따라 산업 사회의 특징인 도시가 발달하고 신흥 공업 도시들이 성장했지요. 그러다 보니 전에는 없었던 도시 문제들이 발생하게 됩니다. 공기 오염으로 인한 공해, 비위생적인 상하수도 시설, 열악한 주거 환경 등 새로 발달한 도시는 앞에서 보기에는 휘황찬란한 발전을 나타내고 있는 것 같았지만 뒷골목에는 악취가 진동하고 있었답니다.

자본주의 사회가 가져온 또 하나의 결과는 새로운 계층의 발생과 그로 인한 사회 문제의 대두입니다. 즉, 자본주의가 확립되면서 산업 자본가 계층과 임금 노동자 계층이 새롭게 떠오른 것이죠. 산업 자본가는 자본(돈)을 가지고 모든 산업을 움직이던(일명 '부르주아'라고도 불리던) 사람들인데요. 이들이 이전의 지주나 귀족을 대신하여 산업 자본주의 사회에서 새로운 지배 계층으로 자리를 잡게 되었습니다. 임금 노동자는 '프롤레타리아'라고 불리는 계층으로 공장에서 노동을 하고 그 대가로 임금을 받는 노동자였습니다. 산업 자본가는 최소 투자로 최대 이익을 얻고자 노동자에게 최소 임금을 지급했기 때문에, 노동자를 둘러싼 사회 문제와 노동 문제가 등장했답니다. 특히, 저임금, 장시간 노동, 부녀자와 아동의 노동 문제가 심각했어요. 아니, 왜 갑자기 부녀자나 아동의 노동 문제가 대두되었냐고요? 그럴 수밖에 없는 것이 부녀자나 9~12세 사이의 아동들은 성인 남자에 비해 저임금을 지급해도 되었고, 노동조합을 만들 수도 없었기 때문에 학대에 저항하지 못했습니다. 따라서 자본가 입장에서는 매우 쓸모 있으면서도 버리기 쉬운 도구였던 것이지요. 산업혁명 시기 아동들은 한 끼 식사비 정도밖에 안 되는 임금을 받기 위해 새벽부터 한밤중까지 15시간 이상의 노동에 채찍질도 견뎌야 했답니다. 이 당시 노동자들의 평균 수명은 현재로서는 상상하지도 못할 만큼 짧아서 25세 전후였다고 하니, 정말 놀라운 일이죠.

더욱 놀라운 사실을 말씀드릴게요. 이러한 아동 노동은 우리로서는 상상할 수도 없는 일로만 알고 있잖아요? 그런데 21세기에도 지구촌 어디에선가는 아동 노동이 이루어지고 있다고 합니다. 2012년 국제 노동 기구의 조사에 따

산업혁명 시기 아동 노동자(좌) 산업혁명 시기 탄광에서 석탄 차를 끄는 아동(우)

르면 5~17세 사이의 어린이 노동자가 2억 6천 명을 넘는다고 하는군요. 베트남에서는 커피 농장에서, 코트디부아르에서는 초콜릿 원료인 카카오 농장에서, 콜롬비아에서는 탄광에서, 인도에서는 유리 공장에서, 파키스탄에서는 축구공을

네팔의 아동 노동자(상/좌) 방글라데시의 아동 노동자(하/좌)
잠비아의 아동 노동자(우)

만드는 일을 어린이가 하고 있다니 정말 기가 막힌 노릇이죠. 지금도 이런 일들이 벌어지는 것은 산업혁명 시기 자본가들이 아동 노동을 선호했던 똑같은 이유 때문입니다.

우리가 오늘날 먹고, 입고, 쓰고, 놀기 위해 소비하는 것 중에도, 아동들이 생명의 위협을 받거나 장애를 입기 쉬운 열악한 상황에서도, 고작 천 원을 벌기 위해 12시간 이상을 혹사당하며 생산한 것이 있다는 사실이 너무 가슴 아프지요. 지구촌에서 이러한 일이 사라지도록 아동 노동에 관심을 가지고 비판하는 자세를 가지는 것은 반드시 필요합니다. 산업혁명 시기의 어린아이들에 대해 마음이 먹먹해졌나면 말입니다.

산업혁명을 통해 영국은 세계의 공장으로 떠오르면서 물질적으로 넉넉해지게 되었습니다만, 그런 풍요로움을 누릴 수 있었던 사람들은 극히 일부에 불과했답니다. 산업혁명은 많은 문제를 불러왔고, 그 폐해로 비극적인 삶을 살도록 강요당한 사람들이 있었으니까요. 그리하여 19세기에 영국은 이런 문제점들을 해결·보완하기 위해 여러 제도를 개혁합니다. 그러면서 국외적으로는 영예로운 대영제국을 수립하지요.

19세기_'해가 지지 않는 제국'의 밤을 숨겨라!

영국은 산업혁명으로 급성장하여 19세기 빅토리아 여왕(1819~1901)의 시대에 유럽 동력의 절반을 생산하는 '세계의 공장'으로서 가장 부유한 국가가 되었습니다. 지금 우리가 몸담은 사회와 경제 체제 대부분은 이 시기 영국에서 탄생한 산업혁명의 결과물입니다. 그러나 앞에서 보았듯이 사람들은 발전한 사회의 이익을 고루 분배받지 못했고, 일부 자본가들이 이익 대부분을 차지하면서 그들만의 부와 명예와 문화를 향유했습니다. 영국을 비롯해 산업혁명이라는 배에 승선한 여러 나라들은 그 대가로 19세기부터 20세기에 걸쳐 문제점들을 개선해나가는 작업을 해야 했지요.

자, 그럼 영국이 문제를 해결해가는 과정을 보기 전에 빅토리아 여왕에 대해 잠깐 알아볼까요? 1837년 18세의 나이에 하노버 왕조의 마지막 군주로 즉위한 빅토리아는, 당시 휘그당 당수로 수상직에 있던 멜번 경의 도움을 받아 여왕 역할을 성실히 수행했습니다. 더 나아가 선대 하노버 왕조의 무능하고 방탕한 이미지를 벗어나 가정적, 도덕적이고 검소한 왕실이라는 이미지 메이킹에 성공합니다. 그래서 이 당시 만들어진 도덕주의, 민주주의, 문화 풍조 등을 두고 'Victorianism'이라 부르기도 해요. 20세 때 사촌인 독일의 앨버트 공과 결혼했는데 둘은 굉장히 사랑하여 슬하에 9남매를 두었답니다. 이후 9남매와

빅토리아 여왕과 앨버트 공

의 혼인을 통해 유럽 왕실들은 영국과 혈통으로 맺어지게 되는데요(앞으로 '제1차 세계대전'을 여행할 때 '러시아 혁명'을 다루면서 빅토리아 여왕의 자녀들과 유럽 왕실의 비극을 자세히 살필 예정이랍니다. 호기심을 미리 100퍼센트 충전해두세요). 그녀는 앨버트가 42세의 나이에 병사하자 여생을 상복을 입고 살았다고 하니 놀라울 뿐입니다.

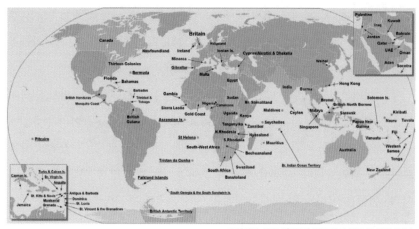

　그녀의 재위 기간인 19세기 대부분은 제국주의 식민지 경쟁 시대요, 혁명과 전쟁이 유럽을 휩쓸던 시기였습니다. 그럼에도 영국은 적절한 개혁들을 펼쳐 혁명을 피했고, 결국 그 힘을 외부에 과시할 수 있었습니다. 즉, 그동안 동인도 회사를 경영하며 간접 지배하던 인도의 무굴 제국을 멸망(1857)시키고 '인도 제국'을 세워 황제로서 직접 통치했고요. 인도 외에도 유럽, 아시아, 아프리카, 아메리카 등지에 수많은 식민지를 두었어요. 이 때문에 영국 본토가 저녁이 되어도 영국령 어딘가에는 해가 떠 있다고 하여 '해가 지지 않는 나라(태양이 지지 않는 제국)'라고 불리게 되었습니다. '해가 지지 않는 나라'의 원조는 사실 식민지 개척에 앞장섰던 포르투갈과 에스파냐 제국이었습니다만, 19세기 이후에는 영국을 가리키는 말로 쓰여요. 위 그림은 19세기 영국의 식민지를 표시한 지도입니다. 분홍색으로 표시된 곳이 대영제국의 식민지들인데요. 정말 영국으로서는 자부심을 가질 만한 대단한 시기죠?

　그렇다면 영국이 밖으로 뻗어 나갈 수 있던 힘은 무엇일까요? 물론 제해권 장악이라는 물리적 조건이 뒷받침되었겠습니다만, 우리가 배울 것은 나라 내부의 저력이죠. 첫 번째로 의회 민주주의를 보았고, 두 번째로 산업혁명을 보았으니, 이제 마지막으로 이들을 보완하는 제도의 개혁과 발전을 볼 차례입니다.

먼저 이러한 제도 개혁·발전을 뒷받침한 사상들을 볼 텐데요. 당시 영국이 낳은 사상들은 정치·사회적 면에서 그리고 경제면에서 영국뿐 아니라 유럽에도 막대한 영향을 미쳤고, 현재까지도 우리가 기본적으로 알고 있어야 하는 교양으로 남았습니다. 세계사 바깥의 분야들, 즉 정치·경제·사회·문화 등에서 한 번쯤은 접하게 될 사상들인데요. 사상은 행위를 정당화하고 힘을 싣는다는 면에서 역사적 흐름에 커다란 몫을 합니다. 예를 들어 휘그당의 철학가 존 로크(1632~1704)가 앞서 탐구한 '명예혁명'을 정당화한 이론가로 유명해졌던 것과 같이 말이에요. 로크의 정치사상은 또한 루소(1712~1778)의 사회계약론이나 프랑스의 인권 선언, 미국의 독립 선언 등의 탄생에 결정적 영향을 미칩니다(앞으로 '근대 유럽'을 살펴볼 때 '티타임 토크'에서 홉스와 로크, 계몽 사상가들에 관해 자세하게 이야기를 나누어보시지요). 그래서 당시 역사적 사실들이 나타난 배경으로서 당대 사상들을 간략하게 보고 발걸음을 옮길까 합니다.

영국에서는 처음에 산업혁명으로 인한 문제들을 어쩔 수 없는 현상이라 여겼습니다. 이를 뒷받침했던 이론이 18세기부터 나온 자유방임주의 경제 이론인데요. 이는 개인의 경제활동 자유를 최대한 보장하고, 이에 대한 국가의 간섭을 가능한 한 배제하려는 경제사상 및 정책으로 영국 산업 자본의 성장을 뒷받침했습니다. 이 사상은 중상주의 정책에 반대했던 프랑스의 중농주의자들이 최초로 주장했고 영국의 애덤 스미스(1723~1790)의 『국부론』(1776)에 의해 경제학적으로 체계화되었습니다. 그래서 애덤 스미스를 경제

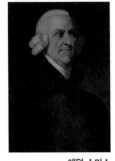

애덤 스미스

학의 창시자로 부르기도 해요.

국부론은 총 5편으로 이루어져 있는데
요. 이에 따르면 모든 사람이 자기 처지를
개선하려는 자연스러운 노력인 이기심에
따라 행동하면 '보이지 않는 손'에 의하여
모든 경제 활동이 조정된다고 합니다. 시

데이비드 리카도(좌) 토머스 로버트 맬서스(우)

장가격의 자동 조절 기능을 뜻하는 '보이지 않는 손'에 의해 경쟁시장에서 수
요, 공급의 균형이 이루어지기에, 정부의 규제와 정책은 제한적이어야 한다고
보는 것이죠. 즉, 국가의 부를 증진시키기 위해서는 인간이 자기 본성을 자유
롭게 발휘하도록 해주고, 정부는 국토방위, 법질서 유지, 공공사업 수행 등 개
인이 할 수 없는 일에만 전념해야 한다고 주장했답니다. 우리가 절대 왕정에
서 배웠던 중상주의적 입장과는 완전히 다른 종류의 경제사상이에요.

이 이론은 어찌 보면 철저하게 산업 자본가의 입장을 옹호한 입장입니다.
이후 리카도(1772~1823)나 맬서스(1766~1834) 역시 산업혁명 이후의 현실을 그
대로 수용하는 견해에서 사상을 전개하는데요. 임금 철칙[15]을 주장하거나 인
구론[16]을 내놓지요.

자본주의로 심화된 사회 문제를 해결할 열쇠는 '공리주의(公理主義)' 사상
에서 나옵니다. 공리주의란 모두의 행복을 극대화하는 것이 올바른 행동이라
고 보는 윤리 사상인데요. 이는 프랑스 대혁명 이후 불어 닥친 '자유주의(自由
主義)'에서 중시한 개인의 자유와, 사회적 이익 간의 조화가 요구되었던 영국
의 상황에서 해법을 제시해냈습니다. 공리주의 사상가들은 인간 행위의 윤리

15　노동자의 임금도 상품과 같아서 수요 공급 법칙에 의해 저임금이 유지된다는 주장.
16　인구의 증가는 파멸을 가져오므로 '빈민층에 소독약을 뿌리거나 예방주사를 주지 말고 그냥 죽여라'
는 식의 사상이다.

적 기초를 개인의 이익과 쾌락 추구에 두고, 무엇이 이익인가를 결정하는 것은 개인의 행복이라고 보았거든요. 대표적 사상가로 벤담, 그리고 밀 부자(父子)를 들 수 있답니다.

제러미 벤담(1748~1832)은 구성원들의 최대 효용을 증가시킬 수 있는 행동이 사회적으로 도덕적인 행동이라고 보았습니다. 일명 양적 공리주의라고 하여 쾌락의 정도를 수량화하려고 했지요. 그의 사상을 나타내는 대표적 문구인 '최대 다수의 최대 행복'은 당시 영국의 자유주의 개혁의 사상적 기반이 되었습니다.

더 나아가 존 스튜어트 밀(1806~1873)은 쾌락에도 질적 차이가 있다고 보았습니다. 그는 『자유론』에서 현실에 대한 적극적인 시정책을 주장하여 노동자 합의를 인정해요. 또한 보통 선거권, 국민 교육의 의무화, 여성의 참정권 등을 주장하면서 오늘날 자유민주주의의 참된 사상적 원천을 마련하게 됩니다. 그

의 아버지이자 당시 영국 지성계의 핵심 인물이었던 제임스 밀(1773~1836)이 공리주의를 창시한 벤담의 제자였기에 존은 어렸을 때부터 공리주의에 심취해 있었는데요. 감정을 경시하고 이성을 중시하는 기존의 공리주의에 의문을 품고, 이후 행복의 양뿐만 아니라 질을 중시하는 독창적인 공리주의를 주창한 것이죠. 그는 "배부른 돼지가 되기보다 배고픈 인간이 되는 편이 낫고, 만족해하는 바보가 되기보다 불만족스러운 소크라테스가 되는 것이 낫다"는 명언을 남겼답니다. 그는 쾌락에도 수준이 있어서 인간으로서의 품위와 고귀함은 동물적인 쾌락보다 높은 수준의 행복—정상

제러미 벤담(상)
존 스튜어트 밀(하)

적 사람이라면 누구나 지향하는—이고, 이런 높은 수

준의 행복은 충분한 교육을 받은 사람만이 그 진가를 안다고 보았습니다. 따라서 밀의 사상은 노동자들의 정치, 사회, 교육과 같은 여러 가지 개혁 실시에 영향을 미칠 수밖에 없었던 것입니다. 다소 복잡한 듯해도 이해되시죠?

19세기 전반기 유럽 대륙이 반동과 혁명의 소용돌이에 휘말려 있을 때, 영국에서는 이러한 사상들을 배경으로 점진적인 자유주의 개혁을 진행합니다. 먼저 종교의 차별을 폐지해요. 심사법을 폐지(1828)하여 비국교도에게 관직을 개방했고, 가톨릭교도 해방령(1829)을 통해 가톨릭교도에게도 시민권을 부여합니다. 심사법, 기억나시나요? 왕정복고 이후 찰스 2세의 전제 정치에 대항하기 위해 의회가 제정(1673)했던 법이었죠. 이 역시 가톨릭교도들이 관직에 나오는 것을 막기 위한 제도였던 것이 자유주의적 분위기 속에서 폐지되었답니다.

정치적으로도 자유주의적 개혁을 시행하니 선거법 개정을 통해 자유주의의 의회주의를 더욱 발전시킵니다. 그 대표적인 것이 제1차 선거법 개정(1832)인데요. 이때 부패 선거구[17]를 폐지하고, 신흥 상공 시민에게 선거권을 부여하였죠. 그러나 이 선거법 개정 중에도 선거권 부여 대상에서 노동자가 제외되었기 때문에, 결국 노동자가 중심이 되어 선거권을 요구한 차티스트 운동(Chartism)이 시작되었습니다(1838). 노동자들은 보통 선거와 평등한 선거구 설정 등의 요구를 담은 '인민헌장'을 내세우고 참정권 운동을 전개했고요. 이 운동은 1848년[18]에 최고조에 달했는데요. 차티스트 운동에서 요구했던 인민헌장을 보면 그 당시 영국의 정치적 과제가 무엇이었는지 정확히 알 수 있습니다.

17 산업화로 인구수가 감소한 농촌 선거구에 이전과 동일한 선거권을 부여하여 농촌 귀족이 의회에 진출할 길을 유지하고 인구가 증가한 도시에는 선거권을 부여하지 않던 제도. 민주주의의 대명사로 통하는 영국의 흑역사 중 하나이다.

18 대륙에서 프랑스 2월 혁명이 일어나는 해이기도 하다.

런던에 운집한 차티스트들(1848)

● 인민헌장(6개조 요구) ●
성인 남자의 보통 선거 실시
매년 선거
비밀 투표
하원 의원의 재산 자격 폐지
하원 의원에 대한 봉급 지급
인구 비례에 의한 평등한 선거구 설정

결국 차티스트 운동은 실패합니다. 그렇지만 이 운동은 이후 2차(1867), 3차(1884) 선거법 개정을 통해 노동자들에게 참정권을 부여하는 계기가 되었답니다.

19세기 영국은 경제에서도 자유주의 경제 체제를 확립합니다. 첫째로 반곡물법 동맹의 활약으로 곡물법[19]을 폐지(1846)하는데요. 곡물법으로 지주나 농업 자본가는 그동안 이득을 보았지만 도시 노동자들은 생계비 부담이 심했거든요. 이 법이 폐지됨에 따라 노동자의 임금을 인상해야 한다는 부담이 해소되고, 이것은 산업 자본가들에게 엄청난 이득을 안겨주게 되어 자본주의 발달의 큰 계기가 됩니다. 또한 항해법을 폐지(1849)함으로써 자유 무역 체제를 더욱 공고히 했습니다. 혹시 항해법이 언제 제정되었는지 기억나시나요? 그렇죠, 영국 공화정 시대에 네덜란드 세력을 약화시키기 위해 크롬웰이 제정(1651)했었지요. 이 또한 선적에서 자유 경쟁을 유도함에 따라 자본가들에게 막대한 이익을 안겨주었습니다.

이와 동시에 산업혁명에서 발생한 문제점을 해결하기 위한 제도 개혁에 나섰는데요. 공장법을 제정(1833)하여 12시간 노동제를 규정합니다. 또한, 9세 이하의 어린이 고용을 금지하고(그렇다는 것은 이전까지 9세 이하의 어린이도 노동을 했다는 것이지요. 초등학교 1, 2학년 어린이들이 말이에요), 13세 이하는 8시간, 18세 미만은 12시간 이상 노동 금지를 법으로 정하여 유아를 보호하고 아동, 청소년들을 야간 노동에서 해방했습니다(지금 우리 청소년들은 야간 자율 학습을 하는데, 이 당시에는 야간 노동을 했었군요). 노동조합법을 제정(1871)하여 노동자들의 조합 운동을 합법화했고, 보통 교육법을 실시(1870)함으로써 노동자 자녀들에게 학교 교육을 실시하게 되었죠(1870, 1871년은 유럽 대륙에서 독일 프로이센을 중심으로 통일이 이루어지는 시기였는데요. 그 여파로 대륙이 온통 떠들썩하던 때였거든요. 그런데 영국은 자신만의 길을 꿋꿋하게 걸어가고 있는 것을 보면, 영국은 유럽에서도 독자 노선을 걷기 참 좋은 위치에 있었던 것 같아요).

어머나, 17세기 18세기의 내용도 엄청났는데 19세기의 내용도 만만치 않군

19 외국에서 수입하는 값싼 농작물에 고율(高率)의 관세를 부과한 법이다.

요. 왜 그 많은 유럽 국가 중에서 영국을 따로 떼어 여행하고 있는지 이제 이해하시죠? 마치 고대에서 그리스나 로마를 보는 마음으로 근대에서 영국을 봐야 하거든요. 그만큼 19세기 영국은 중요한 부분이 많습니다. 여왕과 의회와 사상, 거기에 개혁까지 다 보려면 머리가 아플 수도 있지만 뼈대를 하나 세우고 살을 붙이면 이해하기가 더 수월할 거예요. 즉, 영국은 의회를 통한 개혁으로 '자유주의'를 발전시킴으로써 정치·사회·경제적으로 발전을 이룩할수 있었습니다. 특히 양당제가 눈부시게 발전하여 19세기 후반 빅토리아 여왕 시기에 보수당의 디즈레일리(1804~1881)와 자유당의 글래드스턴(1809~1898)과 같은 불세출의 정치가를 탄생시켰고요. 그러면서 제국주의화를 달성하는데요. 이를 기반으로 해외로 뻗어나가게 됩니다. 19세기 후반 제국주의에 대해서는 '제1차 세계대전'을 여행할 때 자세히 살펴볼 것입니다. 당시를 대표하는 정치가인 보수당의 벤저민 디즈레일리와 자유당의 윌리엄 이워트 글래드스턴의 모습입니다.

벤저민 디즈레일리(좌) **윌리엄 이워트 글래드스턴**(우)

380

지금까지의 영국에 관한 설명이 복잡한 것처럼 보이지만요. 결론은 영국이 의회민주주의 확립과 산업혁명, 그리고 이를 보완하고 강화하는 자유주의적 개혁으로 인해 '세계의 공장'으로 떠올랐다는 것입니다. 동시에 자국 역사에서 '해가 지지 않는' 시기를 맞이했다는 것이고요. 그러나 그와 같은 풍요로움을 누릴 수 있었던 사람들은 영국인들 중에서도 일부 사람들에 불과했답니다. 침략을 받은 국가 중에는 더욱 극소수 사람들뿐이었고요. 영국인의 대다수 하층민들, 그리고 침략을 당한 식민지 국가의 민족들은 이로 인해 비극을 맛보았지요.

그러한 희생과 함께 영국은 제국의 위상을 누렸습니다만, 제1, 2차 세계대전을 치른 뒤 영국령 식민지들이 독립하면서, 또한 국력 면에서는 미국과 소련에 밀려나고 경제적으로는 일본과 독일에 밀리면서, 결국 평범한 선진국 중하나가 됩니다. 거기에 1970년대에 '일하지 않고 복지(福祉)만 요구'하는 영국병의 파급으로 다른 국가들보다 사회가 빨리 늙어갔답니다. 영국 하면 '신사의 나라'나 '차분함, 질서' 기타 등등은 떠오르지만 '활기참, 도전 정신, 과학' 이런 쪽하고는 연결되기 쉽지 않잖아요? 이런 고루한 이미지를 타파하기 위해 2012년 '런던 올림픽'을 유치했다고 합니다만…. 확실히 역사에는 인간이 통제할 수 없는 인과응보의 룰이라는 게 어느 정도 존재하는 것 같아요. 인간이 역사를 만들어내는 것 같지만 실제로 ㄱ 시시각인 흐름은 인간이 헤아릴 수 없는 저 너머에 있는 법칙을 따르는 것 같다고나 할까요?

자, 다음 시간에는 영국과 함께 근대사의 한 획을 그은 대륙에서의 혁명을 보려고 합니다. 그 혁명의 결과로 또 여러 사건이 일어나지요. 전형적인 시민혁명으로 손꼽히는 프랑스 대혁명을 살펴보고, 그 이후에 대두된 나폴레옹 시대, 그리고 나폴레옹이 유럽에 끼친 영향과 그를 벗어나기 위한 유럽의 몸부림, 다시 기존 질서를 깨트리기 위해 노력한 결과로 분출된 19세기 자유주의와 민족주의를 여행하고자 합니다. 시기적으로는 유럽의 18세기에서 19세기고요. 이 시기 유럽 모국과 관련되어 아메리카 대륙 국가들이 예고편으로 간단하게 등장할 예정입니다. 그러고 나서 남북 아메리카 대륙의 과거 속으로 본격적으로 들어가 현재 남북아메리카 모습을 만든 역사적 배경을 살펴볼 예정입니다. 정말 기대되지요?

복잡하고 어렵지만, 그래서 세계사의 묘미를 맛볼 수 있는 18~19세기 유럽 대륙을 고대하며 곧 만나요.

동시대 지구촌 넘나들기

기원후 16세기~기원후 18세기

한반도에서 17세기는 선조(재위 1567~1608)가 나라를 다스리는 동안 이조 전랑 문제와 세자 책봉, 정여립 모반 등을 계기로 붕당 정치가 시작되는 시기입니다. 현실적이었던 광해군(재위 1608~1623)의 중립 외교는 인조반정으로 붕괴되고, 인조(재위 1623~1649)의 친명 배금 정책이 빌미가 되어 후금(이후 청)의 침략인 호란을 맞이했던 시기죠. 이후 북벌론과 예송 논쟁을 통해 남인과 서인 사이의 붕당 정치가 이루어졌다가, 숙종(재위 1674~1720) 대부터 환국(경신, 기사, 갑술)을 통해 붕당 정치가 변질이 됩니다. 앞서 보셨던 것처럼 영국 명예혁명이 일어나는 시기와 비슷하게 숙종 대에도 환국들이 일어나(1680, 1689, 1694) 그를 통해 왕권이 강화되는 것을 볼 수 있습니다.

18세기는 영조(재위1724~1772)와 정조(재위1776~1800)의 세기이죠. 탕평책을 통해 왕권을 강화했던 왕들로 이 시기 조선에서는 문예가 혁신되고 서민들을 중심으로 경제가 발전하게 됩니다. 신해통공(1791)으로 금난전권이 폐지되어 사상이 성장하고 있었고, 전국의 장시는 1,000여 개소 늘었으며 상평통보도 전국적으로 유통이 되고 공장안이 폐기되면서 민영 수공업도 발전하기 시작하죠. 노비종모법이 확정되면서 노비도 감소하여 신분 계층에도 변화가 일어나고, 17세기 말 중농학파에 이어 18세기 중상학파의 실학자들이 북학파를 형성하는 시기이기도 했습니다. 즉, 18세기는 조선에서도 경제나 사회·문화 부분에서 근대 사회로 넘어가려는 싹이 트고 있었던 시기입니다.

그러나 19세기 정조의 죽음(1800) 이후 순조, 헌종, 철종 3대 60여 년 동안 어리거나 적절하지 않은 왕들이 등장하여 왕 대신 외척의 한 가문이 통치하는 세도 정치 시기를 맞습니다. 이로써 조선의 왕권은 약화되었고 1860년대 흥선대원군이 등장할 때까지 세도 정치의 폐해로 인해 모든 경제, 사회, 문화의 발전이 가로막히는 안타까운 시대입니다. 17세기에 이룬 정치적인 안정이 18세기 산업혁명의 견인차 구실을 했던 영국과 비교가 되는 대목이어서 한국사에 있어 정말 마음이 아픈 시기죠.

중국에서 17세기는 만주족(여진족) 누르하치가 후금을 건국(1616)하면서 시작됩니다. 이후 태종 때 국호를 청이라 개칭했고, 청은 강건성세[20]를 누리며 18세기를 지나게 되죠. 이 시기 청은 그야말로 세계에서 가장 부강한 국가였는데요. 청의 비단과 차, 도자기 등을 수입하려는 유럽의 열망으로 막대한 양의 라틴 아메리카의 은(銀, 특히 멕시코)이 중국에 들어왔기 때문입니다. 그 때문에 세금제도도 명의 일조편법을 조금 더 발전시켜 정세(인두세)를 지세(토지세)에 포함시켜 은으로 납부하게 하는 지정은제로 바꾸게 됩니다. 말이 그렇지 세금을 은으로 낸다니 상상이 되나요?

그러나 청은 바뀌어가는 세계에 적응하지 못합니다. 유럽은 18세기 시민혁명과 산업혁명을 겪으면서 저가의 생산물을 팔기 위해 다양한 식민지를 찾아다녔고, 중국에도 문을 두드렸는데 이에 적절하게 대응하지 못했던 거예요. 19세기 영국은 중국과의 무역 적자를 해결하기 위해 아편을 팔기 시작했고, 이에 대항하여 영국과 벌인 아편 전쟁(1840~42)에서 패배하면서 중국은 서양 세력의 본격적인 침략을 받게 됩니다.

서아시아에서 17세기는 오스만 튀르크가 점차로 쇠퇴해가는 시점입니다. 이미 레판토 해전에서 에스파냐에 패배하면서 쇠퇴의 조짐이 보였는데요. 1683년 비엔나 전투에서 참패한 것을 결정타로 유럽에서의 영토 확장은 더 이상 불가능하게 되었죠. 18세기 오스만 튀르크는 시민혁명과 산업혁명으로 앞서 나가는 유럽을 모방하여 서구식의 근대화 개혁을 시도합니다. 신식 무기를 도입하고, 유럽식 군사 훈련을 실시하고, 세율을 낮추고, 행정제도와 외교 방식을 서구화하려고 한 것입니다. 세계에서 가장 오래된 5개의 공대 중 하나인 이스탄불 공과대학교가 제국 해군 기술원이라는 이름으로 개교(1773)한 것이 이때인데요. 이는 서구적인 의미의 기술 교육을 위한 것입니다. 그러다 19세기 술탄 압둘 메지트(재위 1839~1861) 시기에 대규모

---

20   1661~1799: 사실 강건성세의 정확한 끝은 1795년이다. 왜냐하면 건륭제는 자신의 치세 60년이 되면서 할아버지인 강희제 치세 60년을 넘을 수 없다며 태상황제로 물러나고 가경제에게 황제 자리를 물려주었기 때문이다. 그러나 1799년 89세를 일기로 눈을 감을 때까지 실질적 권력을 행사했다.

개혁 정책을 단행하니, 은혜개혁이라 불리는 탄지마트(1839~1876)가 그것입니다. 1839년 11월 3일에 '장미의 방' 칙령을 선포하면서 지도자들은 급진적인 개혁을 단행했는데요. 서구의 합리주의적 사상을 기반으로 유럽을 모방해서 행정, 토지, 징병, 사법, 교육제도의 근대화 및 부패한 관리를 척결하는 데 힘을 쏟았죠. 그러나 탄지마트 개혁은 전반적으로 실패합니다. 왜냐하면 개혁이 중앙을 중심으로만 진행되었고, 보수주의자들의 방해도 컸으며, 중앙 집권화에 반대한 발칸 반도의 크리스트교 민족들이 자치권을 요구했기 때문입니다. 이후 러시아-튀르크 전쟁(1877년)에 패하고, 서구 열강들이 제국의 치하에 있는 민족들의 독립을 지원하면서 오스만 튀르크 제국은 점점 쇠락해갑니다.

티타임 토크

이 시기를 느끼려면 어디에 가보는 게 좋을까요?

영국을 보려면 아무래도 잉글랜드의 중심인 런던을 먼저 돌아보아야겠죠. 그중 런던의 중심에 있는 '하이드 파크(Hyde Park)'를 보시면 좋을 것 같아요. 사진에서 보는 것처럼 이 공원은 면적이 약 160만 제곱미터로 공원 주변을 둘러싸고 있는 지하철역이 무려 8개라고 하네요. 넓이가 엄청나 다 둘러보기 어려울 정도입니다. 이곳은 또 남서쪽에 펼쳐진 광대한 잔디와 수림으로 유명한데요. 현재 '런던의 허파'라 불리는 광대한 도심 공원에 나무 4천여 그루가 자라고 있답니다

이처럼 대도시 안에 녹지대가 잘 보전된 이유는 그곳이 왕실의 사냥터였기 때문입니다.

하이드 파크

하이드 파크는 헨리 8세가 원래 웨스트민스터 사원의 소유지를 빼앗아 사냥터로 사용하던 왕실 공원인데요. 1637년 찰스 1세가 일반인들에게 공개하여 시민공원으로 탈바꿈시킨 것이지요. 그 뒤 공화국 시대에 왕정의 흔적이라고 몰수되었다가 왕정복고와 함께 다시 시민공원으로 돌아와 현재까지 이르는 것입니다. 영국 런던에는 8개의 왕립공원이 있는데요. 특히 이곳은 도심 중심부에 위치해 있는 데다 면적도 넓어서 왕실의 행사나 대형 콘서트, 대형 시위 등에 이용되기도 합니다. 또한 공원 안에 있는 'Speaker's Corner'에서는 누구라도 연설이나 사랑 고백 등 공개적인 활동을 할 수 있는 것으로 유명하고요. 이 공원을 벤치마킹하여 미국 뉴욕의 센트럴파크(Central Park)가 지어졌다고 하네요. 도심의 소음 속에서 벗어나 녹음 속에 잠깐 햇살을 즐기며 400여 년 전 영국으로 돌아가보는 것도 괜찮겠지요?

두 번째 '트라팔가르 광장'에서도 이 시기 영국의 자부심을 느낄 수 있답니다. 광장 중심에 약 50미터 정도 높이에 넬슨 기념탑이 서 있는데요. 이 기념비는 1805년 영국 넬슨 제독이 나폴레옹의 해군을 상대로 에스파냐 트라팔가르 해전에서 거둔 승리를 기념하기 위해 건립되었답니다(1843). 광장 가장자리에는 4개의 기단이 있습니다. 이 중 3개의 위에는 오래된 동상이 세워져 있는 반면 네 번째 기단에는 현대 조각품들을 바꿔가며 세워놓지요.

빅 벤과 웨스트민스터 사원

세 번째 영국 국회의사당도 당시 의회 민주주의를 느끼기에 좋은 곳이겠죠. 공식적으로는 '웨스트민스터 궁'이라 불리는 이 의사당의 '웨스트민스터 홀'은 1097년에 지은 가장 오래된 장소입니다. 한편 오늘날까지 남은 대부분 건물은 1840년에 재건되었다고 합니다. 이곳에서 가장 유명한 건물은 '빅벤'으로 알려진 시계탑이죠. 사실 이 명칭은 탑 내부에 있는 13톤짜리 종을 가리키는 이름으로, 탑이 세워질 당시(1858) 공사 감독관이었던 벤저민 홀의 이름을 딴 것이라고 합니다.

버킹엄 궁전(상) **타워 브리지**(하)

이와 더불어 '버킹엄 궁전'은 1803년에 버킹엄 공작에 의해 건립되었는데요, 1837년 빅토리아 여왕 때부터 지금까지도 국왕의 정궁으로 사용되고 있답니다. 전 세계에 존재하는 영국 연방 국가를 순방할 때를 제외하면 현 엘리자베스 2세는 주로 이곳과 윈저 성에서 시간을 보낸다고 하는데요. 여왕이 현재 궁에 있는지 아는 방법은 영국 국왕의 권위를 상징하는 '로열 스탠더드 깃발'이 지붕에서 휘날리고 있는지를 보면 된다는군요. 이 외에도 세계 3대 박물관 중의 하나인 대영 박물관과 빅토리아 앨버트 박물관, 타워 브리지 등도 오랜 시대의 영광을 잘 드러냅니다. 대영 박물관에는 이집트, 에트루리아, 그리스, 오리엔트 문명, 로마 시대의 유물들을 위한 전시관들이 있고(본국이 아닌 영국에서 만나는 유물들을 보면 마음이 씁쓸하지만, 한편으로는 이곳에 있었기 때문에 지금까지 보존될 수 있었던 것은 아닐까 하는 생각도 해봅니다), 8,100제곱미터의 넓이로 유럽에서 가장 큰 실내 광장인 그레이트 코트를 감상할 수도 있고요. 빅토리아 앨버트 박물관은 장식 예술과 디자인 작품들을 전시하는 박물관으로 영국을 비롯한 전 세계에서 수집한 400만 점의 작품들을 소장하고 있다고 합니다.

빅벤과 함께 런던의 랜드 마크로 알려진 타워 브리지는 템스 강 남쪽 제방이 항구로 번성하던 1894년에 완공되었는데요. 선박들이 항구에 쉽게 들어올 수 있도록 배가 지나갈 때마다 다리를 위로 들어 올릴 수 있도록 설계되었답니다.

잉글랜드 북서부의 맨체스터도 가볼 만한 곳이죠. 마르크스가 엥겔스를 만나 '공산당 선언'을 작성한 곳이자, 산업혁명의 중심지이자, 정치적 격동의 진앙이었으니까요. 지금은 풍부한 시민 휴식 공간과 수많은 빅토리아풍의 건물들, 그리고 맨체스터 유나이티드라는 축구팀의 홈그라운드(특히 우리에게는 박지성 선수와 관련된 곳으로 말이죠)로서 전 세계 스포츠팬에게 기쁨을 주고 있습니다. 도심에는 빅토리아 시대의 훌륭한 건축물이 많은데, 대부분은 앨버트 광장에 모여 있답니다. 빅토리아와 앨버트는 정말 세기의 커플인 것이 맞네요!

14강

근대 유럽_
혁명으로 리모델링되다

지난 시간 우리는 17세기부터 19세기까지의 영국을 숨 가쁘게 돌아보았습니다. 정말 흥미진진한 시간 여행이었어요. 17세기 영국에 입헌군주정이 들어서는 과정을 보며 하나의 정치 체제가 자리 잡기까지 무수한 사람이 피를 흘리는 과정이 있어야 했음을 배웠고, 의회민주주의와 산업혁명을 거쳐 '해가 지지 않는 제국'을 자랑하며 한 세기 이상 세계사의 주도권을 쥐었던 '빛'나던 영국의 뒤에 신음하는 많은 '그림자'들이 있었다는 것도 알게 되었습니다. 이런 모든 역사적 사건들의 교훈으로 우리의 사고가 조금씩 성숙해지는 느낌이 들지 않나요?

오늘 세계사 여행에서는요, 유럽 대륙이 영국 혁명과 근대사의 양대 축을 이루는 프랑스 대혁명의 영향을 받아 완전히 리모델링되는 모습을 보게 될 겁니다. 서양사를 논할 때 빼놓을 수 없는, 비록 프랑스 사람을 모르고 프랑스어를 못하고 프랑스에 가본 적은 없어도 누구나 알 만한 프랑스 대혁명! 그런데 여기서 혁명이 일어난 배경과 과정도 정말 중요하지만요. 이것이 나폴레옹의 등장으로 이어진다는 점에 더욱 의미가 있답니다. 나폴레옹 전쟁으로 유럽의 국경선이 엄청나게 바뀌잖아요? 그의 몰락 이후, 그 유산을 부정하는 가운데서 빈 체제가 성립하고, 이어서 빈 체제에 저항하며 자유주의와 민족주의의 물결이 일어납니다. 이렇듯 유럽에서의 18세기~19세기는 엄청난 변화가 밀려오는, 그야말로 격동의 세기입니다.

　어쩌면 여러분은 이번 여행에서 머리가 좀 아플 수도 있어요. 오늘날 유럽의 지도가 만들어지는 중요한 시간인 만큼 여러 사건이 많이 발생하거든요. "3강 근대 서아시아" 시간에 여행했던 오스만 제국의 쇠락과도 밀접한 관련이 있고요. 오스만 제국을 여행하면서 "이런 대제국이 오늘날에는 왜 지도에서 보이지 않나?" 궁금해했던 분들, 이번 시간에 그 궁금증을 풀 수 있을 겁니다. 여기서 잠깐! 출발하기 전에 한 가지 정리하고 가시지요.

　오늘 탐구할 첫 번째 주제인 프랑스 혁명은 '전형적'인 시민혁명입니다. 영국 혁명 편에서 정의했던 개념을 다시 한 번 돌아볼까요? 17세기 영국에서, 18세기 유럽 대륙에서 일어난 일련의 급격한 정치·사회 변화를 역사학자들은 '시민혁명'이라 부르는데요. 이미 탐구한 '영국 혁명', 앞으로 배울 '미국 독립 혁명', 그리고 오늘 배우는 '프랑스 대혁명'을 일명 3대 시민혁명이라 하지요. 그렇다면 왜 이를 '시민혁명'이라고 정의한 걸까요? 귀족혁명도 농민혁명도 아닌 시민혁명이라니…. 그 이유는 이 사건들을 일으킨 주체가 '시민'이요, 이 사건으로 가장 큰 이익을 본 사람들도 '시민'이기 때문입니다. 시민이란 중세 말기에 상공업의 발달을 통해 도시에서 성장한 '부르주아'들을 가리키는 말이에요. 이 계층은 절대 왕정 시대에 왕의 권력을 뒷받침한 '관료제'와 '상비군'을 유지하는 데 들어가는 재정적 부담을 졌고요. 신분제 의회에 서서히 입성해 정치적 권력까지 장악하기 위해 세력을 키웠답니다. 이들은 상업으로 경제적 힘을 불렸고, 천부인권, 국민주권, 사회계약설과 같은 근대적 사상들로부터 이론적 뒷받침을 받았지요. 그러면서 이 모든 이론으로부터 '자유'라는 가치를 끌어냅니다. 이를 깃발로 내걸고 이들은 결국 자신들의 정치적 힘을 키우기 위해 역사적 사건을 일으키는데, 이것이 바로 '시민혁명'인 것이죠. 다시 정리해볼까요? 시민혁명이란 시민들이 봉건제도를 타파하기 위해 무력시위로 권력을 잡고, 그 과정에서 민주정치를 발전시켜나간 것입니다. 물론 프랑스 혁명 끝물에는 나폴레옹이 등장하지요. 비록 그의 황제 등극과 전쟁으로 프랑스 혁명 '정신'은 빛을 잃었다고 볼 수 있으나, 역설적으로 나폴레옹 전쟁은 프랑스 혁명의 정신을 유럽 각국으로 전파하는 결과를 가져왔습니다. 그래서 제가 역사를 논하면서 아이러니라는 단어를 자주 쓰는 거예요. 역사의 흐름은 때로 인간이 예측할 능력 너머에 있으므로 흥미진진한 만큼 두렵기도 하니까요. 우선, 격동하는 18세기 프랑스로 출발해볼까요?

프랑스 대혁명(1789~1799)_비극의 끝이자 변화의 시작

프랑스 대혁명의 근본적인 원인은 여러분이 너무나 잘 아는 것처럼 기막힌 구(舊)제도의 모순입니다. 앙시앵 레짐(Ancien Régime)이라고도 하죠. 즉, 봉건적 신분제의 모순인데요. 이 당시 특권 계급인 제1신분 성직자들과 제2신분 귀족들은 광대한 토지를 소유하고 관직을 독점하면서도 정작 세금을 면제받는, 말도 안 되는 특권을 누리고 있었습니다. 인구의 2퍼센트를 차지하는 이들이 프랑스 부(富) 전체의 대부분을 차지하면서도 세금 납부의 책임에서는 쏙 빠졌던 거예요. 그에 비해 제3신분인 평민은 전 인구의 98퍼센트를 차지하면서 봉건적 의무와 각종 세

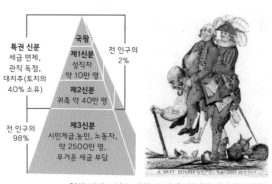

혁명 전의 프랑스 사회 구조(좌) **앙시앵 레짐 풍자화**(우)

금을 부담하고 있었지만, 정치에 참여할 권리를 가지지 못했습니다.

그러한 상황에서 부르주아 계급이 성장합니다. 특히 18세기에 들어서면서 자유와 평등을 주장하는 계몽사상이 확산되어 지식인들의 마음을 사로잡았고, 거기에 1776년 성공한 미국의 독립 혁명이 영향을 주게 됩니다. 한편 왕실에서도 프랑스 혁명의 직접적 빌미를 주고야 마는데요. 바로 당시 프랑스 왕실인 부르봉 왕가의 재정 파탄입니다. 절대 왕정이 최고조에 달했었던 루이 14세 말기부터 왕실 재정은 이미 위기에 봉착해 있었습니다. 이는 루이 16세 (1754~1793)가 미국 독립 전쟁을 지원하면서 더 심각

마리 앙투아네트

해졌는데요. 여기에 기름을 부은 것이 당시 루이 16세의 부인이었던 오스트리아의 공주 마리 앙투아네트(1755~1793)를 비롯한 왕실의 사치입니다. 당시 계속된 흉년으로 빵 값은 폭등하고 있었는데 궁정에서는 값비싼 보석을 사들이다니, 백성들이 박탈감을 느낄 만하지요. 국고가 텅 비자 정부는 특권 계급에 과세를 시도하지만 이러한 재정 개혁마저도 실패로 돌아갑니다.

루이 16세는 거듭되는 재정 위기를 타개하기 위해 1789년 5월 5일 신분제 의회인 '삼부회'를 소집합니다. 이는 프랑스에서 1614년 이후 최초로 열린 의회인데요, 1,139명이 대표가 모인 삼부회에서 제1, 2신분은 신분별로 1표씩을 주어 표결하는 신분별 표결을, 제3신분은 각 개인에게 표결권을 주자는 머릿수 표결을 주장합니다. 표결 방법에 대한 견해 차이로 신분 간 대립이 극렬해지고 도저히 답이 나올 것 같지 않자 제3신분인 평민 대표들은 6월 17일 자신들을 국민의회(Assemblée nationale)라 선포하고 이후로 어떠한 세금도 자신들의 동의 없이는 징수될 수 없다고 결정합니다. 루이 16세는 이에 폭력 행사를 통해 응수했고, 결국 제3신분 대표들은 새로운 헌법이 제정될 때까지 해산하지

테니스 코트의 선서(상) 바스티유 감옥 습격(하)

않을 것을 서약하는 '테니스 코트의 선서(Tennis Court Oath)'를 하며 국왕에게 맞서게 됩니다.

그러자 국왕은 3만 명의 병사로 국민의회에 무력행사를 시도하는데요. 경제적 위기로 실업자가 늘어나고 빵 값이 역사적 기록을 달성하던 분위기에서 파리 시민들은 이미 봉기할 준비가 되어 있었습니다. 결국 국왕과 특권 계급에 대항해 파리 민중들이 민병대를 조직하고 봉기를 일으키니, 이날이 바로 1789년 7월 14일로 프랑스 대혁명의 시작을 알리는 것이었어요. 민병대는 파리의 바스티유 감옥을 습격하여 수비대 110여 명을 전부 죽이고, 수비대장 로네를 길거리로 끌어내 때려죽입니다. 사실 당시 바스티유 감옥에는 7명밖에 수감되어 있지 않았어요. 그럼에도 이 습격이 의미 있는 것은 당시 바스티유 감옥은 국왕의 전제 정치의 상징이었기 때문입니다. 이 소식을 들은 지방 농민도 농기구를 들고 항쟁을 일으켜요. 그러면서 전국적인 농민 봉기로 발전하게 됩니다.[1]

보셨죠? 국왕 대 귀족으로 시작한 대립이 삼부회를 거치며 국왕, 귀족 대 제3신분의 대립으로 변하면서 결국 혁명으로 치달은 겁니다. 앞으로 삼부회, 국민의회, 입법의회, 국민공회, 총재정부 시대, 그리고 나폴레옹 등극까지 10년 동안 이어질 프랑스 혁명의 서막이 올랐는데요. 이제 혁명의 판도가 어떻게 바뀌는지 과정을 하나하나 살펴봅시다. 소설 『레미제라블』과 만화 『테르미도르』에서의 프랑스 사람들이 '살아낸' 프랑스 혁명기의 생활상을 상상하면서 하루가 다르게 바뀌던 그 당시 파리 시내로 가볼까요?

---

1   이 당시 혁명에 휩쓸린 농촌은 대(大) 공포(恐怖)에 사로잡혀 있었다고 표현된다. 농민들이 무리지어 성을 약탈하고 고문서와 영주 권리대장에 불을 지르니 일종의 공황상태가 일어났던 것이다.

국민의회 시대(1789년 7월 14일~1791년 9월)

농촌의 대규모 봉기를 피하고자 1789년 8월 4일 밤에 모인 의원들은 1, 2 계급이 향유하던 수많은 봉건적 특권들을 폐지한다고 결정했습니다. 즉, 영주 법정이나 십일조를 포함한 모든 교회세를 없애고 성직, 행정직, 군사직에서 출생에 의한 모든 차별을 무효화한다는 내용을 선포하지요. 또한 '인간과 시민의 여러 권리에 대한 선언', 즉 '인권 선언'을 발표(1789.8.26)하는데요. 간결하고 명

료한 문체로 쓰인 17개 조에는 천부인권,[2] 인간의 자유와 평등, 국민주권, 언론·출판·신앙의 자유와 법적 평등, 재산의 불가침 등이 규정되어 있어서, 프랑스 혁명의 이념인 자유, 평등, 우애가 잘 반영되어 있답니다. 이것은 특히 영국의 권리장전, 미국의 독립 선언서, 루소의 계몽사상으로부터 영향을 받은 혁명 정신의 결정판으로 여겨지는데요. '인권 선언'의 중요 내용을 잠시 살펴보겠습니다.

프랑스의 인권 선언문

● 인간과 시민의 권리 선언 (1789.8.26) ●

제1조 인간은 태어날 때부터 자유롭고, 권리에 있어서 평등하다.

제2조 모든 정치적 결사의 목적은 인간의 자연적이고 소멸될 수 없는 권리를 보존하는 데 있다.

제3조 모든 주권의 원리는 국민에게 있다.

---

2 태어날 때부터 하늘에서 부여 받은 인간의 권리.

제6조 법률은 일반 의지의 표현이며, 모든 시민은 스스로 또는 대표자를 통해 입법에 참여할 권리를 가진다.

제11조 사상 및 언론의 자유로운 교환은 인간의 가장 귀중한 권리 가운데 하나이다.

제17조 소유권은 침해할 수 없는 신성한 권리이다.

그러나 이 시기의 개혁은 그야말로 철저하게 '시민'의 입장만을 반영한 자유주의적인 개혁이었습니다. 봉건적 공납에 대해 '유상 폐지'[3]를 내세운 것만 보아도 알 수 있죠. 이는 유산(재산을 보유한) 시민에게는 유리하지만 농민들에게는 불리하게 작용합니다. 또한 인권 선언에는 그 당시 꼭 필요했던 '노예제'나 '파업 문제'에 대해서는 아무런 언급이 없습니다.

한편 이러한 모든 법령을 재가하길 거부하던 루이 16세에 대해 10월 폭동(1789.10.5)이 일어나 파리 부녀자들이 주동하여 "빵을 달라"고 외치면서 베르사유 대행진을 하는데요. 이때 몰려든 인원이 장장 3만 명 정도였다고 합니다. 이 사건 이후 혁명 세력은 국왕을 강제로 파리로 귀환시킵니다('절대 왕정' 편에서 보았던 것처럼 이때까지 국왕은 베르사유 궁전에 거주하고 있었어요). 이때부터 국민의회를 시민이 완전히 장악하고 귀족들과 온건파들은 해외로 망명하게 되지요. 이들은 교회 재산을 몰수하여 재정을 충당하는 등의 개혁 작업을 펼치고, 길드와 내륙 관세를 폐지하는 등 자유주의 경제 정책을 실시하고, 지방 행정제도를 개혁[4]합니다. 법을 통합하는 작업도 시작하고, 반동분자의 목

---

3 봉건적 세금으로부터 자유로워지고 싶은 농민이 그에 대한 대가로서 일정 금액을 납부하는 제도.
4 83개의 '도', 그 하위 구획들인 '면', '코뮌'이 등장했다.

도 베지요. 이때 사형 집행 도구로 기요틴(기요탱, guillotine)[5]이 제안됩니다.

여기서 잠깐! 기요틴에 대한 오해를 풀고 가실까요? 흔히 "단두대의 프랑스 이름인 기요틴은 기요틴이라는 사람이 만들었고, 자신도 그것으로 처형되었다"라고 알려져 있는데요. 원래 기요틴은 삼부회에 평민 대표로 참여하고 '프랑스 대혁명' 당시 혁명 정부의 위원이었던 휴머니스트 의사였다고 합니다. 그는 사형수라도 고통 없는 죽음을 맞을 권리가 있다(당시 사형수는 '망나니'의 무딘 칼날에 여러 번 고통을 당하며 죽었거든요)고 주장했다는군요. 그래서 외과 의사가 고안한 기계를 사형수들의 목을 자르는 데 이용하자며 제안했고, 의회는 개선하여 선보일 것을 명령했어요. 모든 사형수는 목을 베겠다고 선포하면서 말입니다.

1792년 4월 25일, 이 기구의 최초 대상자였던 당대 최대 절도범과 최신식 기계를 보기 위해 구경꾼들이 몰려들었는데요. 순식간에 그의 목이 떨어지는 것을 보고 악인에게는 너무 과분한 처사라고 불평이 대단했다고 하는군요. 한 신문기자가 익살스럽게 그 기구에 기요틴의 이름을 붙여 부른 이후부터 이 기구의 이름은 '기요틴(기요탱)'으로 퍼지고, 기요틴은 자

기요틴

---

5 두 개의 기둥이 나란히 서 있고 그 사이에 비스듬한 모양의 날이 있는 도끼가 달려 있어서, 그 아래에 사형수를 엎드리게 한 다음 사형 집행자가 끈을 잡아당기면 그 도끼가 밑으로 떨어져서 사형수의 목이 잘리도록 장치되어 있다. 사용된 것은 1792년부터이고, 놀랍게도 1981년까지 쓰였다고 한다.

신이 만든 단두대에서 죽었다는 루머가 퍼진 가운데 1814년 3월 26일 파리의 자택에서 76세로 자연사했다고 합니다. 죽는 날까지도 그 기구가 자신의 이름으로 불리는 것을 속상해하면서 말이죠. 안타까운 기요틴 박사의 마음을 이제라도 알아드려야 할 것 같습니다.

여하튼 국민의회는 입헌군주제와 제한 선거[6]를 규정한 91년 헌법을 제정한 후, 혁명을 배반하고 오스트리아로 도망치려 한 루이 16세의 거취를 두고 분열하며 해산합니다. 다음 단계는 '91년 헌법'의 집행으로 구성된 입법의회에서 진행되지요.

입법의회 시대(1791년 10월~1792년 9월)

91년 헌법에 의해 입법의회가 구성되었는데요. 이 의회는 공화파(왕의 존재를 인정하지 않는 자들) 중에서도 지롱드당이 주도권을 장악한 온건한 의회였습니다. 갑자기 웬 지롱드당이냐고요? 지롱드는 프랑스 혁명기에 등장한 온건한 공화파를 가리키는 말인데요. 당시 프랑스 남서부의 지롱드 주 보르도 출신의 사람들이 많았던 데에서 유래합니다. 이들은 부유한 상공업자와 부농에 기반을 둔 온건한 공화주의자로서 연방주의와 경제적 자유주의를 주장했어요. 이들과 같은 공화주의자이면서 대립전에 서 있었던 자들이 자코뱅당인데요. 이들은 소시민층과 소생산자층에 기반을 둔 급진적인 공화주의자들로서 중앙 집권, 민중 복지를 주장했으며 전쟁을 수행하기 위해서는 통제 경제도 불사한다는 사람들이었습니다. 자코뱅의 대표적 인물이 바로 로베스피에

---

6 유산 시민에게만 참정권을 부여하는 것. 재산이 있는 시민은 능동적 시민, 재산이 없는 시민은 수동적 시민으로 구분하고 능동적 시민에게만 참정권을 부여했다.

르(1758~1794),[7] 당통(1759~1794),[8] 마라(1743~1793)[9] 같은 당대의 내로라하던 웅변가들이었죠.

이 시기 혁명의 전염을 두려워한 외국 군주들은 망명 귀족이 프랑스와의 국경 지대에 근거지를 설치하도록 허락했는데요. 이에 반발한 입법의회는 1792년 2월부터(1815년까지 끌고 갈) 오스트리아와 프로이센을 상대로 혁명 전쟁을 시작합니다. 그러나 국왕이 오스트리아와 프로이센에 모든 전쟁 작전을 빼돌리는 등 전세는 불리했고, 경제적인 위기 또한 계속되었습니다. 결국 입법의회는 위기에 처한 조국을 구하자고 국민에게 호소합니다. 이때 퍼트린 노래가 지금 프랑스의 국가인 '라 마르세예즈'인데요. 이는 수많은 젊은이를 전장으로 부르는 데 성공하지요. 한편 파리 민중은 배신자 국왕과 그를 옹호하는 입법의회를 무너뜨리는 제2혁명(1792.8.9~10)을 일으켜 왕궁을 습격하여 왕권을 정지시키고 왕족을 감금합니다.

그 후 새로운 헌법을 제정하기 위해 국민 공회(Convention)를 소집하기로 결정을 내려요. 그런데 전쟁이라는 공포 분위기 속에서 반(反)혁명분자를 처형하는 '9월 학살'이 자행됩니다. 파리 시민들이 마라의 부추김에 이끌려 감옥을 습격해 반역자들을 숙청한 것인데요. 1,000~1,400여 명의 수감자들이 5일 동안 즉결 재판만 받고 잔인한 방법으로 학살되었습니다. 그러나 이 반역자들은 알고 보니 평범한 성직자들과 잡범이었으니, 학살을 불러일으키는 건 거

7   자코뱅파의 지도자로 왕정을 폐지하고, 1793년 6월 독재 체제를 수립하여 공포 정치를 행하였으나, 1794년 테르미도르의 쿠데타로 타도되어 처형되었다.

8   프랑스 혁명 시기의 정치가. 자코뱅파의 지도자로 혁명 재판소를 설치하고 왕당파를 처형하였으나, 로베스피에르의 독재에 반대하다가 처형되었다.

9   프랑스의 혁명가·의사·언론인. 프랑스 혁명 당시 신문 〈인민의 벗〉을 창간하여 급진적인 주장으로 파리 민중의 혁명적 민주주의를 옹호하였다. 국민공회의 지롱드파 공격에 대항하여 국민공회 의원으로 뽑혀 산악당의 중심인물이 되었으나, 산악당의 독재 정부가 성립한 후 독재를 증오하는 반혁명파 여성에게 암살되었다.

마라의 죽음(자크 루이 다비드 作)(상) 튈르리 궁전을 습격하다.(하)

의 언제나 학살자 자신의 공포심이라 할 수 있겠지요?

국민공회 시대(1792년 9월~1795년 10월)

1792년 9월 21일. 드디어 프랑스에서 왕정이 폐지되고 공화정이 선포됩니다. 프랑스 최초의 공화정이기에 이를 제1공화정이라 부르는데요. 몇 개월 후인 1793년 1월 루이 16세를 처형하고 10월에는 마리 앙투아네트를 처형합니다. 이 과정에서 급진 공화파인 자코뱅당이 득세하지요. 전제 군주 체제가 대부분이던 유럽의 열강들은 국왕을 처형한 프랑스의 과격한 움직임에 깜짝 놀랍니다. 그래서 영국, 네덜란드, 오스트리아, 에스파냐 등은 제1차 대프랑스 동맹을 결성하게 되고, 프랑스 혁명 정부를 무너뜨리기 위한 목적으로 프랑스를 공격하지요. 이때 프랑스 내부에서는 경제 위기가 심각하게 진행되고 있었습니다. 물가가 폭등하고 생필품이 부족해지자 지방에서는 혁명 반대 움직임도 일어나고 있었어요.

혁명이 위기에 봉착하자 지롱드당과 자코뱅당은 격렬하게 대립합니다. 결국에는 자코뱅당이 승리하고 주도권을 장악했어요. 대내외적 위기를 타개하기

처형당한 루이 16세(좌) 테르미도르 반동(우)

위해 구국 위원회가 설치되었고, 실권이 로베스피에르에게 넘어가면서 급진적 헌법이 제정됩니다. 이들은 봉건적 공납을 무상(드디어 무상이네요)으로 폐지하는 그 유명한 '93년 헌법'을 제정하여 공화정, 단원제, 보통선거(모든 성년 남자의 보통 선거제)를 규정합니다. 또한 국민의 생존권과 노동권을 보장하고, 농민에게 토지를 분배했어요. 여기에 국민 총동원령을 내려 통제 경제를 실시[10]하고 공화력(혁명력)을 제정, 징병제를 실시하기도 했습니다.

한편 로베스피에르와 그 일파는 혁명 재판소와 공안위원회를 설치하고 반혁명 세력을 처형하는 '공포 정치'를 실시했습니다. 1793년 12월 한 달 파리에서 체포된 혐의자 수만 4,525명이었고요. 프랑스 전체에서는 30만~80만 명에 달했다고 합니다. 더구나 이 시기에는 단두대뿐 아니라, 총살형, 익사형까지 사용하면서 공포 정치를 유지했다고 해요. 이렇게 공포에 의존한 정치를 했다는 것은 그만큼 자기들의 통치에 자신 없었던 것이 아닐는지요? 역사를 보면 강압적인 통치를 했던 정권 치고 오랜 시간 권력을 장악했던 적이 없으니까요.

결국 공포 정치는 반발을 가져왔죠. 1794년 7월 반대파에 의해 테르미도르[11] 9일 즉, 7월 24일에 로베스피에르가 단두대의 이슬로 사라지면서 공포 정치가 종결되는, 테르미도르 반동이 일어났으니 말입니다.

총재정부 시대(1795년~1799년)

국민공회 시대가 끝나고 '95년 헌법'이 제정되었습니다. 유산계급을 중심으로 제한 선거법을 제정하였는데, 이에 따라 양원제 의회가 구성되고 5명의 총재

---

10   곡물 및 일용품 최고 가격제 실시.
11   1792년부터 12년간 쓰인 프랑스 혁명력 중 하나의 달인 열월(熱月)로 현대 달력의 7월에서 8월 즈음을 가리킨다.

브뤼메르 18일

가 주도하는 행정부가 수반이 되는 총재정부 시대가 옵니다. 당시에도 상황은 좋지 않았어요. 국가 내부적으로는 전쟁으로 인한 경제난과 재정난, 그리고 왕당파와 자코뱅파의 위협으로 인한 정치적 불안정에 시달리면서 동요했고, 외부적으로는 영국과 오스트리아, 러시아 등이 결성한 제2차 대프랑스 동맹과의 전쟁(1799)으로 흔들렸습니다. 이 과정에서 코르시카 출신의 포병 사관이었던 나폴레옹이 이탈리아 원정, 이집트 원정[12]에서 승리하며 명성을 얻게 됩니다. 총재정부는 군대의 힘을 빌려 정국을 수습하고자 했습니다. 그렇지만 결국 대프랑스 동맹과의 전쟁에서 계속해서 승리하며 부상한 나폴레옹에 의해 브뤼메르[13]의 쿠데타가 일어났습니다. 그리고 이로써 1799년 11월(브뤼메르 18일)을 끝으로 총재정부는 무너지고 나폴레옹이 정권을 장악하면서 프랑스 대혁명의 길고도 복잡한 여정이 마무리됩니다. 앞으로의 프랑스 역사는 당시에 30세에 불과했던 나폴레옹과 새로운 길을 향해 가는 것이죠. 18세기의 딱 마지막을 장식하는 사건이군요!

지금까지 살펴본 10년 동안의 프랑스 대혁명이 가진 역사적 의의는 이렇습니다. 프랑스 혁명은 시민 계급이 중심이 된 '전형적인 시민혁명'으로 절대 왕정의 타도, 봉건적 잔재의 제거, 신분적 특권의 폐지를 통해 프랑스가 근대 시민 사회로 발전할 수 있는 기틀을 마련했는데요. 이는 곧 계몽사상의 승리라고 할 수 있습니다. 프랑스 혁명의 이념인 자유, 평등, 박애(우애)는 유럽의 다른 나라들과 세계 각국(심지어 아메리카 대륙에까지)에 영향을 주었고, 앞으로 19세기 유럽 역사는 프랑스 혁명이 제시한 이념을 달성하느냐의 여부를 평가받는 과정이라 할 수 있으니까요. 자, 이제 나폴레옹과 함께 19세기 초반의 프랑스로 건너가볼까요?

12   나폴레옹은 이때 로제타석을 발견했고, 이는 이집트 문명을 밝히는 데 기여한다.
13   프랑스 혁명력 중 하나로 무월(霧月)을 뜻하며 현대 달력으로는 10월에서 11월을 가리킨다.

나폴레옹 시대(1799~1815)_영웅에서 황제로, 그리고 죄인으로

드디어 프랑스는 혼란과 불안으로 점철되었던, 그러면서도 근대 사상들을 현실 속에서 꽃피웠던 10년간의 혁명기를 지내고 19세기의 새로운 국면으로 접어듭니다. 일명 '나폴레옹 시대'인데요. '혁명'이 추구하던 목적과는 정반대로 한 사람에 의한 '독재'가 용인되었던 시기랍니다. 그런데 이 시기는 역설적이게도 혁명 정신이 안정적으로 확립되면서 동시에 유럽으로 확대된 때이기 때문에 유럽 역사에 있어 의미가 깊기도 하죠. 여러분이 한 번쯤은 들어봤을 나폴레옹의 시대, 당시 유럽에는 어떤 일들이 일어났을까요?

나폴레옹은 총재정부를 타도하고 제1통령에 취임하여 1799년에 3인이 이끄는 통령정부를 수립하고 1804년까지 이끌어갑니다. 역사에서 한 시대를 상징하게 된 인물인 나폴레옹 보나파르트(1769~1821)는 1769년 8월 15일 이탈리아 코르시카에서 태어났는데요. 변호사였던 아버지의 죽음 이후 생활고를 겪으며 군사학교의 기숙사에 들어갑니다. 성실하게 교육을 받았지만 작은 키와 출신 문제로 무시당하던 나폴레옹은 프랑스 혁명이라는 기회를 통해 엄청난 속도로 승진을 거듭할 수 있었어요. 1793년 툴롱을 공격할 때 두각을 드러내 장군으로 임명된 그는 명석한 두뇌와 기억력, 그리고 부지런함과 소박한 의복으로 프랑스인들에게 인기를 얻었답니다. 첫 번째 부인으로 당대의 패셔니스타

조세핀(좌) **나폴레옹**(우)

였던 과부 조세핀을 얻었지만 둘 사이에는 아이가 없었고요. 1809년 이혼한 후 오스트리아 황제의 딸 마리 루이즈와 결혼하고 1811년 아들을 얻게 되었죠. 옆의 사진은 조세핀과 나폴레옹인데요. 조세핀의 드레스 스타일은 파리 패션계에 굉장한

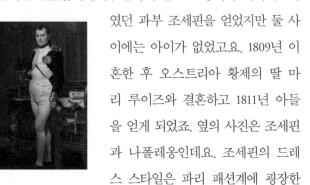

반응을 불러일으켰고 당시 여성들 사이에서 엄청나게 유행했다고 합니다.

나폴레옹 법전

나폴레옹은 브뤼메르 19일 저녁 이후 (1799.11)부터 임시 통령으로 임명되면서 행정·재정·산업·교육·문화 등등 각 부문에서 개혁을 실시했어요. 우선 대외적으로 영국과 '아미앵 화약(1802)'을 맺어 제2차 대프랑스 동맹군을 와해시킴으로써 외부 위협을 제거했고요. 안으로는 중앙 집권을 강화하고 행정기구를 개편하였으며, '나폴레옹 법전(프랑스 민법전)'을 편찬(1804)하여 법 앞에서 모든 국민의 평등을 보장했습니다. 나아가 국민 교육제도를 도입함으로써 국민들의 지지를 받게 되는데요. 특히 3편 2,281조로 이루어진 '나폴레옹 법전'은 프랑스 혁명 이념인 개인의 자유, 법 앞에서의 평등, 사유 재산권 존중, 종교의 자유 등 자유, 평등, 우애 정신을 성문법으로 기록한 것입니다. 이는 19세기 유럽과 라틴 아메리카 등의 수많은 나라에서 근대법의 모범이 됩니다. 또한 이 시기 프랑스 은행이 세워졌고 (1800), 화폐 단위 '프랑'이 만들어져(1803) 화폐 가치가 안정되지요. 여러 가지 의미에서 이 시기는 프랑스 혁명 유산의 안정화가 이루어졌던 때입니다.

내정 개혁과 안정으로 인기를 얻은 나폴레옹은 헌법을 고쳐 종신 통령에 올랐고(1802), 결국에는 1804년 국민 투표로 황제로 즉위하게 됩니다(심지어 스스로 황제 관을 쓰죠. 교회의 권위를 인정하지 않는다는 의미에서요). 이 당시 베토벤은 나폴레옹을 인류의 구세주로 생각해서 그를 뜨겁게 숭배했다고 하는데요. 교향곡 3번을 「나폴레옹 보나파르트」라는 이름으로 그에게 헌사하기로 마음먹었을 정도로요. 그런데 작품을 나폴레옹에게 보내려 할 때 나폴레옹이 스스로 황제를 선포했다는 소식을 듣게 됩니다. 화가 난 베토벤은 편지

를 찢고 교향곡 제3번을 「영웅(Eroica)」이라 고친 후 나폴레옹과 그들의 군대
가 요청하는 어떤 연주도 거절했다고 하네요. 이때 1804년부터 1815년까지를
프랑스의 '제1제정' 시기라 부릅니다. 나폴레옹이 황제로 즉위하자 열강은 제
3차 대프랑스 동맹을 결성하여 대항하게 되었고요.

이에 나폴레옹은 그동안의 방어적인 혁명 전쟁 대신 유럽을 침략하는 나폴
레옹 전쟁을 시작했고, 결국 유럽을 제패하는데요(물론 영국만은 예외였답니다).
이 과정에서 962년부터 존속한 신성 로마 제국이 해체됩니다(1806). 또한 프랑
스는 프로이센에 영향력을 행사하는데요. 놀랍게도 이러한 나폴레옹의 침략
은 프로이센이 독일 통일의 중심 국가로서 발돋움 할 수 있는 계기를 마련해
주었답니다. 즉, 나폴레옹에게 '틸지트 조약'으로 굴복(1807)한 후 프로이센에
서는 슈타인-하르덴베르크 개혁과 같은 자유주의적인 개혁이 이루어집니다.
당시 프로이센은 전쟁 배상금과 엘베 강 서쪽의 공업 지대 상실로 경제적인

다비드의 나폴레옹 대관식

어려움에 봉착해 있었어요. 심지어 '대륙 봉쇄령' 때문에 영국과의 무역도 단절되었지요. 이런 상황에서 프로이센은 국력 회복과 나폴레옹 타도를 외치며 농노를 해방하는 등의 개혁을 실시했던 것입니다. 또한 당대 독일 사상

나폴레옹의 진로

가 피히테(1762~1814)는 「독일 국민에게 고함」이라는 글을 통해 민족정신을 각성시켰고요. 이렇듯 나폴레옹의 침략은 프로이센에 있어 독일 통일의 중심 국가로서의 면모를 갖추어가는 계기가 됩니다.

유럽 대륙 전역에서 맹위를 떨치던 나폴레옹에게 가장 큰 골칫거리는 영국이었습니다. 나폴레옹은 이미 넬슨 제독이 이끌었던 영국과 1805년 '트라팔가르 해전'에서 맞붙었다가 참패를 겪었는데요.[14] 이에 나폴레옹은 자신의 함대로는 강력한 영국 해군을 이길 수 없다고 판단, 영국 침략 계획을 포기했지요. 그 대신 영국의 대(對)유럽 대륙 무역을 막아서 영국의 경제적 힘을 축소하려 했답니다. 이를 위해 실시한 것이 바로 1806년 11월 21일의 '대륙 봉쇄령' 선포입니다. 이는 모든 유럽 국가들이 영국과 통상·통신하는 것을 금지할 뿐만 아니라 점령 지대의 영국인을 포로로 삼고, 그들의 상품을 몰수하며, 영국 및 그 식민지로부터 오는 상선을 기항시키지 못하게 한다는 내용인데요. 결국 나폴레옹은 유럽 전체의 긴 해안선을 통제하고자 마음먹습니다.

나폴레옹의 목적은 이 정책을 통해 영국을 고립시키는 거였어요. 유럽 국

---

14   영국인들은 트라팔가르 해전에서의 승리를 수백 년 동안 축하하고 있다.

가들과의 무역을 막아서 말입니다. 하지만 아이러니하게도 이 정책은 도리어 나폴레옹을 고립시키고, 그의 제국이 무너지는 데 결정적인 이유를 제공합니다. 왜일까요? 당시 영국은 다른 유럽의 국가가 아직 경험하지 못한 산업 혁명에 본격적으로 진입한 상태였기 때문입니다. 영국인들은 그 보복으로 대륙으로의 면화, 설탕, 커피의 수송대를 차단했는데요. 결국 이 모든 것 때문에 괴로움을 당했던 것은 정작 영국이 아닌 유럽 대륙이었던 것입니다. 당시 영국의 산업은 막대한 부가가치를 만들어내고 있었고, 이는 유럽 대륙이 도저히 거부할 수 없는 달콤한 유혹이었어요.

결국 대륙 봉쇄령은 제국과 유럽 국가들 간의 분쟁을 초래했습니다. 유럽 해안을 통제하기 위해 프랑스는 강경한 수단을 썼어. 나폴레옹의 포르투갈과 교황령 침입(1808), 그 이후 에스파냐에 대한 침략 등이 바로 그것이었는데요. 아래 그림은 에스파냐 화가 프란시스코 데 고야(1746~1828)의 1814년 작

1808년 5월 3일

품 「1808년 5월 3일」입니다. 이 유명한 작품은 나폴레옹 군대가 마드리드를 점령한 후 에스파냐 궁전 앞에서 에스파냐인들을 학살한 장면을 묘사했답니다. 총을 들고 서 있는 프랑스 군대의 뒷모습이 비인간적으로 보이지 않습니까?

이에 더하여 나폴레옹에게 결정적인 타격을 입힌 것은 '러시아 원정'입니다. 1812년(당시 나폴레옹 집권의 최전성기였습니다만) 6월 나폴레옹은 러시아로 무려 70만 명의 군대를 파견했는데요. 러시아가 곡물 수출 길이 막히자 대륙 봉쇄령을 어기고 영국과의 무역을 다시 시작했기 때문이었습니다. 이를 응징하기 위해 나폴레옹은 모스크바 원정에 나서지만 결국 실패하게 되는데요. 그는 12월 후퇴 당시 38만 명의 군사를 잃습니다. 러시아인의 저항뿐만이 아니라 미처 대비하지 못했던 추위가 주요한 원인이었다고 해요. 이후 나폴레옹이 본격적으로 몰락의 길을 걸은 것은 당연하겠죠. 그런데 놀랍게도 영국, 에스파냐, 러시아에 대해 나폴레옹이 저질렀던 일들이 120여 년 후 또다시 나치 독일에 의해 똑같이 일어난답니다!

다음 그림들을 보세요. 다 나폴레옹을 모델로 한 것인데요. 본래의 모습을 나타낸 그림과 이때 타고 갔던 노새 대신 백마를 태워 이상적이고 위압적인 풍모의 나폴레옹을 그린 그림, 그리고 마지막은 패전 이후의 나폴레옹을 그린 것입니다. 작품에 단적으로 나타나는 것처럼 상황이 변함에 따라 사람을 평가하는 것도 이렇게 달라진답니다. 역사에 절대적인 '객관'이 존재할 수 없다는 것을 보여주는 예이지요.

이후 6차 대프랑스 동맹군은 라이프치히 전투(1813)에서 나폴레옹 부대에 승리하고, 결국 프랑스 제국은 무너집니다. 이후 프로방스 백작이 루이 18세로 집권하며 부르봉 왕가가 부활했고, 나폴레옹은 엘바 섬에 유배(1814)되지요. 그곳에서, 복고 왕정의 시대착오적인 실책으로 다시 자신의 인기가 높아지자, 나폴레옹은 1815년 2월 과감하게 탈출하여 파리에 재입성하고 집권합니

알프스를 노새로 건너는 나폴레옹

루이 다비드가 그린 나폴레옹

워털루 패전 후의 나폴레옹

다(루이 18세는 벨기에로 피신하고요). 그러나 그는 워털루 전투(1815.6.18)에서 웰 링턴 장군이 이끄는 영국군에게 패배하여 6월 22일 항복한 후 세인트헬레나 섬으로 유폐됨으로써 탈출부터 유배까지의 '100일 천하'를 마치고, 결국 유배 지에서 죽음을 맞게(1821.5.5) 됩니다. 그 죽음이 얼마나 믿어지지 않는지 아직 까지도 나폴레옹의 죽음이 진실인가의 여부가 인구에 회자될 정도지요. 그 만큼 이 시기 유럽에 영향을 미쳤던 역사에 길이 남을 인물이라고 할 수 있겠 지요?

이렇게 유럽 대륙을 송두리째 흔들었던 나폴레옹 전쟁은 의의가 큽니다. 먼 저 나폴레옹이 전쟁에서 승리하여 지배한 국가에서는 그에 대한 반감으로 민 족의식이 성장했으니, 에스파냐의 반란과 프로이센의 개혁, 러시아의 반발과 같은 것이 그 증거입니다. 즉, 프랑스의 이익을 앞세우면서 다른 나라를 지배 하여 유럽 각국의 민족주의를 자극하게 되었던 거예요. 또한 유럽 각국에서 는 나폴레옹이 가져온 프랑스 혁명의 자유, 평등, 우애 사상과 '나폴레옹 법전' 으로 인해 신분제와 봉건적 특권을 폐지하는 등 자유주의가 확산되는 계기가 되기도 합니다. 나폴레옹이 집권하면서 방어적이었던 프랑스의 혁명 전쟁은 침략 전쟁으로 변질되었지만, 그럼에도 그의 군대는 가는 곳마다 봉건제, 농노 제를 폐지해 민중을 해방했답니다(물론 의도는 각국의 왕정을 자신에게 복속시키 고 자신이 친족들을 통해 통치하는 데 있었지만요). 결국 그의 원정으로 자유, 평 등의 프랑스 혁명 정신이 퍼져 나가 각국 국민에게 자유주의를 일깨웠고, 이 후 나폴레옹의 침략에 대항하는 과정에서 각국에 민족주의가 싹 튼 것은 그 어떤 유럽의 중요한 역사적 사건에 못지않게 의미가 깊다 하겠습니다.

나폴레옹의 키에 대해서는 155센티미터다, 아니다, 169센티미터였다 등등 의 견이 분분합니다만, 그가 시대의 걸출한 영웅이었다는 점만은 분명합니다. 한 니발 이래 처음으로 대규모의 군사가 알프스를 넘는 대장정을 부관들의 극구

만류에도 단호히 "나의 사전에 불가능이란 단어는 없다"라는 명언을 남기며 (이 말은 실제 그가 말한 뜻과 다르다고 합니다만) 시도해서, 험준한 산맥을 넘어 오스트리아, 이탈리아 등을 굴복시킨 일화는 정말 유명하지요. 네 잎 클로버의 꽃말인 '행운'의 주인공. 앞으로 유럽은 그가 남겨놓은 유산을 정리하면서 19세기 역사를 써내려갈 것입니다. 이쯤에서 나폴레옹 시대를 정리하고, 유럽이 혁명과 개혁과 독립, 그리고 통일로 엮어지는 19세기로 넘어가겠습니다.

19세기_자유주의와 민족주의의 물결을 타고

드디어 유럽을 한때나마 완전히 제패했던 인물이 사라졌습니다. 유럽의 왕들은 이제 남겨진 권력과 영토에 대한 뒤처리를 해야 했어요. 그들이 추구했던 것은 마치 프랑스 혁명이 일어나지도 않았다는 듯, 나폴레옹은 원래 없었던 사람인 듯 예전으로 돌아가는 것이었고, 이를 위해 소집된 것이 바로 오스트리아의 재상 메테르니히(1773~1859)의 주도하에 모인 '빈 회의

클레멘스 폰 메테르니히

(1814.9.1~1815.6.9)'입니다.

당시 대표적인 강대국이었던 5대 왕국 영국, 오스트리아, 러시아, 프로이센, 프랑스가 오스트리아의 수도 빈에 모여 회의를 했는데요. 이곳의 논의에 입각하여 복고적 정통주의와 영토 보상주의를 기본 원칙으로 하는 유럽의 체제가 만들어지니 이를 가리켜 '빈 체제(1814~1848)'라 부릅니다. 이들은 복고적 정통주의에 따라 프랑스 혁명과 나폴레옹 전쟁 이전 시대의 지배 질서를 회복하고자 했습니다. 그 결과 보수적·반동적 성격을 띨 수밖에 없었고 이에 따라 각국의 자유주의와 민족주의를 억압하고자 했답니다. 또한 그들은 나폴레

빈 회의 이후의 유럽(우)

옹 타도에 공헌한 정도를 감안하여 영토를 나눠주자는 보상주의에 의거해 열
강의 이해를 조절하고자 했습니다. 한쪽을 양보하면 다른 한쪽을 대가로 가
져가는 식으로요. 그 탓에 강대국에 의해 약소국이 분할되는 결과가 나타날
수밖에 없었는데요. 즉, 빈 체제는 메테르니히를 중심으로 구체제를 부활시키
고, 프랑스 혁명과 나폴레옹 전쟁으로 자극된 자유주의와 민족주의를 억압
하는 보수 반동 체제였던 것입니다.

유럽 강대국들은 이 체제를 유지하기 위해 '신성 동맹(1815)'[15]을 체결합니다.
여기에 영국이 가담하면서 '4국 동맹'이 맺어지고요.

그러나 여러분, 한번 생각해보세요. 이미 봉건제도의 억압에서 풀려난 민
중들이 그 이전으로 돌아갈 수 있을까요? 시민들은 이미 자유주의를 맛보았
습니다. 이는 정치적·신분적 속박에서 벗어나 평등을 추구하는 한편 입헌 정
부를 수립하는 등 정치적 자유의 확대를 가져왔지요. 또한 나폴레옹의 침입

---

15   러시아의 알렉산드르 1세의 제의로 러시아, 오스트리아, 프로이센 간에 맺어진 보수주의 동맹을 말한다.

에 대항하던 약소국에는 민족의 독립과 통일을 추구하려는 열망으로 민족주의가 싹이 튼 상태였습니다. 이런 상황에서 마치 아무 일도 없었던 것처럼 예전으로 돌아가려고 하는 지배층의 시도가 성공할 수 없는 건 당연한 일 아닐까요? 역사의 수레바퀴를 거꾸로 돌리려고 하면 언젠가 그 거대한 바퀴 밑에 깔리는 신세가 되게 마련이잖아요. 빈 체제는 마치 바퀴에 깔린 마부와 같았답니다.

이제 역사 발전 법칙에 따라 빈 체제를 무너뜨린 자유주의와 민족주의 운동을 살필 차례인데요. 여기서 잠깐 두 가지 사상에 대해 짚고 넘어갈 게 있습니다. 여러분도 자유주의와 민족주의의 개념은 잘 알고 계시죠? 그런데 19세기 전반기의 개혁은 재미있게도 두 사상이 결합한 형태로 일어났습니다. 즉 민족국가가 이미 만들어진 곳(영국, 프랑스 등)에서는 자유주의가 혁명의 모습을 띠고 나타났고, 민족국가(국민국가)가 수립되지 못한 지역(라틴 아메리카, 그리스, 벨기에, 이탈리아, 독일 등)에서는 자유주의가 독립이나 통일과 결합된 형태로 대두됩니다. 그러나 19세기 후반이 되면 민족주의는 점차 인종주의, 제국주의로 변질되면서 자유주의를 침해하는 모습을 보입니다. 같은 사상이라 해도 어떻게 결합하느냐에 따라 세계의 역사를 전혀 다른 방향으로 전개시키는 것이지요.

자, 이러한 점을 기억하면서 각국에 자유와 통일, 독립 등의 결과를 가져온 자유주의와 민족주의 운동들을 둘러봅시다. 빈 체제의 동요는 멀리 라틴 아메리카에서 발발한 자유주의·민족주의 운동으로 시작됩니다. 계몽사상의 영향과 프랑스 혁명, 미국 독립 혁명으로 자극받은 라틴 아메리카는 이미 19세기 초반 나폴레옹 전쟁의 혼란을 틈타 에스파냐와 포르투갈의 지배

베네수엘라의 화폐 단위인 볼리바르에 그려져 있는 라틴 아메리카의 독립 영웅 시몬 볼리바르

로부터 독립을 시도하고 있었어요. 1804년 서인도 제도의 식민지가 아이티 공화국으로 독립한 것이 최초의 시발점이고, 이후 해방 영웅 시몬 볼리바르(1783~1830)의 지휘 아래 콜롬비아, 베네수엘라, 에콰도르, 페루, 볼리비아 등이 독립하고 아르헨티나, 멕시코, 브라질 등이 에스파냐와 포르투갈의 지배에서 벗어나게 됩니다.

먼로 독트린

물론 메테르니히는 빈 체제를 통해 이를 저지하려 했답니다. 그러나 영국이 라틴 아메리카에서 시장을 확대하고자 했고, 당시 미국의 5대 대통령 제임스 먼로(1758~1831)가 발표한 '먼로 선언(1823.12.2, Monroe Doctrine)'[16]에 입각하여 그들의 독립을 원조했기 때문에 라틴 아메리카 국가들은 마침내 독립을 달성합니다.

이러한 라틴 아메리카의 상황에 더하여 빈 체제가 동요하는 결정적 계기가 터지니, 바로 발칸 반도에서 그리스가 전쟁(1821~1829)을 통해 독립을 승인(1832)받은 것입니다. 그리스는 앞서 고대 그리스의 역사를 살펴볼 때나, 오스만 제국을 여행할 때에 봤듯이 여태껏 오스만 튀르크의 지배하에 있었잖아요. 1453년 콘스탄티노폴리스가 점령당하고 비잔티움 제국이 멸망하면서부터요. 하지만 러시아, 영국, 프랑스 등이 오스만 제국에 대항하여 그리스의 독립

16　라틴 아메리카의 독립에 대한 메테르니히의 간섭에 반대한 선언으로, 비동맹, 비식민, 불간섭을 골자로 한다. 유럽 국가의 아메리카 대륙에 대한 간섭을 미국에 대한 비우호적 행위로 간주하고 미국도 유럽에 간섭하지 않는 것, 아메리카 대륙에 새로운 식민지 건설을 용납하지 않는 것이 그 주요 내용이다. 이는 미국의 고립주의 외교 원칙을 천명하고 미국의 정체성을 강화했다는 의의가 있다.

미솔롱기 폐허 위의 그리스(좌) 그리스 독립 전쟁(우)

운동을 원조합니다.
빈 체제를 수호해야
할 국가들이 기존
질서에 저항하는 그
리스의 독립을 도왔
기 때문에 이후 빈

(좌로부터) 퍼시 비시 셸리, 알바니아 의상을 입은 바이런, 외젠 들라크루아

체제는 유명무실해질 수밖에 없는 것이죠. 또한 "우리는 모두 그리스인"이라고 외친 셸리(1792~1822), 영국 낭만파 시인의 대표로 그리스로 달려가 참전했다가 죽은 바이런(1788~1824), 그리고 「미솔롱기 폐허 위의 그리스」를 그린 프랑스 화가 들라크루아(1798~1863)와 같은 유럽의 낭만주의자 지식인들의 적극적인 지원으로 그리스는 독립을 이룰 수 있었던 것인데요. 이슬람 국가 지배하에 있다가 독립했을 때의 기쁨이란 이루 말할 수 없었겠네요. 그래서 지금도 그리스에서는 매해 3월 25일을 독립 기념일로 삼아 'ΖΗΤΩ Η ΕΛΛΑΣ !(Long live Greece!)'라 부르며 축하한다고 합니다.

빈 체제를 완전히 흔들어 붕괴시킨 것은 프랑스의 자유주의 혁명이었습니다. 바로 프랑스의 7월 혁명(1830)과 2월 혁명(1848)인데요. 7월 혁명(1830)의 배경은 샤를 10세의 강화된 반동 정치입니다. 프랑스에서는 나폴레옹 몰락 후 빈 회의의 정통주의 원칙에 따라 부르봉 왕조의 왕정복고가 일어났고, 이로써 샤를 10세(1757~1836)가 즉위했습니다. 그는 루이 16세와 루이 18세의 동생으로 프랑스 혁명이 발발했을 때 영국으로 망명했다가 루이 18세가 후사가 없이 죽자 왕위를 잇게 되었는데요. 그의 통치는 완전히 보수 반동이어서, 입헌 군주제조차 용납하지 못하고 언론을 탄압하며 망명 귀족의 재산을 10억 프랑이나 보장해주는 등 절대 왕정을 회복하려 했습니다. 1830년 총선에서 자유주의 세력이 승리했을 때에도 왕은 이에 대해 의회 해산, 언론 탄압, 유산

시민의 선거권 박탈을 내포한 칙령을 발표했고요. 이에 7월 27일 파리 민중들이 봉기하고 결국 샤를 10세는 다시 영국으로 망명하게 됩니다. '영광스러운 3일' 동안의 혁명 끝에 프랑스는 입헌군주제를 채택하여 루이 필립(1773~1850)을 왕으로 추대하니, 이때 세워진 왕조를 '7월 왕정'이라 부릅니다. 이 혁명의 주도 세력은 샤를 10세가 권력을 빼앗고자 했던 상층 시민(유산) 계급인 부르주아였는데요. 혁명의 결과로 입헌군주제인 '7월 왕정'이 수립되었으며, 상층 시민에게 선거권이 주어지는 제한 선거가 이루어집니다.[17] 중요한 것은 프랑스 7월 혁명으로부터 영향을 받아 유럽에서는 벨기에가 네덜란드의 지배로부터 독립(1830)하고(1830.8.5. 독립 혁명이 일어난 날을 기념하여 8월 5일을 독립 기념일로 축하하고 있답니다), 독일에서는 관세 동맹이 결성(1834)되고, 이탈리아에서는 청년 이탈리아당과 같은 본격적 통일 운동이 시작되었다는 점입니다. 또한 영국에서는 제1차 선거법 개정(1832년의 부패 선거구 폐지, 산업 자본가 의회 진출 기억나시죠?)이 행해지니 1789년의 프랑스 혁명이 유럽에 미친 영향에 못지않은 것 같지요?

옆의 그림은 앞서 그리스 독립 전쟁에서 잠깐 말씀드렸던 들라크루아의 「민중을 이끄는 자유의 여신」입니다. 그가 프랑스 7월 혁명을 기념하기 위해 1830년에 그린 이 작품은 현재 루브르 박물관에 소장되어 있어요. 자유의 여

민중을 이끄는 자유의 여신

17   이전에 비하면 선거권이 확대된 셈이다. 3,000만 인구 중 기존 10만 명에서 20만 명 정도로 선거 혜택을 받는 이들이 늘어났다.

신이 왕가를 나타내는 백색기가 아니라 프랑스 혁명의 상징인 삼색기를 들고 있는 것이 상징적입니다.

'2월 혁명(1848)'은 7월 왕정이 보수화되면서 일어난 혁명입니다. 7월 혁명 이후 프랑스에서는 산업 혁명의 진전으로 노동자와 상공 시민층이 더욱 증가했고, 사회주의 사상이 확산되고 있었는데요. 당시 7월 왕정은 영국만 모범으로 따르느라(루이 필립이 영국에 망명했기 때문에 영국을 동경했거든요) 국가 경쟁력은 약화되었고, 이 탓에 영국과의 경쟁과 적극적 해외 시장 개척을 요구하는 신흥 산업 자본가는 실망했답니다. 여기에 1847년 흉작과 48년 경제 위기 속에서 정부는 상공 계층과 노동자들의 선거권 확대 요구를 탄압하지요. 그러자 중소 시민과 노동자들이 중심이 되고 사회주의자들이 참여한 봉기가 일어나니 이것이 '2월 혁명'입니다. 이에 루이 필립이 망명하면서 7월 왕정은 붕괴되고, 루이 필립의 손자인 루이 필립 2세가 후계자로 지명되지만, 이를 무시한 임시 정부는 보통 선거와 대통령 선출을 내용으로 하는 공화정 헌법을 제정합니다. 이에 따라 제2공화정이 수립되고요(제1공화정은 프랑스 혁명 당시 국민 공회에 의해 1892년에 수립되었죠). 대통령으로는 중간 계급과 농민들에게는 '질서'와 '번영'을 약속하고, 빈곤층에 대해서는 '지원'을 약속한 루이 나폴레옹(1808~1873)이 선출됩니다. 그런데 이 사람은 나폴레옹 보나파르트의 조카이자 의부 외손자였어요. 세상에! 그렇게 몰아내고 싶어서 몰락시켰던 독재자의 핏줄을 다시 세우다니요. 망각일까요, 향수일까요? 아니면, 선대의 과오를 바로 잡을 기회를 다시 주는 걸까요? 결국 루이 나폴레옹은 자신의 삼촌이자 의부 외할아버지와 같은 길을 걷습니다.

이와 같이 기본적으로는 부르주아가 주도한 자유주의 혁명이면서, 한편으로 노동자 계층의 참여라는 상반된 성격을 지닌 1848년의 2월 혁명은 오스트리아에도 영향을 미칩니다. '3월 혁명'이 일어나 메테르니히가 추방되고, 이에

2월 혁명 후 파리 시청에 삼색기가 걸리는 모습(상/좌) 나폴레옹 3세(상/우)
1871년 1월 18일 베르사유 궁전 거울의 방(하)

따라 빈 체제 역시 붕괴되거든요. 결국 도도한 역사의 흐름을 보수 반동주의
는 막을 수 없었던 것입니다.

이후 프랑스에서는 놀랍게도 제2제정(1852~1870 프랑스 최후 제정)이 수립됩
니다. 루이 나폴레옹은 쿠데타로 제2공화정을 붕괴시켰고, 국민 투표를 통해
나폴레옹 3세로서 황제에 즉위합니다. 마치 제1제정을 수립한 나폴레옹 보나
파르트 부분을 다시 보는 것 같죠. 나폴레옹 3세의 정책 목표는 너무나 당연
하게도 나폴레옹 시대의 프랑스 영광을 재현하는 것이었어요. 이에 따라 내
정에서는 자유를 억압하는 대신 상공업 장려, 정치적 안정, 노동자 보호를 목
표로 하여 정책을 실시했고, 외정에서는 크림 전쟁, 인도차이나 진출(베트남),
멕시코 원정, 중국의 2차 아편 전쟁, 조선의 병인양요 등의 대외팽창을 추진
했는데요. 이러한 그의 정책은 독재를 하는 대신 경제적 번영과 국민적 영광
을 약속하는, 간단하고 속된 표현으로 "빵을 먹여주고 자존심을 높여줄 테
니 입을 닫고 박수만 치라"는 것(너무 심한 표현인가요?)으로, 일명 '보나파르티
즘'이라 불리는 정치 현상이 됩니다. 자신의 독재를 위해 자유주의를 탄압하
고 민족주의만 이용한 셈인데요. 결국 그의 무모한 원정은 프랑스 정국을 혼
란으로 이끕니다. 결정적으로 당시 불세출의 철혈 정치가 비스마르크가 이끌
고 있었던 프로이센과의 전쟁에서 패배(1870)한 후 제2제정은 붕괴되지요. 프
로이센은 1871년 1월 18일, 프랑스 베르사유 궁전 거울의 방에서 독일 제국
(1871~1918)의 수립을 선포함으로써 독일 통일을 달성하게 되고요.

이는 프랑스 국민들의 자존심을 굉장히 상하게 한 사건이에요. 대다수의 프
랑스 국민은 프로이센과 휴전하는 것을 원치 않았다고 합니다. 결국 프랑스는
프로이센에 항복한 후 제3공화정(1870~1940)을 수립하는데요. 이 시기 국민의
회는 프로이센에 알자스-로렌(이 지방의 기구한 운명은 '세계대전' 때 다시 보기로
해요)을 넘기고, 50억 프랑 배상금을 지불하는 등의 조약에 승인합니다. 이에

423

대한 반발로 사회주의자와 노동자가 중심이 된 '파리 코뮌'[18]이 수립(1871)되지만, 이들은 4개월 정도 투쟁하다가 진압되고 말아요. 자기 삼촌만큼 야심은 컸지만 능력 면에서는 한참 모자랐다고 평가되는 나폴레옹 3세는, 프로이센에게 포로로 잡혔다가 풀려난 후 영국에서 망명 생활을 하던 중 사망합니다.

여기까지가 우여곡절을 겪은 프랑스의 혁명 전개 과정입니다. 1789년의 대혁명에서부터 파리 코뮌까지의 기간 중 1789년 혁명을 1차, 1830년 7월 혁명을 2차, 1848년 2월 혁명을 3차, 그리고 파리 코뮌을 4차 혁명이라고 부르지요. 또한, 그 결과로 1940년 제2차 세계대전까지 이어질 제3공화정이 수립되는 겁니다. 프랑스 근대 역사도 참 파란만장하네요. 이를 보니 프랑스 또한 영국처럼 자신들에게 가장 알맞은 정치 체제를 찾기 위해 정말이지 무수한 도전과 시행착오를 거친 듯합니다. 그러나 이 모든 과정에서 결코 놓치지 않았던 것이 바로 '자유'라는 사상이었고, 이를 통해 마침내 빈 체제를 무너뜨렸던 것입니다.

영국에서는 이 시기에 자유주의에 따라 정치·경제적 개혁이 일어나고 노동자들의 인권이 향상되었던 것 기억나시나요? 공리주의, 곡물법과 항해법 폐지가 있었고요. '프랑스 7월 혁명'과는 제1차 선거법 개정이, '2월 혁명'과는 차티스트 운동이, '독일 통일'과는 보통 교육법 실시가 시기적으로 맞물린 사건이랍니다.

자, 독일과 이탈리아로 건너갑니다. 우리가 중세를 여행할 때 독일과 이탈리아의 공통점을 '민족 분열'로 보았잖아요? 그랬던 독일과 이탈리아가 이제 긴 잠에서 깨어나 통일을 준비합니다. 그 배경 역시 자유주의와 결합한 민족주의인데요. 그야말로 근대 세계사에 휘몰아친 사상이죠. 그러나 이러한 민족주의가 19세기 후반에는 인종주의와 결합하면서 제국주의로 변질되고, 안타깝

18   민중 자치 정부.

게도 다른 나라를 침략하는 도구가 됨으로써 결국 제1차 세계대전을 일으키는 배경으로 작용합니다. 어떤 사상이든지 어떻게 이용하느냐에 따라 그 가치가 다르게 발현되는 것인데요. 그런 만큼 많은 지식을 습득하는 것보다도 이를 제대로 사용하는 것이 더욱 중요하다고 할 수 있겠지요?

먼저 이탈리아의 통일을 살펴봅시다. 이 과정을 볼 때 우리는 세 명의 중요한 인물을 머릿속에 넣어두어야 해요. 바로 마치니, 카보우르, 가리발디입니다.

우선, 최초로 민족주의 운동을 진개한 카르보나리당[19]에서부터 이탈리아 통일 운동은 시작되었습니다. 이는 1830년 7월 이후[20] 마치니(1805~1872)의 '청년 이탈리아당'을 중심으로 하여 공화주의적 민족 운동으로 이어졌습니다. 마치니가 마르세유 망명 시절 결성한 애국 운동 조직이 비밀 단체인 '청년 이탈리아당'인데요. 이 조직은 각각의 분열된 이탈리아 국가를 자유 독립 공화국으로 통일하는 것을 목적으로 하는 민족주의적 단체로, 그를 위해 교육과 봉기가 필요하다고 보았습니다. 1833년경에는 이탈리아 여러 도시에 지부가 만들어졌고 회원 수는 6만 명에까지 육박했는데, 이들이 계획했던 봉기는 안타깝게도 실패로 끝났습니다. 그러나 그의 사상은 가리발디를 탄생시켰답니다. 그는 마지막까지 공화주의자였기 때문에 후에 사보이 왕가의 군주국으로 통일된 이탈리아 의회에 참여하기를 거부했다고 전해집니다. 그가 그렇게도 소원했던 이탈리아의 공화국 수립은 1947년, 그의 사망 후 근 75년 만에 이루어졌답니다.

공화주의로서 통일의 포문을 연 마치니의 뒤를 잇는 위인이 정치가이자 능란한 외교관으로 이름이 높은 재

주세페 마치니

---

19   절대 왕정 타도를 외친 비밀 결사.

20   프랑스에서 7월 혁명이 일어난 시기. 이는 이탈리아 통일 운동에 영향을 미쳤다.

상 카보우르(1810~1861)입니다. 그는 이탈리아 중북부의 사르데냐 왕국에서 사보이 왕가를 중심으로 하는 통일 운동을 일으켰는데요. 국내에서는 산업을 육성하고 군대를 개편하는 한편, 국외에서는 프랑스 나폴레옹 3세와 비밀 동맹을 맺습니다. 그리고 이를 통해 원조를 받는 데 성공하여 이탈리아를 지배하던 오스트리아와의 전쟁에서 승리하고, 이탈리아의 중부와 북부를 통합하지요. 그는 외세를 불러들인 대가로 알프스 이북의 니스 등을 프랑스에 넘겨줌으로써 반발을 사기도 했지만, 동시에 당시의 공화주의적 혁명군이었던 가리발디를 지원하기도 했습니다. 정치에 몸담은 동안 다양한 외교 전략을 선보인 카보우르야말로 비토리오 에마누엘레 2세(1820~1878)를 통일 왕국의 왕으로 앉힌 일등 공신이라 할 수 있지요.

재상 카보우르가 외교와 전쟁으로 중북부 이탈리아를 오스트리아로부터 해방시키고 자국에 통합할 때, 남부에서는 위대한 혁명가이자 정치가인 장군 가리발디(1807~1882)가 통일 운동을 일으킵니다. 그는 젊었을 때 청년 이탈리아당 출신으로 마치니의 공화주의 통일 운동에 참여했는데요. '붉은 셔츠단'이라는 의용군을 이끌고 남부의 나폴리 왕국과 시칠리아 왕국을 점령하여 사르데냐 왕국에 헌납함으로써 이탈리아 왕국 수립(1861년에 로마와 베네치

아를 제외한 상태였지만요)에 결정적 역할을 합니다. 공화주의자였음에도 관용과 포용으로 사르데냐 왕국 중심의 통일을 수용한 그의 자세는 조국 결합에 큰 기여를 한 셈입니다. 그가 보인 냉철한 판단과 용감한 애국심은 그를 이탈리아의 영원한 영웅으로 만들었지요.

카보우르 백작 카밀로 벤소(좌)
붉은 셔츠를 입은 주세페 가리발디(우)

그러나 이탈리아 통일의 완성은 마지막 전쟁을 통해 이루어집니다. 즉, 프로이센 오스트리아 전쟁(1866)에서 프로이센을 지원하여 베네치아를 획득하고, 프로이센 프랑스 전쟁(1870)을 통해 로마의 프랑스군이 철수하자 로마 교황령을 점령하여 수도를 로마로 옮기면서(1871) 완성되는 것입니다.

이탈리아의 통일 과정

독일은 어떤 과정으로 통일을 이룰까요? 앞 여행에서 우리는 나폴레옹 전쟁에서의 패배 결과 독일 내에 슈타인-하르덴베르크 개혁과 같은 자유주의 개혁이 일어나고, 민족주의적 감정이 대두되는 모습을 보았습니다. 이제 나폴레옹의 지배로부터 벗어나기 위한 해방 전쟁에서 승리하고 난 뒤, 통일로 가는 첫 씨앗은 학생 조합이었던 '부르센샤프트(1817)'에 뿌려집니다. 이 조직은 자유, 명예, 조국이라는 모토를 내걸고 빈 체제에 대항하는 자유 통일 운동의 선두에 섰는데요. 이탈리아의 청년 이탈리아당과 마찬가지로 독일도 청년들을 중심으로 통일의 움직임이 시작되었군요. 좀 이따가 보시겠지만 러시아도 같았답니다(데카브리스트의 난). 비록 다 실패로 끝나긴 하지만 역사에서 젊은 청년들의 순수한 애국심이 얼마나 큰 역할을 해왔는지 알 수 있는 증거들이죠.

이후 독일은 프랑스 7월 혁명 이후 1834년 관세 동맹을 체결함으로써 경제적 유대 관계를 강화하며 통일로 가는 발걸음을 뗍니다. 이는 자국 산업을 위해 강력한 보호정책을 펼치던 오스트리아를 배제하고 프로이센을 중심으로 맺어지는데요. 이 관세 동맹은, 독일의 각 지방에서 관세를 철폐하여 자유무역이 가능하게 함으로써 독일 통일의 밑거름이 됩니다. 이어 프랑스 2월 혁명 이후 1848년 프랑크푸르트 국민회의[21]에서 자유주의적인 통일 방안(입법과 개혁 등을 통해 통일하자는 방안)을 논의했으나 대독일주의와 소독일주의의 대립으로 결국 실패합니다. 대독일주의는 오스트리아를 포함하여 통일하자는 것이고, 소독일주의는 프로이센을 중심으로 통일하자는 주장이었거든요.

이렇게 자유주의적 통일 운동이 난항을 겪고 있을 때 프로이센의 영웅적 재상이자 정치가, 외교가인 비스마르크(1815~1898)가 본격적으로 등장해 통일을 주도합니다. 소독일주의자로서 러시아와 프랑스 주재 대사를 거치며 탁월한 국제 감각을 키워온 그는 1862년 빌헬름 1세(1797~1888)에 의해 재상으로 취임했는데요. 그의 재상 취임 첫 연설은 당시 큰 반향을 불러일으켰으며 지금까지도 인구에 회자되고 있답니다. 바로 군비 확장을 주장한 '철혈(鐵血) 정책'의 탄생을 알리는 연설이었죠. 그의 연설 중 일부를 볼까요?

> "독일이 착안해야 할 것은 프로이센의 자유주의가 아니라 그의 군비인 것이다.
> (…) 언론이나 다수결로 현재의 문제가 해결되지 않는다. 철과 피로써 그 문제
> 는 해결될 수 있는 것이다."

오토 폰 비스마르크(좌) **독일의 통일 과정**(우)

21　1848. 5.18부터 열린 독일 최초의 국민회의이다.

그 후 비스마르크는 의회의 반대를 무릅쓰고 군비를 확장하면서 통일 전쟁을 벌입니다. 먼저 프로이센 오스트리아 전쟁(1866)을 통해 독일 연방을 해산하고 오스트리아를 제외한 프로이센 중심으로 북부 독일연방을 결성했으며, 프로이센 프랑스 전쟁(1870)을 통해 프랑스의 나폴레옹 3세를 격파하여 통일의 방해 세력을 제거합니다. 앗, 이 전쟁들은 이미 이탈리아 통일에서 나왔는데요. 두 나라의 통일 모두 두 전쟁이 완성시켰군요!

이후 1871년 빌헬름 1세가 독일의 전 군주들이 바치는 제관을 받고 황제로 즉위하면서 드디어 독일 제국이 탄생합니다. 얄궂게도 프랑스 베르사유 궁전의 거울의 방에서였죠. 통일 과정에서 제외된 오스트리아는 헝가리 마자르족의 자치를 허용하여 오스트리아-헝가리 제국(1867~1918)으로 거듭납니다.

이제 유럽 국가의 마지막 자유주의·민족주의 운동의 종착역인 러시아로 떠나겠습니다. 러시아는 자유주의적 운동을 계속 시도하지만 철저하지 못한 내부 개혁과 외부의 견제로 끝내 실패하게 되는데요. 가장 큰 이유는 18세기 계몽 전제 군주들의 뛰어난 업적에도 불구하고 19세기 러시아는 여전히 차르의 전제 정치와 산업 혁명의 지연, 농노제의 존속으로 후진성을 면치 못한 탓이었습니다. 그러던 중 '데카브리스트의 반란(1825)'이 일어나게 됩니다. 이는 청년 장교와 지식층이 농노제와 전제 정치를 타도하고 입헌군주제를 수립하려 시도했던 자유주의 운동이었습니다.

'데카브리스트'는 December와 어원이 비슷한 '12월의 사람들'이라는 뜻인데요. 이들은 원래 러시아 황제에게 충성을 바쳤던 귀족 청년들이었답니다. 나폴레옹의 러시아 원정(1812) 기억하시죠? 그때 용감하게 나가 맞서 싸웠고, 나폴레옹이 러시아 국민의 저항과 추위에 견디지 못하고 철수하자 그들을 쫓아 프랑스 파리까지 달려갔던 군인들이었죠. 그런데 아이러니하게도 그들은 파리에서 '자유'를 맛보게 되면서 러시아의 후진성에 대해 처절하게 깨닫고 돌

아온 뒤 자유주의의 꿈을 꾸게 된 것입니다.

러시아로 귀환한 청년 장교들은 자신이 충성을 바쳤던 알렉산드르 1세(1777~1825)가 후사 없이 죽자, 뒤를 이어 니콜라이 1세(1796~1855)가 황제에 오르는 대관식 날인 1825년 12월 26일(러시아력 12월 14일) 반란을 일으킵니다. 결국 니콜라이 1세의 진압으로 반란은 실패하고, 주동자 중 5명은 사형, 나머지 100여 명은 영하 40도의 시베리아로 유배됩니다. 이후 니콜라이 1세 시대는 정치·경제·사회 등 모든 분야에서 보수 반동이 강화되었는데요. 특히 혁명에 대한 두려움 때문에 군부 경찰 조직을 강화하고 황제권을 강화한 탓에 '유럽의 헌병'이라는 별명을 얻게 됩니다. 데카브리스트의 반란은—실패에도 불구하고— 차르 체제에 대한 본격적인 도전이자 러시아에서 일어난 자유주의 운동이라는 점에서 큰 의미를 갖습니다.

이들이 품었던 자유주의 사상은 알렉산드르 2세(1818~1881) 시기에 개혁으로 옮겨졌습니다. 알렉산드르 2세는 남하를 위해 오스만 튀르크와 전쟁을 벌이지만 영국과 프랑스가 오스만 튀르크를 지지하는 바람에 실패했죠. 이 전쟁이 '크림 전쟁(1854~1856)'이고요. '백의의 천사' 플로렌스 나이팅게일이 출현한 전장이 바로 이곳이랍니다. 여하튼 영국과 프랑스에 참패를 당하고 난 황제는 제도 혁신을 꾀합니다(정부는 전쟁에서 져야 '아~ 개혁이 필요하구나' 하고 움직이나 봅니다). 알렉산드르 2세 개혁의 주된 내용은 '농노 해방'인데요(1861). 이는 당시 러시아의 상황을 보았을 때 매우 획기적인 조치였으나 지주 중심의 불철저한 개혁(유상몰수 유상분배)으로 농민의 토지 보유가 확보되지 못했기에 실질적 효과는 적었습니다. 그럼에도 개혁에서 지방의회를 설치하고 징병제를 실시한 결과, 러시아 튀르크 전쟁(1877~1878)에서 승리하고 '산스테파노 조약'[22]을 체결(1878)하여 발칸 반도 방면으로 세력을 확장할 수 있었지요. 그러나 이에 대해 영국과 오스트리아가 항의함에 따라 비스마르크가 베를린 회의(1878: 1884년 다시 열린 베를린 회의에서는 아프리카 분할에 관해 결정했습니다)를 열어 발칸 반도에서의 결정을 수정했고, 그로 인해 러시아의 서쪽으로의 남하[23]는 좌절됩니다.

크림 전쟁

이후 러시아에서는 철저하지 못했던 농노 해방을 위하여 도시의 대학생, 지식인인 인텔리겐챠를 중심으로 농촌 계몽 운동인 '브나로드 운동'이 일어납니다. 그러나 이 운동은 농민들의 지지도

---

22 1878년에 산스테파노에서 체결한 러시아와 터키 사이의 조약. 이로써 루마니아, 세르비아, 몬테네그로가 독립했다.

23 러시아는 겨울의 부동항을 찾기 위해 계속하여 남하를 시도하고 있었다. 결국 유럽 방면으로의 남하는 실패하지만 이미 중국 방면으로의 남하는 성공했으니, 1860년 베이징 조약으로 연해주를 얻어 블라디보스토크를 건설한 것이 바로 그 결과이다.

얻지 못했고, 정부의 탄압으로 실패하게 되지요. 결국 지식인들은 테러를 통한 전제 정치의 타도로 혁명의 방향을 전환하여 알렉산드르 2세를 암살합니다. 이후 러시아의 마지막 차르인 니콜라이 2세(1868~1918)가 정권을 잡게 되면서 자유주의 운동은 러시아에서는 뿌리를 내리지 못하고, 이 모든 역사적 배경으로 말미암아 러시아에서 1917년 사회주의 혁명이 일어나는 것입니다.

지금까지 우리는 18세기 프랑스 대혁명의 10년—국민의회, 입법의회, 국민공회, 총재정부에 이르는 과정—을 둘러보았고, 이후 나폴레옹의 유럽 제패 과정도 지켜보았습니다. 또한, 그의 몰락 후 프랑스 혁명의 자유 평등 정신에 자극 받은 자유주의와 민족주의를 기반으로 리모델링된 19세기 유럽 대륙을 여행했습니다. 어떠세요? 유럽 대륙의 19세기는 정말이지 매우 북적북적한 시대지요? 어쩌면 이렇게 혁명과 개혁, 독립과 통일 등으로 자신감이 넘치는 때였기 때문에 유럽이라는 대륙이 19세기의 그들에게 작았을 수도 있습니다. 그래서 다른 대륙들에게서 계속적인 발전의 돌파구를 찾게 되었을 것이고, 그것이 제국주의라는 이름으로 부딪히면서 1차 세계대전이라는 비극의 배경이 되었을 것입니다.

다음 시간에는 드디어 다른 대륙으로 넘어갑니다. 이제 여러분은 서아시아에서 출발한 인류의 청동 문명이 유럽을 거쳐 변화·발전되면서 서양 문명이라는 미명하에 아메리카 대륙을 비롯한 다른 대륙에 상륙하는 과정을 보게 될 텐데요. 이들은 지역 문명을 붕괴시키고 유럽 문화 양상을 그대로 이식하지만, 동시에 손에 꼭 쥐고 있던 세계사적 주도권을 자신도 모르는 사이에 넘겨주게 될 운명에 처합니다. 어떤 모습일지 궁금하지요?

다음 여행을 위한 마음의 준비를 하시도록 순서를 알려드릴게요. 유럽의 근대가 상륙하여 유럽과 같은 문화적 양상을 지니게 된 대륙이 다음 여행지거든요. 에스파냐와 포르투갈에 의해 지배당하고, 19세기에 와서야 독립하여 국가를 건설한 중남아메리카(라틴아메리카)를 둘러본 다음, 영국과 프랑스의 영향을 받아 세워진 북아메리카(앵글로아메리카), 그리고 캐나다와 같이 영국 연방에 속해 있는 호주와 뉴질랜드를 살피려고 합니다. 이 과정을 통해 우리는 그들과 유럽의 공통점, 차이점, 그리고 지금까지 배워왔던 세계사와는 다른 각도로 바라보아야 할 점들을 중점적으로 살피게 될 거예요. 우리가 모르고 있고, 알고 있어도 정말 일부분만 왜곡된 채로 알아왔던 중남아메리카(라틴아메리카)에서 기쁘게 다시 만나요!

동시대 지구촌 넘나들기

18세기~19세기

한반도에서 18세기는 영조(재위 1724~1776)와 그 세손인 정조(재위 1776~1800)의 시대입니다. 강력한 왕권이 뒷받침된 탕평책을 통해 붕당정치를 누르고자 했던 왕들의 시대였고, 조선 후기 근대로 넘어가는 싹이 트면서 문화 또한 꽃 피던 시대입니다. 균역법이 실시(1751)되어 농민이 1년에 2필씩 내던 군포를 1필로 경감 받기도 했고요. 통신사로 일본에 갔던 조엄이 고구마를 가져와(1763) 흉년이 들었을 때 굶주린 사람들을 위한 구황식량 수급에 획기적 전환을 맞게 됩니다. 우리나라 최초의 백과사전인 『동국문헌비고』가 집필(1770)되기도 하고요.

문예부흥을 통해 새로운 정치의 시대를 열고자 했던 정조 재위기의 중심에는 규장각과 실학자들이 있었죠. 왕의 학문의 중심 기관이자 왕권 강화 기관인 규장각이 설치된 것이 1776년입니다. 1781년 강화사고 별고를 신축하여 외규장각으로 삼습니다(병인양요 때 소실되고 약탈당한 곳이 이곳입니다). 한창 프랑스 혁명이 진행 중인 1791년에는 신해박해가 일어나 천주교 수용 여부에 대한 논란 끝에 조선은 결국 수용 불가라고 결정했죠. 이 시기는 북학파의 거장 박지원(1737~1805), 박제가(1750~1805), 실학의 최고봉 정약용(1762~1836)이 정조의 보호 아래 활동하던 시기이기도 합니다.

19세기는 안타깝게도 이런 모든 근대적 발전이 정치의 부패 때문에 더는 진척될 수 없었던 시기입니다. 11살의 어린 나이에 왕위에 오른 순조(재위 1800~1834)가 왕위에 오르자마자 신유박해(1801)로 당시 근대 문물의 유입 통로였던 서학(천주교)에 대한 대대적인 탄압이 있어 300여 명의 순교자가 생겼습니다. 이때 실학 사상가들인 정약용, 정약전, 박지원, 박제가 등도 유배를 가거나 관직에서 쫓겨났지요. 세도정치의 부패와 지방 차별에 반대하여 홍경래가

난을 일으킨 때도 이때(1811)입니다. 할아버지보다 더 어린 나이인 8세로 즉위한 헌종(재위 1834~1849) 시기는 내우외환으로 후기 조선 사회의 붕괴 조짐이 드러나던 시기입니다. 풍양 조씨의 세도정치하에서 기해박해(1838)로 인해 프랑스 신부와 천주교 신자들이 처형되고, 11월 천주교를 금하는 『척사윤음』이 반포되기도 합니다. 이때 영국 프랑스 군함과 접촉이 있기도 했어요. 급변하는 세계와 부딪히기 시작하면서 많은 지략이 필요했던 시기였으나 그럴 만한 능력도 시간도 없었던 안타까운 때죠. 1849년 프랑스 2월 혁명 다음 해 농부 출신인 강화 도령 원범이 철종(재위 1849~1863)으로 등극합니다. 안동 김씨 세력이 기세를 떨치고 있을 때였고, 삼정의 문란이 극에 달해 민란이 일어났던 때입니다. 1862년 단성에서 시작하여 전국에서 37차에 걸쳐 일어난 민란을 우리는 '임술 농민 봉기'라고 부르죠. 이 시기에 몰락 양반 출신 최제우가 천주교인 서학에 대항하여 동학을 창시(1860)하는데요. 동학은 삼남지방에서 급격하게 교세를 확장하게 됩니다. 철종은 슬하에 옹주 하나를 두고 33세로 세상을 뜨는데 그 사위가 박영효(한국 근현대사에서 온건개화파 인물로 알고 계시죠?)랍니다.

3대 60여 년의 세도정치 끝에 고종(재위 1863~1907)이 12세의 나이로 왕위에 오릅니다. 처음 10년 동안 섭정을 펼친 그 아버지 흥선대원군은 안으로는 왕권강화, 밖으로는 통상 수교 거부 정책을 펼쳤는데요. 그를 위해 법전을 편찬하고 경복궁을 재건하기도 하였고, 삼정의 문란을 시정하려고 하였죠. 이 시기 1866년부터 8천여 명의 천주교 신자들을 박해한 병인박해를 구실로 프랑스가 강화도를 점령한 '병인양요(1866)'가 일어났고(프랑스 나폴레옹 3세의 팽창 정책 기억나시죠?), 미국이 강화도를 공격한 '신미양요(1871)'가 벌어지기도 했습니다. 독일 통일이 눈앞에 와 있는 때군요. 이후 1873년 고종이 친정하게 되면서 이런 흥선대원군의 정책은 변화를 맞게 됩니다.

유럽 대륙뿐 아니라 조선에서도 정말 많은 일이 일어났던 시기지요? 18세기에서 19세기를 넘어갈 때마다 항상 드는 마음이지만 정조가 종기가 도져 1800년 6월 49세 나이에 그렇게 갑자기 죽지 않았다면, 그래서 실학자들이 자신의 능력을 마음껏 펼치고 그로 인해 많은 제도를 개혁했더라면 우리나라의 역사는 어떻게 되었을까 감히 상상해보기도 합니다.

중국에서 18세기는 17세기부터 이어져 온 청의 최고 전성기였습니다. 그러나 최고의 전성기는 다른 표현으로 쇠퇴가 시작되고 있다는 말이겠죠? 청 왕조의 쇠퇴는 외부의 변화에 제대로 적응하지 못하면서 서서히 표출되기 시작하는데요. 이 시기 청에서는 전례 문제가 표면화되면서 강희제가 유교적 교의를 용인하는 선교사에게만 포교를 허가(1706)합니다. 즉, 예수회

활동만 인정하는 것인데, 교황 클레멘트 1세는 이를 인정하지 않았습니다. 그 후 옹정제가 즉위하면서 선교사는 추방되었으며(1723) 크리스트교 자체가 금지되었습니다. 이로써 서양의 문물을 접할 수 있었던 통로가 막히게 되는 것이죠. 여기에 18세기 말기부터 10년에 걸쳐 백련교도의 난(1796~1805)이 일어나 청조 쇠퇴가 본격화됩니다. 이 반란 진압에 1억 2천만 량을 소비하여 강희, 건륭 연간을 통해 풍족함을 과시했던 국고는 심각한 재정난을 겪게 되지요.

백련교도의 난이 일어나던 시기 즉, 19세기에 접어들면서 영국이 중국산 차(茶) 매입 자금 조달을 위해 인도산 아편을 파는 아편무역(불법무역)을 시작하게 되는데요. 1820년대 중국으로의 아편 수출량이 급증하면서 심지어 1826년에 무역 수출입이 역전됩니다. 이에 1840년 중국은 아편을 몰수하면서 영국과 전쟁을 벌이게 되는데요(아편 전쟁 1840~1842). 여기서 패배하면서 서양에게 문호를 개방할 수밖에 없게 됩니다. 이후 청조에 반기를 든 태평천국 운동(1851~1864)이 중국을 휩쓸었고, 2차 아편 전쟁(1856~1860)의 결과 베이징 조약(1860)이 체결됨에 따라, 러시아는 연해주를 획득해 고대하고 고대하던 부동항을 얻습니다. 이후 태평천국 운동을 진압하는 데 앞장섰던 한인들을 중심으로 양무운동(1861~1894)과 같은 청조의 근대화 운동이 일어납니다. 중국 청 왕조 또한 근대화 과정에서 부딪힌 서양과의 관계 속에서 수없이 무너지는군요. 다른 세기도 마찬가지이지만, 18세기~19세기는 세계사적으로 정말 놀라운 세기임에 틀림없습니다.

티타임 토크

유럽의 국기들은 왜 3색이 많죠?

흠, 프랑스의 삼색기부터 말씀드릴게요. 흔히 '삼색기(Le drapeau tricolore)'로 불리는 프랑스의 국기는 자유·평등·박애를 상징합니다. 이 삼색기는 1789년 프랑스 혁명 당시 바스티유를 습격한 다음 날 국민군 총사령관으로 임명된 라파예트가 시민에게 나누어준 모자의 빛깔에서 유래했는데요. 나폴레옹 1세가 워털루 전투에서 패한 후 한때 사라졌다가 1830년 7월 혁명기에 재등장했습니다. 제5공화국 때 프랑스 혁명기에 왕을 상징하는 백색과 파리 시를 상징하는 청색과 적색을 결합함으로써 탄생한 것이 현재 사용하는 삼색기의 원형입니다.

놀라운 것은 이러한 삼색기가 유럽의 (심지어 아프리카의 국가까지) 여러 나라 국기의 유래가 되었다는 점인데요. 일설에 따르면 1815년 빈 회의 이후 유럽 국가의 제 모습을 규정하게 되면서 이때 각국 국기가 제정될 때 영향을 받았기 때문이라고 합니다. 한번 비교해볼까요?

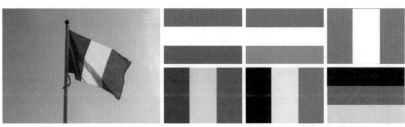

프랑스 삼색기   (좌로부터) **네덜란드, 룩셈부르크, 이탈리아,
아프리카 차드, 벨기에, 독일**

17~19세기까지 유럽사에 영향을 준 사상들이 궁금해요!

17, 18세기 유럽의 대표적인 사상은 계몽주의(Enlightment) 사상입니다. 이는 근대 과학 혁명과 데카르트의 합리론, 로크의 정치사상을 바탕으로 18세기 프랑스에서 확립된 사상인데요. 인간의 이성의 힘과 그것에 의한 인류의 무한한 진보를 믿어서 모든 전통적인 편견과 관습, 불합리한 사회제도를 비판했습니다. 그 때문에 동유럽의 계몽전제군주에게 영향을 주었고 미국 독립 혁명과 프랑스 혁명 등 시민혁명의 사상적 기반이 되었죠. 대표적 계몽 사상가로는 샤를 드 몽테스키외(1689~1755: 『법의 정신』에서 삼권분립을 주장하여 절대 왕정 비판에 쐐기를 박고 영국의 입헌군주제를 옹호했습니다), 볼테르(1694~1778: 종교의 관용을 옹호하고 언론과 출판의 자유를 역설했습니다), 그리고 디드로(1713~1784), 달랑베르(1717~1783)와 같은 백과전서파(새로운 과학적 지식과 계몽사상을 널리 보급시키려는 뜻에서 총 33권에 달하는 백과전서를 발행했습니다)를 들 수 있는데요.

계몽사상의 대미를 장식한 사람은 장 자크 루소(1712~1778)입니다. "자연으로 돌아가라"는 명언을 남기면서 사유재산제도가 인간 사회를 불평등하게 만들었다고 주장한 그는 주권이 언제나 인민에게 있는 것이며, 불가분의 것으로 다른 사람에게 양도하거나 위탁할 수 없는 것이라고 했어요. 그래서 『사회계약론』에서 대의정치를 비판하고 직접민주주의를 가장 이상적인 제도로 보았습니다.

이렇게 루소가 주장한 사회계약설은 사실 17세기 영국(정확하게는 잉글랜드 왕국이지만 보편적으로 영국으로 통칭합니다)에서부터 그 시작을 찾을 수 있습니다. 사회계약설의 첫 장을 연 철학자는―그는 그런 의도가 전혀 없었지만― 영국의 토머스 홉스랍니다. 홉스(1588~1679)는 『리바이어던』(1651)의 저자로 유명합니다. 그는 인간의 자연 상태를 만인대 만인의 투쟁 상태로 보았습니다. 이를 면하기 위해 인간이 계약을 맺고 국가를 형성하였으며 이때 모든 권리를 주권자인 지배자에게 양도하였기 때문에 국왕은 절대적인 존재라고 했습니다. 따라서 인민은 이에 복종해야 하며 혁명은 용납되지 않는다고 하면서 절대 왕정을 옹호했죠. 특히 1651년 청교도 혁명 과정을 비판했고요. 그의 의도는 결국 권력에 절대 복종해야 한다는 결론을 내기 위함이었지만 아이러니하게도 이로부터 사회계약설이 나오게 된 것입니다.

본격적인 사회계약설로 근대 유럽 사상사에 큰 획을 그은 인물이 영국 경험론 철학자 존 로크(1632~1704)입니다. 인간은 백지 상태로 태어난다고 한 그는 국가의 탄생에 대해서도 탁월한 사상을 전개했습니다. 인간은 자연법이 지배하는 평등한 자연 상태에서 재산과 생명, 자유라는 자연권을 누리고 있었습니다. 그런데 인간은 이러한 자연권을 보다 확실히 누리기 위해 계약을 맺어 사회, 즉 국가를 형성하였는데, 이때 권리를 양도한 것이 아니라 위탁(일시 위임)한 것에 지나지 않는다고 보았죠. 그러므로 개인은 국가나 군주에 복종해야 하지만, 그것은 자유로운 동의에 의한 것이고 자연권의 향유라는 한계 내에서의 일입니다. 따라서 지배자가 계약에 의해 위탁받은 권한과 한계를 넘어서 자연권을 유린할 때, 이에 저항하는 것은 시민의 자연권에 속한다고 보아 자연권 탄압에 대한 저항권을 인정했습니다. 이를 통해 절대 왕정을 비판하고 명예혁명을 옹호했으며 결국 미국의 독립 혁명에 영향을 미쳤고요. 홉스와 로크의 사상을 보시면 작은 전제 하나의 차이가 얼마나 큰 결과의 차이로 나타나는지 알 수 있으시죠? '사상사 연구'의 묘미라고도 할 수 있는데요. 근대 영국의 역사에서 이러한 사상들이 중요한 역할을 했을 것 같은 느낌이 오시나요?

18세기에는 절대 왕정 시대 중상주의와는 다른 새로운 경제 사상으로 케네(1694~1774)와 튀르고(1727~1781)에 의해 중농주의가 대두했는데요. 그들은 토지와 농업을 재부의 근원으로 보았고 통제 경제를 반대하면서 자유방임을 주장했습니다. 이로부터 애덤 스미스의 자유방임주의 즉, 고전 경제학이 나오는 기반을 마련했어요. 자유방임주의 이론은 1930년대 대공황이 일어나면서 수정이 필요하다는 비판을 받을 때까지 유럽 경제에 큰 영향을 미쳤습니다.

19세기 사상은 조금 다릅니다. 19세기 전반기에는 대체로 낭만주의가 유행했는데요. 이전의 이성을 신뢰하는 계몽사상에 반발하여 이성 법칙보다 감정과 사상을, 미래보다는 과거를, 개인보다는 민족을 중시한 사상입니다. 이는 각국의 민족주의와 낭만주의 문학, 미술, 음악 등 예술 분야에도 많은 영향을 끼쳤고요. 역사학 성립에도 영향을 주었는데요. 대표적으로 랑케(1795~1886)에 의해 엄밀한 사료 비판에 기초를 둔 근대 역사학이 확립되죠. 특히 "있었던 그대로 과거(wie es eigentlich gewesen)"를 밝혀내는 것이 역사가의 사명이라고 보았던 그의 주장은 역사학에서 유명합니다. 19세기 후반기는 사실주의의 시대입니다. 낭만주의가 현실을 외면하고 지나치게 감상적으로 흐르자 이에 대한 반발로 나타난 것인데요. 현실을 있는 그대로 표현하고 더 나아가 실증적, 과학적 방법으로 관찰, 비판했습니다.

19세기는 영국에서 일어난 산업혁명의 폐해로 사회주의 사상이 나타나던 시기이기도 했습니다. 사회주의에 대해서는 1차 세계대전 이후 러시아 혁명과 소련의 탄생과 관련하여 자세하게 설명드릴 예정입니다. 영국의 공리주의가 발전하는 것도 이때고요(이미 앞 여행에서 자세히 탐구하셨죠). 이 시기 프랑스에서는 콩트(1798~1857)에 의해 실증주의가 발전하면서 사회학이 창시되었고, 독일에서는 헤겔(1770~1831)에 의해 변증법을 중심으로 한 관념론이 체계화되었습니다. 여기에 영국의 대표적 사회학자 스펜서(1820~1903)에 의해 사회적 다윈주의(다윈의 진화론과 멘델의 유전법칙을 사회에 적용시킨 이론입니다)가 출현하여 부르주아나 강대국, 자본가, 제국주의 입장을 합리화하는 이론이 나오기도 했습니다.

사상들 자체는 사실 지루할 수 있는 내용입니다. 사상가의 삶들을 하나하나 살피면서 가면 그렇지 않겠지만요. 그러나 이미 말씀드렸다시피 사상들은 그 당시 일어난 사건들을 정당화하거나 배경으로 큰 역할을 맡고 있기 때문에 역사에서는 굉장히 중요한 내용입니다. 그래서 번외로라도 다루고 가니 부담스러워하지 마시고 가볍게 넘어가주시길 바랍니다. 사실 다 알고 계시면 굉장히 '있는' 것처럼 보이는 분야이긴 합니다만!

'라 마르세예즈'의 작곡자 '루제 드 릴'이
1792년 처음으로 자신의 곡을 노래하고 있다.

참고문헌

고야마 시게키, 박소영 옮김, 『지도로 보는 중동 이야기』, 이다, 2008

김상훈, 『외우지 않고 통으로 이해하는 통아메리카사』, 다산, 2011

김상훈, 『외우지 않고 통으로 이해하는 통아프리카사』, 다산, 2012

김선옥, 『제2차 세계대전』, 주니어김영사, 2012

김은숙 외, 『고등학교 역사부도』, (주)교학사, 2015

김종욱 외, 『고등학교 지리부도』, (주)교학사, 2015

김진경 외, 『서양고대사강의』, 한울아카데미, 1996

김주희, 『마야와 잉카 문명』, 주니어김영사, 2013

김홍수 외5인, 『한국근·현대사』, (주)천재, 2006

다니엘 리비에르, 최갑수 옮김, 『프랑스의 역사』, 까치, 1998

루츠 판 다이크, 안인희 옮김, 『처음 읽는 아프리카의 역사』, 웅진, 2014

류모세, 『유대인 바로보기』, 두란노, 2014

류모세, 『이슬람 바로보기』, 두란노, 2013

민석홍 외, 『세계문화사』, 서울대학교출판부, 2002

박영규, 『한권으로 읽는 고려왕조실록』, 들녘, 1997

박영규, 『한권으로 읽는 조선왕조실록』, 들녘, 1997

배영수 편, 『서양사 강의』, 한울아카데미, 1992

변태섭, 『한국사통론』, 삼영사, 1993

브라이언 타이어니 시드니 페인터, 이연규 옮김, 『서양 중세사』, 집문당, 1993

빌 브라이슨, 정경옥 옮김, 『발칙한 영어산책』, 살림, 2009

사무엘 E. 스텀프, 이광래 옮김, 『서양철학사』, 종로서적, 1994

세계사신문편찬위원회, 『세계사신문1,2,3』, 사계절, 1999

송기도, 『콜럼버스에서 룰라까지 중남미의 재발견』, 개마고원, 2013

송치중, 『아프리카의 독립과 민주화』, 주니어김영사, 2013

송환도웅 등, 조성을 옮김, 『중국사개설』, 한울, 1991

신채식, 『동양사개론』, 삼영사, 2009

앙드레 모로아, 신용석 옮김, 『영국사』, 기린원, 1993

앤토니 앤드류스, 김경현 옮김, 『고대 그리스사』, 이론과 실천, 1991

에릭 홉스 봄, 정도영 차명수 옮김, 『혁명의 시대』, 한길사, 1998

오금성 외, 『고등학교 세계사』, (주)금성출판사, 2005

우에다 이치조 외 3, 황혜숙 옮김, 『영어와 세계사 동시에 공부하기』, 명진, 2009

유병언, 『무함마드와 이슬람 제국』, 주니어김영사, 2012

유해석, 『이슬람』, 생명의말씀사, 2013

윤경철, 『대단한 뉴질랜드』, 푸른길, 2015

이강혁, 『라틴아메리카역사 다이제스트100』, 가람, 2010

이민호, 『독일사』, 대한교과서주식회사, 1996

이병희, 『뿌리 깊은 한국사 샘이 깊은 이야기3』, 솔, 2005

이시이 다케오, 남궁은 옮김, 『에피소드로 본 세계사』, 행담, 1994

이영세 편, 『심마니세계사』, 역사넷, 2001

이원복, 『가로세로 세계사 1~4』, 김영사, 2014

이원복, 『새로 만든 먼나라 이웃나라1~15』, 김영사, 2013

이삼형 외, 『중학교 국어』, 두산동아, 2015

이주영, 『미국사』, 대한교과서, 1993

이춘식, 『중국사 서설』, 교보문고, 1994

임병주, 『한권으로 읽는 삼국왕조실록』, 들녘, 1998

자넷 벤지 제프 벤지, 안정임 옮김, 『코리 텐 붐』, 예수전도단, 2010

장 졸리, 이진홍·성일권 옮김, 『지도로 보는 아프리카 역사』, 시대의 창, 2014

지오프리 파커 편, 김성환 옮김, 『아틀라스 세계사』, 사계절, 2006

전국역사교사모임, 『살아있는 한국사』, 휴머니스트, 2011

조성일, 『미국학교에서 가르치는 미국역사』, 소이연, 2014

존 K. 페어뱅크, 『케임브리지 중국사』, 시공사, 2007

주경철, 『문화로 읽는 세계사』, 사계절, 2005

차하순, 『서양사총론』, 탐구당, 2003

최병욱, 『동남아시아사』, 산인, 2015

최상훈 외, 『고등학교 세계사』, (주)교학사, 2014

최승규, 『서양미술사 100장면』, 가람, 1997

최웅·김봉중, 『미국의 역사』, 소나무, 1993

최희일, 『캐나다역사 다이제스트 100』, 가람, 2014

케네스 C.데이비스, 이희재 옮김, 『교과서에서 배우지 못한 세계지리』, 고려원미디어, 1995

프레데리크 들루슈, 『개정판 새 유럽의 역사』, 까치, 2009

한국교련내학교 학세교유기, 『이 틀라스 한국사』, 사계절, 2004

한영우, 『다시 찾는 우리 역사』, 경세원, 1999

한영우 외, 한국사특경편찬위원회 편, 『한국사특강』, 서울대학교출판부, 1999

히라타 유타카, 이면우 옮김, 『그림으로 보는 과학 문명의 역사1』, 서해문집, 1997

D. 톰슨 편, 김종술 옮김, 『서양 근대 정치 사상』, 서광사, 1990

Lonely Planet, 『Discover 유럽』, (주)안그라픽스, 2012

Lonely Planet, 『Discover 중국』, (주)안그라픽스, 2012

J. Huizinga, F. Hopman, 『The Wining of the Middle Ages』, Penguin Books, 1972

Jean-marie mayeur & Madeleine Reberioux, J. R. Foster, 『The Third Republic from its Origins to the Great War, 1871~1914』, Cambridge, 1987

https://en.wikipedia.org/wiki

https://ko.wikipedia.org/wiki

http://www.doopedia.co.kr

WORLD HISTORY